明日の小学校教諭を目指して

子どもの資質・能力を育む

図画工作科教育法

編著　新野貴則　福岡知子

萌文書林
Houbunshorin

執筆者紹介
(50音順、所属等は令和5年4月時点)

【編著者】

新野貴則
山梨大学 大学院 総合研究部　教授

公立小学校非常勤講師、国立教育政策研究所 教育課程研究センター 基礎研究部 研究員を経て、現職

福岡知子
元守口市立小学校　校長／元大阪教育大学・大阪大谷大学　非常勤講師

大阪府守口市立さつき小学校長を経て、現職。文部科学省中央教育審議会 教育課程部会 教科別等ワーキンググループ等委員（芸術ワーキング委員2015～2017年）

【著者】

秋山敏行
　愛媛大学 教育学部　准教授

犬童昭久
　九州ルーテル学院大学 人文学部　教授

宇田秀士
　奈良教育大学 教育学部　教授

内田裕子
　埼玉大学 教育学部　准教授

岡田陽子
　四天王寺大学 教育学部　非常勤講師

鎌宮好孝
　岐阜県大垣市立西中学校　教頭

郡司明子
　群馬大学 教育学部　教授

河野敬重
　大阪府岸和田市立常盤小学校　教頭

佐伯育郎
　広島文教大学 教育学部　教授

佐藤賢司
　大阪教育大学 教育学部　教授

竹内晋平
　奈良教育大学 教育学部　教授

竹本封由之進
　大阪大谷大学 教育学部　教授

冨田 晃
　弘前大学 教育学部　准教授

新實広記
　愛知東邦大学 教育学部　准教授

西園政史
　聖徳大学 児童学部　准教授

藤丸一郎
　元大阪成蹊大学 教育学部　准教授

本田悟郎
　宇都宮大学 教育学部　准教授

松﨑としよ
　NPO法人墨アートプロジェクト　理事長

村上タカシ
　宮城教育大学 教育学部　准教授

山本政幸
　岐阜大学 教育学部　教授

まえがき

「子どもの資質・能力を育む図画工作科教育法」を学ぶ人へ

ある日の授業の様子
後片付けの合図に、びっくりしたように顔を上げる子どもたち。
「えっ！　もう終わりなの？」と思わずつぶやく……

　そう、子どもたちは時間の経つのを忘れて夢中になって活動していたのです。子どもが夢中になって活動する図画工作科の授業、そこには様々な資質・能力を発揮して自分にとっての意味や価値をつくりだしている子どもの姿があります。

　「自分で思い付いたことが、できるから楽しい」「どうしようかと思っていると友達が助けてくれてうれしかった」「活動していくうちに考えが次々に変わっていったのがスゴイ！と思った」「上手くいかなかったけれど、次は違う方法を試してみよう」「一人ではできないことが、友達と協力するとできた」このような子どもたちの言葉から、私たちは図画工作科の魅力を読み取ることができます。

　図画工作科は、子どもが自分の資質・能力を精いっぱい発揮し、夢中になれる時間をつくりだすことができる教科です。同時に、これからの社会の中で、主体的・協働的によりよく生きようとする力を育むことができる教科です。この教科の魅力を指導者の立場から読み解いた本を作成しました。

　本書は、主に教員養成大学・短大での「図画工作科教育法」の授業用テキストとして、活用されることを想定しています。また、他の教科でも幅広く活用できる豊富な内容となっており、その点も特徴の一つです。

　教職を目指す学生のみなさんにとっては、この教科の意義だけではなく、実際に子どもの前に立って図画工作科の授業ができる力が身に付くテキストとして、本書が心強い味方になると考えています。自学自習でも身に付くテキストとして、理論から実践へ流れていく構成にし、実際の授業づくりの方法やポイントを紹介し、豊富な実践例や参考資料で授業のイメージが鮮明になるように工夫しました。

　また、これからの教育や授業改善を目指す教員のみなさんにとっても、今、求められる図画工作科の考え方や内容を学び直して、日々の授業づくりに活用できる本として位置付けています。新学習指導要領で目指す「資質・能力ベースの教育」をわかりやすく学べる本として、ご活用いただけることを念頭に置いて作成いたしました。

　本書が、図画工作を通して子どもの成長を願うみなさまの道しるべとなることを願っております。

2019年7月　　編著者　新野　貴則・福岡　知子

目次

本書は、新しい評価の観点（3観点）に基づき作成しています。

- ○執筆者紹介 ……………………………………………………………………… 2
- ○まえがき ………………………………………………………………………… 3
- ○目次 ……………………………………………………………………………… 4
- ○本書のねらい、構成の意図 …………………………………………………… 8

第1章　図画工作科における学び

1. 図画工作科教育の意義と目標 ……………………………………………… 10
   1. 学ぶことの意義や目標を考えることの意義 ………………………… 10
   2. 図画工作科の学びの意義についての誤解 …………………………… 10
   3. 学習指導要領に示される図画工作科の目標と学びの意義 ………… 12
   4. 子どもが今を生きることに結び付く学び …………………………… 13
2. 図画工作科における主体的・対話的で深い学び ………………………… 14
   1. 子どもの学びのありようを示す「主体的・対話的で深い学び」 … 14
   2. 子どもの学びが、「主体的」かつ「対話的」であることの意味 … 15
   3. 深い学びの実現過程 …………………………………………………… 17
3. 図画工作科の造形的な見方・考え方 ……………………………………… 18
   1. 「資質・能力」と「見方・考え方」の関係 ………………………… 18
   2. 図画工作科の「造形的な見方・考え方」 …………………………… 19
   3. 造形的な視点で捉えること …………………………………………… 20
   4. 意味や価値をつくりだすこと ………………………………………… 20
4. 図画工作科の学習指導要領の構造 ………………………………………… 22
   1. 学習指導要領とは ……………………………………………………… 22
   2. 図画工作科の学習指導要領の基本構造 ……………………………… 22
   3. 図画工作科の学習指導要領の目標及び内容の構造図 ……………… 24
   4. 図画工作科の目標及び内容の特徴と指導計画作成上の配慮事項 … 25
5. 図画工作科で育む資質・能力 ……………………………………………… 26
   1. 各教科等で横断的に設定された資質・能力の三つの柱 …………… 26
   2. 図画工作科で育む資質・能力 ………………………………………… 26
   3. 図画工作科の資質・能力を育む学びの構造とその意味 …………… 30

第2章　図画工作科の内容

1. 「造形遊びをする活動」と子どもの姿 …………………………………… 32
2. 「造形遊びをする活動」の指導のポイント ……………………………… 34
3. 「造形遊びをする活動」の題材例 ………………………………………… 36
4. 「絵に表す活動」と子どもの姿 …………………………………………… 38

5.「絵に表す活動」の指導のポイント	40
6.「絵に表す活動」の題材例	42
7.「立体に表す活動」と子どもの姿	44
8.「立体に表す活動」の指導のポイント	46
9.「立体に表す活動」の題材例	48
10.「工作に表す活動」と子どもの姿	50
11.「工作に表す活動」の指導のポイント	52
12.「工作に表す活動」の題材例	54
13.「鑑賞の活動」と子どもの姿	56
14.「鑑賞の活動」の指導のポイント	58
15.「鑑賞の活動」の題材例	60
コラム「図工の時間…子どもの内部で起こっていること」	62

第3章　図画工作科の指導法

1. 指導計画の作成	64
2. 学習指導案の作成	68
3. 意欲を引きだす！ 授業のポイント	78
4. 学びを深める指導の工夫①　材料についての工夫	88
4. 学びを深める指導の工夫②　安全指導の工夫	90
4. 学びを深める指導の工夫③　活動場所についての工夫	92
4. 学びを深める指導の工夫④　ともに学び合う学習形態の工夫	94
4. 学びを深める指導の工夫⑤　板書などの工夫	96
4. 学びを深める指導の工夫⑥　学びの記録と評価の工夫	98
4. 学びを深める指導の工夫⑦　作品展示の工夫	100
4. 学びを深める指導の工夫⑧　保護者や地域との連携	102
コラム「ICT機器の効果的な活用」	104

第4章　図画工作科の実践事例

※低・中・高学年の実践事例、全26題材分の指導案例と解説を掲載。

1. 低学年　造形遊びをする活動①　幼児期の学びを生かして	106
2. 低学年　造形遊びをする活動②	110
3. 低学年　絵に表す活動①	114
4. 低学年　絵に表す活動②	118
5. 低学年　立体に表す活動①	122
6. 低学年　立体に表す活動②	126

7. 低学年	工作に表す活動①	130
8. 低学年	工作に表す活動②	134
9. 中学年	造形遊びをする活動①	138
10. 中学年	造形遊びをする活動②	142
11. 中学年	絵に表す活動①　水彩絵の具	146
12. 中学年	絵に表す活動②　墨流し	150
13. 中学年	立体に表す活動①　気持ちをそえて！　ケーキしょくにん	154
14. 中学年	立体に表す活動②	158
15. 中学年	立体に表す活動③	162
16. 中学年	工作に表す活動①　ペットボトル de カーレース!!	166
17. 高学年	造形遊びをする活動①	170
18. 高学年	造形遊びをする活動②	174
19. 高学年	絵に表す活動①	178
20. 高学年	絵に表す活動②	182
21. 高学年	立体に表す活動①	186
22. 高学年	立体に表す活動②　ゆかいな仲間たち	190
23. 高学年	工作に表す活動①　屏風づくり	194
24. 高学年	工作に表す活動②	198
25. 高学年	独立した鑑賞の活動①	202
26. 高学年	独立した鑑賞の活動②	206

第5章　図画工作科の学びの広がり

1. 図画工作科における研究授業づくり〜教育実習での研究授業を中心として〜 210
2. 幼稚園・保育園・認定こども園等との学びの連続性 212
3. 社会の中でのアート〜地域社会とのつながり〜 214
4. 他教科との合科的・関連的な指導 216
5. 学校生活の中での鑑賞活動 218
6. 地域の美術館等を利用した鑑賞活動 220
7. 図画工作科教育の変遷〜第二次世界大戦後70年の歩み〜 223
8. 情報機器の活用①〜デジタルカメラを活用した活動の基礎〜 226
9. 情報機器の活用②〜情報機器を活用した教師の指導〜 228

巻末資料 ……………………………………………………………… 231

- 1. 絵の具で描く ……………………………………………… 232
- 2. 墨で表す …………………………………………………… 233
- 3. 粘土で表す ………………………………………………… 235
- 4. 木で表す（木材の加工法と用具） ……………………… 236
- 5. 葉っぱや小枝、石などで表す …………………………… 238
- 6. 針金で表す ………………………………………………… 239
- 7. ペットボトル、フードパック、ビニール袋で表す …… 240
- 8. 版で表す …………………………………………………… 241
- 9. 紙の特性、基礎知識 ……………………………………… 242
- 10. 様々な接着剤、接着テープの性質 ……………………… 244
- 11. 接着剤やテープを使わないくっつけ方 ………………… 246
- 12. 様々な切り方 ……………………………………………… 248
- ●平成29年告示小学校学習指導要領 図画工作 ……………… 250
- ●平成29年告示幼稚園教育要領（抄録） ……………………… 253

本書のねらい、構成の意図

　小学生だった頃を思いだしてほしい。子どもの頃のあなたにとって、図画工作科での学びは楽しいものであったろうか？　いろんなことを試してみたり、発見したり、友達に認めてもらったり、充実したものであったであろうか？　もし、このような充実した学びを体験してきたのであれば、教師を目指す今、図画工作科の授業をどのように実践すればよいのか、おおよそのイメージはできているであろう。そして、自分自身が体験してきた授業と同じように、または、それ以上に充実した学びが実現できるようにと意欲的に考えていてくれるだろう。しかし、そのような授業を受けた経験があるからといって、すぐさまその経験を生かして教師として授業を実践することは難しい。なぜならば、授業の背後には、教師の図画工作科教育についての理念、知識や技術、そして、子どもたちが楽しく主体的に学ぶことができるように考えだされた様々な工夫があるからである。一つの授業を実践するためには、様々な準備が必要になる。それは、授業の前に材料や用具をそろえるということだけではない。図画工作科の学びについてよく知り、よく考えておく必要があるということである。

　教師になるためには、よい授業をしたい、よい先生でありたいという気持ちをもつことはとても大切なことであるし、必要なことである。しかし、それだけでは決して十分ではない。最低限の知識や技術、そして、よりよい授業を目指して指導の工夫を考え、試み、見直し、再度試みるといった試行錯誤することも必要である。このことが、よりよい授業を生みだすための力になる。その力を身に付けるための一つの手掛かりとして本書を活用してほしい。

　本書は、主にこれから教師を目指す若い学生に向けて書かれたものである。教育実習や実際に教師になって図画工作科の授業を行う際に必要な基礎的なことを中心に、できる限りわかりやすく伝えることができるよう体系的に構成した。もちろん、すでに教師として活躍している先生方にも読んでほしい。実際に図画工作科の授業を実践しているからこそ学べることもある。実際に授業を考え、考えたことを試みることによって実践上の課題が見えてくるはずであり、このとき基礎的なことを再度確認することで課題を乗り越える手掛かりが具体的に見えてくる。これこそが体験的な学びであり、よりよい授業実践を目指すために必要なことではないだろうか。このような考えから、図画工作科の授業実践に資することを前提として本書は構成している。具体的には、以下のように構成した。

　第1章から第3章までは図画工作科の学びの理念、学習する内容、指導の方法について示している。第1章では、平成29年3月に改訂された新しい学習指導要領を基に図画工作科における学びの基本的な考え方について示している。第2章では、学習の内容である「造形遊びをする活動」「絵に表す活動」「立体に表す活動」「工作に表す活動」「鑑賞する活動」のそれぞれについて示している。第3章では、授業を立案する方法から授業を実践する際の様々なポイントまで具体的な授業の方法について示している。いずれも基礎的なことなので、確実に身に付けてほしい。第4章では、図画工作科の具体的な実践事例を低学年から高学年まで示している。丁寧に準備され実践された授業の事例を示しているが、決して授業のお手本ではない。そもそも授業にはお手本となるようなものはない。学校や子どもの状況に応じて、工夫すべき点などを変えていかなければならないからである。自分であればどのように授業を展開するか、工夫するか、このようなことを考えながら読んでほしい。第5章は、図画工作科の授業をより充実させ、多様に展開するための方法や事例について示した。授業を工夫するポイントはたくさんある。この章で示したことを手がかりに、さらに授業を幅広く展開させてほしい。加えて、巻末資料として「図画工作科で用いる材料や用具」について、また、新しい学習指導要領等の資料を付けた。自身で授業の研究する際に活用してほしい。

第1章

図画工作科における学び

　第1章では、図画工作科教育の基本的な考え方について平成29年3月に告示された新しい小学校学習指導要領に沿って確認、検討する。学習指導要領とは教育課程を編成する際の基準として文部科学省から示されているものであり、すべての学校でこの学習指導要領を基にして教育活動を行うことになる。教師は、実際に授業を考え、実践する前提として学習指導要領に何が示されているのかを把握し、理解しておかなければならない。ただし、教師が従わなければならない教育課程の基準としてのみ学習指導要領を捉えるのではなく、その背後にある考えを読み、解釈し、教育に関わるみんなで一緒に育て上げていくものとして捉えてほしい。学習指導要領を手掛かりに、よりよい授業実践の実現を目指そう。

第1章　図画工作科における学び

1. 図画工作科教育の意義と目標

　第1節では子どもが図画工作科で何のために、何を目指して学ぶのか、その意義と目標について確認、検討しよう。そもそも子どもが何のために何を目指して学んでいるのかを考え、把握することは、教師にとって大切にしなければならないことの一つである。これを踏まえた上で、図画工作科教育の理念や内容、方法等について学ばなければ、それらを十分に理解することはできないからである。

1. 学ぶことの意義や目標を考えることの意義

　子どもが図画工作科という教科を学ぶことに、そもそもどのような意義があるのか。そして、その意義に基づいてどのような学びの目標が設定されるべきなのか。図画工作科の内容や方法について学ぶ前に、まずこのことをよく考えてほしい。この問いに関しては、まず、いわゆるQ＆A形式で答えられるような単純な解答があるわけではないことはあらかじめ断っておこう。学ぶことの意義を単純化してしまうことは、多様な可能性を排除することにつながってしまう。したがって、ここで学ぶことの意義をたった一つの解答として示すことはない。考えるための手掛かりを示すのだと考えてほしい。大切なのは、学ぶことの意義や目標を教師、また、教師を目指す学生諸君が自分自身で考えることである。

　図画工作科で学ぶことの意義を考えなくても授業は一応できるといえる。授業の方法は、このテキストにはもちろんのこと、様々な教師用の参考書等に示されているし、研修会等でも指導を受けることができる。しかし、ベテラン教師の上手な授業実践や、お手本として示された学習指導案をそのまま真似たとしても、子どもにとって有意義な学びになるとは限らないことを知っておかなければならない。他の教師が指導する子どもとあなたが指導する子どもは違う子どもなのであるから、学習指導の在り方も変わってくるはずである。したがって、学習指導の在り方に正解のようなものはない。教師自身が、授業実践のたびに学習指導を工夫していかなければならない。このとき、子どもにとっての図画工作科の学びの意義を考え、理解しておく必要がある。意義を理解し、その上で学びの目標を設定することで初めて学習指導の工夫を検討することができるからである。

　もし、教師が学ぶことの意義を理解していなければ学習指導は形式的なものになり、子どもの活動は、ただ指示されたことを実行に移しているだけのものになる。その結果、授業の時間は子どもにとって無駄な時間になってしまう。場合によっては、無駄であるどころか、子どもにとってただ苦痛で、辛い時間にもなりかねない。同じことは教師自身にもいえることである。図画工作科の授業をしなければならないからと、誰かに決められたことをただ行動に移すだけでは空しすぎるとはいえまいか。

　教師は子どもの生きる時間をかたちづくる上で重要な役割を担うのであり、重い責任を背負っている。したがって、子ども一人一人の時間が充実するように、教師は子どもが授業で学ぶことの意義をしっかりと考えなければならない。それは子どものためだけにすることではない。教師が自身の時間を充実したものとして生きるためでもあり、自身の仕事に誇りをもち、よりよい教育を目指し自らの思考や技術を向上させるためでもある。

2. 図画工作科の学びの意義についての誤解

　子どもの学びの意義や目標を考えるコツは、なんとなく当たり前と思っていることを疑ってみることである。すると、当たり前と思っていたことは先入観に過ぎず、思いがけない誤解をしていたと気付くことがある。いくつか例を挙げながら考えてみよう。

　例えば、図画工作科での子どもの学びの意義は、上手な絵を描けるようになることであると考える場合がある。もし、ある子どもが上手に絵を描くことができ、誰かに「上手に描けたね」と褒められれば、たいていの子どもは喜ぶであろう。自分のことを肯定してもらえることは、子どもにとってとても貴重な体

験であり、おそらく学びへの意欲を向上させるであろうし、結果的に生活を豊かにしてくれるであろう。しかし、すべての子どもが絵を描くことによって褒めてもらわなければならないと考えるのは不自然である。絵が上手な子どもがいれば、走るのが速い子どももいるし、料理が得意な子どももいる。絵でなければならない理由はどこにもない。誰もが等しく上手に絵を描けるようにならなければならないということはない。したがって、子どもが上手に描けるようになることは、決して否定されることではないが、図画工作科で学ぶ上で重要な意義になるとはいえない。

　次に、例えば、美しさという価値を手に入れ、理解することが、図画工作科で子どもが学ぶことの意義であると考えてみよう。絵を描いたり、立体作品をつくったりすることは価値を手に入れるための手段にすぎないと考えてみたわけである。しかし、美しさとは一体何か。どのようなものに美しさを感じるのかは、個人によって異なる。また、美しいとされるものが人々の間で共有されるとしたとしても、その地域や時代によって異なるのではなかろうか。例えば、「日本の美」という言葉があるのは、日本に特有の美しさのありようがあることを表しているはずである。地域や時代等に関係なく、普遍的な美しさというものを見いだすことは難しそうである。そうであるならば、美しさというものを教え与えることができるとすれば、限定されたある特定の「美しさ」の形式もしくは「美しいとされるもの」ということになる。しかし、特定の価値観を教えることには大きな危険性が伴う。危険性とは、それ以外の価値観を排除してしまうことである。それならば、と美しいとされるもののすべてを網羅するように教え、子どもに獲得させると考えることもできる。しかし、それはもちろん現実的な考え方ではないではない。同じことは、子どもが手に入れるべきものを変更してもいえることである。つまり、獲得すべきものを価値から知識や技術、または、能力等と置き換えて考えてみても同じである。図画工作科に関わる知識や技術、能力等は数え上げればキリがないのだから。

　では、例えば、価値、知識や技術などについて、将来に役立つことが予想されるものに限定して教えればよいのではないか、と考えることもできるかもしれない。子どもが自分自身の生活に役立つものを手に入れることが、子どもにとっての学ぶことの意義であるいうわけである。これはもっともな考え方である。ただし、そのためには子どもの未来を教師が予想しなければならない。しかし、未来とはそもそも未だ来ていないものなのだから、役立つものを予想したとしても実際にそれが子どもの将来において役立つという保障はどこにもない。

　また、子どもの立場に立てば、実際に役立つかどうかもわからないものを手に入れる努力をしなければならないのだから、それ相応に苦しい活動を強いられることになる。つまり、こんなことをして何の意味があるのだろうかという疑問をもちながら特定の知識や技術等を獲得する努力をしなければならない。それは大人にならなければわからないことだからと、無理やり学ばせることもできようが、果たしてそうして学んだことはどれほど子どもの身に付くであろうか。仕方なくさせられることは、そうしなければならない状況から解放されてしまえば、もうやらない。嫌々学ばされたことは、大人になってしまえば忘れてしまうかもしれないし、忘れないまでも学んだことをより深め、実際の生活において積極的に活用しようとはしないのではないだろうか。

　私たちは今という時間を生きているのであり、未来を生きることはできない。子どもは自身の生活をかたちづくっている現在においてこそ学びの意義を実感できる。そして、それが学びへの意欲に結びつくのではないだろうか。ただし、だからといって子どもが授業の時間をただ楽しむことができればそれでよいと安易に考えてはならない。そのような時間は、子どもにとって有意義なものにはならないことは容易に想像できるはずである。刹那的な喜びや楽しみを求めることは、学びを、ひいては有意義に生きることを放棄しているに過ぎない。そもそも、今という瞬間だけを切り取って子どもの生きることを考えることは決してできない。今を生きるということは、逃れることのできない過去を背負い、希望や不安を抱きながら未来へ向かうということである。そのような今に関わることで学びは有意義なものとなるはずである。

以上のことを踏まえるならば、さしあたりは特定の限定された知識や技術、価値観、もしくは、能力等といったものを獲得することが図画工作科で学ぶことの中心的な意義になるとは言い難い。このことは、将来に役立つものを想定し、それらの取り扱う範囲を精選したとしても同じである。図画工作科で子どもが学ぶことの意義は、子どもが生きている現在に直接的に関わるようなものでなければならない。

3. 学習指導要領に示される図画工作科の目標と学びの意義

ここで、小学校学習指導要領に示されている図画工作科の目標を確認し、学びの意義について検討するために新たな視点を加えよう。教科の目標には、当該の教科において何を目指して学ぶかが総括的に示されている。何を目指すのかということの前提には、そもそも何のために学ぶのか、学びの意義を意図していなければならないはずである。したがって、教科の目標からは、その教科の学びの意義を読み取ることができるはずである。そこで、学習指導要領に示されている図画工作科の教科の目標を確認しよう。

> 【図画工作科の目標】
> 　表現及び鑑賞の活動を通して、造形的な見方・考え方を働かせ、生活や社会の中の形や色などと豊かに関わる資質・能力を次のとおり育成することを目指す。
> (1) 対象や事象を捉える造形的な視点について自分の感覚や行為を通して理解するとともに、材料や用具を使い、表し方などを工夫して、創造的につくったり表したりすることができるようにする。
> (2) 造形的なよさや美しさ、表したいこと、表し方などについて考え、創造的に発想や構想をしたり、作品などに対する自分の見方や感じ方を深めたりすることができるようにする。
> (3) つくりだす喜びを味わうとともに、感性を育み、楽しく豊かな生活を創造しようとする態度を養い、豊かな情操を培う。

図画工作科に限らず、各教科等の目標は柱書（最初の一文）と育成を目指す資質・能力を三つの柱で整理し、(1)～(3)で示している。(1)は「知識及び技能」、(2)は「思考力、判断力、表現力等」、(3)は「学びに向かう力、人間性等」というようにそれぞれ図画工作科で育む資質・能力を表している。これについては第5節で詳しく述べるので、ここでは柱書について詳しく検討しよう。

まずは、柱書の最初と最後に注目し、文章を単純化してみよう。すると「表現及び鑑賞の活動を通して、…資質・能力を…育成することを目指す。」となる。なお、冒頭の「表現及び鑑賞の活動を通して」は図画工作科の活動内容を表しているから、「図画工作科での学びの活動を通して」という程度の意味である。となると、図画工作科の目標の中心は、資質・能力を育成することであると読むことができる。しかし、この目標をそのまま図画工作科の意義であると解釈してしまうと、先に検討してきた問題とぶつかってしまうことになる。

そこで、次に、これらの資質・能力がどのような性質をもつものであるのかを確認する必要が出てくる。柱書から「資質・能力」の語句とそれを形容する部分を抜き出すと「生活や社会の中の形や色などと豊かに関わる資質・能力」となる。このことから、図画工作科で育む資質・能力は「生活や社会の中の形や色などと豊かに関わる」ためのものであることがわかる。つまり、図画工作科の目標は資質・能力を育成することであり、このことは生活や社会の中の形や色などと豊かに関わるためである。子どもが何のために学ぶのかといえば、生活や社会の中の形や色などと豊かな関わりをもつことができるようにするためであるということができ、したがって、これが図画工作科の意義であると解釈することができる。

『小学校学習指導要領解説 図画工作編』を確認すると「生活や社会の中の形や色」とは、「家庭、地域、社会で出会う形や色、作品、造形、美術など」[1]とある。しかし「豊かに関わる」ことについては特に説明らしきものは示されていない。ただし、育成を目指す「資質・能力」やそれを育成する際に働かせる「造

---

1) 文部科学省『小学校学習指導要領解説 図画工作編』日本文教出版、2018年、p.11

形的な見方・考え方」について詳細に検討していけば、「豊かに関わる」ことの意味を読み取ることもできるはずである。「造形的な見方・考え方」については第3節、「資質・能力」については第5節で詳細に検討するので、そちらを読み、あらためて自身で考察を展開してほしい。以下では、そのための手掛かりとなるよう一つの考え方をごく簡単に示しておこう。

4. 子どもが今を生きることに結び付く学び

　さて、図画工作科で子どもが学ぶことの意義を検討してきたが、とりあえずの考えをまとめなければならない。先に、学びの意義は子どもの生きている現在と結び付かなければならないとし、また、生活や社会の中の形や色などと豊かに関わることとした。子どもは、今この時間を様々な対象や事象、他者と関わりながら生活し続けている。誰であれ、様々な対象や事象、他者と関わることなしに生きること＝生活することはできない。そして、その関係は常にすでに変化し続けている。一つの対象との関わりを例に挙げて考えてみよう。例えば、子どもの前に色鉛筆のセットがあったとする。常識的に考えれば、これは絵を描く用具として子どもの自己に関係付けられている。しかし、それが買ったばかりの真新しい状態であったらどうであろう。わくわくする気持ちを生みだす対象にはならないだろうか。長さがそろってグラデーションをつくりながら並べられている状態をきれいだと思うかもしれないし、これから何を描こうかと楽しみに思うかもしれない。使っているうちに一本の色鉛筆だけがたくさん削られて短くなり、少しさびしい思いをもつかもしれない。それとも、絵を描いたたくさんの楽しい思いが積み重なり、宝物のようになるかもしれない。このように、状況に応じて対象との関係は刻々と変化し続ける。そして、変化し続けるたびに対象との関係は複雑に、つまり、豊かになる。

　逆にこのような関係が変化しないと考えてみてはどうだろうか。様々な対象や事象、他者との関係がシステマティックで単純なものになったとき、私たちは生きているというよりも、システムを構成する一つの要素のように、機械の歯車のようなものになる。関係が単純になると思考や行動がパターン化していくからである。これを徹底すれば思考や行動はあらかじめ決まったことを繰り返すことにとどまり、過去や未来から切り離された現在を繰り返すことになる。つまり、過去から導かれる現在も、未来へ向かおうとする現在もなくなる。そうであるならば、対象や事象、他者との関係が貧しいものになり、生きることそのものまでもが貧しくなるとはいえまいか。

　そうであるならば、対象等との関係が変化し続ける学びこそが子どもの生きる現在と結び付くといえそうである。絵を描きながらその子どもなりに新たな表現の仕方を発明したり、色や形の見方を発見したりして、対象などとの関係を造形的な視点から新たにする。関係を新たにするとは、それまでの対象や事象、他者との関係が更新され、新鮮な今という時間が生まれるということである。図画工作科の学びを通して「面白い」「やってよかった」「もっとやってみたい」という言葉が子どもから出てきたならば、それは関係が変化することで新たな現在を体験し、生まれ変わるような喜びを実感しているからではなかろうか。

　さらに、もし豊かに生きるということが対象や事象、他者などとの関係を変化させ、つくり変え続けることであるならば、子どもの成長、発達とは、生きていることを豊かにし、充実させることとほぼ同義であるとはいえまいか。成長、発達するとは、まさに子ども自身の変化とともに対象等との関係を変化させることだからである。もちろんそれは、決められた型に様々な関係を閉じ込めることではない。むしろ、当たり前のものとして与えられてしまっている関係を開いていくことである。図画工作科の学びとは、このような対象や事象、他者などとの多様な関係を変化させ、再構築することを造形的な側面から行っていくことではなかろうか。

　このような考え方は多くあるであろう学びの意義についての一つの考え方にすぎない。だが、このような考え方は、学びを子どもが豊かに生きることに直結させると考えられる。これをきっかけにして図画工作科の学びの意義を自身で考え、実践の目指すべき在り方について考えてほしい。

（新野貴則）

第1章 図画工作科における学び

2.図画工作科における主体的・対話的で深い学び

　新しい学習指導要領では「主体的・対話的で深い学び」を子どもが実現できるように、すべての教科等で授業を改善することが求められている。教師は、子どもがそのような学びを実現しているかを確認しながら授業を工夫し、改善していくことになる。したがって、主体的・対話的で深い学びとは、教師が授業等を通して目指すべき学ぶ子どもの姿であるということもできる。そこで、第2節では、図画工作科における主体的・対話的で深い学びとは、どのような学びを意味しているのか、確認、検討していこう。

1．子どもの学びのありようを示す「主体的・対話的で深い学び」

　平成29年（2017年）3月に公示された新しい学習指導要領において、「主体的・対話的で深い学び」という視点が示された。これは新しい学習指導要領の考え方をよく表しているものの一つである。学習指導要領の総則では、「児童の主体的・対話的で深い学びの実現に向けた授業改善を行うこと」とされ、授業改善をする際の一つの視点として示されている。ただし、単に授業の方法や技術の改善のみを意図したものであると理解してはならない。目指すべき子どもの学びの在り方を示しているものであり、したがって、教育課程全体を方向付けるものとして示されているからである。

　これまでも、昭和50年代以降、「新しい学力観」や「生きる力」といった子どもの学びの在り方や教育理念を象徴する用語が示されてきた。この「主体的・対話的で深い学び」もまた、この考え方を引き継ぐものであり、私たち教師が目指すべき子どもの学びを象徴するものと理解することができる。『小学校学習指導要領解説総則編』では、①「主体的な学び」、②「対話的な学び」、③「深い学び」について、それぞれ以下のように説明されている[1]。

> ①　学ぶことに興味や関心を持ち、自己のキャリア形成の方向性と関連付けながら、見通しをもって粘り強く取り組み、自己の学習活動を振り返って次につなげる「主体的な学び」が実現できているかという視点。
> ②　子供同士の協働、教職員や地域の人との対話、先哲の考え方を手掛かりに考えること等を通じ、自己の考えを広げ深める「対話的な学び」が実現できているかという視点。
> ③　習得・活用・探究という学びの過程の中で、各教科等の特質に応じた「見方・考え方」を働かせながら、知識を相互に関連付けてより深く理解したり、情報を精査して考えを形成したり、問題を見いだして解決策を考えたり、思いや考えを基に創造したりすることに向かう「深い学び」が実現できているかという視点。

　上記の①～③について、図画工作科の学びを踏まえ、それぞれ注意すべき点について確認しよう。

①主体的な学び

　学ぶことに興味や関心をもって、積極的に学ぶことだけが主体的な学びではないことに注意しよう。「自己のキャリア形成の方向性と関連付けながら」とあるが、必ずしも特定の職業能力や将来の仕事と直接結び付ける必要はない。キャリア形成とは、自分らしい生き方を実現していく過程ということもできる。したがって、主体的な学びとは、授業に取り組む際の子どもの態度のことを指すだけではなく、子ども一人一人が自分らしさを大切にし、よりよいものへ発展させるように学びに継続的に取り組んでいくことも指している。

②対話的な学び

　学びにおいて、子どもが対話をする相手は他の子どもや教師などの他者だけではない。「先哲の考え

1）文部科学省『小学校学習指導要領解説 総則編』東洋館出版社、2018年、p.77

方を手掛かりに考えること等を通じ」という文言に示唆されているように、考え方なども対話の相手となる。図画工作科の場合であれば、我が国や諸外国の美術作品、自分自身や友達の作品、身近な自然物や人工の材料、風景や生きものなどの表現する対象、表現活動で用いる用具、そして、自分自身の表したい思いなども対話の相手となる。

③深い学び

　この解説の中では深い学びの例が「〜たり」という語を用いていくつか示されている。そこで、そこから「思いや考えを基に創造したりする」が図画工作科に関係する箇所であると考え、子どもが自身の思いや考えを基に表現活動を行うことができれば、すぐさま深い学びが実現すると考えてはならない。図画工作科の中でも子どもは「知識を相互に関連付けてより深く理解したり、情報を精査して考えを形成したり、問題を見いだして解決策を考えたり」するなどしながら学びを深めることもある。深い学びとは、習得・活用・探究という学びの過程の中で、「見方・考え方」（第3節参照）を働かせながら、実現するものであることに注意しよう。

①〜③の相互関係

　①主体的な学び、②対話的な学び、③深い学びは、授業改善の視点として個別に説明されている。ただし、ここで注意しておきたいのは、それぞれの視点が独立しているのではないということである。なぜならば、子どもの主体的な学び、対話的な学び、深い学びは、それぞれが相互に関連付けられることで実現するからである。このことについては、以下で詳しく検討しよう。

2. 子どもの学びが、「主体的」かつ「対話的」であることの意味

(1) 主体的な学びが求められることの意味

　子どもに主体的な学びを求める考え方は、平成29年（2017年）の小学校学習指導要領の改訂以前からあった。例えば、教育の理念を示すキーワードとしてよく知られている「生きる力」は「確かな学力」「豊かな人間性」「健康と体力」の三つの要素で成り立つとされる。そのうちの確かな学力は、知識や技能だけでなく、学ぶ意欲や自分で課題を見付け、自ら学び、主体的に判断し、行動し、よりよく問題解決する資質や能力等である。そして、それが求められる背後には、社会は変化の激しい、先行き不透明な、厳しい時代を迎えさらに、その変化は加速度を増し、複雑で予測困難な状況がある。学習指導要領を改訂する際には、このような説明が何度も繰り返しなされてきた[2]。このことは、学校で教える知識や技術が、子どもが社会に出たときには役立たないものになっているかもしれないということである。学校で教える知識や技術が不変的なものであるという前提は崩れ、社会の変化に応じて柔軟に、誰に教えられなくても主体的に学び、対応できる力を身に付けさせることが求められることになった。

　さらには、過度に知識や技術を詰め込むような学びへの反省があったことも忘れてはならない[3]。教師から一方的に知識や技術を与えられるような学びの在り方は、ペーパーテストでよい点を取るためには効率的な方法であるといえるかもしれない。しかし、そうして与えられた知識や技術は子どもが実際に生活する上で生きて働く力とはなりにくい。

　このことは、自分自身の子どもの頃の学びを思い出してみればすぐにわかるはずである。テストがあるからと嫌々ながら仕方なく覚えさせられたことと、自分自身が興味や関心、課題意識をもって積極的に学んだことの2種類の学びに分類してみよう。仕方なく覚えさせられたことは、もう覚えてはいないことも

2）中央教育審議会答申「21世紀を展望した我が国の教育の在り方について（第一次答申）」（平成8年7月19日）において指摘されてから、類似の指摘は繰り返しなされてきた。学習指導要領に関わる最新の中央教育審議会答申「幼稚園、小学校、中学校、高等学校及び特別支援学校の学習指導要領等の改善及び必要な方策等について」（平成28年12月21日）においても同様の指摘がなされている。

3）このことは中央教育審議会答申「21世紀を展望した我が国の教育の在り方について（第一次答申）」（平成8年7月19日）において指摘されている。

多いのでないだろうか。もし、そうであれば、それはテストでよい点を取るためだけに得た知識や技術は、そのテストが終わってしまえば忘れても構わないと考えていたからである。一方で、興味や関心をもって、夢中で学んだことは、今でも覚えているのではないだろうか。忘れようにも身に染み付いて、ふとしたときに思い起こしたり、身体が勝手に動いてしまったりしてしまうことはないだろうか。主体的に学ぶということは、用が済んでしまえば忘れてしまうような知識や技術を覚えることではなく、まさに生きて働く力を身に付けることに結び付くのである。

（２）主体的な学びを実現させようとする際の落とし穴

「主体的」という言葉は、「能動的」や「積極的」という言葉に置き換えることもできる。そうであれば、主体的な学びとは子どもが能動的に、積極的に活動を展開する学びということができそうである。少なくとも、受動的、消極的な学びではない。しかし、子どもが誰から言われなくても自分で能動的、積極的に学習活動をしていれば、主体的な学びが実現しているとは言い切れないことに注意しよう。

例えば、図画工作科の授業で教師が子どもに積極的に表現活動をさせようと工夫しながら授業を実践しているとしよう。子どもが意欲的に活動できるように、子どもにとって「やってみたい」と思えるような参考作品を用意したり、子どもが表したものを「上手だね」と褒め、励ましたりするかもしれない。他にも様々な方法で工夫をするだろう。これらの工夫によって、教師は子どもが自ら進んで活動を展開することを期待している。そして、このような教師の期待に応えようと、子どもは能動的に、積極的に活動を展開しようと努力する。子どもは教師からの細かな指示がなくても、自分で教師が提示した参考作品を確認し、教師に褒められるように試行錯誤しながら表現活動をする。このような活動は、能動的、積極的に学んでいることといえるかもしれないが、決して主体的な学びを実現しているとはいえない。なぜならば、この場合の活動の主体となっているのは、子どもではなく教師だからである。つまり、子どもは自分で感じ、考えるなどして活動を展開しているのではなく、教師がよいと感じ、考えるなどした活動、教師が期待した活動を再現しようとしているにすぎない。この場合、子どもの活動は主体的というよりも従属的である。

教師に限らず、保護者やその他の人たちが考える「上手さ」を子どもに求めてしまえば、子どもは他者が求める「上手さ」を再現しようとする。子どもが期待に応え褒められようとすれば、褒められることを積極的に求めてしまう。「上手さ」や「美しさ」「よさ」など、それが特定の価値として、つまり、理想的なお手本のようなものとしてあらかじめ用意されてしまえば、子どもは主体的な学びを実現し難くなってしまう。子どもはお手本を再現することに努力の方向を向けてしまい、自らが感じ、考え、工夫しながら表現するなどの活動を展開することができなくなってしまうからである。子どもが主体的に活動を展開するためには、それを導く原動力となるものを自らかたちづくる必要がある。それは例えば、「思い」や「問い」として見いだすことができるはずである。子どもは自身が膨らませた思いを実現しようとしたり、問いを解決しようとしたりすることで、主体的に活動を進めることができるからである。

（３）「主体的」であることと「対話的」であることの関係

子どもの思いや問いは、どこから生まれるのか。少なくとも何もないところからは生まれはしない。それが生まれるきっかけとなる何かがあるはずである。例えば、誰かと一緒に遊んだことから「そのときの気持ちを表したい」という思いが生まれるかもしれない。また、自分自身の思いを表すために作品への表し方を「どう工夫したらいいのかな」という問いが生まれるかもしれない。他にも様々な例を考えることができるが、いずれにしても、他者や物、出来事などとの対話的な関わりから、思いや問いが生まれるはずである。そのような思いや問いがあるからこそ、子どもは自分自身で考え、工夫することができる。つまり、対話的であることが主体的な学びを導くことになる。

具体的な例を示してみよう。ある小学校２年生の子どもが絵を描いている。その小学校は豪雪地帯にあり、普段からスキーをする機会が多い。季節は冬で、スキーをするのが大好きな子どもは、先日滑ってきたことを思い出しながら、描きたい思いを膨らませて、自分がスキーをしている様子を横から描いてい

る。その子どもは、途中まで描いた絵をじっと見ている（図1）。しばらくすると「いいこと考えた！」と独り言を言って腕を一本描き足した（図2、図は著者によるもの）。

このとき、子どもに一体何が起きたのか想像してみよう。じっと絵を見ながら、つまり、作品と対話しながら子どもはある問いをもったことが容易に想像

図1．スキーをする私（描き足す前）

図2．スキーをする私（描き足した後）

することができるはずである。つまり、「スキーをしている自分を横から見ると、腕を一本しか描くことができない。しかし、実際には自分は二本の腕のそれぞれにストックを持って立っている。このとき、どのようにしたら横向きの表現で二本の腕を描くことができるだろうか？」という問いが生まれた。言い方を変えれば、「平面的な横向きの表現から、いかにしたら奥行きの表現をすることができるのだろうか？」という問いである。この子どもは、じっと自身の作品を見つめ、作品と対話することを通して、この問いを見いだし、そして、一つの解答を得ることができた。それは、すでに描いている腕の下にもう一本の腕を描き足すという解答であり、言い換えれば「重なりによる奥行き表現」の方法を発明することによって解決したということである。主体的な学びは、単に能動的、積極的な活動があれば実現されるものではなく、様々な他者や物、思いなどとの対話的な関わりから表したい思いや問いを見いだし、対話的な関わりを通して思いを実現したり、問いを解決したりすることである。

3．深い学びの実現過程

図画工作科における「深い学び」とは、「習得・活用・探究」という過程の中で、「造形的な見方・考え方」を働かせながら、思いや考えを基に創造するなどの活動を通して実現する。「造形的な見方・考え方」については、次節で取り上げることとし、ここでは「習得・活用・探究」について確認しよう。

図画工作科における「習得・活用・探究」は、必ずしも、示された順番通りに、①知識や技能を習得し、②それを活用することで、③創造的に表現等を探究するという過程を経るとは限らないことに注意しよう。このような順番を経てはじめて深い学びが実現すると理解してしまうと、ある誤解を生みだしかねないからである。つまり、「あらかじめ知識や技能を教え与えなければ、深い学びが実現しない」と誤解されかねない。教師が子どもに知識や技能を与えることが学びの前提となっているのであるから、ともすれば、子どもの学びは受動的となってしまいかねない。むしろ逆の過程を経ると考える方が、誤解が少なくて済む。例えば、①創造的に表現を探究するために、②既存の知識や技能を活用して表現し、③その結果として新たな知識や技能を獲得するというようにである（第1章第5節参照）。

このような学習過程は、同時に主体的・対話的なものでもある。①作品などとの対話的な関わりから表したい思いや問いをもち、それを主体的に探究しようとする。②既存の知識や技能を活用しながら、対話的なやりとりの中で思いを表したり、問いを解決したりしようと主体的に試みる。③それが新たな表現として実現することで、新たな知識や技能を獲得する。さらにいえば、その新たな知識や技能は、さらに新しい思いや問いを生みだすことにつながり、さらに深い学びへと展開することになる。もちろん、深い学びは、このような順番でのみ実現されるものではない。あくまで、一つの例として示したものにすぎない。どのような過程を経るにしても、習得・活用・探究という過程を経る深い学びは、主体的・対話的であることによって実現することは確認しておきたい。

（新野貴則）

第1章 図画工作科における学び

3. 図画工作科の造形的な見方・考え方

　新しい学習指導要領では、各教科等で共通のかたちで資質・能力が示されるとともに、各教科等の特質に応じた「見方・考え方」が新たに設定された。各教科等では、それぞれの見方・考え方に基づいて資質・能力を育むことになる。図画工作科の場合は「造形的な見方・考え方」とされ、図画工作科の学びを方向付けるものとなっている。第3節では、このことについて確認していこう。

1.「資質・能力」と「見方・考え方」の関係

（1）各教科を横断的にまたぐ資質・能力の三つの柱

　新しい学習指導要領の特徴の一つに、各教科等で育む資質・能力が共通する三つの柱で整理されたことがある。資質・能力の三つの柱とは、具体的には、「知識及び技能」「思考力、判断力、表現力等」「学びに向かう力、人間性等」のことを指す。各教科等で共通するように示されてはいるが、考えればすぐにわかるように、例えば、算数科の思考力と図画工作科の思考力はまったく同じものではない。にも関わらず、各教科等で育む資質・能力を三つの柱で整理したことには理由がある。『小学校学習指導要領解説総則編』には、次のように示されている[1]。

> 教科等の枠組みを踏まえて育成を目指す資質・能力については、（中略）教科等ごとの枠の中だけではなく、教育課程全体を通じて目指す教育目標の実現に向けた各教科等の位置付けを踏まえ、教科等横断的な視点をもってねらいを具体化したり、他の教科等における指導との関連付けを図りながら、幅広い学習や生活の場面で活用できる力を育むことを目指したりしていくことも重要となる。

　各教科等の横断的な視点、相互の関連付けを通して「幅広い学習や生活の場面で活用できる力を育む」ことが重視されていることに注目しよう。このことから、各教科等で学んだことは、他の教科の学習や実際の生活において生きて働く力として生かされることが目指されていることがわかる。逆にいえば、各教科等で学んだことが、その教科等の中においてしか活用できないもの、さらにいえば、試験でしか生かせないものとなってはならないということである。仮に、子どもにとって学びが教科等の中においてしか活用できないものであるなら、その教科等の特定の単元や題材が終わってしまえば、または、学校を卒業してしまえば、それまでの学びの意味はなくなってしまう。果たして、一定の期間が過ぎれば意味がなくなってしまう学びに子どもは主体的に取り組むことができるであろうか。自ら考え、工夫するなどして主体的に取り組めたとしても、それは空しい努力になってしまう。学びは、子どもにとって「やりがいがある」「やってよかった」ものでなければならない。そのためには、子どもの生きることに関わる学びを実現しなければならない。したがって、各教科等での学びは分断されたものではなく、子どもの生きることにおいて総合的に働くものでなければならない。このような考え方が、各教科等に共通した資質・能力が示された背後にあることを踏まえておこう。

（2）各教科等の特質に応じた「見方・考え方」

　各教科等の学びが、子どもの生きることに総合的に働くようにするために、各教科等に共通のかたちで資質・能力を示したとしても、それぞれの教科等でまったく同じ資質・能力が育まれるわけではない。各教科等のそれぞれで学ぶ内容が異なるのであるから当然である。そうであるならば、それぞれの教科等で育まれる資質・能力は、その用語が統一されただけで分断されたままではないかということになりそうだ

1）文部科学省『小学校学習指導要領解説 総則編』東洋館出版社、2018年、p.48

が、そうではない。むしろ、各教科等で育まれる資質・能力は、それぞれが異なるからこそ総合的に働く。

　例えば、目の前に料理が並べられた食卓があったとする。このどこにでもある場面について考えをめぐらしてみようとする。まずは、家庭科的な視点で捉えてみることができるであろう。栄養のバランスや調理の仕方について考えることができるはずである。社会科的な視点でも捉えることができる。食材の産地と地理、経済などの関係について考えをめぐらせることができるであろう。もちろん、図画工作科的な視点で捉えることもできるし、その他の教科等の視点からも多角的に捉えることができる。あらゆる対象や事象は、視点を変え、多角的に捉えることができる。それができてはじめて、対象や事象の全体像が見えてくるのであるし、それに関わる課題等に対応することができるようになる。したがって、学んだことが生きて働く力となるためには、様々な視点からの学びが実現していなければならない。

　学んだことを生きて働く力につなげるために、新しい学習指導要領では、各教科等で育む資質・能力が共通する柱で示されたのと同時に、各教科等の特質に応じた見方・考え方が設定された。各教科等で共通する資質・能力が三つの柱で整理されたことは、それぞれの学びを関連付けやすくするものであり、それを実現するためにも各教科等の特質を見方・考え方として、学びの方向性や学び方が示された。

2．図画工作科の「造形的な見方・考え方」

　図画工作科の見方・考え方は、「造形的な見方・考え方」とされ、学習指導要領に教科の目標に次のように示されている。

> 表現及び鑑賞の活動を通して、造形的な見方・考え方を働かせ、生活や社会の中の形や色などと豊かに関わる資質・能力を次のとおり育成することを目指す。

　「次のとおり」とあるように、この柱書の後に図画工作科の目標が三つ示されている。これらは各教科に共通するかたちで横断的に示された三つの資質・能力に関係付けられ、(1)「知識及び技能」に関する目標、(2)「思考力、判断力、表現力等」に関する目標、(3)「学びに向かう力、人間性等」に関する目標となっている。造形的な見方・考え方は、これらの資質・能力の育成に関わる目標の柱書として位置付けられているのであるから、これら三つの資質・能力は、造形的な見方・考え方を働かせることで育むものとして位置付けられていることになる。言い換えれば、造形的な見方・考え方は、図画工作科の学びのすべての場面において常に働かせるということである（図1）。

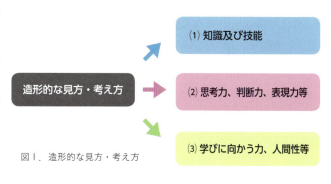

図1．造形的な見方・考え方

　ただし、造形的な見方・考え方がどのようなものであるのか、学習指導要領には説明らしきものは示されていない。それが示されているのは、『小学校学習指導要領解説 図画工作編』においてである。

> 「感性や想像力を働かせ、対象や事象を、形や色などの造形的な視点で捉え、自分のイメージをもちながら意味や価値をつくりだすこと」

　この一文は、二つの部分に分けることができる。つまり、「対象や事象を、形や色などの造形的な視点で捉え」と「自分のイメージをもちながら意味や価値をつくりだすこと」にである。そして、文頭の「感性や想像力を働かせ」は後に続くそれぞれの部分にかかる構造になっている。したがって、造形的な見方・考え方は、二つの方向から理解することができる。つまり、一つは、「感性や想像力を働かせ、対象や事象を形や色などの造形的な視点で捉えること」であり、もう一つは「感性や想像力を働かせ、自分のイメージをもちながら意味や価値をつくりだすこと」の二つである。以下では、それぞれについて詳細に検討しよう。

3. 造形的な視点で捉えること

　造形的な見方・考え方は、図画工作科の学びの在り方、その方向性を表している。特に「対象や事象を、形や色などの造形的な視点で捉え」と示された箇所は、図画工作科の学びの特質がもっともよく表れているといえよう。対象や事象の形や色などの造形的な特徴に焦点を当て、そこから感じ、考え、工夫するなどして学びを展開するのは図画工作科だけだからである。

　造形的な視点で捉えるとは、主に視覚的に捉えるということになりそうであるが、「対象や事象を見て」とは示されていないことに注目しよう。例えば理科でも、対象や事象の形や色を見て、観察する。このことと「造形的な視点で捉える」ことは違う。この違いを確認しておくことが図画工作科の学びの在り方を理解する上では重要になる。

　例えば、一枚の葉があったとする。日常の生活の中で私たちはこれを見て「ああ、葉っぱだな」とわかる。多くの場合は、葉を見たことすら意識しないかもしれない。自身の行動に何の関係もなければ、対象や事象を見るということは、この程度のことである。しかし、ここであらためて葉をよく見てみよう。それまで当たり前のように理解していた葉の形や色とは違う形や色が見えてくるはずである。葉は単純なシンメトリーの紡錘形（アーモンドの形）ではないし、緑色であると単純には言い難いことに気付く。色であれば、少なくとも絵の具チューブに入っている黄緑色や緑色とは異なる色であることがわかるはずである。さらによく観察すれば、一枚の葉には、多様な色が含まれていることに気付くかもしれない。対象や事象を造形的な視点で捉えようとすると、それまで自明なこととして見逃していたことが見えてくるようになる。このことからだけでも、多様な学びを展開することができるはずである。

　ただし、形や色を分析的に捉えるだけならば、理科における観察と大きな差はない。図画工作科の場合は、対象や事象を捉える際には、感性や想像力を働かせることになる。感性や想像力を働かせるならば、目に見える視覚情報を分析するだけでなく、身体のあらゆる感覚を通して感じ、イメージを膨らませていくことになる。例えば、一枚の葉を見るという行為からは、その形や色を視覚的に捉えるだけではなく、手触りや匂い、軽さをも捉えるであろうし、さらには、その場に吹くそよ風やそれがもたらす葉の擦れる音、木漏れ日が身体に当たるようなことも含め様々なものを感じることができる。そしてそこからは、葉と樹木の関係、土や水、日との関わり、さらには植物の生命活動そのものにまでイメージが膨らむこともある。このとき、自らの内に感情的なものが動くことを感じることに気付くはずである。対象や事象を形や色などの造形的な視点で捉えるということは、感覚の深みに降り立てば、聴覚や嗅覚なども含めた様々な感覚とも結び付くし、感情的な側面とも結び付く。このことが図画工作科における学びを方向付ける。

4. 意味や価値をつくりだすこと

　図画工作科では、「対象や事象を、形や色などの造形的な視点で捉え」、このことから「自分のイメージをもちながら意味や価値をつくりだすこと」で、子どもが学びを展開していくことが目指される。「造形的な見方・考え方」は、このような学びの方向性を示している。ここで注意したいのは、図画工作科の活動を通してつくりだされるのは「作品」ではなく、「意味や価値」とされていることである。図画工作科では、作品等に表現する活動、また、作品等を鑑賞する活動を通して「意味や価値」をつくりだし、資質・能力を育む。最終的に作品を表現し完成させることが図画工作科の目標ではないことを確認しておきたい。

　では「意味や価値をつくりだす」という場合の「意味や価値」とは何か。常識的に捉えれば「意味」とは絵や言葉などが表す内容であり、「価値」とは「面白さ」「楽しさ」「よさ」「美しさ」といった類のものであるといえる。ただし、絵が表す内容が「美しさ」であると言葉で言うことができるのであるから、「美しさ」は意味としても成り立つ。「意味」と「価値」は明確に区別することは難しい概念であることを踏まえておこう。

　まずは「意味」について検討しよう。「意味」は絵や言葉などによって表される。例えば／一枚の葉の絵／があれば、それは〈葉〉を意味するし、／イチマイノハッパ／という音声も、〈葉〉を意味する。絵や音、声、文字、身振りなど、様々な形で意味は成り立っている。意味が成り立つとは、どのようなかたちであれ、

何かが何かを意味しているということである。これを意味作用という。そして、この意味作用が成り立つためには、意味作用の過程を無限に続けなければならない。何かが何かを意味したとき、意味されたものも何かを意味しなければならないからである。もしそうでなければ、意味されたものの意味がわからなくなってしまい、もともとの意味が何を意味するのか説明できなくなってしまう。意味が成り立つということは、必然的に無限の意味作用の過程が成り立つということでもある。例えば、AはBを意味する。意味されたBもまた、CやDを意味することになる。そして、そのCやDもまた…というように[2]。

　この意味作用の過程は、とても複雑でそのすべてを言い表すことはとてもできない。試しに任意の言葉を選んで辞書や百科事典でメモを取りながら調べてみよう。そして、そこで説明されている言葉の意味をさらに調べてみる。それを続けていくとメモはとんでもなく複雑なものになるはずである。意味は複雑な意味作用のネットワークによって成り立っている。そして、あらゆる対象や事象は、何かを意味しているのであるから、私たちが捉えることのできるあらゆる対象や事象は、意味作用のネットワークで結び付けられて複雑な関係の意味の網の目を形成していることになる。

　次に、価値について検討しよう。図画工作科における価値とは、「面白さ」「楽しさ」「よさ」「美しさ」など、あえて言うなら美的価値に近いもののことであり、感情的な、つまり、快－不快を基礎とした様々な心の作用から生まれるもののことである。それらは形容詞的に言葉で表すことができるのであるから、意味として成立している側面もある。したがって、価値は意味作用のネットワークを形成もする。しかし、それとは異なる側面もある。例えば、一枚の葉を美しいと感じたとしよう。その美しさを言葉によって表そうとしたとする。しかし、決して簡単なことではないことにすぐに気付くはずである。仮に、その美しさを言葉巧みに説明したとしても、それでもなお、その美しさについて十分に説明しきれていないことに気付くはずである。あらゆる対象や事象は意味作用のネットワークによって関係付けられる。しかし、私たちはその複雑な意味作用のネットワークでも捉えきれないものを感情的なものとして感じ取ることができる。したがって、価値とは、意味作用のネットワークである側面とそれでは捉えきれない側面から成り立つ。意味作用のネットワークという意味の関係の網の目の隙間にある何ものかは、感性や想像力を働かせることで感情的なものとして心に捉えることができる[3]。

　意味や価値についておおまかな説明を試みたが、このことを踏まえるならば、意味や価値をつくりだすとは、何もないところから見たことも聞いたこともないようなものを創造するような類のことではないことがわかるはずである。意味や価値をつくりだすとは、意味や価値のネットワークの網の目をつくりかえていくことである。網の目の関係が変化すれば、その間隙、つまり、言葉では説明しにくい感情的なもののありようも変化する。このことは、言い換えれば、対象や事象の捉え方をつくりかえることでもある。図画工作科の場合は、造形的な活動を通してそれを行う。例えば、一枚の葉を地面から拾い、真っ白なテーブルの上に置いたところを想像してみよう。たったこれだけのことでも一枚の葉の意味や価値が変化したことがわかるであろうか。さも地面の一部であるかのように埋もれていた葉が、テーブルの上に置かれるだけで、その形や色は注目すべきものになり、それまでとは異なる印象のものになる。また、例えば、一枚の葉を船であると見立てる。このとき、葉という意味と船という意味の関係が楽しさとともにつくりかえられる。さらには、青い空を大海原と捉えることなどに展開すれば、意味や価値の関係のつくりかえは、どんどん展開することになるであろう。

　図画工作科では、このように造形的な見方・考え方を働かせることで「主体的・対話的で、深い学び」を実現していくことが目指される。このことについては、図画工作科で育む資質・能力との関係も踏まえ、第5節で確認しよう。

（新野貴則）

2）ウンベルト・エーコ、池上嘉彦訳『記号論Ⅰ』講談社、2013年などを参照
3）前田英樹『言葉と在るものの声』青土社、2007年などを参照

4. 図画工作科の学習指導要領の構造

　図画工作科の授業は、学習指導要領に基づいて実践しなければならない。したがって、教師は図画工作科の学習指導要領に記されていることを確認しておく必要がある。その際、文章を一つ一つ丁寧に読解していくべきであるが、ただ文章を読むだけでは理解しにくい。あらかじめ、図画工作科の目標や内容が具体的にどのような枠組みによって示され、それらがどのように関係付けられているのか、あらかじめその構造の全体を確認しておくとわかりやすくなるはずである。そこで、第4節では、図画工作科の学習指導要領の構造を確認しておこう。

1. 学習指導要領とは

　学習指導要領に基づいて授業を実践しなければならないのは、学習指導要領が法規としての性質をもっているためである。小学校の学習指導要領は、学校教育法第33条及び学校教育法施行規則第52条の規定に基づいて、文部科学大臣が定めるものとされている。学校教育法施行規則第52条では、具体的に次のように示されている。

> 小学校の教育課程については、この節に定めるもののほか、教育課程の基準として文部科学大臣が別に公示する小学校学習指導要領によるものとする。

　この条文からは、学習指導要領が「教育課程の基準として」定められていることがわかる。このことは、小学校における教育が義務教育であり、公の性質を有していることと関係している。つまり、全国のどこにいても一定の教育水準を満たした教育を受けることのできる機会を国民（子どもたち）に保障する必要があることから、学習指導要領を基準として定めているということである。ただし、このことは、全国の小学校で画一的な教育を実践しなければならないことを意味しているのではない。そもそも子どもの性格や置かれている状況など、様々なことが一人一人違っており、地域や学校の実態も様々であるにも関わらず、画一的な教育を実践することは不可能であるし、すべきことではない。したがって、「基準として」示されているとは、あくまで大綱的に示されていることであると理解できる。

　この「基準として」の性格は、学習指導要領の総則（第1章第2の3(1)のア及びイ）において整理されている。これに基づけば、学習指導要領に示される内容に関わる事項については、すべての学校において取り扱わなければならないが、同時に、子どもの実態等に応じて必要がある場合には、内容を加えて指導することもできるとされる。ただし、新たに内容を加える場合は、学習指導要領に示される目標や内容の趣旨を逸脱したり、子どもの負担が大きくなり過ぎたりしようにしなければならない。

2. 図画工作科の学習指導要領の基本構造

　我が国の学習指導要領は、教育課程の基準として文部科学大臣によって定められている。教育課程とは、教育内容を系統的に配列したものということができるが、教育課程は、およそ(1)目標、(2)内容、(3)方法、(4)評価の要素に分解して捉えることができる。この四つの要素について、図画工作科の学習指導要領ではどのように扱われているのか簡潔に確認しよう。

(1) 目標

　図画工作科に限らず各教科等のそれぞれの学習指導要領では、まず、教科の目標が示され、さらに各学年の目標が示される。目標は、学習指導を行う際に目指すべきことを示しているのであるから、ある意味では最も重要な部分になる。これらの目標には、資質・能力を働かせ、育む、目指すべき子どものありようが示されている。子どもが働かせ、育む資質・能力とは、「知識及び技能」「思考力、判断力、表現力等」「学びに向かう力、人間性等」の三つであり、各教科等の目標は「特別の教科 道徳」を除き、すべてこの

三つの資質・能力を柱にして示されている。

（2）内容

各教科等の内容はすべて階層的に構造化され、階層構造のそれぞれのレベルは、上位のレベルから下位のレベルへと段階的に示されている。最も上位のレベルが「領域」であり、「A、B、C…」と示される。次のレベルが「項目」であり、「⑴、⑵、⑶…」と示される。最後のレベルが「事項」であり、「ア、イ、ウ…」と示される。教科によっては、さらに下位のレベルまで示されることもあるが、図画工作科の学習指導要領はこの三つのレベルで示されている。

図画工作科の内容は、「A表現」と「B鑑賞」の2領域で示され、その2領域に共通する内容として〔共通事項〕が設定されている。この構造は音楽科と共通している。そして、「A表現」と「B鑑賞」にそれぞれ「項目」が設定され、資質・能力と関連付けられている。さらにその下に具体的な活動内容を表す「事項」が設定される。なお、目標と内容は2学年ごとに示されており、子どもや地域の実態に応じて柔軟に題材を設定することができるようになっている。

（3）方法

方法については、学習指導要領では、「指導計画の作成と内容の取扱い」として示されている。指導計画を作成する際の配慮事項や内容の取扱いに関する配慮事項などが示されている。

「指導計画作成上の配慮事項」では、年間指導計画や題材ごとの学習指導案の作成にあたって配慮すべき事柄、例えば、「A表現」と「B鑑賞」の関係や、内容に関する配当時間など具体的な事柄が示されている（第3章第1節参照）。そして、新しい学習指導要領では、授業改善に関する基本的な考え方について新たに示されたことに注目しておきたい。具体的には「題材など内容や時間のまとまりを見通して、その中で育む資質・能力の育成に向けて、児童の主体的・対話的で深い学びの実現を図るようにすること。その際、造形的な見方・考え方を働かせ、表現及び鑑賞に関する資質・能力を相互に関連させた学習の充実を図ること」とある。これは、学習指導の基本的な方向性を示しており、その意味を十分に確認しておく必要がある（第1章第2、3、5節参照）。

この他に、「内容の取扱いと指導上の配慮事項」「安全指導」「学校としての鑑賞の環境づくり」について示されているので、確認しておこう。

なお、目標及び内容の具体的な構造、及び、主な指導計画作成上の配慮事項については、次ページ以降で確認しよう。

（4）評価

評価については、その具体的な観点や方法等について、学習指導要領では示されていない。学習評価の方法や観点等については、従来から「児童指導要録改善に関する通知」において示されている。ただし、学習指導要領の総則では、学習評価の実施にあたっての配慮事項が示されている。ここで学習評価の基本的な意義について確認することができる。具体的には、学習目標の実現状況を評価することを通して、子どもが「学習したことの意義や価値を実感できるようにすること」や「指導の改善や学習意欲の向上を図り、資質・能力の育成に生かすようにすること」（いずれも第1章3の2⑴）とされる。このことから、学習評価には、子どもにとっての意義と教師にとっての意義があるということができる。つまり、子どもにとっては、学んだことの意義や価値を実感的に捉え、学ぶ意欲を向上させるものであり、教師にとっては自身の指導を見直し、授業を改善させるものとなる。評価とは、単に学習目標の実現状況を測定するためのものではないことに留意しなければならない。あくまで、子どもの学びをよりよいものとするためのものであることを忘れないようにしよう。

学習評価については、学習指導要領とは別に示されるものであるからといって、学習指導と学習評価を別物として扱ってはならない。指導と評価は一体的に実施するものであることに留意しておこう。

3. 図画工作科の学習指導要領の目標及び内容の構造図

目標

教科の目標

表現及び鑑賞の活動を通して、造形的な見方・考え方を働かせ、生活や社会の中の形や色などと豊かに関わる資質・能力を次のとおり育成することを目指す。

(1) 「知識及び技能」に関する目標

(2) 「思考力、判断力、表現力等」に関する目標

(3) 「学びに向かう力、人間性等」に関する目標

学年の目標

(1) 各学年の「知識及び技能」に関する目標

(2) 「思考力、判断力、表現力等」に関する目標

(3) 「学びに向かう力、人間性等」に関する目標

＊学年の目標は2学年ごとに示される

内容

A 表現

(1) 「思考力、判断力、表現力等（発想や構想）」に関する項目
　ア　造形遊びをする活動
　イ　絵や立体、工作に表す活動

(2) 「技能」に関する事項
　ア　造形遊びをする活動
　イ　絵や立体、工作に表す活動

↑↓ 相互に関連付けること

B 鑑賞

(2) 「思考力、判断力、表現力等（鑑賞）」に関する項目
　ア　鑑賞をする活動

「A表現」及び「B鑑賞」を通して指導

［共通事項］

(1)
　ア　形や色などに関する「知識」
　イ　自分のイメージをもつことに関する「思考力、判断力、表現力」

＊内容は2学年ごとに示される

4. 図画工作科の目標及び内容の特徴と指導計画作成上の配慮事項

（１）資質・能力に沿って構成される図画工作科の目標及び内容

　左の３．に、図画工作科の学習指導要領の目標及び内容の構造を図として表した。図を確認するとすぐにわかるように、図画工作科の目標及び内容のすべては、三つの資質・能力の柱、すなわち「知識及び技能」「思考力、判断力、表現力等」「学びに向かう力、人間性等」と関係付けられて構成されている。

　このように図画工作科の目標及び内容のすべては資質・能力と関連付けられている。むしろ、資質・能力に基づいて構成されていると考える方がよい。この構造そのものが、子どもの学びについて一つのメッセージを伝えているからである。つまり、「何をするか」ではなく、「どのように資質・能力を育むか」ということを伝えている。図画工作科は作品を完成させることを目指すものではまったくないし、表現したり鑑賞したりする活動そのものを目指すものでもない。表現及び鑑賞の活動を通して造形的な見方・考え方を働かせながら、資質・能力を育むことを目指すものであることに十分注意しよう。

（２）図画工作科の活動内容

　図画工作科における具体的な活動の内容は、「事項」のレベルで示されている。「Ａ表現」の領域には、「造形遊びをする活動」と「絵や立体、工作に表す活動」の二つの活動があり、「Ｂ鑑賞」の領域には、「鑑賞をする活動」がある（第２章参照）。

❶造形遊びをする活動

　材料や場所などに働きかけ、そこから発想し、つくり、つくりかえていきながら造形遊びを展開していく活動である。絵や立体、工作に表す活動と大きく異なるのは、発想の仕方であり、そこで活動を区別することができる。

❷絵や立体、工作に表す活動

　夢や願い、経験したことや見たこと、伝えたいこと、動くものや飾るものなど表したいものを基に絵や立体、工作に表す活動を展開していく活動である。なお、絵に表す活動、立体に表す活動、工作に表す活動それぞれを分けて捉えることはできるが、実際の子どもの活動ではそれぞれの活動は相互に関連するため、学習指導要領ではまとめて示している。また、絵や立体に表すことの内容と工作に表すことの内容に配当する授業時数については、およそ等しくなるようにしなければならない（第３章第１節参照）。

❸鑑賞する活動

　自分たちの作品や身近な材料などのよさや美しさを感じ取り、自分の見方や感じ方を広げ、深めていく活動である。

（３）実際の授業と学習指導要領の内容との関係

　基本的に「Ａ表現」及び「Ｂ鑑賞」の指導については、相互の関連を図るようにする。つまり、一つの題材では、「Ａ表現」及び「Ｂ鑑賞」の内容のいずれも関連付けて行うことになる。したがって、図画工作科の授業には、基本的に２種類の活動内容があると考えることができる。ただし「『Ｂ鑑賞』の指導については、指導の効果を高め必要がある場合には、児童や学校の実態に応じて独立して行う」ことができる。したがって、実際の授業では下記の３種類の授業があると考えることができる。

　①造形遊びをする活動及び鑑賞する活動の授業　　　（実施しなければならない）
　②絵や立体、工作に表す活動及び鑑賞する活動の授業　（実施しなければならない）
　③鑑賞する活動の授業　　　　　　　　　　　　　　（効果を高める場合には実施することができる）

　なお、〔共通事項〕については、表現及び鑑賞の学びにおいて共通に必要な資質・能力であるので、上記の①、②、③のいずれにおいても扱う内容となっている。

（新野貴則）

第1章　図画工作科における学び

5. 図画工作科で育む資質・能力

　新しい学習指導要領では、各教科等で育む資質・能力が共通する三つの柱で整理された。資質・能力の三つの柱とは「知識及び技能」「思考力、判断力、表現力等」「学びに向かう力、人間性等」のことである。図画工作科においても資質・能力は三つの柱で整理された。第5節ではこれらの資質・能力について確認していこう。

1. 各教科等で横断的に設定された資質・能力の三つの柱

(1) 各教科を横断的にまたぐ資質・能力の三つの柱

　「知識及び技能」は、子どもが「何を理解しているか、何ができるか」ということに関わる資質・能力である。「思考力、判断力、表現力等」は、子どもが「理解していることやできることをどう使うか」に関わる資質・能力である。これら二つの資質・能力の柱は、相互に密接に関わっており、「知識及び技能」を活用して「思考力、判断力、表現力等」を働かせ、その過程で新たな知識や技能を獲得するとされる。そして、「学びに向かう力、人間性等」は、子どもが「どのように社会や世界と関わり、よりよい人生を送るか」に関わる資質・能力である。これは、他の二つの資質・能力の柱をどのような方向性で働かせていくかを決定付ける重要な要素である。もちろん、他の二つの柱が「学びに向かう力、人間性等」の涵養を方向付けるということもできる。いずれにしても、資質・能力の三つの柱は、相互に関係付けられるものであること、そして、その資質・能力の三つの柱で各教科等の目標や内容が整理されたことを踏まえておく必要がある[1]。なお、「資質・能力」という表記は、「資質」と「能力」を明確に区別することができないので、一体的に捉えるものとされる[2]。

2. 図画工作科で育む資質・能力

　図画工作科で育む資質・能力については、基本的に教科の目標に示されている。図画工作科の教科の目標は「表現及び鑑賞の活動を通して、造形的な見方・考え方を働かせ、生活や社会の中の形や色などと豊かに関わる資質・能力を次のとおり育成することを目指す。」と柱書で示され、続けて図画工作科で育む資質・能力に関する目標が(1)～(3)で示されている。(1)は「知識及び技能」に関する目標、(2)は「思考力、判断力、表現力等」に関する目標、(3)は「学びに向かう力、人間性等」に関する目標となっている。そこで、これら教科の目標を手掛かりに図画工作科で育む資質・能力について、それぞれ確認していこう。

(1) 図画工作科における「知識及び技能」

> 対象や事象を捉える造形的な視点について自分の感覚や行為を通して理解するとともに、材料や用具を使い、表し方などを工夫して、創造的につくったり表したりすることができるようにする。

【図画工作科の目標の(1)】

　「知識及び技能」に関する目標を確認すると、前半と後半の二つに分けることができる。前半は、「知識」に関するものであり、後半は「技能」に関するものである。いずれも誤解されやすい資質・能力といえるので、丁寧に確認しよう。

❶ 図画工作科における「知識」

　教科の目標に従えば、図画工作科における「知識」とは、「対象や事象を捉える造形的な視点について自分の感覚や行為を通して理解する」ことによって習得されるものである。ここからは、おおよそ二つのことがわかる。一つは、「知識」となるものは「対象や事象を捉える造形的な視点」ということであり、「知識」

---

1) 文部科学省『小学校学習指導要領解説 総則編』東洋館出版社、2018年、p.35
2) 同上、pp.35-36

となるものの内容がわかる。もう一つは、その「知識」は「自分の感覚や行為を通して理解する」ものであり、「知識」の習得の仕方がわかる。

　また、「知識」に関わる内容については〔共通事項〕で示されており、〔共通事項〕に関する「内容の取扱い」を参照すると、「造形的な視点」についていくらか詳しく示されている。

> ア　第1学年及び第2学年においては、いろいろな形や色、触った感じなどを捉えること。
> イ　第3学年及び第4学年においては、形の感じ、色の感じ、それらの組合せによる感じ、色の明るさなどを捉えること。
> ウ　第5学年及び第6学年においては、動き、奥行き、バランス、色の鮮やかさなどを捉えること。

　形や色、動き、バランスなど、様々な造形的な要素について触れられているが、ここではすべての学年で例示されている「色」に焦点を当てよう。

　第1学年及び第2学年では、「いろいろな色を捉えること」とされるが、これは文字通り捉えてよいであろう。つまり、色には様々な色があるということに気付くことが、造形的な視点について知識を習得するということである。第3学年及び第4学年では、「色の感じを捉えること」とされるが、これは、色の冷たい感じや暖かい感じ、楽しい感じ、悲しい感じなどがわかることを指している。このような「感じ」は色の組合せで捉えれば、より多様で豊かなものになるであろう。さらに、第5学年及び第6学年には「色の鮮やかさを捉えること」とある。そして、第1学年及び第2学年では「いろいろな色を捉えること」、第3学年及び第4学年には「色の明るさを捉えること」とあることを踏まえれば、これらは下記のように色の三要素を表しているのではないかと考えることができる。

【色の三要素】
　　いろいろな色を捉えること……色相（赤、青、黄などの色合い）
　　色の明るさを捉えること………明度（色の明るさの度合い）
　　色の鮮やかさを捉えること……彩度（色の鮮やかさの度合い）

　しかし、このことは教師が子どもに、色を分析的に捉えるためには色の三要素とされる「色相」「明度」「彩度」を指標とすることができることや、これらの用語を子どもに教えなければならないということではまったくない。対象や事象を捉える造形的な視点は、「自分の感覚や行為を通して理解する」ものだからである。つまり、実際に子どもが表現や鑑賞の活動をしている中で、見るなどして感覚し、表すなどの行為をしながら色の捉え方などを発見し、子どもが自分自身で理解していくものでなければならない。

　このことは教師が指導しないということや、活動の中で子どもが造形的な視点について自然と理解することを待つしかないということではない。例えば、子どもが絵を見て「この絵は悲しい感じがする」と言ったとする。このとき教師が「どうしてそう感じたの？」とたずねてみる。すると子どもは「色が暗いから」と答えるかもしれない。あるいは、絵を描こうとしている子どもが「元気な感じに描きたい」と思ったとする。教師は「どんな色を使ったらいいと思う？」とたずねる。子どもは試行錯誤しながら「明るい色を使う」と考えるかもしれない。このように「〜な感じ」を造形的な要素の一つである「色」と関係付けを促すことで、色の明るさで捉えることについて理解を促すことができる。教師が指導するとは、子どもが自ら学ぶことができるように導くことである。

　なお、「明るい色＝元気さを表す」「暗い色＝悲しさを表す」という図式は、必ずしも常に成り立つものではないことにも注意しておこう。少し考えてみればすぐにわかるように、主に明るい色を用いて悲しさを表すこともできる。色という造形的な要素を一つ取り上げたとしても、その組み合わせや形、質感等との複雑な相互関係によって見いだされる印象はいかようにも変化する。したがって、色などを捉える造形的な視点については、普遍的な「知識」として教えること自体、そもそも難しい。子どもが自身の感覚や行為を働かせながら表現や鑑賞の活動をする過程を通して、発見し、習得していくしかないものであると

考えるべきであろう。言い換えれば、図画工作科における習得すべき「知識」とは絶対的なものではなく、子ども自身が自らの活動を通して、発見、発明し、習得するものであり、したがって、常にその子ども自身によって更新されうるということである。

❷ 図画工作科における「技能」

　教科の目標に従えば、図画工作科における「技能」とは、「材料や用具を使い、表し方などを工夫して、創造的につくったり表したりすること」である。「表し方などを工夫して、創造的に…」とあるように、図画工作科の「技能」は、材料や用具を扱うための「技術」のことだけを指すのではない。あえて「技能」と「技術」を区別したが、ここで「技術」とは、教師が教え与えることができる方法や手順という意味である。一方、「技能」は、自分の思いなどを表すために既得の「技術」を応用するなどして、表し方を工夫しながらつくったり表したりすることである。したがって、表し方などを工夫することも含め「技能」であることに注意しなければならない。

　さらに、第１学年から第４学年の「技能」に関わる目標や内容を確認すると「手や体全体の感覚などを働かせ」とある。このことについて『小学校学習指導要領解説図画工作編』では、「手や体全体の感覚や自分の気持ちが一体となって技能を働かせること」[3] と説明されていることにも注目しておこう。このことからも、「技能」は上記の意味での「技術」ではないことがわかるはずである。手先を使うだけではなく、腕や腹、足の感覚も含めて働かせることであり、さらに、見ることについてはもちろんだが、音を聞くことや臭いを嗅ぐことも含めて体全体の感覚を働かせることである。そして、これらを総合的に働かせるということである。これほど複雑な感覚を総合的に働かせるということは、意図的に体をコントロールするというよりも、夢中になって活動しているうちに様々な感覚が働き、複雑に絡み合いながら体全体が自ずと動きだすというようなことに近い。子どもが楽しそうに表現活動をしている場面では、当たり前のように見られる子どもの姿であるといってもよい。「技能」にはこのような側面もあることも忘れてはならない。

❸「知識」や「技能」を教えること

　図画工作科において「知識」とは、自分の感覚や行為を通して理解することであるし、「技能」とは表し方などを工夫することである。そうであるならば、教師は子どもにこれらを「教えない方がよいのではないか」「教えてはいけないのではないか」と思うかもしれない。しかし、繰り返しにはなるが、そうではないことに注意しよう。確かに、「知識」や「技能」のすべてを教師が教え与えてしまっては、子ども自身が主体的に学びを展開することはなくなってしまい、次第に学びに向かう意欲もなくなってしまうであろう。一方で、何もないところから、新たな「知識」や「技能」は生まれないことも忘れてはならない。そもそも、子どもが安全に安心して活動するためには、刃物や接着剤などに関わる「知識」や「技能」については必ず教え、場合によっては、練習をするなどして、確実に身に付けさせておくべきである。

　では、どのような「知識」や「技能」を教え、どのような「知識」や「技能」を子どもが学びの中で自ら発見し、習得すべきなのか、その線引きはどのようにしたらよいのか。これに対する答えは、これまで述べてきたことを踏まえるならば、子どもが自ら資質・能力を働かせ、豊かにしていくために必要な「知識」や「技能」は教えるということになる。子どもが自ら活動を広げ、深めていくためには何を教え、伝えなければならないか、教師は慎重に考えなければならない。その判断は、活動の内容によって、子どもの実態によって異なるので、子どもの学びを丁寧に観察し、理解を深めることが大切である。

（２）図画工作科における「思考力、判断力、表現力等」

> 造形的なよさや美しさ、表したいこと、表し方などについて考え、創造的に発想や構想をしたり、作品などに対する自分の見方や感じ方を深めたりすることができるようにする。

3）文部科学省『小学校学習指導要領解説 図画工作編』日本文教出版、2018 年、p.36

【図画工作科の目標(2)】

「思考力、判断力、表現力等」に関わる目標は、「A表現」の活動を通して育む側面と「B鑑賞」の活動を通して育む側面に分けることができる。そして、「造形的なよさや美しさ、表したいこと、表し方などについて考え」の部分は、両側面に共通する箇所と捉えることができる。したがって、表現する活動を通して育むのは、「造形的なよさや美しさ、表したいこと、表し方などについて考え、創造的に発想や構想すること」であり、鑑賞する活動を通して育むのは、「造形的なよさや美しさ、表したいこと、表し方などについて考え、作品などに対する自分の見方や感じ方を深めたりすること」になる。それぞれについて確認していこう。

❶ **表現する活動を通して育む「思考力、判断力、表現力等」**

表現する活動を通して育む「思考力、判断力、表現力等」は、子どもが表したいことや表し方などを発想したり、構想したりすることである。発想するとは、材料の形や色などから想像を膨らませていくことや、表したいことを思い付くことである。構想するとは、思い付いたことなどから、表し方などを考えることである。例えば、子どもから「いいこと考えた」「この色をつかうといいんじゃないかな」などのような発言を聞くことができれば、発想や構想をしていることがわかる。

❷ **鑑賞する活動を通して育む「思考力、判断力、表現力等」**

鑑賞する活動通して育む「思考力、判断力、表現力等」は、造形的なよさや美しさなどについて考え、作品などに対する自分の見方や感じ方を深めたりすることである。子ども自身の見方や感じ方を深めていくものであり、特定の見方や感じ方を実現させるものではないことに注意しよう。子ども自身が自分なりに、自身の作品や友人の作品、制作過程や自然物など、様々な対象や事象から新しい見方や感じ方を発見したり、他者の見方や感じ方に触れたりしていくことで、見方や感じ方は広がり、深まっていく。作品などの対象物だけでなく、自分や他者の見方や感じ方との対話的な関わりも大切にしたい。

❸ **表現や鑑賞の活動を通して「考える」こと**

表現や鑑賞の活動を通して「考える」とは、必ずしも論理的に思考することだけではない。図画工作科では、対象や事象を形や色などの造形的な視点で捉え、感性や想像力を働かせて考えることが重視されている。子どもが感性や想像力を働かせて考えたことは、事後的に論理的に説明できるようなものになるとは限らない。造形的なよさや美しさといったものは、論理的に説明しきれないからこそ成り立つということもできるはずである。したがって、例えば「よくわからないけど、この方がいいと思った」というような子どもの発言も受容することが大切である。もちろん、このことは論理的な思考を否定することではない。感じたことや想像したことと、形や色などの造形な特徴との関係を子ども自身が論理的に説明できるよう指導していくことも大切である。図画工作科では、論理的な思考、感性や想像力を働かせた思考の両側面があることに注意しよう。

（３）図画工作科における「学びに向かう力、人間性等」

> つくりだす喜びを味わうとともに、感性を育み、楽しく豊かな生活を創造しようとする態度を養い、豊かな情操を培う。

【図画工作科の目標の(3)】

図画工作科における学びは、造形的な見方や考え方を働かせながら、「知識及び技能」や「思考力、判断力、表現力等」の資質・能力を発揮し、表現や鑑賞の活動を通して意味や価値をつくりだし、つくりだす喜びを味わうものである。「つくりだす喜び」とは、単に表現や鑑賞の活動が楽しい、面白い、ということではなく、主体的に新しい意味や価値を創造することの喜びであることに注意しよう。そして、このような喜びは、子どもが生活の様々な場面を豊かにしていくことにつながっていく。例えば、樹木に生い茂る葉の自然な造形は、形や色などの造形的な視点で捉えると、単なる〈葉〉以上のものとして感じることが

できる。このことは、新たな意味や価値を創造したということである。つくりだす喜びは、さらなる喜びを求めることにつながり、学びや生活に創造的に関わっていく主体的な態度をかたちづくる（第1節参照）。

3. 図画工作科の資質・能力を育む学びの構造とその意味

　図画工作科の資質・能力は「造形的な見方・考え方」を働かせることで育まれ、その過程は「主体的・対話的で、深い学び」として実現する。そして、このような学びは、子どもが自ら感性や想像力を働かせて感じ、考えながら習得・活用・探究することを発展的に繰り返して展開する。この図画工作科における学びの過程のイメージを確認しよう（図1）。

①表したい思いなどをもつこと

　教師の働きかけかけなどをきっかけにして、子どもは様々な対象や事象、自身の経験、既得の知識や技能などと、感性や想像力を働かせながら対話するように関わり、表したい思いや問いを見いだしていく。そして、子どもはその思いや問いを基に表したいことや活動などを発想する。

②考え、工夫しながら思いなどを表すこと

　発想したことを基に、子どもはどのように表し、活動するのか構想し、既得の知識や技能を活用しながら表し方を工夫して表現活動を展開する。その際、様々な対象や事象、自分の制作途中の作品などを造形的な視点で捉えながら見方や感じ方を深め、表したい思いをより具体的にしていったり修正したりする。さらに、表し方を構想し直したり、工夫し直したりもするであろう。また、他者と意見を交換することで新たな視点で捉えることに気付くこともある。

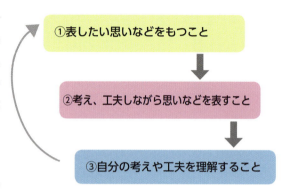

図1．図画工作科における学びの過程のイメージ

③自分の考えや工夫を理解すること

　このような過程を通して、造形的な視点について新たな知識や表現の技能を習得する。このことは対象や事象の捉え方に変化をもたらしたということであり、さらには、新たな意味や価値をつくりだしたということでもある。このようにして習得した知識や技能は、次の活動において活動のきっかけとなったり、表現活動の過程で活用されたりして、学びを発展的に展開していくことになる。

　このような①～③の学びの過程全体を通して、子どもの学びへの関わり方、生活への関わり方も豊かになっていく。図画工作科では、造形的な視点を手掛かりにして対象や事象と関わり、意味や価値をつくりかえて学びを展開してく。意味や価値は、相互に関係付けられ、意味や価値の網の目を形成することで成立している（第3節参照）。そして、その意味や価値の網の目は見いだすことのできるすべての対象や事象を覆い尽くしている。そうであるならば、意味や価値をつくりだすということは、子どもと子どもが生活する世界との関係をつくりかえ、より細やかに複雑にするなどして豊かにしていくということでもある。ひいては、意味や価値をつくりだすことによって自分自身をつくりだすということもできる。なぜならば、生活する世界との関係をつくりかえるということは、対象や事象などを捉える自分自身をつくりかえるということだからである。このような一連の活動をつくりだす喜びとして実感することができるのであれば、図画工作科の学びは、子どもが自分らしく生きる一つの側面を担う力になるであろうし、さらなる学びを主体的に探究することにつながるであろう。

　なお、このような学びの過程のイメージはあくまで一例である。他にも多様な学びの過程を想定することができる。いずれにせよ、図画工作科で「知識及び技能」「思考力、判断力、表現力等」「学びに向かう力、人間性等」の資質・能力を育むということは、「造形的な見方・考え方」を働かせることによって実現するものであり、その過程は「主体的・対話的で、深い学び」となることを確認しておこう。

（新野貴則）

第2章

図画工作科の内容

第2章では、図画工作科の学習の内容について確認する。学習指導要領では、学習の内容は「A表現」と「B鑑賞」の2領域で示され、「A表現」で示される内容には、「造形遊びをする活動」と「絵や立体、工作に表す活動」の二つがある。そのうちの「絵や立体、工作に表す活動」は、絵に表す活動と立体に表す活動、そして、工作に表す活動の三つの活動が一つの内容としてまとめて示されている。実際の活動では、絵を描いているうちに絵が立体的になっていくこともあるため、柔軟に指導できるようにまとめて示している。この章では、それぞれの活動の特徴を捉えるため、分けて示すこととした。それぞれの学習の内容について、指導のポイントや具体的な事例を示すので、実際に学ぶ子どもの姿をイメージしながら学んでいこう。

1.「造形遊びをする活動」と子どもの姿

1. 学習指導要領の示す「造形遊びをする活動」について

　まずはじめに、「造形遊び」と聞いて、どのような印象をもつだろうか。ここでは、平成29年小学校学習指導要領解説 図画工作編(以下、学習指導要領解説)から子どもの姿を見ていく。小学校の図画工作の授業を思い出すと、絵を描いたり、立体的なものをつくったりした記憶があると思う。「造形」という言葉の印象は、おおむね想像がつくだろう。では、そこに「遊び」がつくとどうだろうか。学習指導要領解説では、子どもの遊びの様子について次のように示されている。

> 　児童の遊びには、人が本来もっている、生き生きと夢中になって活動する姿を見ることができる。遊びにおいて、児童は、自ら身の回りの世界に進んで働きかけ、いろいろと手掛けながら、自分の思いを具体化するために必要な資質・能力を発揮している。そこには心と体を一つにして全身的に関わりながら、多様な試みを繰り返し、成長していく姿がある。
> 　　　　　　　　　　　　(文部科学省『小学校学習指導要領解説 図画工作編』日本文教出版、2018年、p.26)

　この内容からは、子どもの遊びには人が本来もっている姿が含まれており、子どもが自ら外界に働きかけ、創意工夫する姿があることが読み取れる。つまり、「造形遊び」とは、このような子どもの遊びの特性が含まれた造形活動といえる。また「造形遊び」では、子ども自ら活動の軸をもち、発展させることが重要になる。それは、子どもが主体性をもって「つくる」という行為と関係性を築くことである。「つくる」には、どのような材料・用具でつくるのか、どのような環境でつくるのか、誰とつくるのかなど、様々な要素が含まれている。つまり、学校という環境において発生する「つくる」は、複数の要素が関係し合い、行為を構築していることになる。

2. 思いのままに発想する子どもの姿

　「造形遊び」での子どもの活動を見ていると、驚かされることがある。それは、柔軟性と発想力である。子どもは、目の前にある材料と用具を組み合わせ、自分の感覚を頼りに様々な発想をする。例えば、新聞紙を用いた造形遊びでは、次のような活動が見られる。新聞紙の性質としては、広げると大きな面ができること、簡単に手で破くことのできる紙であることなどがある。新聞紙を最大の大きさに広げたものをたくさんつなげていくと、大きなシートができあがる。このつなげた大きな新聞紙の上に座れば、遠足のときのレジャーシートのようになり、テントのように扱えば、秘密基地のような空間をつくることができる。または、ぐちゃぐちゃに丸めて大きな立体をつくったり、紙の目に沿って破けば帯状の形を大量につくることができる。別な視点で捉えれば、新聞紙に書かれた文字や写真に発想のきっかけをもつ子どももいる。ここに示したことはあくまでも例であり、子どもがどのような活動をするかは、やってみなければわからない。新聞紙のもつ形や材質、要素から、子どもそれぞれの「見方・考え方」で関わることで、活動は進行していくことになる。

　「造形遊び」では、子どもの主体性に軸を置いている。子どものもつこれまでの経験が土台となり、材料と出会ったとき、何か具体的なものに見立ててつくることもあれば、空間そのものをつくったり、材料のもつ質感と関わったり、コラージュのように絵画的視点で活動をする可能性もある。または、クラスメイトと協力して服をつくったり、テレビゲームのキャラクターに扮してゲームの場面を演じるなど、自らの身体とともに発想することも考えられる。「造形遊び」は、決められたつくり方を設定しない、という特徴がある。子どもは、それぞれのもつ経験を通して材料と関わり、手を動かし発想することで、教室の床や天井を活用したり、つくる場を廊下、校庭へと広げたりしていく。

3. 場所から得る活動の広がり

　「造形遊び」の活動の特徴には、場所との関わりがある。例えば、描くテーマがあった上で水彩絵の具

を用いて絵を描く場合は、その設定に対し、子どもそれぞれのアイデアを紙に描くことになる。この場合、描くために与えられた題材は、大きな意味をもつことになる。しかし、造形遊びの場合は、何をつくるのかという大きなテーマも、自らの判断で決定する。その際、重要になるのが「場所」である。学習指導要領解説では、次のように示されている。

> 「造形遊びをする」では、児童が自ら材料や場所などに働きかけ、そこから発想していく。材料としては、児童が関心や意欲をもつ、土や砂、粘土や木切れ、紙、絵の具など、児童に身近なものが考えられる。活動としては、砂場で穴を掘ったり、新聞紙を丸めたり、特徴のある場所を探したりするなどから始まることが考えられる。それは学年が進むにつれ、次第に、材料や場所などの具体的な特徴に目を向けたり、校庭や光あふれる広場などの場所や空間に活動が広がったりして展開していく。そこでは、材料や用具についての経験や技能を総合的に生かすなどの活動も見られる。
> (同上、p.26)

つまり、「場所」は造形遊びの活動を支える重要な要素となる。子どもは、手に取った材料から得たイメージを具現化するためには、どのような場所が必要になるのか。そしてつくりながら、上や横へと空間を意識し広がりをもつことになる。子どもは、材料のもつ質感や形、色、そして性質を材料から情報として読み取り、「場所」と合わせ空間を構築する。それは、場所のもつ条件や状態（例えば廊下であれば細長い空間、教室であれば天井や壁の存在）が、子どものアイデアの一要素として含まれていることになる。また、場に対する経験（校庭であれば運動をした経験、ジャングルジムであれば登った経験）は、イメージをもつきっかけとなり、作品を構成する一要素となる。つまり、「造形遊び」では、ただただ材料を組み合わせて形にするのではなく、場所との関わりは、結果として、作品の一部であり活動そのものを支えている。

4．つくり・つくりかえ・つくる行為

「造形遊び」の中でのつくる手順は、子どもが決定する。造形遊びにとって重要なことは、子どもが思いのままに発想や構想を繰り返すことである。ある子どもは材料を手に取り、「よし。これをこうしよう」と独りしゃべりながら自分のプランを具体的にする。また、ある子どもは、気になる材料を持っていき、置いてみる。そして、並べてみる。そこから形を決定していく。もしくは、友達と一緒に材料を選び、意見交換をしながらつくることも考えられる。つくる過程では、何度もつくりかえる子どもの姿が見られる。他者の作品に影響される子どももいれば、活動が進むにつれイメージが変化することも考えられる。学習指導要領解説では、このことについて次のように示している。

> 児童は一度つくって満足することもあるが、つくっている途中で考えが変わって、つくりかえることもある。次々に試したり、前につくったものと今つくりつつあるものの間を行きつ戻りつしたり、再構成をしたり、思ったとおりにいかないときは考えや方法を変えたりして、実現したい思いを大切にして活動している。このような学びの過程を児童自身が実感できるようにすることが大切である。なお、「つくり、つくりかえ、つくる」は、広く捉えれば図画工作科の学びそのものであり、「知識及び技能」、「思考力、判断力、表現力等」のみならず、「学びに向かう力、人間性等」にも深く関わることである。
> (同上、pp.26-27)

造形遊びでは、子どもの各々の方法で材料と関わる中で、考えを模索することになる。その際、一直線で自らのイメージに向かう子どもだけではない。どの段階で考えを変更するか、何度変更するかは、子ども次第である。そのため、「造形遊び」では、完成した結果としての作品だけではなく、その作品に至るまでの過程を重要視する必要がある。教師は、子どもが何を思考し、どのような工夫、気付きをしているのかを読み取る必要がある。そのために、子どものつくる姿を観察すること、そして、子どもが今何を考えているのかを言語化させることも場合によっては必要になる。自らの考えの変化を整理して話す力は、「言語活動の充実」にも当たる。このことによって、子ども自身が学びの過程を振り返り実感することにつながる。また、他の子どものつくる様子や結果としての作品を通して、思考の差異を受け止め、表現の多様性を受け入れることは、他者の存在を認める機会にもなる。

（西園政史）

2.「造形遊びをする活動」の指導のポイント

「造形遊び」では、子ども一人一人が身近にある材料や環境との関わり合いにおいて、自分の感覚や行為などを通して捉えた形や色などの特徴をもとに、そこから生まれる自分なりのイメージを広げるなどしつつ、思いのままに発想や構想を繰り返すとともに、手や体全体の感覚などを働かせながら技能などを発揮し、様々なかたちをはじめ、場や状況をつくり、つくりかえていくことが期待されている。

以下では、小学校学習指導要領解説をヒントにしながら、指導のポイントについて見ていくことにする。

1. 材料や場所などとの関わりからの「発想や構想」を豊かにするために

「造形遊び」において子どもが意識する関わり合いの範囲は、低学年の「自分の身の回り」から高学年の「周囲の環境」まで、学年を重ねるにつれて広がっていくといわれる。このことを踏まえ、指導にあたっては育みたい資質・能力の一つである「思考力、判断力、表現力等（この場合、発想や構想）」の育成の観点に立ち、活動と材料などの関係に配慮し、「例えば、材料からの発想を広げるために、材料の種類や量を豊富に用意したり、材料からの発想を深めるために、材料の種類や量を少なくしたりするなど」（『小学校学習指導要領解説 図画工作編（平成29年6月）』p.28、以降、頁表記）が大切である。つまり、材料の種類や量を豊富にすることで、それらを様々に組み合わせたり置き換えたりすることによりイメージを次々に展開させ広げていくことが期待され、逆に材料の種類や量を少なくすることで、限られた材料を隅々まで見たり触ったりすることにより探究が深まり、イメージをより明確にさせることが期待されるのである。

また、「場所」については、活動を始めるにあたり、普段とは異なる状況につくりかえておくという工夫が考えられる。例えば、教室内で新聞紙による造形遊びをする際、あらかじめ教室中を新聞紙で覆い、普段とは異なる世界を用意しておくなどである。そうして「思考力、判断力、表現力等（この場合、発想や構想）」を働かせることで生まれる、子ども一人一人で異なる思いや願いを大切にすることも忘れてはならない。

ところで発想や構想が不得意な子どもには、まず材料や環境に関わってみることを提案するのもよいだろう。次項2．にも関わることだが、例えば並べたり積んだりすることから何らかのイメージが生まれてくるということもあり得るからである。また材料の確保に関しては、普段から身近にあるものに関心をもってこまめに集めておくとよい。あるいは子ども自身が材料集めをすることも大切である。同時に活動場所についても、教師が学校内外の環境を常に新鮮な目で見つめ直すことも重要である。

2. 活動を工夫して「技能」を高めるために

「技能」とは「発想や構想」の実現のために発揮される資質・能力の一つであるが、『小学校学習指導要領解説 図画工作編』では「低学年では、身の回りの材料を並べる、つなぐ、積むなど、手や体全体の感覚などを働かせて（p.29）」「中学年では、身近な材料や用具を組み合わせたり、切ってつないだり、形を変えたりするなどして、手や体全体を十分に働かせて（p.29）」「高学年では、経験や技能などを総合的に生かしたり、方法などを組み合わせたりするなどして（p.29）」活動を工夫してつくることが要件とされている。このことを踏まえ、指導にあたっては活動と材料などの関係に配慮し、例えば「材料や用具の経験を総合的に生かすような題材を構成する（p.30）」こととして「手や体全体を使って長く並べたり高く積んだりできる場所を工夫するなど（p.30）」が考えられる。つまり子どもたちの「手や体全体」を使って並べたり積んだりするような活動内容を保障するためには、それにふさわしい場や状況を設定することが不可欠なのである。また技能は発想や構想を実現するだけではなく、技能自体を働かせる中から新たな発想や構想が生まれることもあるといえ、発想や構想が不得意な生徒への対応も含め、まずは並べたり積んだりするという技能面の提案から活動を始めてみるということも考えられよう。なお用具の使い方については、

活動を工夫して創造的につくる中で身に付くものでもあるため、安全面に配慮しながら積極的に使用できる環境を整えておきたい。また、造形遊びの場合、必ずしも活動の最後に形が残るとは限らないが、「技能」は確実に育成されているので、子どもの活動の様子は作品という結果だけでなく「資質・能力」の視点から捉えることが大切である。したがって、それらを写真や動画等に記録しておくことも重要である。

3．友達と自然に交流する場の設定／友達との関わり

　子どもは他者（＝友達、以下友達）との関わり合いから新しい発想を生みだしたり、友達がしていることを真似してみる中で新たな技能が身に付いたりもする。あるいは、友達が試みていることに関心をもち、それを自分なりに解釈して取り組んでみたりすることで、例えば自分では捉えられなかった材料等の特徴を知ることができたり、そこに自分なりに関わり合ってみたりしようとすることにつながる。

　こうした子どもを取り巻く友達の行為は、材料や場所などと並んで、あるいはそれ以上に、子どもの発想や構想を刺激することがあるし、技能を身に付ける際の一助となり得ることもある。したがって、そうした友達と何気なく関わり合える場や状況を設定することはとても重要なことである。授業の中で子どもが随時そのような場や状況を共有することができるように配慮したり、そうした関わり合いの中に入りづらい子どもへの配慮として、友達との関わり合いの場や状況を教師が設定したりすることも必要である。

4．「B鑑賞」の活動との関連

　表現と鑑賞は互いに密接な関係にある。子どもが美術作品や友達の作品、及び造形的な行為などに関わり、そこで自分の感覚を働かせて感じ取ったことなどをもとに、自分なりの見方や考え方を広げ深めることが、次の自分の表現活動の根拠になるなどといったことが考えられるからである。

　例えば「低学年では、自分たちの身の回りの作品や材料など (p.32)」、中学年では「身近にある美術作品や製作の過程など (p.32)」、「高学年では、社会や文化も対象に取り入れ、分析的に見ることもできるようになるので、我が国や諸外国の親しみのある美術など (p.32)」がその主な対象といえよう。解説では「視覚だけでなく触覚や聴覚などの様々な感覚を働かせて鑑賞する、児童が造形活動の中で自然に自分や友人の作品などを見ることも鑑賞として捉えるなど、鑑賞活動を幅広く捉えること (p.32)」が大切であると示されている。「造形遊び」において材料や環境などに関わり合ったり、友達の行為を共有したりする中で、こうした鑑賞との関連にも留意した指導を心掛けたい。

5．〔共通事項〕との関連

　〔共通事項〕とは、表現及び鑑賞の活動の中で、共通に必要となる資質・能力であり、造形活動や鑑賞活動を豊かにするための指導事項として示されているものである。具体的には、アは「知識」に関するものとして「自らの感覚や行為を通して形や色などを理解すること (p.33)」、イは「思考力、判断力、表現力等」に関するものとして「自分のイメージをもつこと (p.33)」とされている。当然、これらは「造形遊び」の活動においても子どもに身に付け発揮してほしい資質・能力である。例えば、活動の中で子どもは「視覚や触覚などの感覚、持ち上げたり動かしたりする行為や活動 (p.33)」を通して対象の形や色の特徴についての「知識」を獲得するとともに、それを活用しながら「思考力、判断力、表現力等（＝発想や構想）」や「技能」を働かせて新しい表現をつくり、つくりかえていくことが期待されるということなのである。さらにこうした活動の過程は、形や色を活用したコミュニケーションの過程ともいえ、子どもが友達とどのようなイメージを共有しながら活動を展開しているかを把握し、必要に応じて指導する際の手掛かりにもなるといわれている。ただし、〔共通事項〕とはこれだけを取り上げて指導するものではなく、「造形遊び」なら「造形遊び」という題材の中で、適宜指導するものとして心掛けておく必要があるといえよう。

（秋山敏行）

3.「造形遊びをする活動」の題材例

1.「ならべて つなげて ひろがるかたち」(1年生:2時間:合科教室)古鎌幸一(愛媛大学教育学部附属小学校)

| 材料や用具 | 洗濯ばさみ(7色)、黒ロール紙(色の組み合わせから思い付く活動への支援)、針金(つるす活動への支援)、厚紙(円や細長い形に切ったもの) |

❶題材の目標

- 洗濯ばさみの特徴を捉え、並べたり、つなげたりしながら、いろいろな形を思い付くとともに、並べ方や、つなぎ方を工夫している。[技][発][鑑]
- 洗濯ばさみの形や色に気付き、機能を基に、並べたり、つなげたりすることを楽しもうとしている。[知][態]

図1.洗濯ばさみをつなげて並べる。

❷題材の内容

①大量の洗濯ばさみと出会い、材料への関心と活動への期待感が高まる。②洗濯ばさみを自由に操作することで気付いたことを基に、テーマを決定する。③洗濯ばさみの形や色、機能から発想したものを基に、形をつくり、つくりかえることを楽しむ。④つくった形を友達と紹介し合う。⑤友達の形づくりの工夫を参考に、自分の形づくりをする。

2.「ひらいて つないで」(2年生:2時間:教室)古鎌幸一(愛媛大学教育学部附属小学校)

| 材料や用具 | 紙コップ、はさみ、ホチキス |

❶題材の目標

- でき上がる形を想像しながら、紙コップを切りひらき、ひらいた紙コップの形を捉えるとともにつなぐことを楽しみ、それらを教室内に飾ることにより、形の美しさを味わう。[知][態]
- ひらいた紙コップや、それらをつないでできる形からイメージを広げ、より豊かに表現するために、友達の表現なども参考にしながら、切り方やつなぎ方を工夫している。[技][発][鑑]

図2.紙コップを切りひらいてお花のイメージを表す。

❷題材の内容

①紙コップを観察し、形の特徴を発表し合う。②紙コップを自由に切りひらく中で生まれる見立てやつぶやきを紹介し、つくり出した形の不思議さに気付く。③活動のめあてを「つないで形をつくりだす」と設定する。④でき上がる形を想像しながら紙コップを切りひらき、つないでいく。自分たちがつないだ形を認識しやすくするために、黒い掲示板や吊り下げる場を用意しておく。⑤活動の途中で教室全体を見渡す時間を設けることにより、自分の活動がすてきな空間を生みだしているという実感をもつ。

3.「ビリ・バリ・ダンボール」(3年生:2時間:図工室)井ノ口和子(武蔵野市立本宿小学校〈現:共栄大学〉)

| 材料や用具 | 段ボール箱(各種サイズ)、木工ボンド、粘着テープ、絵の具 |

❶題材の目標

- 身体全体を使って、段ボールを破る活動を楽しみながら、段ボールの特徴を捉え、形や特徴を基に、並べたり、つなげたりすることを楽しもうとしている。[知][態]
- 破り取った段ボールを並べたり、つなげたりしながら、いろいろな形を思い付くとともに、並べ方や、つなぎ方を工夫している。[技][発][鑑]

図3.段ボールを破ったりつなげたりして形を表す。

❷題材の内容

①大量の段ボール箱と出会い、材料への関心と活動への期待感が高まる。②段ボールを身体全体を使って自由に破る活動を楽しみながら、段ボールの特徴に気

付く。③破り取った段ボールの形、特徴などを基に、折ったり、丸めたり、つなげたり、色を塗ったりすることで、形をつくり、つくりかえることを楽しむ。④つくった形を友達と紹介し合う。

4.「とびっきり マイスペース」（4年生：2時間：体育館）菅沼晶子（元東村山市立南台小学校）（文責：井ノ口和子）

材料や用具	養生シート、PE（ポリエチレン）ひも（数色：装飾及び形態の工夫に使用）、ビニールひも・粘着テープの芯（児童の活動を促し、支えるための支援）、はさみ・カッターなど（グループごとに材料ケースに保管）、デジタルカメラ（鑑賞活動に使用）

❶題材の目標

- 養生シートの質感や特徴を身体全体で感じ取って捉え、体育館の好きな場所を自分たちの好きな空間につくりかえる活動を楽しむ。［知］［鑑］［態］
- 養生シートを使い、体育館の場の特徴と関わりながら、自分たちの居心地のいい空間を工夫して表現している。［技］［発］

図4．自分のイメージした空間をつくりだす。

❷題材の内容

①活動の目標及び安全面での注意事項を確認する。②約10mに切った養生シートの特徴をグループの友達と一緒に確認する。③グループでお気に入りの場所を見つける。④養生シートを梁(はり)やギャラリーの柱に掛けたり、結び付けたりしながら空間をつくりだす。⑤自分たちのマイスペースや他のグループのスペースを楽しみ、見え方をデジタルカメラに記録する。

5.「玉公園と大変身〜まいて むすんで のばして かさねて〜」（5年生：2時間：公園・運動場）秋山敏行（愛媛大学教育学部）

材料や用具	ポリエチレンテープ（各色。計120個程度）、セロハンテープ、はさみ

❶題材の目標

- テープを伸ばしたり転がしたりしながら身体全体で関わり合い、楽しみながら友達や遊具等を含む環境などとも関わり合おうとしている。［態］
- 自分や友達のつくりだしたものや環境との関わり合いからつくりつつあるもののイメージをもち、広げていくとともに、そこで思いついたことを基に新たな関わり合いをつくりだしている。［技］［発］［鑑］

図5．空間、テープ、友達の関わりからイメージする。

❷題材の内容

①テープを屋外の一部遊具間に張り巡らせておく。②①を見たり触れたりして「やってみたい！」という思いをもち、それをもとにテープ等との関わり合いが始まる。③テープを遊具に巻き付ける、転がす、テープ同士を重ねたり並べたり光に透かしたりする。④テープが張り巡らされた空間を移動（鑑賞）して、自分たちがつくりだしたもののよさを面白さについて、身体を通して実感する。

6.「骨だけ建築」（6年生：2時間：校庭）大森直子（東村山市立秋山小学校）（文責：井ノ口和子）

材料や用具	瓦桟*（180cmと90cm、一人当たり15〜20本程度）、ゴムバンド、軍手 *（かわらざん）瓦を留めるための木材のこと。

❶題材の目標

- ゴムバンドを使って木材を結束させ、組み立て方を工夫し、友達と関わり合いながら校庭に建築物を建てようとしている。［技］［態］
- 木材の組み合わせ方を工夫し、その構造や空間の美しさや面白さに気付き、さらにつくりだそうとしている。［知］［技］［鑑］

図6．木材の組み合わせを工夫して建築物をつくる。

❷題材の内容

①木材と出会い、ゴムバンドで結束させるだけの方法で校庭に建築物を建てる活動に意欲をもつ。②結束方法や安全面での注意事項などを確認する。③木材の組み合わせ方を工夫し、校庭にグループごとに建築物を建てる。④自分たちがつくりだしたもののよさや美しさについて、身体を通して実感する。

【参考】公益社団法人日本建築家協会関東甲信越支部「空間ワークショップ」

（秋山敏行）

第2章　図画工作科の内容

4.「絵に表す活動」と子どもの姿

1.「絵に表す活動」に含まれる学びについて

　子どもにとって、絵に表すことは特別なことではない。願いや思い、想像を形にすることや見たものを絵で表すことは、ごく自然な行為である。小学校学習指導要領解説では、次のように示している。

> 　つくりだす喜びを味わうとともに、見たり感じたりする力、次にどのような形や色にするかを考える力、それを実現するために用具や表し方を工夫する力、一度つくったものを改めて見て、新たなものをつくりだそうとする力などが働いている。これは、児童の造形的な資質・能力が自然に発揮されている姿ともいえる。
> （文部科学省『小学校学習指導要領解説 図画工作編』日本文教出版、2018年、p.10）

　ここからは、子どもが絵に表すことで育つ力について読み取れる。まず、「つくりだす喜びを味わう」とあるが、子どもにとって自らの想像を具現化する行為は、自らの働きかけによって起こる形や色との出会いである。一つ一つの形や色の決定は、自らの経験を土台とし判断している。つまり、これまでの子どもの経験やイメージが、描くという行為を支えている。さらに、喜びを味わうことは、個人の内側だけで成立するものではない。描く環境、そこで共に活動する他の子どもの存在も忘れてはならない。また、「つくりだす喜び」は、個人で獲得しながらも、ときにはグループのメンバーやクラスメイト、指導者との共感によって成立することもある。

　続いて「見たり感じたりする力、次にどのような形や色にするかを考える力、それを実現するために用具や表し方を工夫する力、一度つくったものを改めて見て、新たなものをつくりだそうとする力」とある。子どもの表現する過程には、これらの要素が含まれている。絵で表す上で、製作過程や用具の使い方も製作における重要な要素の一つとなる。例えば、絵の具を用い紙に絵を描く場合、具体的なイメージをもってから描く場合と、絵の具の表情をきっかけに描く場合がある。それぞれ、用具の工夫によって多様な表現を得ることができる。例えば、描く用具について筆の使用以外にも、ローラー、ハケ、手、スポンジ、ペットボトル（キャップやボトルにきりで穴をあけ、穴から出る色水で描く）など、描く行為につながればどのような用具でも筆の代わりになる。また、エアーキャップや身近にあるものをスタンプや版画表現として使用したり、水分を多くしてにじませたり、絵の具同士を画面上で混ぜ、色の混ざる表情を楽しんだりすることなども考えられる。つまり、絵で表すことには、目の前にあるモチーフの色や形に近づくように描き進める方法もあれば、モチーフをきっかけに自らのイメージを絵にする方法、または、絵の具の表情や現象を味わい、それを絵として成立させる方法などがある。

2. 様々な「描く」

　「絵に表す活動」は、見たものを見たままにそっくりに描くことだけが求められているわけではない。絵の表現には、抽象的な作品もあれば、紙以外の立体的なものに描くことも考えられる。例えば、透明なビニール傘に絵を描く題材がある。ビニール傘は、球を半分に切ったような形をしている。さらに、ビニールの素材が透明なため、傘越しにものが透けて見える。このような状態の素材に絵を描くことは、白く四角い紙に絵を描くこととは、大きく異なる要素をもっている。立体の場合、作品の周囲をグルッと移動することができる。子どもは、描きながら傘を回転させたり、上からのぞき込んだりしながら、様々な角度から描く姿がある。立体で捉えて絵を描くことは、紙のような平面に描くこととは、描く行為に違いが生まれる。そして、透けて見えるということは、傘越しに風景が見えている状態ということになる。描いているときも、作品を設置した際も、傘の先に見える風景が、傘の表面に描かれた絵の具の表情と一緒になって見えることになる。つまり、どこに作品を設置するかによって、作品の見え方は変化する。また、

つくった作品を校庭などの野外に展示すれば、昼間の明るい印象の色から夕方の暗い印象の色まで、時間帯によって見え方に変化が起こることに気付くことができる。子どもは、自らつくった作品を生活と共に捉えることで、作品の面白さをさらに見つけることができる。その他にも身近な透明な素材がある。窓ガラス、ビーチボール、テーブルクロス、ビニール袋、エアーキャップ、ペットボトル、卵のパックなどが挙げられる。それぞれ材料の特徴を生かし、題材を考えることが大切である。

校庭などを含め、子ども自ら描く場所や展示する場所を決め、作品化することの経験は、主体性をもって表現する行為へとつながっている。この、取捨選択する行為を子ども自らが行い、自らの計画をもって表現に至ることが重要となる。大事な点として、「絵に表す」とした際に、教師の一方的な固定観念をもたないことである。子どもは、様々な「描く」表現の可能性をもっている。教師の想定にはない表現をすることも、充分に考えられる。子どもがなぜその表現に至ったのか、そのプロセスを子どもの行動と言葉から捉えることが重要である。

3. 子どもの声が聞こえる絵

図画工作では、指導者である教師と子どもとの関係がある。子どもは、授業中にただただ自由に絵を描くわけではない。図画工作の授業には、教師の指導のもと、作品をつくるという状況がある。もちろん、手取り足取り表現方法や技法を教え込むという意味ではない。目標に向かって製作する子どもには、「子どもの声」[1]が存在している。子どもの絵には、描いた子どもなりの理由がある。例えば、子どもの直接的な体験が反映された絵もあれば、知識として知っていることを構成した絵も考えられる。

これらのことを理解するには、子どもの心の声を指導者である教師が見つけることが大切である。完成時だけではなく、製作中にも「子どもの声」は、存在している。その子どもが、何を描いているのかだけではなく、なぜそれらを描いているのか。または、子どもが描こうとしている内容に対して、筆の使い方を工夫しているなど、描く行為も「声」として聞こえてくる。教師が絵を評価する際には、子どもの製作中の「声」や完成作品から聞こえる「声」などを合わせて評価するとよい。

そして、子どもの描く絵には、それぞれのプロセスがあり、教師はそのプロセスを見守ることが求められる。筆が画面の上を走るように描いている姿からは「今、イメージがどんどん湧いているな」、絵の具の水分量をコントロールしマチエル（絵肌）をつくっているときには「今、絵の具の表情を楽しんでいるな」、じっとして固まっているが何やら独り言を言っているときには「今、どうしようか悩んでいるな」など、今何を感じ考えているのか、子どもの行為の読み取りと声掛けによって、子どもの思考が「声」として聞こえてくる。教師は画面の進み具合だけではなく、子どもの表情や「今」の様子に対し前後の行為を鑑みて読み取るなど、「子どもの声」を聞くために子どもを見ることが求められる。

また、絵のよいところは、後戻りができないことである。水彩絵の具であっても、クレヨンや鉛筆であっても、新しい紙に変えない限りゼロの状態には戻らない。紙の上には、何らかの痕跡が必ず残る。水彩絵の具であれば、そのやりとりが結果として微妙な色味をつくることになる。鉛筆であれば、消しゴムで消したとしても筆跡として凹凸が紙の表面に残ったりし、簡単にはつくりだせない質感を得る。描いたことは、何らかの痕跡として紙に定着されるものである。絵の表情は、子どものプロセスとともに構築され、それぞれの視点とともに質を生みだすことになる。

(西園政史)

---

1) 奥村高明『子どもの絵の見方　子どもの世界を鑑賞するまなざし』東洋館出版社、2010、p.10

5.「絵に表す活動」の指導のポイント

　一口に絵に表すといっても、様々な内容がある。教師は、それぞれの特性や意義を踏まえた上で教材研究・題材開発を行い、指導のポイントをおさえつつ、子どもの反応、発達段階や実態に応じて、柔軟な姿勢で授業に臨む必要がある。

1. 絵に表す活動を指導するための留意点

（1）他の分野との違いを意識した指導が必要

　平成29年告示小学校学習指導要領（以後、学習指導要領）・図画工作科でも、「絵や立体、工作に表す」は一体的に扱われている。しかし、「絵や立体に表す」と「工作に表す」とは本来性格の異なるものである。「絵に表す」「立体に表す」は心象表現（自分の見たこと、感じたこと、想像したことなど、心象を表現する活動）であり、完成作品は非機能的なものとなる。「工作に表す」は適応表現（自分のつくりたいものと目的、用途、条件、材料の特性などとの関係を吟味して行う合目的的活動）であり、完成作品は機能的なものとなる。筆者は、「絵に表す」「立体に表す」はアートを、「工作に表す」はデザインを基盤・母体としていると考えている。「絵や立体、工作に表す」を一体的に扱うとはいえ、指導者はねらいを混同してはならない。例えば、「絵に表す」「立体に表す」で画一的な指導によって心象性が乏しい表現になってはいけないし、「工作に表す」で心象性を強調するあまり機能性がおろそかになってもいけない。

（2）絵に表す活動の分類とその違いを意識した指導が必要

　絵に表す活動は、製作過程と効果の違いから「描画」と「版画」に分けられる。描画は、水彩絵の具などの液状描画材を使用する「ペインティング」とクレヨン・パスなどの棒状（固形）描画材を使用する「ドローイング」に分けられる。近年では、複数の描画材を組み合わせたり、コラージュなどの表現を併用したりする題材も増えている。教師自身も、日頃から様々な描画材に触れておくとよいだろう。ただし、やみくもに併用すればいいというものではなく、題材のねらいに応じて選択する必要がある。

　版画は、版形式によって「凸版」「凹版」「平版」「孔版」に分類できる。子どもの発達段階や施設・設備の面などから、小学校で実践可能な版種は、凸版では紙版画・木版画・スチレン版画、凹版ではドライポイント・板紙凹版、平版ではモノプリント、孔版ではステンシルなどが挙げられる。学習指導要領では「児童が工夫して楽しめる程度の版に表す経験」と記述されている。版画の3大特性である「間接性」「複数性」「計画性」を学習させる上でも、子どもの発達段階や実態に応じて経験させたい内容である。

（3）発達段階の違いを意識した指導が必要

　絵に表す活動は、一般的に表現内容と描く対象によって「人物画」「静物画」「風景画」「生活画」「空想画（物語絵）」などに大別できる。絵に表す活動の内容は「感じたこと」「想像したこと」「見たこと」「伝え合いたいこと」に分けられる。主観的・自己中心的傾向のある低学年では、「感じたこと」「想像したこと」など自分自身のイメージや記憶を表現することが主な内容となる。結果よりも活動そのものを楽しむ傾向があるため、材料や用具に触れながら思い付いたことを表す内容にも向いているといえる。中学年になると、徐々に観察して描くことができるようになるとともに、客観的な見方・考え方ができるようになり、それが絵にも表れてくる。中学年では、「見たこと」が加わる。低学年に比べると手の巧緻性が育ち、扱える材料や用具の幅も広がってくる。少しずつ計画的な取り組みもできるようになってくる。高学年になると、さらに客観的な傾向が強まり、徐々に写実的な表現も可能になってくる。技術的に高まるだけでなく、内容的にも深まりが出てくる。構想を十分に練った計画的な取り組みも可能になる。さらに「伝え合いたいこと」が加わってくる。「伝え合いたいこと」は、題材によっては「工作に表す」に入るものも出てくる。例えば、ポスターは絵と同様に平面表現ではあるが、デザインの範疇に入るものであり、「絵に表

す」活動の指導とはねらいが異なるので、混同しないようにする必要がある。

題材は、あまりにやさし過ぎる、あまりに難し過ぎると子どもの学習意欲を停滞させてしまうので、子どもの実態や発達段階に合わせるか、やや難しいくらいを目指すとよいだろう。

2．絵に表す活動における具体的な指導法の一例

（1）導入における主体的・対話的な活動

生活画や空想画（物語絵）では描く場面を鮮明化させるように、導入で教師と子どもが対話をする、子ども同士で対話をするなど、主体的に取り組める工夫をする。「最も印象に残っているのはどこか」「一番好きなところはどこか」「どのような様子を表現したいのか」「何を伝えたいのか」など、訴えたいテーマや強調したい点を明確化させる必要がある。静物画や風景画など見て描く活動の場合、単に観察するだけでなく、対象に触れる、においを嗅ぐ、耳を澄まして聞くなどの五感を使うと主体的な学習になり、生き生きとした表現にもつながる。生活画では、ICTを活用して写真や動画などで活動を振り返ったり、行事などの思い出を文章化したりする方法もある。人物を描く場合、子ども同士で場面を演じる方法もある。

（2）参考作品の製作と提示

子どもの主体的な姿勢、独自の表現が大切であるとはいえ、教師による働きかけなくして子どもが育つことは不可能である。実践化する題材の参考作品をつくりながら、学習指導案を書くことで、教師は指導のポイントをつかむことができ、子どもも学習の見通しをもつことができる。理想的な教師の力の入れ方、授業の黄金率「7（授業前の準備）・1（授業中の働きかけ）・2（授業後の振り返り）」の7を実践してほしい。参考作品は、違う傾向のものを2点以上はつくるといい。参考作品が1点のみであると、子どもの思考と表現が画一化する可能性がある。参考作品の作成・提示においては、どのような作品（作品の質）を、何点くらい（作品の点数）つくり、授業のどの段階で（提示のタイミング）、どのような方法で見せるか（提示方法）が重要である。絵に表す活動の場合、例えば縦構図の作品と横構図の作品を同時に提示するだけでも、表現の画一化を防ぐことができる。教科書の作品や画家の作品を鑑賞することも有効であろう。ただし、参考作品に近づけることが学習の最終目的ではなく、子どもなりの表現が生まれることや学習過程が重要なこともおさえておく必要がある。

（3）具体的な活動による子どもへの支援

絵に表す活動、特に見て描く題材の場合、中学年頃から苦手意識をもつ子どもが増えてくる。認知能力が高まることで、描画能力が自分のイメージに追い付かないことが原因の一つであろう。子どもの発達上、避けられないことではあるが教師が何も手立てを施さないわけにはいかず、次のような支援が考えられる。

難しい技法などの場合、教師の示範（演示・実演）によって製作手順を視覚化する方法がある。ときには、子どもの代表者にやってもらい、クラスで鑑賞するのもよいだろう。子ども自身の操作によって視覚化する方法もある。構図が決まらない子がいる場合、アイデアスケッチや下絵をコピーし、パーツ毎に切り取って、画面上で動かして構成する方法もある。版画の刷りでは、ローラーを転がしてインクを巻き付ける際の「行きは自動車、帰りは飛行機」などのように言語化する方法もあるだろう。視覚・聴覚による支援を通して、苦手意識を軽減する。自分の感覚や行為を通して、造形的な理解を促し、自分なりのイメージをもつことを促すのである。

本製作に入る前に、練習題材・導入題材によって抵抗感を軽減する方法もある。子どもの発想力が弱いと感じたら発想力を育てる短時間題材を積み重ね、楽しみながらトレーニングする方法もある。人物画は、高学年になると苦手意識をもつようになるので、あらかじめクロッキーをするなどして、抵抗感をなくすようにする方法もある。

作品の相互鑑賞によって、子どもの発想・構想を広げる方法もあるだろう。完成した作品だけでなく、製作途中の作品を掲示し、相互鑑賞をすることによって子どもが相互に主体的・対話的にアドバイスし合う方法もある。掲示後は、完成に向けて再び製作を続けるとよい。

（佐伯育郎）

6.「絵に表す活動」の題材例

1.「カラフルシャボンで ～どんな絵ができるかな？」(2年生：3時間：教室)

材料や用具	石けん水（水に食器用中性洗剤を入れたもの）、水彩絵の具、画用紙、ストロー（複数つないで長くしたもの）、高さのある空き容器（ペットボトルの先端を切ったもの）、スプーン、古新聞紙

❶題材の目標

- 色シャボン液を画用紙に写し取ることを楽しみ、できた模様の色や形の美しさ・面白さを味わい、見方や感じ方を広げる。[鑑][態]
- 色シャボン液でできた模様の色や形を捉え、そこから表したいことを思い付いて、工夫して表す。[技][発]

図1．泡を写し取った様子

❷題材の内容

　①石けん水と水彩絵の具でつくった色シャボン液の泡を画用紙に写し取って、模様づくりを楽しむ。②色シャボン液による泡の形や色の面白さ、美しさに気付き、できた模様から発想し、カラーペンやクレヨン・パスを使って加筆し、自分の表したいことや思いを膨らませて表現する。③相互鑑賞を通して、自他の作品の面白さ、美しさを味わい、表現の効果や工夫に気付く。

図2．カラフルシャボンの作品例

2.「たらし絵、ふき絵で思いをふくらまそう！」(3年生：3時間：教室)

材料や用具	水彩絵の具、画用紙、クレヨン、パス、参考作品、新聞紙、ストロー

❶題材の目標

- ドリッピング・ブローイングを用いて、自分の表したいことを表現することの楽しさを味わう。[態]
- 偶然できた形や色を捉え、そこから発想を広げ、表現することができる。[知][技][発]

❷題材の内容

　①ドリッピング・ブローイングを楽しみながら、形や色が変わっていくことを体験的に理解する。

図3．ドリッピング・ブローイングの作品例

②ドリッピング・ブローイングの形や色から思いを膨らませ、クレヨン、パスで加筆して絵に表す。③自分や友達の作品について、工夫したところや気に入っているところを見つけたり話したりして相互鑑賞をする。

3.「ふしぎなたまご ～何がでてくるのかな？」(4年生：4時間：教室)

材料や用具	水彩絵の具、画用紙、クレヨン、パス、参考作品、はさみ、のり、ボール紙、ストロー

❶題材の目標

- ふしぎなたまごと中から出てくるものを想像して描くことに興味・関心をもち、意欲的に取り組む。[発][態]

- 描きたいもののイメージを自分なりにもち、好きな色を選んだり、色を組み合わせたりして工夫して表現している。[知][技]

❷題材の内容

①たまごから生まれてくるものを想像しながら、たまごの色や模様を考えてつくる。②たまごから出てくるものを想像し、イメージを広げて絵に表す。③自分や友達の作品について、工夫したところや気に入っているところを見つけたり話したりして相互鑑賞をする。

図4．想像を絵に表した作品例

4．「とびこもう！　物語の世界へ」(5年生：6時間：教室)

| 材料や用具 | 水彩絵の具、画用紙、鉛筆、色鉛筆、参考作品、関連図書 |

❶題材の目標
- 物語から心を打たれた場面を選び、その世界に入り込むことができるように画面を構成する。[発][態]
- 心を打たれた場面がよく表れるように、配色や構図を工夫して表現する。[知][技]

❷題材の内容

①自分が読んだ物語から感動した場面を選び、ワークシートにアイデアスケッチをする。②アイデアスケッチの中から最もよいものを選び、画用紙に下絵を描く。③場面の雰囲気が出るように、水彩絵の具などを用いて彩色を行う。④自分や友達の作品について、工夫したところや気に入っているところを見つけたり話したりして相互鑑賞をする。

図5．物語の一場面

5．「お気に入りの場所～私たちの学校」(5年生：6時間：教室)

| 材料や用具 | 画用紙、鉛筆、色鉛筆、ダーマトグラフ、スケッチペン、水彩絵の具、パステル、参考作品 |

❶題材の目標
- 見慣れた学校から好きな場所、気に入っている場所を探し、絵に表す。[発][態]
- 選んだ場所への思い・表現したいねらいがよく伝わるように、配色や画面構成を工夫する。[知][技]

❷題材の内容

①学校の中から好きな場所、気に入っている場所を探す。②描きたい場所に移動し、複数枚のラフスケッチをする。③ラフスケッチの中から構図を選び、画用紙に下絵を描く。④場所の雰囲気が出るように、水彩絵の具などを用いて彩色を行う。⑤自分や友達の作品について、工夫したところや気に入っているところを見つけたり話したりして相互鑑賞をする。

（佐伯育郎）

図6．お気に入りの風景

7.「立体に表す活動」と子どもの姿

1.「立体」の活動の特徴

　人間は、立体に囲まれて生活をしている。最も身近な立体といえば、自らの身体である。体の一部に触れれば、その大きさや質感、凹凸を認識することができる。皮膚を通して内側にある骨の形を想像することもできる。そして、ものに光が当たることで影が発生し、視覚を通して立体を認識することができる。

　このように、当たり前に存在する立体だが、図画工作・美術においては、ただのものではなく、子どもの意図や意味が作品に内在されている。子どもは、目的に合わせて材料や用具を用いて三次元の中で形・色・質感を構成し立体をつくり上げている。その際、様々な用具を用い材料の形を作品へと変えていくことになる。

　「立体」の活動の特徴は、作品をいろいろな角度で見ることができる点である。例えば、粘土で作品をつくる際には、作業板の上に置かれた粘土を真上から、または横から、斜め下から見上げるなど、見る視点が変化する。このことは、立体的な作品をつくる上で、重要な点である。子どもは、粘土に触れながら一つ一つ確認するかのように形をつくっていく。そのため自然と、顔を傾けてみたり、顔を作品に近づけたりイスから立ち上がってみたりする子どもの姿が見られる。つまり、立体作品では、製作の途中であっても完成後であっても、作品をいろいろな角度から鑑賞することで、作品全体を通して形を認識することになる。また、完成作品の鑑賞では、自分の作品がよりよく見えるよう、作品の設置場所を探すことも考えられる。いろいろな場所に置いてみることで、作品の背景や、作品に当たる光の変化による見え方の違いを確認することができる。このように、設置空間によって立体作品の見え方に違いが生まれることに気付くことも、「立体」において大切なことである。これらの活動が、駅や公園、美術館に設置された彫刻作品の鑑賞の視点を築くことにもつながる。

　では、立体について小学校学習指導要領解説 図画工作編（以下、解説とする）では、どのように説明しているのだろうか。

> 「絵や立体」とは、絵の具などで平面に表したり、粘土などで立体に表したりすることであり、ともに自分の感じたことや思ったことなどを表すという点で共通している。
> 　　　　　（文部科学省『小学校学習指導要領解説 図画工作編』日本文教出版、2018年、p.27）

　ここには、自分の感じたことや思ったことなどを表すために、粘土などを用いて表すことが示されている。つまり「絵」では、自分の感じたことや思ったことなどを平面的な要素を中心に製作することで、「立体」では、自分の感じたことや思ったことなどを粘土などの立体的な材料を中心に製作することとして分けている。違いが一見わかりにくい「工作」について同解説では、「意図や用途がある程度明確で、生活を楽しくしたり伝え合ったりするものなどを表すことである。」（p.27）と示されている。つまり、工作では、製作の始めから終わりまで、つくるものの明確な意図と具体的な用途が位置付けられていることになる。これに対し、「立体」では、子ども自らの感じたことや思ったことをどのように形にするかという点において、最初に設定した意図が、製作過程の中で材料に触れるなどし、変化することも考えられる。例えば、木材を使って車をつくろうとつくり始めたが、手に取った細長い板の特徴から、「キリン」の長い首をイメージし、車からキリンに変化していくことも考えられる。工作であれば、例えば「イスをつくる」という目的が製作途中で消えてはならない。「立体」と「工作」とでは、このような違いがある。

　このように、それぞれの表現において異なる特徴があるが、これらは切り離されてあるわけではない。例えば、立体に絵の具を使って色を塗ること、または、様々な材料で組み合わされた凹凸の面に絵を描く

ことも考えられる。他にも、木のもつ色の違いを生かして立体をつくることも考えられる。つまり「立体」は、粘土のように単色のイメージだけではなく、色彩の要素も含まれていることになる。また、「造形遊び」との関係では、何かをつくるという創造性や立体への意識の獲得という意味でつながりをもっている。例えば、様々な形の板や枝、木材を用いた造形遊びでは、木に触れる機会を得たり、性質の違いを発見したりと、材料に触れ親しむきっかけになる。そして、並べたり積んだりすることによって、立体への意識を獲得するこ

とができる。または、ベニヤ板を敷いた床に大量の粘土を置き、その上を裸足で歩いたり、子どもの自由に造形する機会を設けることで、幼少期の砂場での遊びとのつながりや、つくるという行為が日常とかけ離れた存在ではないことを認識したりするきっかけとなる。

　また、つながりという意味で他教科との関係を考えると、製材前の原木を見ることができる地域であれば、森林に入り林業の姿を知り、丸太から製材品になるまでの工程を知った上で、作品と向かい合うということも考えられる。このように図画工作科の題材では、社会科や理科などの他教科とのつながりで題材が成り立つことも考えられる。さらには、つくった作品が地域の人々の目に触れる発表の形をとれば、社会へ向けたメッセージを含めた作品を完成させることもできる。このことは、子どもの作品が社会と地域の人々とをつなぐ媒介役として位置付けられることになる。

2．立体における技能

　「立体」をつくる際には、様々な用具が用いられる。材料に合わせて使い分ける用具には、技術指導を要するものがある。例えば、のこぎりや小刀、釘や木工用接着剤が用いられることがある。現代の家庭の中では、小刀を使って鉛筆を削る機会や木と木を接着する機会はあまりない。図画工作科では、カッターナイフや小刀、のこぎりなどの、刃物の危険性や、用途に合わせた接着技術などについて教えることで、表現したいことを形にすることにつながる。刃物を使用したことのある者であれば、刃物の切れる部分と切れない部分を一目見ればわかるが、経験の浅い子どもだと、どの部分が切れる部分なのか理解していないことがある。指導者は、子どもが安全に、そして力強い作品をつくるために、用具の説明と使い方をしっかりと指導することが重要である。これらの技術は、様々な媒体において子どもがイメージするアイデアを実現するために、技能として身に付けることが求められる。解説では、次のように示されている。

> 創造的につくったり表したりすることができるようにするとは、自分の思いを基に活動を充実させ、自分らしくつくったり表したりする技能を育成することである。「技能」は、一定の手順や段階を追って身に付くだけではなく、変化する状況や課題に応じて主体的に活用する中で身に付く。児童一人一人の自分なりの「技能」は、豊かな思いに基づいた「思考力、判断力、表現力等」とともに働いて、初めて発揮されるものである。　　　（同上、p.13）

　つまり、図画工作科の学びとしては、理解した技術を表現の中で生かすことや、教科内や他教科、学校外での様々な場面で活用できるようになることが求められている。これらは、「変化する状況や課題に応じて主体的に活用する」ことによって、身に付くものであり、指導者は、知識としての技術が、「技能」として身に付くための学びの場の提供が求められる。

　図画工作科の授業では、作品として完成されたものだけに、意味や評価があるわけではない。作品には、製作過程に何を発見したのか、気付いたのか、または、材料や用具の理解という点が含まれている。これらを、つくるという行為につなげて考えられる力が、これからの図画工作では重要となる。この一連の流れによって、学習指導要領解説で示されている目標「知識及び技能」「思考力、判断力、表現力等」「学びに向かう力、人間性等」（p.18）に関連させることが可能となる。

（西園政史）

8.「立体に表す活動」の指導のポイント

　子どもにとって「立体に表す活動」は、幼い頃から様々な形で経験している親しみのある行為である。例えば、遊びの中で砂場の山をつくったり身のまわりのものを積み上げたりすることなどは、立体表現のルーツであるといえよう。平面表現と異なり、実際に材料に触れて手を加えながら表現が展開する「立体に表す活動」の意味を探り、その指導のポイントを示していきたい。

1.「立体に表す活動」を指導するための留意点

　「立体に表す活動」には、絵に表す活動とは異なる特性がある。このため、その指導や支援にあたっては、下記の点について留意しておくこと必要である。

（1）立体そのものが重力の影響を受けるため、強度や均衡を考える必要がある

　絵の具などの描画材を使用して画面等に描いて表現する活動と異なり、「立体に表す活動」では具体的な材料を空間の中に立ち上げて構成するため、均衡がとれていない場合には崩れることがある。具体的には、高さがある造形の場合は、上方に重心があると倒れやすくなる。子どもがこのような造形上の課題を経験したり解決したりすることによって、重力に関する物理的性質について感覚や行為を通して理解することにつながる。

図1．空き缶や木材を積み上げる。

（2）「立体に表す活動」では、積み上げる、組み合わせる、切る、接着する、等の多様な操作を行う

　「立体に表す活動」では、表現上の操作も多様となる。複数の材料を積み上げたり組み合わせたりする、様々な方法で材料を切断する、接着するなどの方法があり、その操作によって得られる表現も多様である。このため、題材やイメージに応じて新たな操作や技法を適切に指導するなどして、子どもが幅広い造形を経験できるように配慮する必要がある。

図2．組み合わせたり接着したり。

（3）粘土などの材料には可塑性・可逆性がある

　土粘土や油粘土、紙粘土などは、立体に表現する活動に適した材料である。粘土に対してへこませる、つまみだす等の操作を加えると、操作に応じて形が変化するとともにその形を保持する性質がある。これを可塑性と呼び、粘土が造形活動に適している理由の一つとなっている。幼児や児童は、粘土を伸ばしたり丸めたりする経験を通して、立体に表す活動の楽しさを味わうことができる。つまり可塑性は、立体や空間を意識した造形の意味を学ぶ上でも重要な性質であるといえる。また粘土は、再び操作を加えることによって元の形に戻すことができる可逆性ももち合わせている。何度でも操作を繰り返すことによって形を変えたり、元に戻すことができるので、子どもは失敗

図3．つまんだり、のばしたり、へこませたり。

をおそれずに楽しんで好きな形を考えたり選んだりすることが可能となる。この可逆性があることによって、「手を動かして試しながら表現を考える」こともでき、描画に苦手意識がある子どもであっても抵抗なく発想や構想を確かめることができるという点は、粘土による造形の利点である。

2．活動を工夫して「技能」を高めるために

平成29年告示小学校学習指導要領「指導計画の作成と内容の取扱い」では、学年ごとに取り扱う材料や用具について下記のように示されている。

> (6) 材料や用具については、次のとおり取り扱うこととし、必要に応じて、当該学年より前の学年において初歩的な形で取り上げたり、その後の学年で繰り返し取り上げたりすること。
> ア　第1学年及び第2学年においては、土、粘土、木、紙、クレヨン、パス、はさみ、のり、簡単な小刀類など身近で扱いやすいものを用いること。
> イ　第3学年及び第4学年においては、木切れ、板材、釘、水彩絵の具、小刀、使いやすいのこぎり、金づちなどを用いること。
> ウ　第5学年及び第6学年においては、針金、糸のこぎりなどを用いること。
> 　　　　　　　　　　　　　文部科学省『小学校学習指導要領解説 図画工作編』、日本文教出版、2018年、pp.117－118

「立体に表す活動」では、このような材料や用具を総合的に活用することが望ましい。使用する材料が広範囲になれば、用具の種類やそれに伴う技法も数多くなる。子どもが幅広い材料を手にとって操作を加えることによって、それぞれの質感や特性を実感的に理解することが大切である。そして用具の安全な使用方法については、初めて使用する際に指導者が実演して見せるなどして正しい方法を適切に指導する必要がある。

3．「立体に表す活動」での作品展示

作品が完成した後には子どもと共に展示方法を話し合い、立体作品ならではの展示空間をつくることが望ましい。子どもが平面と立体の相違について考えたり気付いたりするという観点からも、表現や鑑賞の活動の中に作品展示について検討する学習過程を積極的に取り入れたい。

特に、立体に表した作品はすべての方向から鑑賞できるため、様々な場を展示場所として活用できる。例えば、テグス糸などを使用して作品を上から吊るすなどの展示も可能である。

その他、ネットなどを利用して垂直方向に展示する方法や、床面いっぱいに作品を並べて水平方向に展示する方法なども考えられる。また、段ボールや模造紙などを使用して主題に合った簡単な風景（海底の様子、町の風景など）を製作し、その中に作品を

図4．ネットを使った作品展示
（作品提供：奈良県曽爾〈そに〉村立曽爾〈そに〉小学校）

並べていくことも表現の喜びにつながる活動であると考えられる。そして、校舎内や校庭などをそのまま展示空間として活用し、周囲の環境を取り込んだ展示を工夫することも学習活動として意義深い。

（竹内晋平）

9.「立体に表す活動」の題材例

1.「にじいろのまち」(低学年：2時間：教室)

| 材料や用具 | 透明容器（プラスチックカップや食品用の容器）、カラーセロハン、色紙、セロハンテープ、はさみ |

❶ 題材の目標
- 透明容器を使って色や光の見え方を考えながら、家や建物をつくることに関心をもつ。［発］［態］
- 材料を組み合わせたり積み重ねたりして、色彩豊かな立体を構成することの面白さに気付く。［知］［技］

図1．にじいろのまち

❷ 題材の内容

①透明容器の形と質感を生かしてカラフルなまちをつくることを知る。②透明容器を並べたり組み合わせたりして、つくりたい建物の形を考える。③カラーセロハンや色紙を貼り付ける、中に入れるなどの方法で色や光の見え方を工夫する。④広いフロアで友達の作品とともに配置して、「にじいろのまち」を構成することを楽しむ。

2.「木から生まれたストーリー」(中学年：4時間：教室)

| 材料や用具 | 木片や木の枝・木の実・松ぼっくりなど、釘（大・小）、ホットメルト接着剤、金づち |

❶ 題材の目標
- 木片や自然の材料を使って、自身が考えた物語をつくることに関心をもつ。［態］
- 木片や自然の材料などの特徴を捉え、組み合わせたり積み重ねたりして場面などを工夫して立体に表す。［知］［技］［発］

❷ 題材の内容

①木の枝がもつ自然の形を生かして物語を表すことを知る。②材料を手に取り、組み合わせたり見立てたりして物語を発想する。③釘を打つ、接着剤でつなぐなどの操作によって立体を構成し、自身が考えた物語を表現する。

図2．木から生まれたストーリー

3.「ふしぎなふしぎな水族館」(中学年：2時間：教室)

| 材料や用具 | 身辺材料（食品用トレイやペットボトルのキャップ、ボタンなど）、接着剤、色紙 |

❶ 題材の目標
- 自分たちが集めた身の回りの材料を使って、不思議な海の生き物をつくることに関心をもつ。［態］
- 自身のイメージを大切にしてふしぎな生き物やきれいな魚の表現を構想する。［発］
- 身の回りの材料がもつ形や色などの特徴に気付き、それらを組み合わせて工夫して表す。［知］［技］

図3．ふしぎなふしぎな水族館

❷ 題材の内容

①身の回りの材料を組み合わせてふしぎな海の生き物をつくることに関心をもつ。②発泡トレイなど

の材料を手に取り、様々な材料と組み合わせながらつくりたい生き物の構成について考える。③様々な材料を並べたり組み合わせたりして、形や色を生かしながら表現活動を進める。④完成した海の生き物をビニールシートの上に配置したり上から糸で吊るしたりして水族館を構成し、相互鑑賞を通して表現のよさや工夫したところについて共有する。

4.「未来恐竜 発見！」(高学年：4時間：教室)

材料や用具	アルミ缶、はさみ、ビニールテープ、ホットメルト接着剤、ステープラー

❶題材の目標

- 身近にあるアルミ缶を使って自分だけの恐竜をつくることに関心をもつ。［態］
- 想像をもとにして、表したい未来恐竜について考える。［発］
- アルミ缶の質感や色あい、模様などの面白さに気付き、自身のイメージに合った作品をつくることができる。［知］［技］

図4．未来恐竜

❷題材の内容

①アルミ缶を使用して未来の恐竜をつくることを知り、つくり方とともにどのような特徴をもつ恐竜なのかを考える。②恐竜の特徴を文章にして書き出したりアイデアスケッチに表したりして構想を練る。③アルミ缶をはさみで切る、ホットメルト接着剤やステープラーでつなぐ、手でねじるなどの操作を加えて恐竜を構成する。④表現の過程では、アルミ缶の質感やプリントされた模様などを生かす。⑤完成した未来恐竜を置く場所を工夫し、互いの表現のよさや工夫したところを話し合う。

5.「見てみたいな この風景」(高学年：5時間：教室)

材料や用具	土粘土（焼成できるもの）、水彩絵の具、粘土へら、粘土板

❶題材の目標

- 行ってみたい、見てみたいと思う風景を粘土で立体的に表すことに意欲をもち、表現を楽しむ。［態］
- 自身が感じたことや考えたことなどをもとにして、空間の広がりを意識した立体を考える。［発］
- 粘土の可塑性や色彩の効果を理解し、想像上の風景を工夫して立体に表現する。［知］［技］

図5．見てみたいなこの風景

❷題材の内容

①粘土で風景を表す活動について見通しをもち、見てみたい風景について考える。②写真資料なども参考にしながら、風景の中に表したいものについて具体化する。③粘土を使って土台をつくり、どのような場所なのかを考えながら表現する。④土台の上に風景を構成する建物や自然物などを配置する。⑤粘土を乾燥・焼成した後、水彩絵の具で着彩して表したいイメージに近づける。⑥友達の作品とともに並べ、どのような風景を表そうとしたのかについて話し合うとともに、互いの表現のよさを認め合う。

（竹内晋平）

第2章 図画工作科の内容

10.「工作に表す活動」と子どもの姿

1.「工作」について

　人間にとって、つくるという行為にはどのような意味があるのだろうか。

　少し前の時代であれば、のこぎりや小刀、金づちが家庭の中にあった。しかし、今はどうだろうか。人間の用いる道具という意味で捉えれば、のこぎりなどは、スマートフォンのように当たり前に家庭にあるものではない。では、切ったり貼ったり、動く仕組みを考えて作品をつくることにどのような学びがあるのか「工作」を通して考えてみたい。

　図画工作では、手を動かし、材料を組み合わせて形をつくることが行われる。その際、自らのもつイメージを具現化するために、様々なアプローチをする。材料を組み合わせ、思った通りに進む場合もあれば、失敗することもある。そして次は、どうするのか。これまでの様々な場面で得た経験が、次のアイデアの土台となる。このように図画工作では、これまでの経験を軸にものをつくることを行う。工作については、学習指導要領解説 図画工作編（以下、学習指導要領解説とする）において次のように示している。

> 「工作」とは、意図や用途がある程度明確で、生活を楽しくしたり伝え合ったりするものなどを表すことである。
> 　　　　　　（文部科学省『小学校学習指導要領解説 図画工作編』日本文教出版、2018年、p.27）

　子どもの根底には、形や色を組み合わせて自分にとって楽しいものをつくりだす喜びがある。幼児期には、段ボールが家にあれば、叩いて音を出してリズムを楽しむ。そして、段ボールの中に入って車のようにして大人に引っ張ってもらい遊ぶ。または、自分だけの家に見立てて、段ボールの中に自分のおもちゃを入れて楽しんでいる。幼稚園年長児や小学校低学年になれば、土手などで滑って遊ぶためにそりの代わりにする。または、動く仕組みを考えロボットや電車をつくることもできる。このように、身近にあるいらないものが、年齢に合わせた遊び、図画工作の中では作品をつくるための材料に変化していく。つまり、家庭にある段ボール、食品トレイや飲み物の紙パックに対し、子どもは家庭にあるものと工作の材料という両側面で捉えている。家庭で日常的に目にするものが、自らの視点の変換によって別の価値として創造できることは、子どもの発想力として大事なポイントの一つとなる。学習指導要領解説で示されている「意図や用途」は、子どもの日常生活からイメージすることが大切であり、その意味において、子どもの遊びや生活から題材を考えるとよい。

　子どもは、日常生活において親の手伝い、家族との旅行、放課後の遊び、ゲーム、テレビを観るなどの経験をしている。ここには、様々な出来事やものとの出会いがある。このことが、発想の土台となりつくることを支えることになる。例えば、つくりたいイメージを具現化するために、どのような材料が適しているか、どのように組み合わせたらよいかという発想は、これまで自分自身が得た経験が支えている。つまり、生活の中での出来事と教科との関係は、滑らかなつながりを築き、つくることが成り立っている。日常生活や教科の学びを生かし自らが考えるアイデアを試す体験は、自らの問題を解決する過程から学びの獲得につながる。「どうなっているのだろう？」「こうしてみよう」などの子どもから生まれる疑問や思考、気付きは、アイデアや作品をつくりだすきっかけとなっている。

2. 活動の様子

　子どもは、題材に対し材料同士の組み合わせを考え、用具の使い方を守り活動を行う。ここで大切なことが、「主体的・対話的で深い学び」への意識である。題材に対して子どもは、家庭にある工作に使えそうな材料が何かを考え、観察し材料集めをする。準備段階からどのような材料が自分のプランに必要になるか、イメージをもって取捨選択をする。そして、授業の中では、イメージしていたことを具現化する。

その際、「これとこれを組み合わせて、こうしよう」など、子どものつぶやきが生まれる。自分の中だけで成立する対話、つくりながら気付いたことをクラスメイトと意見交換する対話など、つくる過程には様々な質の対話が存在することになる。また、事前に材料を集める際にも、題材や経緯について家族に説明し協力を求めることになる。対話といったとき、このように環境や状況の異なる中で発生する様々な質をもった言語活動がある。また、その他に、小学校のある地域のお店や工場などとコンタクトをとり、廃品から作品をつくる活動なども考えられる。子どもの通学している小学校が、どのような地域にあるのか、またお店や工場からどのような廃品が出るのかを理解しながら作品化することで、作品には新たな概念が含まれることになる。

　学習指導要領の教科の目標の3つ目に「つくりだす喜びを味わうとともに、感性を育み、楽しく豊かな生活を創造しようとする態度を養い、豊かな情操を培う。」と示されている。これは、学びに向かう力、人間性等に関する目標を示している。ここでいう「つくる」とは、造形するということに限ったことではない。考え方や見方など、造形活動の過程で得た思考もまた、つくりだされることにあたる。学びから得る創造は、子どもの生活を豊かにするものであり、学習を支える一要素になる。創造性について学習指導要領解説では「図画工作科では、題材ごとに作品や活動をつくりだすという特徴がある。作品や活動は、表現した人そのものの表れであり、作品や活動をつくりだすということは、かけがえのない自分を見いだしたりつくりだしたりすることだといえる。このことはすべての活動において大切にしなければならないことである。」(p.24)と示している。図画工作科の作品づくりという体験が、図画工作科の内側に留まらず、「つくる」ということすべての経験化につながっていることが読み取れる。

　工作では、様々な材料と用具を用いて、多様な方法を考えることができる。自らイメージした完成像に向けていく通りもの方法を試行錯誤する姿は、教科を越えた学びに向かう力といえる。または、他者とアイデアや方法の共有をすることで、悩んでいたことが解決するなど、問題解決する方法が多様にあることを体験することも、工作の授業の重要なポイントである。問題を解決するために、自らの思考を変化させ、材料と用具を見極め、他者の存在を意識し様々な角度から工程を見直すなど、

工作の中で起こる学びの質は、まさに「学びに向かう力、人間性等」を高める役割を担っているといえる。

　多くの子どもが、つくりたいもののイメージをもち他者と共有することができる。しかし、そこに至らない子どももいる。これまで述べてきたように、図画工作では、日常生活をいかに意識できるかが創造の鍵となる。図画工作の時間に教室に座ったからといって、何かが生みだされるわけではない。教師は、作品が構築される上で、子どもがこれまでどのような経験をしたのかという事実を大切にしたい。授業の時間内にイメージが表出できない子どもも、多くの経験をしていることは、他の子どもと変わらない。工作であれば、材料に触れ、形や色、質感からつくるきっかけを生むことが考えられる。まずは、材料を手に取り並べてみる。組み合わせを変えて、並べ方を変えているうちに、「あ！」という声が上がる。子どものもっている何かに当てはまった瞬間である。または、指導者の言葉掛けからアイデアのきっかけをつかむかもしれない。つまり、工作において教師は、完成作品のクオリティだけを目標に指導するのではなく、子どものどのような興味・経験が作品化につながったのか、そしてどのような工夫があったのか、対話があったのか、子どもの製作過程を観察し、または子どもと対話しながら見ていくことが求められる。また、子どもの思考の変化に対し柔軟に対応できる、教師の指導力が求められる。本章7節でも述べたが、工作では、例えば「イスをつくる」という目的が製作途中で消えてはならない。目的を達成するまでの過程にどのような思考の変化があり、自分らしいイスに仕上げることができたのか。指導者として、過程とともに作品を捉えたい。

（西園政史）

11.「工作に表す活動」の指導のポイント

　2017年（平成29年）告示小学校学習指導要領では、「A表現⑴⑵」の中で「絵や立体、工作に表す」と、絵や立体と一つにまとめられている。文部科学省『小学校学習指導要領解説 図画工作編』（日本文教出版、2018、以降は頁のみ表記）において、「工作に表す」と関係が深いと思われる記述として、「自分の表したいことを基に、これを実現していこうとする（p.21）」「手や体全体の感覚などを働かせながら技能などを発揮していく（p.21）」「用途のあるものをつくったりする（p.21）」「テーマや目的、用途や機能などに沿って自分の表現を追求していく（p.21）」などを挙げることができる。これらの記述から、「工作に表す活動」の指導のポイントとして、次のキーワードが浮かんでくる。

1．自分の表したいこと

　「工作に表す活動」では、まず自分の表したいことをつかませることが必要となる。大人のものづくりのようにはっきりとしたゴールを設定して、そこに向かって無駄なく計画的に突き進むとまでは必要ないが、おおまかな方向性をもたせることは必要である。

　自分の表したいことをつかませるためには、各自が「こうしたい」と思えるような、広がりがあって魅力もある題材を提案しなければならない。少なくとも、指導者が即座に数種類の表現の方向性を思い浮かべられる題材でなければ、広がりのある題材とはいえない。また、子どもが魅力を見いだせないような題材であれば、方向性を決めたいとも思えないからである。この方向性は、表現活動における個性の芽のような存在であるので、提案の仕方も、何でもよいといった漠然とした広がりでなく、ある程度の幅はあるが子どもが納得できる程度の方向性のある提案を心掛けたい。そして、ただ提案するだけではなく、「では、あなたはどうする？」と問い掛けるような場面も用意したい。

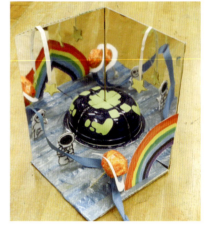

　各自の思いや願いをもつことができたならば、それらが実現できるような材料・用具を準備しなければならない。また、子どもは材料・用具を見て思いを広げたり、実現可能かどうか考え直したりすることができる。表したいことをつかませるのは、絵に表す活動や立体に表す活動でも必要であるが、おおまかな見通しや計画は、工作に表す活動では特に必要である。

　魅力ある題材の提案は、「学びに向かう力、人間性等」と大きく関わり、方向性をもたせることは、「思考力、判断力、表現力等」の育成につながる。また、実現可能かどうか見通しをもつことは、「知識及び技能」に関係する。

2．手や体全体の感覚

　指導者の実現可能かどうかの見通しは、子どもの発達段階や個々の技量などを考え合わせることによってある程度予想できる。しかし、指導者の判断に頼ってばかりいると、子どもの見通す力は育たない。子どもたちの見通しは、直感や当てずっぽうの予想ではなく、過去の経験に裏打ちされてこそ可能である。生活経験から「紙でできた段ボールでも、使い方によってはとても強いものもできる」とか、図画工作科における経験から「でんぷんのりでくっつかなかった木材も、木工用ボンドならくっついた」とか、他教科の学習から「布をくっつけたいから、縫う方法は使えないか？」などという経験があってこそ、初めて見通すことができるのである。

　指導者の立場からいえば、子どもに見通しをもたせる場面や、表現上で困っている子どもにアドバイスする場面で過去の経験を思い起こさせることで、乗り越えられることも多い。また、子どもが見通しをも

って表現活動に向かった場合、思い通りにいかなくても新たな経験を積み重ねることができる。この経験がさらに次なる表現活動や他教科の学習活動に生かされるようになるのである。

　ここでいう経験とは、単に知識的なものばかりではなく、「このくらいの力を加えないと牛乳パックの底は切れなかった」とか、「これくらいの振り幅で金づちを使うとうまく釘(くぎ)が打てる」とか、「この程度の時間をかけないと木工用ボンドはしっかり固まらないからクランプで固定しておこう」などという体全体で覚えたことも含まれる。図画工作科の学習においては、この体全体で覚えた感覚を大切にしたい。

　つまり、見通しをもって表現する際に使うことのできる経験は、「知識及び技能」と関係する。

3．用途、目的、機能

　「工作に表す活動」では、用目的の意識も重要である。「なぜ必要か？」「いつ使うのか？」「誰が使うものか？」「どこで使うものか？」「何に使うものか？」「どう使うのか？」といった問い掛けをしながら表現させたい。それらのことを意識して表現することで、見直す→つくり直す→実現→見直す…というサイクルが生まれる。また、意図したことが表現できているかを確かめようと、友達に見せたり友達の工夫を見たり、質問したりすることによって、他者と関わる力の伸長が期待できる。

　指導者は、用目的を意識させるために、学習目標として設定し提案時に語り掛けたり、思い出せるように板書したり、表現時に問い掛けたりすることで、子ども自らが見直すきっかけを与えたい。また、表現途中の鑑賞を設定することで、より意識的な見直しができ、よりよいものにしようとするさらなる追求が生まれる。

4．表現の追求

　一つの題材における表現の追求には、友達との交流や途中鑑賞が欠かせないが、次なる造形表現活動につなぐ経験としては、表現しきった後の鑑賞活動も重要である。「工作に表す活動」においては、用目的に対応した鑑賞が学びを深めるために効果的である。つまり、実際に使って、使い勝手を試してみるという活動である。木でつくったパズルを友達と交換して遊ぶ、カムやクランクなどを使った動きの仕組みを見てもらう、つくったものを飾って雰囲気を確かめ合う、つくったお面をつけて劇をするなどである。これらの活動によって、学習目標の確認、定着のみならず、もっと付け加えたいことが思い浮かんだ、気になる部分があるからさらに修正を加えたいなどといったさらなる追求する姿が表れることがある。その結果として、満足するものができあがったときに、自己実現の感覚を味わうことができる。

　また、「工作に表す活動」で大切にしたい機能美やデザイン性においても、独自性をもった作品となり、自己表現の満足感から友達の作品に対する尊重の感情や自分の作品に対する愛着の感情も生まれてくる。さらには「工作に表す活動」は、中学校における技術科、家庭科につながる要素が多く、使う対象者を意識した使い勝手は、ユニバーサルデザインにも通じると考えられる。

5．その他

　〔共通事項〕との関連でいえば、ア「知識」に関するものとして「自らの感覚や行為を通して形や色などを理解すること(p.33)」という内容が示されているが、前記の「手や体全体の感覚」で示したとおりである。また、イ「思考力、判断力、表現力等」に関するものとして「形や色などの造形的な特徴を理解するとともに、自分のイメージをもつこと」とあるが、これも前記の「自分の表したいこと」で示したとおりである。加えて、〔共通事項〕では記述されていないが、「学びに向かう力」に関しては「用途、目的、機能」ならびに「表現の追求」で示したとおりである。

　また「造形遊び」との関連でいえば、「材料やその形や色などに働きかけることから始まる」経験から得られる手や体全体の感覚を生かすこともあるし、「工作に表す活動」において得た経験をその後に材料やその形や色などに働きかけることに生かしてより楽しい活動にすることもできる。

（竹本封由之進）

第2章　図画工作科の内容

12.「工作に表す活動」の題材例

1.「ぼうしに　チョキチョキ」(低学年：2時間：教室)

| 材料や用具 | 色画用紙、折り紙、はさみ（各自）、でんぷんのり（各自） |

❶ 題材の目標

折ったり重ねたりしてから切ることでできる面白い形を捉え、楽しんで表現する。[知][態]／折ったり重ねたりしてから切ってできた経験を基に、次に切ってできる形を考え、折り方や切り方を工夫して新しい形をつくりだしている。[技][発]／帽子に貼る際に、位置や並べ方を考えて、楽しい帽子になっているか確かめている。[鑑]

❷ 題材の内容

①色画用紙を使って各自の頭の大きさに（合わせた帽子を）つくる。②折り紙を普通に切った場合と、折ったり重ねたりして切った場合とを比べて、できた形の違いを確かめる。③実際に折ったり重ねたりして切り、できた形の面白さを楽しむ。④次々と切って、気に入ったものを切り貯める。⑤自分の帽子のどこに飾りたいか、位置や並べ方を十分に考えてから貼り、楽しい帽子をつくる。⑥切ったときの工夫や飾り方の工夫を、帽子をかぶって発表する。

2.「転がれ！　走れ！」(中学年：2時間：図工室)

| 材料や用具 | 空き箱、竹ぐし、ペットボトルキャップ等の丸いもの、ストロー、色画用紙、はさみ、ビニルテープ |

❶ 題材の目標

転がしたい自動車をイメージして、その実現に向けて意欲的に表現している。[態]／どんなものを転がしたいのか、あるいはどういう走り方をさせたいのか考えながら表現している。[発]／自分のイメージを大切にして、付け足したり付け替えたり組み合わせたりなどの工夫をしている。[技]／さらなる工夫を加えるため、自分の車の転がり方を観察したり、友達の工夫を取り入れようと観察したりしている。[鑑]

❷ 題材の内容

①図工室に設置した坂のコースに、空き箱に車輪を取り付けただけの基本形が転がって走る様子を見る。②自分でも基本形をつくり、普通に走るかどうかを確かめる。③どんなものを走らせたいのか、どんな走り方をさせたいのかを考える。④各自がイメージした内容に向けて、つくっては試し、試してはまたつくり変えていく。⑤活動中に『面白レース』『スピードレース』など部門別に走らせて、さらなる追求のヒントを得る。⑥自他の車が転がり走る様子から得たヒントを基に、さらにつくり続ける。⑦走り方を競うのではなく、どんな走らせ方をしたかったか、どんな工夫によってこのような走らせ方が実現できたかを、一人一人走らせながら発表する。

3.「楽しく使おう！」(中学年：3時間：図工室)

| 材料や用具 | 身辺材（ペットボトル、トレイ、ガチャガチャ〈カプセルトイ〉の容器、ラップの芯など）、色粘土、粘着テープ |

❶ 題材の目標

使うことが楽しくなるような日常品を意欲的につくっている。[態]／つくりたいもののイメージや使用目的

と関連付けて形や大きさを考えている。[発]／粘土の色や飾りの感じを捉え、材料の組み合わせや配置を工夫するなどしてつくっている。[知][技]／実際に使って、よさや楽しさを味わっている。[鑑]

❷ **題材の内容**

①楽しみながら使える身の回りのものについて話し合い、お気に入りの品は、使い勝手だけでなく、形も色も模様や飾りも好きであることに気付く。②色々な身辺材を組み合わせて、自分好みの日常品をつくることを知り、色や形を考える。③組み合わせを試しながら、一番気に入った状態を選び、粘着テープで固定する。④試しに使ってみて、使い勝手を確かめる。⑤使った結果を基に改善点をつくり変えてしっかりと固定する。⑥身辺材の上から色粘土を付けて彩色する。⑦飾りを取り付けて完成させる。⑧つくった日常品を実際に使ったり友達と交換したりしてよさを楽しむ。

4.「ビー玉の通り道」(中学年：4時間：図工室)

| 材料や用具 | 空き箱、竹ぐし、ペットボトルキャップ等の丸いもの、ストロー、色画用紙、はさみ、ビニルテープ |

❶ **題材の目標**

工作用紙でいろいろな立体の感じを捉え、つくる活動を楽しむ。[知][態]／ビー玉の通り道を何かの物語に見立て、ストーリーに沿って必要な立体を考える。[発]／考えたイメージの立体になるように工夫して表す。[技]／実際にビー玉を転がして、ストーリーや面白さを味わう。[鑑]

❷ **題材の内容**

①工作用紙の端から2cm（ビー玉の直径）の壁を立て、接着剤で固定して箱をつくる。②ビー玉を入れて、スタートからゴールまで通る道を、『私の1日』『春夏秋冬』『魚の一生』などの見立てる物語を考える。③色々な立体に表す方法を知り、物語に必要なものを紙の立体で表す。④つくった立体の配置を考え、実際にビー玉が通れるように接着する。⑤さらに必要なものをつくり足して完成させる。⑥友達と交換して遊び、立体に表す工夫やストーリーを楽しむ。

5.「1枚の板から」(高学年：6時間：図工室)

| 材料や用具 | 板材(12×130×900mm)、釘、蝶番、曲尺、のこぎり、糸のこ、電動糸のこ、鉄やすり(各種)、紙やすり、木工用ボンド、錐、金づち、釘抜、ドライバー、万力、クランプ |

❶ **題材の目標**

1枚の板を切ったり組み立てたりして、つくる活動を楽しむ。[態]／長く愛用できる木工品をイメージして、計画できる。[発]／目的や用途に合わせて、つくり方や組み立て方を工夫できる。[技]／使い方や使う場所を考えて実際に使い、そのよさを楽しむ。[鑑]

❷ **題材の内容**

①材料の板材を使ってつくる、自分が使いたいものをイメージする。②方眼紙等で切断計画を立て、実際に制作できそうか、無駄が少ないか、板の厚みを考えているかなどを確かめる。③直線と曲線、切る方向や位置などを考え、のこぎり、糸のこ、電動糸のこを安全かつ的確に使い分けて切断する。④仮に組み立ててみて、計画に変更が必要ないか確かめる。⑤荒→中→細の順で、場所に応じたやすりがけをして、使い心地が良くてけがのない木片にする。⑥釘打ちの場所を確かめた後、接着剤を使って組み立てる。⑦釘を打って長い使用に耐える作品にする。⑦必要によって、砥の粉、ニス、アクリル絵の具などで、より楽しめる作品に仕上げる。⑧実際に使って、手づくりの良さを味わう。　　（竹本封由之進）

13.「鑑賞の活動」と子どもの姿

1. 図画工作での鑑賞活動とは

　ここでは、鑑賞活動について述べる。図画工作科における「鑑賞」と聞くと、完成作品を並べ作品を解説したカードとともに他者の作品を見ることをイメージする人も多いと思う。しかし、ここでいう「鑑賞」は、もう少し柔軟に捉えたい。

　子どもの視点になってイメージしてほしい。例えば、室外に出て木々が生い茂る自然の中に入り、木の枝や葉の色や形を見る。または、葉や枝を手にとって質感に気付くこと。また、教室内で子どもが作品をつくりながら、視界に入るクラスメイトがつくる作品からインスピレーションを受け、自分自身の作品に変化をもたらすこと。これらの活動には、どのような意味が含まれているだろうか。これらの出来事も「鑑賞」という考えに含めることはできないだろうか。そこで、ここでは、鑑賞活動の多様性について子どもの姿とともに考えてみたい。

図1. 緑いっぱいの自然の中で

　まず例として、公園に落ちている葉や枝などの自然物を使った作品づくりの中で行われる鑑賞について示す。日常生活の中にある公園を図画工作科の授業を通して関わると、普段の見え方と違って見えてくる。子どもは、「落ちている葉や枝を探そう」「葉や枝は、どこに落ちているかな」「枯れ葉の上を歩くと、どのような感じがするかな」など、目的をもって公園を捉える。さらには、室外であれば、日の光を感じたり、風を感じたりすることができる。それぞれの季節の空気に包まれた公園全体を感受し、そこに落ちている枯れ葉や枝の存在を捉え作品づくりにつなげていくことになる。このように環境の感受と、見つけるという意識的な視点が、何でもなかったものを特別な存在として浮き上がらせてくれる。そして、つくるという意識が、色や形への発見につなげてくれる。

　ある子どもは、落ちている葉の一枚一枚を比べながら、どれにするか選んでいる。何枚か選んだところで、短めの枝を拾いそこに葉を刺して連続させていく。別の子どもは、たまった枯れ葉の上を歩き「ガサガサ」していることに気付き友達に伝える。そして、集まった落ち葉を手に取って投げる子どももいる。同じ落ち葉でも捉え方が違うことがわかる。この行動からわかるように、子どもは、目で見ることに限らず、手や足から伝わる触覚も含め捉え、造形的な見方や感じ方によって色や形に気付き作品づくりのきっかけへとつなげている。小学校学習指導要領解説 図画工作編では、鑑賞について次のように示している。

> 鑑賞が、自分の感覚や行為などに基づいた能動的な活動であることに配慮する必要がある。例えば、視覚だけでなく触覚や聴覚などの様々な感覚を働かせて鑑賞する、児童が造形活動の中で自然に自分や友人の作品などを見ることも鑑賞として捉えるなど、鑑賞活動を幅広く捉えることである。その際、作品などについては、児童が自分の見方や感じ方などを深めるために、つくり始めから終わりまで幅広い意味で捉えることが大切である。
> 　　　　　（文部科学省『小学校学習指導要領解説 図画工作編』日本文教出版、2018年、p.32）

　この内容からわかるように、鑑賞は、完成作品を観ることだけではなく、活動中も鑑賞を意識し、幅広い意味で捉えることが求められている。そして、「児童が自分の見方や感じ方などを深めるために」とあるが、子どもは、自らのこれまでの経験を土台とし、自分の見方や感じ方を構築している。このことは、唯一無二の存在であり、他者とまったく同じにはならない。これにより他者との経験の違いによって生まれる見方や感じ方の違いが、深い対話を生みだすことにつながる。つまり、作品を鑑賞することは、表

に見えている形や色だけを読み取るだけではなく、作者のもつ心情も含めて読み取ることが求められる。個々人の経験の違いがあるからこそ、作品は個々に違いを生みだすことができる。

ここまでの内容で、鑑賞活動がつくった作品を並べて見るだけの活動ではないことが理解できただろう。

2. 美術館での作品鑑賞

続いては、学校外での作品鑑賞について触れる。

作品鑑賞は、学校の中だけで行われるものではない。例えば、美術館やパブリックアートなどが挙げられる。これらの環境において美術作品を鑑賞することは、美術作品がどのように展示されているのか、という作品展示の方法を知る機会にもなる。鑑賞では、展示された個々の作品を見ることはもちろんだが、展示空間のつくり（展示方法・照明・コンセプトなど）を知ることも鑑賞のポイントの一つである。ここで得た方法を授業に反映させることで、日常生活と美術館との距離を縮めるきっかけにもなる。

美術館では、展示内容を企画し期間を設けて行う企画展と、美術館が所蔵する作品が展示されている常設展などがある。それぞれの美術館によってこの内容は異なる。美術館での鑑賞の際に大切なことは、「美術館の中に、別な世界があった」「作品は不思議な感じがした」「青で描かれた作品が好きだった」「いろいろな青があった」など、子どもそれぞれの感じ方で作品を鑑賞することである。美術館に行ったという印象しか残らないようであれば、それは、作品や美術館を子どもが自分なりの視点をもって感じていないことになる。美術館鑑賞の事前指導として、作品との関わり方や鑑賞の視点を理解しておくことも大切である。例えば、「自分のお気に入りの作品を見つけよう」「気になった作品があったら、近づいたり離れたり、じっと観てみよう」など、館内の作品すべてを知識として知ろうという感覚ではなく、美術作品に対し子ども自身の感覚で関わることができるような事前指導が大切である。つまり、美術館と子どものもつ感覚を切り離さないようにすることが重要である。そして、自分が気になった作品は、何という作家なのか、いつの時代に描かれた作品なのか、どのような作品なのかなどについて、作品解説を読むことで、より深く作品について理解することができる。

美術館鑑賞としては、こういった流れを含め、なぜこの作品が自分にとって気になる存在であったのかを思考し、意見交換することが考えられる。その延長に、生涯学習としての視野も含め、美術鑑賞という美術の楽しみ方があることを子どもに伝えていくことも大切である。また、調べ学習として美術館にある作品を事前事後に調べることも、鑑賞を豊かにする方法の一つである。作品を通して作品や作家について、作品がつくられた時代背景、作品の意図、作家の生い立ちなどを調べることで、作品との関わりがより具体的になり、より深く読み取ることにつながる。その他には、学芸員による対話型鑑賞などがある。学芸員と子どもの対話によって作品を感じていくことで、作品や作家について読み解いていくという鑑賞方法である。これは、学芸員が子どもに対し一方的に知識を伝えるのではなく、対話を基に鑑賞が成立する。つまり、子どもの経験や見方、気付きと学芸員との言葉のラリーによって、時には身体表現を交えながら鑑賞を深めていくことになる。美術館内だけではなく、小学校に美術館の学芸員が来校し行うこともある。それぞれの地域にある美術館と関係を築くことも、生涯学習の意味において大切なことといえる。

また、美術館では写真撮影ができない、と思っている方が多いようだが、実は、ルールを守れば撮影できる美術館は多くある。このことは、美術作品を楽しむ方法の一つといえる。自分のお気に入りの作品をコレクションしていくように、記録の意味で活用することが考えられる。さらには、インスタレーション作品などでは、作品の中に入って、自分が作品の一部になったかのように撮影できる作品もある。美術館鑑賞後の授業で改めて美術館の作品について扱う際にも、写真は役に立つ記録メディアである。写真撮影が可能な美術館であれば子どもにカメラを持たせ、興味をもったものを撮影することで、各々の視点が見え、教師が想像もつかない視点で美術館や作品を捉えていることがわかるかもしれない。教師は、子どもがワクワクしながら鑑賞できるよう、様々なアプローチを考える必要がある。

（西園政史）

14.「鑑賞の活動」の指導のポイント

　活動内容の特徴を踏まえ、子どもの主体的・対話的で深い学びの実現に向けた指導のポイントとして、鑑賞の活動を通して子ども一人一人の「思考力、判断力、表現力等」の資質・能力を育成するためにはどのような指導の配慮点があるのか、また、どのような手立てや方法が効果的なのかについて述べる。

1. 発達の特性に応じた指導

　鑑賞の活動を通した子ども一人一人の「思考力、判断力、表現力等」の育成を目指すために文部科学省『小学校学習指導要領解説 図画工作編』（日本文教出版、2018、p.32、以降「解説」と表記）では、低学年・中学年・高学年の発達の特性に応じた指導について次のように示されている。

> 　低学年では、自分たちの身の回りの作品や材料などから、面白さや楽しさなどを感じ取ったり考えたりし、自分の見方や感じ方を広げる。
> 　中学年では、活動範囲も広がるので、身近にある美術作品や製作の過程などからよさや面白さなどを感じ取ったり考えたりし、自分の見方や感じ方を広げる。
> 　高学年では、社会や文化も対象に取り入れ、分析的に見ることもできるようになるので、我が国や諸外国の親しみのある美術などから、よさや美しさなどを感じ取ったり考えたりし、自分の見方や感じ方を深める。

　上記は学習指導要領の各学年の鑑賞(1)(ア)の事項に対応しており、発達の特性に応じた指導を行う。実際の授業の例として、低学年では自分たちのつくった作品など身近な作品を取り上げる。中学年では、表現に関連ある作品や日用品や伝統的な工芸品、地域の美術館の作品なども取り上げ、高学年では、国や地域・文化・時代・風土・作者の個性などが関わってつくられた作品なども取り上げるとよい。

2. 指導のポイント

　鑑賞の活動とは、自分の感覚や行為などに基づいた能動的な活動である。そのことを踏まえ、解説(p.32、一部抜粋)では次のことが示されている（一部略、筆者書き出し）。

> ①視覚だけでなく触覚や聴覚などの様々な感覚を働かせて鑑賞する、児童が造形活動の中で自然に自分や友人の作品などを見ることも鑑賞として捉えるなど、鑑賞活動を幅広く捉える。
> ②作品などについては、児童が自分の見方や感じ方などを深めるために、つくり始めから終わりまで幅広い意味で捉える。
> ③指導の効果を高めるために鑑賞を独立して設定する場合には、その必然性や児童の実態などを十分考慮し、児童一人一人が能動的に鑑賞できるようにする。
> ④生活や文化などによる感じ方の違いにも配慮しながら、自分たちの伝統的な文化を大切にするとともに、諸外国の文化を尊重する態度を育成する。
> ⑤指導計画の作成に当たっては、「A表現」及び「B鑑賞」の指導の関連を十分に図る。

　上記のことを配慮しながら授業を進めていく。授業における指導のポイントとして、教師は授業を通して子どもに身に付けさせたい力や具体的な子どもの姿をイメージし、学習のねらいを明確にして授業を進める。その際、形や色、材料などを感じ取り、イメージを豊かに広げることができるように発想や構想の場、鑑賞の場に〔共通事項〕を適切に位置付けることが必要である。あわせて、授業の特質や学級の実態に応じた評価方法を工夫して、指導と評価の一体化を図っていくことが求められる。

図1. 独立した鑑賞活動として美術館に行く。

3. 鑑賞における主体的・対話的で深い学びの実現に向けて

　鑑賞の活動においては、どのような視点で物事を捉え、どのような考え方で思考していくのかについて取り組んでいくことが活動の中核となる。子どもはそのような活動を通して「主体的な学び」「対話的な学び」「深い学び」の視点を身に付け、資質・能力（「知識及び理解」「思考力、判断力、表現力等」「学びに向かう力、人間性等」）を育んでいく。そのためには子ども一人一人が感性や想像力を働かせ、対象や事象を形や色などの造形的な視点で捉え、自分のイメージをもちながら、意味や価値をつくりだせるような授業への改善が必要となる。そこでは教師の共感と支援が相互作用的に働くことによってより改善されていく。そのような授業を目指して取り組むことが大事である。

図2．感じたことや思ったことを伝え合う様子

　また「主体的・対話的で深い学び」の実現に向けては、「表現」及び「鑑賞」を相互に関連させながら資質・能力の育成を図る必要がある。必ずしも、別々に分けて育成したり、「知識及び技能」を習得してから「思考力、判断力、表現力等」を身に付けるといった順序性をもって育成したりするものではないことに留意し、指導することが重要である[1]。なお、「主体的な学び」「対話的な学び」「深い学び」の視点は学習過程の中で相互に関連し合っており、この三つの視点を明確化することによって授業やカリキュラムの改善に向けた取り組みが活性化していく。例えば、友達との鑑賞交流の中で、自己の対話や互いの活動や作品を見合いながら感じたことや思ったことを話すコミュニケーションを行うことで、形や色などのよさや美しさについて自分の見方や感じ方などが深まっていく。そのような活動の積み重ねは子どもが自らの力で鑑賞する力を育てることにつながる。そのことは子どもの自己肯定感も育み、その後も、子ども自らがより深く鑑賞をすすめていくことができることにつながるであろう。

4. 作品などの特質を踏まえて指導を行うために

　子どもは、自分たちの作品の鑑賞においては、自分が試みた形や色、表し方の工夫などを視点に自分の表現と結び付けると鑑賞しやすいという特質がある[2]。子どもは美術作品の鑑賞においては、未知の世界を探るように見たり考えたりする傾向があるとされる。指導計画を作成する場合には、このような特質や傾向を踏まえて立てる必要がある。例えば、これまで鑑賞の活動の機会が少なく適切な指導を受けてこなかった子どもは「間違ったことを発言すると恥ずかしい」という気持ちが高まり、自己の感性や価値観を言葉で示すのを避けようとする傾向がある。そこで、表現活動に結び付けると

図3．絵『ボタン』（浜田知明）のポーズを真似してみる（体感的鑑賞）。

ともに、他の子どもとのコミュニケーションも交えながら鑑賞を楽しむように進める。さらに可能であれば、美術館へ赴いて鑑賞活動を行うことや、学芸員に教室に招いて授業を行う。また、作品カードで作品の共通点を見つけて七並べを行う等、表現的な要素をゲーム仕立てで交流する支援法を組み込むとよい。このような点からも特質や傾向を踏まえ、対象の違いに応じた指導計画の作成が大事であることがわかるだろう。あわせて、体験する〈触れる〉（体感的鑑賞法）、話す〈対話〉、比較する（比較鑑賞法）等の活動を展開の中に取り入れる工夫も行うと学習効果は高まる。

（犬童昭久）

1）文部科学省『小学校学習指導要領解説 図画工作編』日本文教出版、2018年、p.105
2）同上、p.109

15.「鑑賞の活動」の題材例

1.「体験する：獅子舞い鑑賞体験」(高学年：4時間：教室)

| 材料や用具 | 祭りで用いる獅子、ワークシート、筆記用具 |

❶題材の目標
- 郷土の伝統文化と関連付けた鑑賞の活動を行うとともに、獅子の形や色などの特徴を理解したり、実際に伝統的行事を体験したりして、そのよさを深く味わうことによって、郷土や我が国の伝統文化を大切にし、先人の努力を知り、郷土や国を愛する心をもつ。[知][鑑][態]

❷題材の内容
①ゲストティーチャーとして来て頂いた獅子舞保存会の方の話から郷土の伝統的行事などについて知る。②祭りで用いる獅子を鑑賞しながら、その形や色などの特徴を捉え、気付きを発表し合う。②実際に獅子舞踊りを行って体験を深める。

図1．祭りで用いる獅子の鑑賞の様子

図2．実際に舞う体験をしている様子

2.「比較する：作品を見比べてみよう」(高学年：2時間：教室)

| 材料や用具 | 国内外の美術作品パネル（4〜5人のグループに1セット）、ワークシート、筆記用具 |

❶題材の目標
- 国内外の美術作品の造形的なよさや美しさ、表現の意図や特徴、表し方の変化などを感じ取ったり考えたりして捉え、自分の見方や感じ方を深める。[知][鑑][態]

❷題材の内容
①国内外の美術作品のパネルを鑑賞する。②国内外の美術作品のパネルを各々1枚ずつ選んで、造形的なよさや美しさ、表現の意図や特徴、表し方の変化などをワークシートに書きとめる。③ワークシートに記入した内容を基に、選んだ作品について友達同士で作品の造形的なよさや美しさ、表現の意図や特徴、表し方の変化などを伝え合う。

図3．作品パネルを鑑賞している様子

3.「触る:手で見るかたち」(低学年:1時間:図工室)

材料や用具	手で触れてもよい造形作品、ワークシート、筆記用具

❶題材の目標

- 造形作品を手で触って鑑賞し、形の感じや質感など、感触を味わいながら、造形作品の触り心地の違いを楽しんだり、味わったりすることを通して、心を開き、楽しく活動し、友達との関わり合う力を培う。[知][鑑][態]

❷題材の内容

①彫刻や陶芸作品など様々な材料の造形作品を手で触って鑑賞する。②形の感じや質感を捉えたり、材料を見つめながら色の変化に気付いたりするなど、特徴を捉える。③ワークシートに特徴をまとめる。④鑑賞を通して感じたことや気付いたことを友達同士で伝え合う。

図4．作品に触れて見ている様子

4.「話す・対話:ふしぎワールドへようこそ」(中学年:1時間:図工室)

材料や用具	作品パズル、作品パネル、ワークシート、筆記用具

❶題材の目標

- 感じたことや思ったことを話したり、友達と話し合ったりするなどして、表し方、表現の意図や特徴などを捉える。[知][鑑][態]

❷題材の内容

①グループでどんな絵が描かれているかを話し合いながら作品パズルを組み立てていく。②作品における表現の不思議さ・面白さなどについて感じたことや考えたことを発表し合う。

図5．作品パズルに取り組んでいる様子

5.「話す・対話:美術館で鑑賞」(高学年:4時間:美術館)

材料や用具	ワークシート、筆記用具

❶題材の目標

- 美術館で普段見ることのない作品に出会い、その形や色について互いの感じ方の違いを話し合いながら捉えたり、楽しんだりすることを通して、心を開き、友達と関わり合いながら見方や感じ方を深める。[知][鑑][態]

❷題材の内容

①地域の美術館へ出かけて作家の作品を鑑賞する。

図6．美術館での作品鑑賞の様子

②ワークシートに自分の気に入った作品ベスト3を記録する。③学校に戻った後、自分の気に入った作品について、どうしてその作品を選んだのかについて理由も述べながら、作品ベスト3の発表を行う。④発表を基に意見交換を行い、相互の違いを認め合うことや受け入れることの重要性に気付くとともに様々な考え方があることを知り、共感しながら深く理解していく。

（犬童昭久）

> コラム 「図工の時間…子どもの内部で起こっていること」

図画工作科の授業で見せる子どもたちの姿から、どんな力が育っているのか探ってみよう！

● こんな形ができた！　面白い！

　粘土を切って、そっと持ち上げると、思いもかけない形が現れ、びっくり。「波に見える！」「ほんとだ！」「今度は、糸の動かし方を変えてみよう」「どんな形が現れるかな？」やりだしたら止まらない。(形の面白さや美しさに心躍らせ創造的に技能を働かせる)

● Ｔ君の考えいいなあ！

　浮かべるものをつくってプールで遊ぶ題材の授業。「Ｔ君のロケット型がカッコよかったから、真似してつくっていったよ。でも、途中で私は、背中に背負うことを思い付いてリュックサック型にしたよ。Ｔ君、ありがとう」(友達の考えを取り入れて発想する)

● 空想するって楽しいね！

　「カーニバルに出かけよう」との提案に思い思いの扮装をする子どもたち。「今の気分は海賊。鋭い爪も強そうでしょ」とＫ君はなりきることの楽しさにひたる。「もしも○○だったら……」と想像し、夢や憧れを表現していく。(空想の世界を想像し発想する)

● うまくいかないな！　どうしよう！

　うどん職人になろうと、Ｔ君は家からラップの芯やまな板代わりの厚紙を持ってきた。張り切って始めたうどんづくりだが、紙粘土がくっついて上手くいかない。何度も試しているうちに、ビニールを間に挟むことを思い付いた。(必要に迫られて技能を見つけだす)

● 協力して大きなものをつくりたい！

　みんなでつくるのって楽しい。それぞれの考えがぶつかり合うことも起こる。そのとき、どう解決していくかが子どもの腕の見せ所。「私は水の流れが描きたいし、Ｋさんはお城を描こうというし…」「うまく組み合わせて描くことになったよ」(互いの考えの違いをわかり、生かし合う)

● おいしいよ……ごっくん！

　「Ａちゃんたらね。私のつくったごちそうを食べる真似をしてくれたよ。おいしそうとジュースまで、ごっくんと飲んじゃった」とうれしそうなＹさん。友達の共感的なメッセージを受けて、自分らしい表現に満足する姿。(鑑賞交流を通して、つくりだす喜びを味わう)

(福岡知子)

第3章

図画工作科の指導法

　第3章では、図画工作科の指導方法について実践的に解説する。「授業はどのようにつくっていくのだろう？」という疑問や、「よりよい授業づくりのポイントをつかみたいのだが」という要望に応える内容になっている。具体的には、年間指導計画の意義と作成のポイント、学習指導案の意義と作成のポイント、授業の実際として、準備、導入、展開、まとめ、改善などそれぞれの段階でのポイントを解説する。さらに、扱う材料や安全指導の工夫、活動場所の工夫や学び合う学習形態の工夫、板書の工夫、学びの記録の工夫、作品展示の工夫、保護者や地域との連携、ICT機器の効果的な活用など盛りだくさんな内容となっている。しかし、子どもの前で授業するためには必要な内容である。子どもが夢中になる授業を目指して学んでいこう。

1. 指導計画の作成

1. 指導計画作成の意義

　指導計画とは、「子どもが資質・能力をどのように働かせて、教科で目指す目標を実現していくのか」その道筋を考えて作成するプランのことである。指導計画には、年間の指導計画、題材の指導計画、その日の授業の指導計画などがあるが、ここでは年間の指導計画を中心に述べていく。

　指導計画を作成する際に、配慮することとして、次のようなことが考えられる。一つは、子どもたちの造形における実態をもとに計画すること。二つには、育成を図る資質・能力を明らかにすること。三つには、資質・能力を育成するために適切な内容を選択し工夫すること。四つには、地域や季節の特性を考慮することなどが考えられる。

　その際、小学校学習指導要領の図画工作科の目標及び内容を十分理解し、主体的・対話的で深い学びの実現に向けた授業改善の視点をもつことや、同要領解説の「第4章　指導計画の作成と内容の取扱い」に示す事項を考慮して作成することが求められる。

2. 子どもたちの実態に合った指導計画

　子どもの実態や発達における特徴を十分理解して作成することは、指導計画を考える上での基本である。実態や特徴は、普段の生活の中の子どもの様子からつかむことができる。生活の中で、子どもは、様々な資質・能力を発揮して自ら学んでいるので、その姿から発揮される資質・能力を見つめることが大切である。放課後の砂場で遊ぶ姿、雨の日の教室での絵や工作遊び、天気のいい日の影遊びや、雲を何かに見立てる姿、校庭の樹木や草木や虫で遊ぶ姿、友達同士の日常会話など、子どもは日常にある形や色などに興味や関心をもち、関わりながら過ごしている。生活の中の形や色と豊かに関わる資質・能力をよりよく伸ばす指導計画は、子どもたちの形や色への興味や関心を捉えることから生みだされていく。

　また、小学校学習指導要領の解説、図画工作編などにも、子どもの造形活動の特徴が示されている。低学年の特徴を例に取り上げてみる。

図1. 放課後の砂場で遊ぶ子どもたち

　「この時期の児童は、周りの人、物、環境などに体ごと関わり全身で感じるなど、対象と一体になって活動する傾向が見られる。具体的な活動を通して思考したり、既成の概念にとらわれずに発想したりするなどの特徴が見られる。表現及び鑑賞の活動においても、つくりながら考えたり、結果にこだわらずに様々な方法を試したり、発想が次々と展開したりするなどの様子も見られる。」[1]

　低・中・高学年のそれぞれの子どもの実態や特徴を考慮して、資質・能力がよりよく育成される指導計画を作成することが大切である。

3. 年間指導計画を作成するときのポイント

（1）2カ年を見通した年間指導計画

　子どもたちや学校の実態に応じて弾力的な指導が行われるようにするために、小学校学習指導要領では、

---

1) 文部科学省『小学校学習指導要領解説 図画工作編』日本文教出版、2018、p.35

目標と内容が２学年ごとにまとめて示されている。２年間を見通した指導計画では、子どもたちの造形体験が積み上げられるようにするとともに、子どもがもてる力を生かして資質・能力を伸ばすことができるように、弾力的、計画的に考えることが必要である。

これまでは結果主義といわれる<u>過剰な作品づくり</u>の指導が問題とされてきた経緯があるが、それでは、題材が単発になり、子どもたちが資質・能力を継続的に伸ばしていく学習にはなりにくい。これからの指導計画は、資質・能力ベースの学びを２カ年という幅の中で柔軟に考えていくことが重要である。

（２）Ａ表現とＢ鑑賞の相互の関連を図る指導計画

表現と鑑賞は本来一体であり、相互に関連して働き合うことで子どもの資質・能力を育成することができる。「Ａ表現」と「Ｂ鑑賞」を関連付けて指導することは、一つの題材の学習過程の中で指導することが本来的である。造形活動と鑑賞活動とが往還するような学習過程を設定すると、子どもたちは、自分や友達が表したことを鑑賞する活動を通して、新たに発想や構想をするなど、表現が深まったり広がったりして資質・能力を高めていく。

また、子どもの関心や実態を考慮した上で、鑑賞を独立して扱うことができる。その際も、鑑賞活動がどのように表現活動と関連して資質・能力が育成されるのか明らかにして指導計画を作成することが大切である。表現と鑑賞の関連を図り、効果的に機能する指導計画を作成することで、子どもの意欲も高まっていくことが期待できる。

（３）指導内容をバランスよく組み合わせる指導計画

「造形遊びをする活動」と「絵や立体、工作に表す活動」という内容についても関連付けてバランスよく指導計画を作成することが大切である。図画工作科における思考力、判断力、表現力等である発想や構想の能力は、「造形遊びをする」と「絵や立体、つくりたいものをつくる」とでは、それぞれに特徴がある。「材料などを基に造形的な活動を思い付くことや、どのように活動するかについて考える」造形遊びをする活動と、「感じたことや考えたことなどから表したいことを見つけることや、どのように表すかについて考える」絵や立体、工作に表す活動のどちらの活動も充実するようバランスよく指導計画を立てることが必要である。これは、技能においても、同じことがいえる。

（４）他教科や幼児教育・中学校教育との関連を図る指導計画

子どもの学びは、本来一つの教科の枠組みの中だけで完結するものではなく、他教科や日常生活の事象と結び付きながら発展していく。他の教科等で育つ資質・能力と図画工作科で育つ資質・能力を関連付けて、教科間の横のつながりを意識する指導計画を考えることは今後ますます重要である。

また、幼児教育と小学校教育、小学校教育と中学校教育など、縦のつながりを考えて、指導計画を立てることも重要である。特に、低学年においては、幼稚園教育要領に示す幼児期の終わりまでに育ってほしい姿との関連を考えて、入学当初においては生活科を中心とした合科的・関連的な指導や、弾力的な時間割の設定を行うなどの工夫が求められる。

（５）カリキュラム・マネジメントの充実

子どもの学びが次の学年につながっていくためには、資質・能力を６年間で一貫して育てる指導計画を作成することとともに、PDCAサイクルにより学校教育の改善・充実を生みだしていくカリキュラム・マネジメントの実現が求められる。指導計画を作成したら、それを適切に実施、評価し、随時改善していくことを、組織的かつ計画的に各学校の全教職員で取り組んでいくことがこれからの学校に求められているのである。また、「社会に開かれた教育課程」として、保護者、地域の方々とともに取り組むなど社会との関わりの中で学ぶ指導計画なども、今まで以上に工夫することが大切である。

4. 指導計画の具体例

（1）1学期の指導計画の一部分（第1学年）

　教科書題材を中心に子どもの実態を考えて作成した指導計画である。共通事項との関連や、幼児教育や他教科との関連を意識しているところに特徴がある。

月・時間	題材名と目標	題材の評価規準	主な材料・用具	関連
4月 2時間 ※短い時間で日を分けて実施	すきなものいっぱい 　　（絵に表す活動） 【題材の目標】 自分の好きなものを好きな形や色で表し方を工夫して描くことを楽しむ。 【共通事項との関連】 自分の好きなものの形や色を思い浮かべながら、イメージを広げる。	【知識・技能】 パスを使って表しながら、いろいろな形や色に気付いている。［知］／描いたりぬったり試しながら表し方を工夫して描いている。［技］ 【思考・判断・表現】 好きなものの形を考えたり、色を選んだりして描いている。［発］／作品や表し方について友達と感じ取ったり考えたりしている。［鑑］ 【主体的に学習に取り組む態度】 自分の好きなものを描くことに興味をもち、表現活動の楽しさを味わおうとする。［態］	教師：画用紙 子ども：パス、サインペン、色鉛筆など	【幼稚園・保育所との連携】 幼稚園・保育所での経験を聞き取りながら進める。
4月 2時間	チョキチョキかざり 　　（工作に表す活動） 【題材の目標】 紙の切り方を工夫して、思いに合った形に切り取り、教室が楽しくなる飾りをつくる。 【共通事項との関連】 紙を折ってから切ってできる形や、紙の色からイメージを広げ飾りを考える。	【知識・技能】 はさみで紙を切りながら、いろいろな形を捉えている。［知］／紙の折り方や切り方を試しながら表し方を工夫している。［技］ 【思考・判断・表現】 色紙を切ったり、広げたりしながら、自分の思いに合った形を思い付いている。［発］／自分や友達の飾りから表し方の工夫や面白さを感じ取ったり考えたりしている。［鑑］ 【主体的に学習に取り組む態度】 はさみの使い方に関心をもち、飾りづくりを楽しみ学校生活に生かそうとしている。［態］	教師：色紙、色画用紙、模造紙、セロハンテープなど 子ども：はさみ、のり、パス、サインペンなど	【他教科との関連】 七夕などの年中行事や学級行事と関連させ繰り返し活動を行うことができる。
5月 3時間	すなや土となかよし 　（造形遊びをする活動） 【題材の目標】 砂や土の感触を味わい造形的な活動を思いつき、楽しむ。 【共通事項との関連】 砂や土に働きかけ形を変えていく感触を楽しみながら、つくりたい形をイメージする。	【知識・技能】 砂や土の感触や立体的な様々な形を捉えている。［知］／思い付いたことを試しながら、手や用具を用いて表し方を工夫している。［技］ 【思考・判断・表現】 自分の感覚や気持ちをもとに、造形的な活動を思い付いている。［発］／友達に話したり、話を聞いたりして造形的な面白さや楽しさを感じ取ったり考えたりしている。［鑑］ 【主体的に学習に取り組む態度】 砂や土の感触を味わい、体全体で造形的な活動に取り組み楽しんでいる。［態］	教師：シャベル、スコップ、バケツ、ペットボトル、空き容器、水など 子ども：汚れてもよい服装、タオル、帽子など	【幼稚園・保育所との連携】 【道徳との関連】

（2）1学期の指導計画　（第6学年）

　資質・能力が関連的・継続的に働くことを意識している指導計画である。例として「思考・判断・表現」の指導計画について（右、黄色網掛け部分）述べてみると、右頁の題材①では、自由に変形・変量ができる粘土の特性を生かして、試しながら次々に発想することをねらいにしている。題材②では、場所と材料の両方から発想を広げることをねらいにしている。題材①で、様々に発想する経験をした子どもたちに、今度は場所と関わりながら発想することを提案する。次に、題材②で働かせた力を、継続して、確かなものにすることをねらいに題材③を設ける。題材④では、ユーモアなどの感覚やストーリをつくるなど、子どもたちの「発想や構想」「鑑賞」の能力が他の資質・能力と関連的に働くように、設定している。

月・時間	題材名と学習の主題	題材の評価規準		
		【知識・技能】	【思考・判断・表現】	【主体的に学習に取り組む態度】
4月 4時間	題材① ねん土のみりょく発見！ 立体に表す活動 粘土を様々な方法で変形・変量しながら、想像を広げ、思い付いたものをつくって楽しむ。	・粘土に様々な働きかけ、量感やバランスなどの造形的な特徴を理解している。[知] ・粘土の特徴や、構成の美しさなどの感じから、表現に適した方法を組み合わせ、表し方を工夫している。[技]	・自由に変形・変量できる粘土の特徴を生かして、思いのままに粘土に働きかけ生まれる形から、つくりたいものを次々に発想し、表し方を考えている。[発] ・友達と話し合ったりして、粘土のいろいろな表し方や表現の意図などについて、感じ取ったり考えたりしている。[鑑]	・粘土の感触を体全体で楽しみ、様々に試しながら新たな発想をしたり、自分の表し方で表現したりなど、つくりだす喜びを味わおうとする。[態]

↓ 広げる

月・時間	題材名と学習の主題	【知識・技能】	【思考・判断・表現】	【主体的に学習に取り組む態度】
5月 6時間 (本題材)	題材② こんなところに、こんなステキが！ 造形遊びをする活動 特徴のある場所を見つけ、木の枝など身近な材料を生かして、空間づくりを楽しむ。	・自然の材料や校庭などの場所に関わり、構成の美しさや面白さなどの造形的な特徴を理解している。[知] ・自然の材料や校庭などの場所に関わり、活動を工夫してつくっている。[技]	・木々に囲まれた校庭の特徴を見つけ、自分で選んだ材料や場所などから発想し、つくるものの意図や楽しさなどを考え、構想する。[発] ・材料や場所の生かし方や表現の意図について、友達と見比べたり1年生に見せたりして、見方や感じ方を深めている。[鑑]	・校庭の特徴ある場所をもとに、材料を集め、アイデアを友達と交流しながら発想を広げ、造形活動の喜びを味わおうとする。[態]

↓ 繰り返す

月・時間	題材名と学習の主題	【知識・技能】	【思考・判断・表現】	【主体的に学習に取り組む態度】
6月 3時間	題材③ こんなところに、ステキにカラーリング！ 造形遊びをする活動 いろいろなものに描け、消すことのできる用具で、場所を生かしたものを描いて楽しむ。	・選んだ場所にぴったりな形や色などの特徴を理解している。[知] ・簡単に消せる材料・用具で、日頃、見慣れた場所を愉快な場所にしてみたいとの思いをもち、構成の面白さや美しさを感じ取り、表し方を工夫している。[技]	・窓ガラスや階段など楽しいキャンバスになりそうな場所を見つけ、ユーモアなどの感覚を働かせて発想し、意図や楽しさ美しさなどを考え構想する。[発] ・材料や場所などの生かし方や、表現の意図などについて、他の学年から感想をもらいながら、見方や感じ方を深めている。[鑑]	・消せるポスターカラーなどの材料や、描くための場所に働きかけ、それらの特徴から発想したり、技能を総合的に働かせ、つくりだす喜びを味わおうとする。[態]

↓ 確かなものにする

月・時間	題材名と学習の主題	【知識・技能】	【思考・判断・表現】	【主体的に学習に取り組む態度】
6〜7月 6時間	題材④ 古着ヘンシンマジック！ 絵や立体に表す表現 古着を様々な方法で変形・変量しながら、思い付いたものをつくったり、描いたりして楽しむ。	・古着の形や色、感触を生かして、新たにつくりだした形や色などの造形的な特徴を理解している。[知] ・構成の面白さや美しさなどの感じや用途を考え、表現に適した方法を組み合わせ、表し方を工夫している。[技]	・切る、編む、貼る、しわを寄せるなど布の特徴を生かして試したり、場所も視野に入れてユーモアなどの感覚を働かせたりして発想し、表したいことを見つけ、構想する。[発] ・布の生かし方やユーモアなどの感覚が働く楽しさ、表現の意図などについて、身近な人から感想をもらい、見方や感じ方を深めている。[鑑]	・古着(布)に関心をもち、美しさや面白さを感じ取ったりしながら構想し、手応えのある表現方法に挑みながら、自分の表し方を見つけ、表現活動の楽しさを味わおうとする。[態]

(福岡知子)

2. 学習指導案の作成

「図画工作科の授業はどのようにつくっていくのか？」という問いに応える形で、ここでは学習指導案の実例や学習指導案ができるまでのプロセスを実践的に紹介していく。

1. 学習指導案作成の意義

「学習指導案は、授業の設計図である」「学習指導案は授業の台本（シナリオ）である」

上記のように、様々に形容される学習指導案。その意義は、まず、指導者自身が授業に対する自分の考えをまとめるために書くところにある。

この題材で、子どもにどのような資質・能力を育てたいのかを明確にし、学習目標達成のために、子どもの経験や関心を生かして授業を展開していくアイデアを考え、書き表したプランが学習指導案である。指導者が自分の考えをまとめるワークシートとしての意味合いから、学習指導案には、様々な形が考えられている。学習指導案を考えることは、具体的に授業の流れをイメージし、資質・能力を発揮する子どもの姿を予想していくことになる。まさに、指導者にとってのアイデアの詰まった設計図であり、シナリオとなるのである。

学習指導案のもう一つの意義は、授業内容の伝達である。授業を参観する人にとって、何をどのように教えようとしているのかを、参観する人にわかりやすく伝える機能である。そこで、配慮されることは、誰にとってもわかりやすく共通に理解しやすいということである。学校や地域によって、統一した形式の学習指導案があるのも、共通認識しやすいという利点があるからであろう。

2. 学習指導案作成のポイント

一般的な学習指導案の記述例を挙げているが、記述の順序が前後する場合や、題材の評価と本時の評価をまとめて示す場合もある。学習指導案として必要な要素について解説する。

【図画工作科学習指導案】

1．日時・場所　　➡2時間続きになったり、教室以外の場所で行ったりすることも多い。

2．学年・組　　　➡クラスの在籍人数

3．題材名　　　　➡教材名、単元名とはしない。

題材名は、子どもたちへの提案の役割がある。題材名は提示したときに、「何だろう？　面白そう！やってみたい！」という子どもの意欲を喚起するように様々に工夫されることが多い。木を材料にした題材であれば「トントン　ギコギコ」のように活動を示すものや、「もし、鳥になったら！」「窓を開ければ？」のように発想のきっかけを示すものなど。題材名が効果的に提示されると、クラス全体で題材のもつイメージが共有されていく。

4．題材について　➡指導に当たっての、児童観、題材観、指導観を書く。
　児童観　　　　➡題材の内容に照らし合わせて、子どもの造形における実態を具体的に述べる。

一般的には「本学級の子どもは…」または、「この時期の子どもは…」といった書きだしで始めることが多い。ここでは、子どもの造形的な資質・能力の実態を、知識・技能、思考・判断・表現、主体的に学習に取り組む態度の三観点でよいところや課題について記述する。

　題材観　　　　➡題材の特徴と育てたい資質・能力について具体的に述べる。

「本題材は…」で書きだすことが多いが、まず、題材の概要を述べる。次に、子どもにとって題材がどのように受け取られるか、つまり子どもにとっての題材の魅力について述べる。さらに、学習指導要領の目標及び内容に照らして本題材で育てたい資質・能力について記述する。

<u>指　導　観</u>　　➡児童観や題材観を踏まえて、具体的な指導の方法について述べる。

「指導に当たっては…」「指導の手立てとしては三つ…」など、指導者の役割について述べる。具体的には、導入時の提案の方法、子ども同士が学び合う場の設定、材料や用具などの環境設定、安全面や支援が必要な子どもへの手立てなどについて述べる。

※必ずしも「児童観」「題材観」「指導観」の順で書く必要はないが、この三つが論理的に一貫していることが重要である。「子どもの実態はこうなので、この題材でこんな資質・能力を高めます。だから、このように指導を工夫します」という風に読み取れるようにする。

5．学習目標　　➡題材全体の目標を書く。

多くの場合「〜を通して〜するとともに、〜を工夫して表す」のように、主な活動と資質・能力をまとめた形で一文に表す（観点別に書く場合もある）。

6．指導計画　　➡「全○時間　―　本時は○時間目」

学習過程をおおまかな段階に分けて、第１次、第２次というように示し、それぞれの段階の目標と内容、配当時間などを書く。題材の学習内容がまとまりとして見通せるようにする。

7．評価について

評価は指導と表裏一体の関係にある。学習目標を具体の子どもの姿で表したものが評価規準と捉えてもいいだろう。評価規準は平成３年に導入された概念で、子どもがおおむね学習を達成した状況をＢ規準として観点別に評価の規準を示して評価していく。

8．本時の学習

⑴本時の目標　　➡題材の学習目標に準じる目標を記述する。
⑵本時の評価規準　➡本時の評価規準を記述する。（7．と同じ場合は省略する。）
⑶本時の展開

子どもの学習活動と指導者の役割に分けて記述する。本時の展開については、特に様々な書き方がある。指導者の働きかけに対して、予想される子どもの反応を時系列に沿って上から順に書いていくもの（p.70、71）と、子どもたちの活動の流れを放射状に広がりとして書いていくもの（p.72、73）の２例について、次頁より紹介する。

一般的な時系列スタイルのものは学習指導案の全体を、放射状スタイルのものは本時の展開に重点を置いて紹介する。

9．準備物　　➡子どもと教師と分けて示す。
身の回りの材料など子どもと教師が一緒に準備するものもある。

3．学習指導案の具体例 ― その①（時系列スタイル）

図画工作科学習指導案（例①：時系列スタイル）

1．日時　　　　○○○○年　4月19日（火）　　　第5時限（　：　～　：　）
2．学年・組　　1学年　2組　（在籍　30名）
3．場所　　　　多目的ホール（床に座って活動できる場所）
4．題材名　　　「すきなかたち　すきないろ　見いつけた！」　造形遊びをする活動
5．題材について
　(1)児童観（省略）
　(2)題材観

　　紙を切りながら、「あれ！　おもしろい形ができた！」「○○みたいなのができたよ」とつぶやく子どもの姿は、日常的に教室で見かけることができる。本題材も、紙を切ることそのものを楽しむ題材である。子どもたちは、紙を自由に切りながら、好きな形を見つけ、そこから生まれる形や色からイメージを広げていくだろう。

　　切った紙を並べたり、重ねたりしながら、自分らしい感覚や気持ちを働かせて、「○○になりそう」「○○をつくっていこう」など様々に発想する姿が期待できる。また、活動の途中からは、周りの友達と一緒に活動するように設定している。友達との自然な鑑賞交流の中で、表し方を工夫するなど創造的な技能も発揮できると考えた。

　(3)指導観

　　本題材は、「切りながら好きな形を見つける」活動に焦点を当てている。指導の工夫としては、「紙を動かしながら切ると、形が生まれてくる」様子を、子どもの前で実演をする。実演を通して、子ども達が紙を切ることそのものを楽しむことができると考えた。

　　また、自分の好きな形や色を並べたり、つないだり、重ねたりする場面では、友達と自然に鑑賞交流できるように、友達と向かい合って座る場の設定を考えた。

　　さらに「はさみ名人への道」というはさみの使い方のポイントを書いた掲示物を用意する。安全面の配慮だけでなく、はさみを自在に使える技能を主体的に身に付ける手だてである。

6．学習目標

　　紙を切りながら、好きな形を見つけ、さらに、並べたり、重ねたりしながら、イメージを広げて活動を楽しむ。

7．指導計画（全2時間）
　　• 紙を切りながら好きな形や色を見つけて、イメージを広げ表現する。（1時間）本時
　　• 自分や友達のつくった作品を見ることを楽しむ。（1時間）

8．評価について　※本時の展開で示す（ア）～（オ）の記号は、以下の評価規準を表す。

知識・技能	思考・判断・表現	主体的に学習に取り組む態度
• 紙を切ったり並べたりしながら、いろいろな形や色に気付いている。（ア[知]） • 紙を動かしながら切ったり、切ってできた形を並べたりつないだり重ねたりして活動を工夫している。（イ[技]）	• 切ってできた紙の形や色のイメージを基に発想し、並べたり、重ねたりしながらどのように活動するか考えている。（ウ[発]） • 造形的な面白さや楽しさ、表し方について感じ取ったり考えたりしている。（エ[鑑]）	• 好きな形や色を見付けてつくりだす喜びを味わいながら、楽しく活動している。（オ[態]）

9．本時の学習
　(1)目標…紙を切りながら、好きな形を見つけ、さらに、並べたり、重ねたりしながら、イメージを広げて思い付いたり、どのように活動するか考えたり、活動を工夫したりする。

(2)本時の展開（1時間）※指導案で示す時間は、すべて「単位時間（1時間＝45分）」。

学習活動	支援（指導上の留意点）	評価の観点と方法
1．学習のめあて①をつかむ。 　　めあて①　きりながらすきなかたちを見つけよう！ 【教師の働きかけ】 「紙を動かしながら切ると、形が生まれてくるよ。切りながら好きな形を見つけていこう」 【予想される子どもの姿】 　・怪獣の形に見える。 　・ひっくりかえすと、ちょうちょみたい。 2．好きな色の紙を選んで、紙を切っていく。 　・切り残った紙も残さずに使おう。 3．学習のめあて②をつかみ、活動を広げる。 　　めあて①　ならべたり、つないだり、かさねたりして、 　　　　　　お気にいりのかたちをつくっていこう！ 【教師の働きかけ】 「できた形をじっくり見ながら、並べたり、つないだり、重ねたりすると、もっとお気に入りの形になりそうだね」 【予想される子どもの姿】 　・友達のとくっつけたらおもしろそう。 4．自分が楽しくつくったことを、友達に話す。 5．後片付けをする。	・「はさみ名人」の掲示物を示して、はさみの使い方を指導する。 ・何かをつくろうと考えず、切ることを楽しむことを強調する。 ・切り取った形や色をもとに、思い付いたり、想像したりしたものを発表する場を工夫する。 ・次の時間の鑑賞活動につながるようにする。	 （オ）（イ） 表情やつぶやき 活動の様子 （ウ） 表情やつぶやき 活動の様子 （エ）（ア） 会話の様子

(3)準備物…［教師］両面色違いの造形紙・全紙　［子ども］はさみ・のり

図1．授業の導入

図2．紙を動かしながら切ることを楽しむ。

図3．友達と高め合う場面

4. 学習指導案の具体例 — その②（放射状スタイル）

図画工作科学習指導案（例①：放射状スタイル）

1. 日時　　　　〇〇年　4月19日（火）　　　第　時限（　：　～　：　）
2. 学年・組　　2学年　2組　（在籍　30名）
3. 場所　　　　多目的ホール
4. 題材名　　　「のびる！　はずむ！　カラフルンルン♪　色あそび」造形遊びをする活動
5. **題材について（題材観）**

   本題材は、大きな障子紙に色水を垂らしたり刷毛で色付けしたりして、色の重なりやにじみの美しさ・面白さを感じながら発想を膨らませる造形遊びである。子どもたちは、きれいな色水が大好きである。そこに、大きな白い障子があるだけで、目を輝かせて色水を障子紙に付けたいという造形的な衝動にかられることだろう。また、刷毛やブラシなどの用具を近くに置いておき自然とそれを使うように促すことで、子どもたちの造形的な意欲・関心はさらに高まり、中には手形や足型をつけていくというダイナミックな造形活動を行う子どもも出てくるだろう。大きな白い障子紙と色水という魅力的な材料によって、色のにじみの面白さ、重色や透け感の美しさを子どもたちが存分に味わうことのできる題材であると考える。

6. **本時の目標**
   - 障子紙と色水、刷毛やブラシといった材料や用具を生かして、楽しんで活動したり、思い付いたことを表そうと工夫して活動したりする。【主体的に学習に取り組む態度】
   - 色のにじみや重なり、障子紙が色付けられて生まれる形から発想したり、どのように活動するか考えたり、活動しながら見方や感じ方を広げることができる。【思考・判断・表現】

図4．色水を垂らしたり、刷毛やブラシを使ったり①

図5．色水を垂らしたり、刷毛やブラシを使ったり②

図6．鑑賞する。

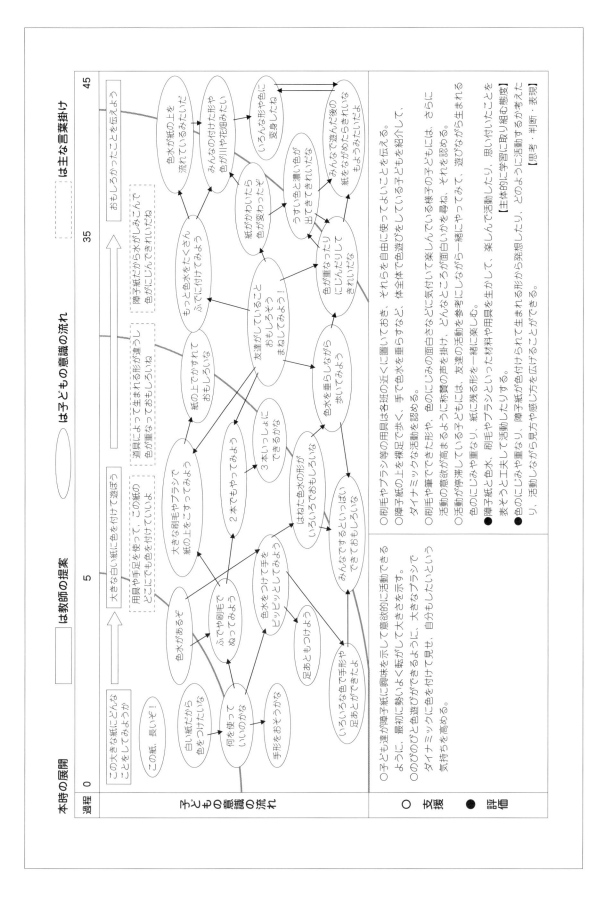

5. 授業づくりのプロセス ― 学習指導案ができるまで

　ここでは学習指導案を作成するまでの授業づくりのプロセスについて解説する。

　小学校学習指導要領の図画工作編では、子どもの経験や関心などの実態を踏まえ、よりよい活動をつくりだすことができるように指導事項や扱う材料、用具等は示しているが、「これをしなさい」といった具体的な題材は示していない。

　つまり、教師が、自分自身で題材を考えたり、教科書や参考となる図書、地域の研究会の実践などから題材を考えたりして、実践することができるのである。

　教師としての創造性を発揮して、子どもたちの資質・能力が高まるように授業を考える（題材を設定する）ことは、教師のやりがいや喜びにつながっていく。本来、授業の醍醐味は、題材開発や指導法の創意工夫などの授業づくりにあると言っても過言ではない。

（1）授業づくりのプロセス　～題材開発のアイデアとなる視点～

　前掲載の指導案「のびる！　はずむ！　カラフルンルン♪　色あそび」の題材は、「テレビのCMで、色をシャッと流すところを見て思い付いた」とは、その教師の言葉である。「この子どもたちのやる気に点火する題材は何か？」と考え続けていると、思わぬものやことに出会い、題材が生まれる。

　教師にとって題材は、指導の目標や内容や方法などを総合的に構成したまとまりである。そこで、題材開発で必要な視点としては二つ挙げることができる。

- 「子どもの思いにぴったり響くかどうか？」
- 「育てたい資質・能力が明確にできるかどうか？」

　この二つの視点をもとに、子ども一人一人のよさや可能性を生かし、子どもの資質・能力を高める題材を開発して、子どもたちに提案することである。題材開発のアイデアとなる視点を次に示している。

❶【材料から考える】

　材料を見つける、材料に親しむ、材料からイメージする、材料を加工するなど、子どもは、日常生活の中で身近な材料と遊んでいる。

❷【材料と場所の組合せから考える】

　材料と場所の組み合わせによって、活動に広がりが生まれてくる。斜面で土の玉を転がす、新聞紙と机を組み合わせて隠れ家にするなどの姿から、場所と組み合わせることでいろいろな題材が考えられる。主な活動場所と、その特徴は次のようになる。

- 図工室……材料や用具が整っていて、広い机、使いやすいイスなどがある。
- 教室……机やイスを自由に動かすことができ、机の下の隙間を使うこともできる。
- 廊下や階段……長い、段差がある、光が差し込む等、場所の特徴を生かした活動ができる。

- **体育館**……広い床や、空間を生かして、体全体を使った活動ができる。
- **運動場**……広い地面や空間を生かした活動ができ、風や光などを生かすこともできる。
- **砂場**……山をつくったり、掘ったり、水を流したりできる。
- **校庭の遊具**……形の面白さや空間を生かした活動ができる。
- **校庭の樹木がある場所**……樹木の枝や落ち葉など、自然材を生かした活動ができる。

❸【行為(操作)から考える】

　子どもたちが遊んだり、ものをつくったりするときには、様々な造形行為を目にすることができる。また、触覚、視覚、嗅覚、味覚、聴覚などの五感からや、身体の大きさや全身をもとにすることからも題材を考えることができる。

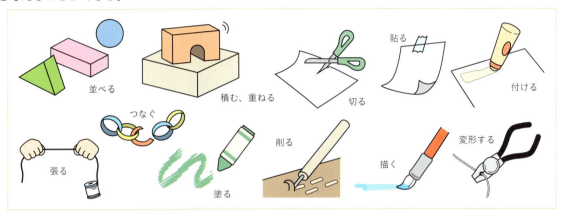

❹【想像や夢や願いから考える】

　子どもたちは、感じたこと、想像したこと、見たことから表したいことをイメージしたり、夢や願い、お話などを造形と結び付けたりしている。

❺【生活や社会の中から考える】

　日常生活の中で、遊んで楽しいもの、使って満足できるもの、飾ってうれしいもの、相手に喜んでもらうものなどを、子どもは自らつくりだしている。

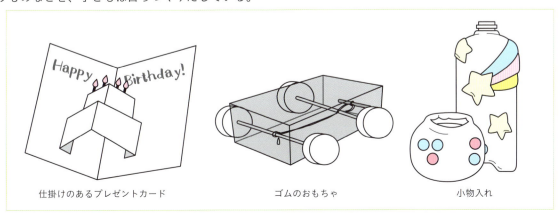

（２）授業づくりのプロセス　～実技研究からの題材開発～

　講師に指導を受けて技能を磨くだけの実技研修ではなく、最近は授業づくり研究にまで踏み込んだ実技研修が行われている。新聞紙を主材料にどんな題材がつくれるか実技を通して研究した事例を紹介する。

　まず、材料である新聞紙のよさ等を確認し合った。「身近にあって、たっぷり使える」「手でも簡単に破ったりできるなど、造形操作がやりやすい」「ある程度大きいので、ものを包むこともできる」「柔らかさがあるので体に沿わせることができる」「新聞紙を取っていない家庭もあるので、教師が計画的に集めておく必要がある」など、自由に気付きを出し合い材料の特徴に関する共通認識が深まったところで、チームでの活動になった。

　「どのような活動を子ども達は思い付くだろう？」をテーマに、低・中・高学年を意識した４つのチームで40分間の活動を行うと、それぞれのチームで会話が活発になっていった。

図７．材料を基に活動を思い付くAチーム

図８．材料と体を基に活動を思い付くBチーム

図９．材料と場所を基に活動を思い付くCチーム

　新聞紙を材料に活動すると、子どもたちの資質・能力がどのように表れるのか、体験を通して味わいながら授業のイメージが少しずつ鮮明になっていく。「子どもは、くしゃしゃと丸めたり、ねじったり、膨らませたりしながら、生き物やぬいぐるみのようなものを想像するのでは？」そこから、「自分のともだち」という題材になりそうと考えたり、新聞紙を自分の体や場所と関わらせる活動を基に思い付いたり、題材開発のアイデアが次々に出てきた。その後のグループ鑑賞では、互いの活動をスマートフォンで記録し合って、明日からの題材のヒントを共有し合った。

図10．組み立てる活動を基に思い付くDチーム

　「実技を通して題材開発をすると、机上で考えるよりも体で実感して考えるので、子どもの感性や想像力に寄り添った題材研究ができると思った」との感想が寄せられた。

　大学においても、実技を通して題材研究に取り組んでいる例がある。米袋を材料に、子どもになりきって活動する。ファッションショーのような鑑賞交流も楽しそうである。

図11．米袋を切り開きながら考える。

図12．米袋の特徴を生かして表し方を工夫する。

図13．ファッションショーのような鑑賞交流

（３）授業づくりのプロセス　～教科書の題材を使って～

　図画工作科の教科書をめくりながら、「先生、こんなのつくってみたい。これ、楽しそう」という子ど

もの声をよく聞く。教科書は、子どもがやってみたい題材の宝庫なのかもしれない。教科書の題材を使って授業づくりをする場合について、教科書を読みこんでいくコツを中心に解説する。

　どの教科書も学習指導要領を具体化する題材を掲載し、学習目標や学習方法などが見開き2ページの中にわかりやすく配置されている。その題材で目指す資質・能力についても示されており、それは子どもの活動の写真からも読み取ることができるようになっている。

教科書についてのQuesutin	Answer
Q1：目次はどうなっていますか？	目次には、題材名とともに「造形遊び」「絵」「立体」「工作」「鑑賞」のどれに当たるかが確認できるようになっています。全体を通して、「造形遊びをする活動」と「絵や立体、工作に表す活動」がバランスよく配置されていることがわかります。 　独立して扱う「鑑賞」についても、表現と関連することを意識して位置付けられています。
Q2：どんな題材がありますか？	題材は見開き2ページで示されています。まずは、題材名や題材を紹介する文章、を読みましょう。その授業の概要がわかります。 　題材を紹介する文章は、授業の目標を一文で表したものと受け取ることができます。
Q3：この題材で育てたい力は何ですか？	育成を目指す資質・能力が、「知識・技能」「思考・判断・表現」「主体的に学習に取り組む態度」の3観点で示されています。この3観点は、子ども向きの言葉で「学習のめあて」として書いてあります。
Q4：どのように授業を始めたらいいですか？	多くの場合、左ページにスタートの場面が掲載されていて、活動が進んでいくことが時系列に読み取れるように工夫されています。活動の写真に添えられた短いコメントは、子どもたちへの提案のヒントとして活用できそうです。工作の仕組みを説明しているケースや材料や用具が解説されているページなどもあります。
Q5：活動中は何が大事なのか示してありますか？	「活動中に現われる子どもの姿をどう捉えたらいいのか？」「この題材ではどんな様子に注目すればいいのか？」これについても、教科書の子どもの写真やコメントがとても参考になります。 　例えば、水の量を工夫していろいろな色や形を見つけている場面では、「あ、にじんだ、きれい」コメントにあるような姿から、自分なりに技能を発揮して知識を獲得している様子が伝わってきます。資質・能力を発揮する様子が示してあります。
Q6：どのように授業をまとめたらいいですか？	学習の終わりに、どのような姿になればいいのか、どのような作品になっていくのか、教師として捉えておくことは大事です。同じ題材であっても学校や子どもの実態に応じて授業の様子も変わるので、何校かの実践が掲載されています。学習目標が達成されたのか授業のまとめの場面では、子ども自身が自分の言葉で語り合うなど、表現と鑑賞を一体的に扱う指導が示されているページがあります。

★教科書の題材を使って、授業づくりをする手順★

①題材を決めて、教科書を深く読み込む。

②子どもの実態に合っているか、子どもにとって魅力ある活動か検討する。

③この題材で育つ力を明確にする。

④材料や用具がそろうか検討する。

⑤活動場所について検討する。

⑥子どもになりきって教科書のような活動をしてみる。作品をつくってみる。

　→ 学習指導案作成へ　すすむ！

子どもが夢中になる要素は何か？この題材で育つ力は？

材料や用具をそろえ、活動をしてみた。掲示物として活用も。

実際に活動すると、指導の工夫がいろいろと見えてきた。

（福岡知子）

3. 意欲を引きだす！ 授業のポイント

「図画工作科の授業は、実際にはどのように進めていくのか？」という問いに応える形で、準備、導入、展開、まとめの順にそれぞれのポイントを具体的に紹介していく。本節の最後に学生の皆さんがチームで模擬授業に取り組んだ事例についても紹介する。

1. 授業の実際①　準備のポイント

授業をする前に、どのような準備が必要なのかを考えて、丁寧に準備をすることが授業の質を高めていく。準備をしっかりすることで、気持ちに余裕ができて授業に集中することができる。授業中に足りないものに気付き、あわてて取りに行っている間に、子どもが用具の使い方を誤ってけがをしてしまったというようなことを防ぐためにも、事前に材料や用具、活動場所などについて考え、準備する必要がある。

（1）材料や用具の準備をする

子どもが持ってくるものに対しては、家庭への早めの連絡が必要である。新聞紙などは取っていない家庭もあるので、教師の方で準備するなど判断して、どの家庭でも用意できそうなものにする配慮も必要である。

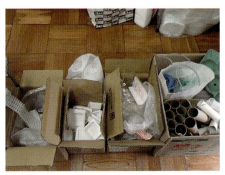

図1．材料コーナー

材料集めを予告することで、「来週の図工が楽しみ！」といった期待感が高まり、さっそく持ってきた材料を見せ合ってつくりたいイメージが膨らむなど、授業準備の段階から子どもたちの資質・能力が働いていく場合もある。材料集めから図工を楽しむ子どもの姿も大切にしたい。

材料の量や形状について考えることも大切である。必要な量はどれくらいか。どのような大きさや形状がいいのか。子どもが試しながら活動できるだけの量を用意することや、扱いやすい大きさや形などを考えることが子どもの意欲を引きだすもとになる。

用具についても、事前に数量を確認するとともに、壊れていないか、使いづらくないかなどの確認をする必要がある。例えば、カッターナイフの刃の切れ味が悪いときは、刃を折って新しい刃にしておくなどの配慮が、子どもの安全を確保することになる。

図2．授業が始まる前

図3．材料を紹介する場面

（2）場所や場の設定を考える

活動場所についての工夫は、p.92、93に詳しく解説されているので、ここでは、場の設定について述べる。場所が決まったら、「場の設定図」のイラストを書くことをお勧めしたい。1枚の紙に、配置を書くだけのものであるが、子どもの動線が明らかになり授業中の活動がイメージしやすくなる。材料や用具を取り

に行く途中や帰りに、子どもは友達の活動や作品をよく見ている。そのことも考慮して材料などの配置を考えるとよいだろう。

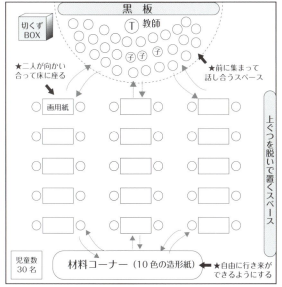

図4．場の設定図イラスト①

図5．場の設定図イラスト②

(3) 板書計画や掲示物などをつくる

　板書は子どもにとっての情報ボードである。題材名を見てワクワクし、今日の学習のめあてを見て自分のめあてとして受け止め、活動するためのヒントを見て見通しをもって安心して活動できるのである。板書の工夫については、p.96、97に詳しく解説しているので、ここでは、その他の掲示物などについて述べる。

　導入をどうするかにもよるが、用具の安全な使い方の効果的な掲示物があれば、言葉や実演で説明した後も、子どもの意識の中に残りやすいことがある。その際、一目で理解することのできるシンプルな掲示物を心掛けたい（図6）。

図6．用具の使い方掲示物

　導入で子どもの意欲を引きだすために、目の前で実演してみせるための掲示資料や、立体や工作であれば参考作品を2〜3個、準備物として用意することもある（図7、8）。

図7．掲示資料

図8．参考作品

(4) 子どもに提案する言葉を考える

　他教科では、学習指導案の次に、さらに詳しい内容の指導細案を作成する場合が多い。

　図画工作科でも作成する場合もあるが、活動を通して学ぶ教科なので、①題材を提案する場面や、②活動途中で活動を広げたり深めたりする場面での言葉を、指導細案として考えておくことは大切である。

2. 授業の実際②　導入のポイント

（1）やってみたい！という意欲を引きだす

「おもしろそう！　やってみたい！」という子どもの思いを引きだす導入をすることが、図工の時間の教師の大きな役割である。子どもがワクワクする提案ができるように、アイデアを考えドキドキしながら提案するのである。子どもの意欲を引きだす導入があるからこそ、活動の中で子どもは発想や構想の能力や知識・技能、鑑賞の能力などの資質・能力を発揮して力を伸ばすことができる。その意味で、意欲を引きだす導入はとても大切である。

導入における、提案のアイデアは教師によって様々であり、教師の個性が光る。

【提案のアイデア例】

- 「みなさん図工室に入ってきて、いつもと違うなって思いましたか？　どこが違う？」
  図工室の空間を仕切るように張ってあるカラーテープを見つけた子どもたちは空間を意識しだす。一気に空間を区切る造形遊びの活動にいざなっていく（図9）。
- 子どもたちを前に集めて、先生は目の前で黙って粘土の塊を切って見せる。切り糸で切った粘土からはシャープな形が現れ、「きれい！　海の波みたい」という声が上がった。粘土を切る活動にどの子も興味津々になった（図10）。
- ヘンシンマンが登場。変身する楽しさを指導者自身で示し、「みんなでヘンシンして楽しもう」と呼び掛ける。変身するには、「こんな輪っかをつくるといいよ」と、活動の見通しをもたせるヒントも提示する（図11）。
- ごちそうを粘土でつくっていく活動では、初めに、粘土を丸めたり伸ばしたりする活動を入れることで、材料の粘土とつくりたいごちそうが自然に結び付いていく（図12）。
- 「大きな木がほしい」というお話の読み聞かせをする。その後、こんな木のお家があったらすてきだなと想像しながら画用紙でしわしわ紙をつくった子どもたちは、思い思いのお家をつくり始める（図13）。
- 参考作品をつくって提示する（できれば複数）。「鏡に映る不思議な世界をつくろう」と子どもたちに提示すると、「ぼくは、サッカーの試合を背中と正面から」「奥に広がっていく森」など、子どもたちは参考作品をヒントに発想していった（図14）。

図9．空間を使った造形活動

図10．粘土をいろいろな形に切りだす。

図11．ヘンシンマン

図12．ごちそうづくり（粘土による活動）

図13．読み聞かせから想像を広げる。

図14．「鏡に映る不思議な世界をつくろう」

（2）短い時間でテンポよく！　めあてを明確にする

　題材にもよるが、導入は5分程度で行うという目安をもつとよいだろう。活動時間を保障するためにも、導入は端的に、言葉を吟味して、学習目標（めあて）が子どもたち自身のものになるようにする。

　めあてとは、その時間に達成を目指す学習目標のことであり、その達成のプロセスでいろいろな資質・能力が働いていく。資質・能力が十分に発揮されるためには、めあてがどの子にとっても明確になっていることが必要である。例えば、「まどをひらいて」という題材であれば、「まどの形を考えよう」「まどの開き方を工夫しよう」というめあてに向かって発想や構想、鑑賞の能力や知識・技能などの資質・能力が発揮されることになる。

　子どもがめあての達成に向けて、活動に向かう準備を整えることが導入であるともいえる。そのために教師は、めあてが子どもの意欲とつながっているかという視点で、一人一人の子どもをよく見ることが大切である。

（3）見通しをもたせる（活動の糸口をつかませる）

　せっかくめあてに向かって活動を始めようとしても、子どもが意欲的に向き合えないという状況が見られることがある。それは、子どもがめあて達成のための活動の糸口をつかめていない場合が多い。そこで必要なのは、見通しをもたせるという活動である。見通しをもたせることにより、「こうすれば、こうなるのじゃないか」という活動に変わる。「どうすれば、めあてに向かって活動できるだろうか」と考えるとき、そのよりどころとなるのが、子どものこれまでの経験やすでにもっている知識、そして前学年までの既習事項である。今までの知識、技能、経験、ときには教師からの新たな情報、

図15．見通しをもたせる話し合い

それらを結び付けてすべての子どもに見通しをもたせるように指導することが大切である（図15〜17）。

図16．見通しをもって活動する子どもたち①

図17．見通しをもって活動する子どもたち②

（4）効果的な安全指導をする

　「彫刻刀の使い方はきちんと説明したのに、何人もの子どもがけがをしてしまった」という声を聞くことがある。夢中になって活動をしていると、つい彫刻刀の前に手を出してしまい、けがをしてしまうこともある。しかし、効果的な安全指導を工夫することで、ほとんどのけがは防げるのではないだろうか。例えば、目の前で実物を使って教師がやって見せて、けがの原因を理解させる。失敗や危ない様子が伝わるように演じることも効果がある。効果的な図を提示すると、いつでも子どもは見ることができ、安全な使い方を意識し続ける。

　どんなけがをどのような場面でするかを予測しながら、未然に防ぐ手立てを考えて効果的に指導をすることが求められる。なお、安全指導の工夫については、p.90、91に詳しく解説している。

3. 授業の実際③　展開のポイント

（1）資質・能力を発揮していく様子を見つめる

　導入が終わり子どもたちの活動が始まると、まずはその様子をゆったりと見つめる時間となる。ここからは、めあてに向かって、一人一人の子どもが全力で活動する時間なので、教師があれこれと指図をしないことが肝心である。教師の方からアイデアを提示するなど親切なようであるが、それは、子どもが考えようとしているときにじゃまになっている場合がある。資質・能力を発揮する場を奪わないようにして、例えば、発想や構想をする場面では、子どもが表したいことを見つけたり、表し方を考えたりする時間であることを教師自身が意識することが大切である。

図18.「こうなったんだね」　　　図19.「先生、見て！」　　　図20. 活動を紹介する。

（2）学びを深める声掛けをする

　図画工作の授業では、一人一人の子どもへの声掛けが子どもの学びを深めていく。その子に応じた声掛けができるようになると、思いのままに活動していた子どもが、さらに自信をもって活動を飛躍させていったり、どうしたらいいのか困っていた子どもが考えや思いの方向を変えて粘り強く活動したりするなど、子どもの学びが深まるきっかけとなる。

　しかし、「どんな声掛けをしたらいいのか」なかなか難しいという声も聞く。学びが深まる声掛けのポイントを三つ提示する。

❶【声掛けのポイント　その1】発揮している力を読み取り共感する声掛けをする

　「子どもが何を感じているのか、何を考えているのか」その子の身になって読み取るようにすると、その子にぴったりの声掛けが自然にできるようになる。

　子どもの表情、つぶやき、しぐさ、活動の様子などから、発揮している力を読み取って、「なるほど！そう考えたんだね」など、今がんばっていることを読み取って声掛けをすることが大切である。声掛けの言葉は、様々である。

　「どんな感じにしたいの？」「どうなっていくのか、楽しみだなあ」「そうか。こうなったんだね」「なるほど！　よく思い付いたね」「思いにぴったりの形になった？」「この形が気に入ってるのね」「○○さんらしい、ステキな色合いだね。こだわっているよね」「もっと、こうしたいのね。でも、なかなか上手くいかないんだね。材料を変えてやってみる？」「困ったらいつでも言ってね。相談にのるよ」「最後までやりきったね。うれしいね」など。

❷【声掛けのポイント　その2】子どもの相談にのる声掛けをする

　子どものがんばりを見逃さずに一人一人の子どもを見ているつもりでも、見てなかったなと後悔することもある。授業が終わった後に、その日の子どもたちの活動やつくりかけの作品や学習カードに記入された言葉から、「明日はこの子に声掛けをしよう」と考えることがある。例えば、「うまくいくと思ってがんばったけれど、無理だった」「時間が足りません。あと1回の図工では、完成しそうにないので困っています」など、困っていることをカードに記入した子どもへは、「一緒に考えよう。相談にのるよ」との声掛けが必要である。

❸【声掛けのポイント その３】タイミングを推し量って声掛けをする

　活動が停滞しているように見える子どもへ、今、声を掛ける方がいいのか、それともこのまま見守る方がいいのか、迷う場面に出会うことがある。そのときは、その子の表情に注目することである。集中して考えている真っ最中なのか、誰かに相談したいと思って待っているのか、表情を見ると判断できることが多い。声掛けのタイミングはとても大事である。

　「声をかけるのを五秒待ってみてください。〜（中略）〜その上での声かけは、子供の気持ちを汲んだ声掛けになっています。なぜなら、その五秒はその子だけを見ている五秒間だからです。」[1]

　教師の視野や思考が広がる５秒間、このタイミングを持つことを心掛けたい。

（3）ともに学び合う場をつくる

　最初は具体的な活動を思い付かなかった子どもが、友達と関わることにより活動を思い付いて積極的に学んでいくことがある。子ども同士が関わり合いながら学ぶことができるように、場の設定をしたり、グループ活動を取り入れたり、様々に工夫することである。

　それぞれの子どもが、感じたことや考えたことをもとに、めあてに向かって主体的に活動を始め、そこで気付いたことや、発想したことを、次第に周りの友達と共有して、さらに新たな発想を生みだしてめあてに迫っていく、そのような指導の流れを工夫することが大切である。

　その場合、表現と鑑賞の活動を関連付けることが効果的である。関連付けた指導の中で、子どもたちは自分や友達の発想や表し方や感じ方のよさに気付くことができ、そのよさを取り入れてさらに資質・能力を伸ばしていく。表現活動の初めや途中の段階で、鑑賞交流の場を設定すると、本時のめあての達成に向けて、話し合ったり活動を見せ合ったりする中で、学び合う喜びを味わいながら資質・能力を高め合っていく姿が期待できる（図21〜23）。

図21．グループ活動の中で友達のよさに気付く。　図22．活動の途中の鑑賞で、さらに発想する。　図23．一緒に活動しながら自然に鑑賞交流する。

（4）活動と作品などから資質・能力を捉える

　子どもたちが発揮している資質・能力を捉えるには、子どもの活動の様子をよく見ることである。子どもへの声掛けをする場合と同じで、その子が発揮している力を共感的に読み取るようにする。

　材料を触りながら考えている姿、用具の使い方を工夫して技能が高まっていく姿など、資質・能力を働かせている姿を読み取って、記録しておくことも大切である。

　子どもの表情、つぶやき、しぐさ、活動の様子など、その時間の子どもの様子をよく見て記録し、ねらいに基づいた評価をしていくことが大切である。

1）岡田京子『成長する授業』東洋館出版社、2016年、p.68

4. 授業の実際④　まとめのポイント

（1）学習を振り返る

　授業の終末では、子ども自身が今日の学習を振り返ってみることが大事である。授業の導入で学習目標（めあて）が子どもたち自身のものになるようにすると書いたが、まとめではその学習目標（めあて）が達成できたのかを、子ども自身が振り返るのである。

　今日の活動の中で、どんなことが楽しかったのか、どんなことを頑張ったのか、子どもたちに具体的に聞いていくと、その時間に子どもたちがめあてに向かって発揮した資質・能力がよくわかる。同時に、子どもたち自身がその時間の学びを自覚することになり、これからどうしたいのか、見通しや意欲をもつことにもつながっていく。

　子どもたちに具体的に聞いていく振り返りの他に、学習カードで子ども自身が学習を振り返ることも効果的である。今日の学習のめあてに対する自己評価である。学習カードで振り返りながら、次はこうしたいという意欲をもつことが期待できるし、とりこぼさない評価を目指して、学習カードを評価情報として活用することも期待できる（図24）。

図24．振り返りの時間には、何を学んだのかを子ども自身が意識して学習カードに書いていく。

　学校では、様々な学習カードが工夫されている。例えば、「一枚学習カード」は、何次にもわたる一つの題材を大きめの紙の中に一枚で表したものである。ポートフォリオ型学習カードともいえるもので、子どもは学習カードを傍らに置いて、前回はどうだったかを見ながら、今日の活動に生かしていく。そしてまとめでは、今日の振り返りを書き込んでいくという、題材での学びを連続して記録していくカードである。学習のめあてに向かって、今日はどうだったのかを提示された視点を見て書いていく。「楽しかったことや、がんばったことは？」「思い付いたり、考えたりしたことは？」「表し方を工夫したことは？」「あなたが見つけた友達のいいところは？」「なるほどとわかったことは？」「困っていることは？」などの視点が示されて、その中から、子どもたちは書きたい視点を選んで書いていく。子どもが自主的に取り組めるように工夫されている学習カードである（図25）。

図25．「一枚学習カード」の一部分。今日の活動を振り返り、次の時間への意欲につなげていく。

（2）後片付けも楽しく

　色画用紙の端切れが床に落ちている。その端切れを子どもたちに見せながら、「この紙、捨てるの？それとも何かに使えるかしら？」と問いかけると、「何かの工作のときに飾りに使えそう」「その紙で図書の時間のしおりをつくったら」などとアイデアが出てきて、もったいないから取っておこうということになった。紙の切れ端は「切りくずボックス」と名前を付けた箱に貯めていくことにした。この日から、紙の切れ端が出ると、「もったいないからためておこう」が徹底して、図工の時間の後片付けでは、材料を大切にしようという意識が高まっていった。

　このエピソードにあるように、後片付けも学習活動として、子どもが主体的に取り組むことができるように指導することが重要である。残った材料の扱いをどうするか、使った用具の扱いをどうするか、手順なども子どもと一緒に考えて効率よく、丁寧にできるようにすると、「今日の図工では後片付けも楽しかった」という子どもも出てくる。

　みんなで力を合わせて、準備したり、後片付けしたりすることを子どもは大変喜ぶものである。

（3）終わらない子どもへの手立て

　図画工作の授業時間内に終わらない子どもには、どうしたらいいのだろうか。活動時間を示して、時間の見通しをもたせて活動しても、一人一人取り組む速さはそれぞれなので、一斉に終わることが難しいのが実態である。ほとんどの場合、その子どもと相談して、休み時間や放課後に続きをすることになる。

　しかし、毎回のように同じ子どもが終わらない場合は、指導の方法を工夫する必要がある。「自分はやることが遅くて、毎回でき上がらない」などと、その子どもが自信を失ってしまうことのないように、題材や授業の進め方を工夫することも必要である。例えば、カード状の画用紙を使って表現していく題材で、使えるカードは一人3枚～5枚位という幅をもたせる授業を展開すれば、みんなと一緒に終わることができる。一人一人のペースで活動できる授業づくりも大切である。

（4）指導を振り返る

　授業が終わってからは、教師も振り返ることが大事である。指導を振り返ることは、次の授業の改善に向けた取り組みにつながる。その際、前出の「主体的・対話的で深い学び」のポイントを、授業改善の視点として活用することを勧めたい。

　例えば、主体的な学びの視点では、学ぶことに興味や関心をもち、見通しをもって取組み、振り返りでは、次につなげる学びが実現できているか。対話的な学びの視点では、友達や地域の方々などとの対話を通して自分の考えを広げたり深めたりする学びが実現できているか。

　深い学びの視点では、子どもが考える場面と教師が教える場面を組み立てて、習得・活用・探究という学びの過程の中で資質・能力をよりよく伸ばしていく学びが実現できているか。

　これら三つの視点を授業改善の視点として捉え、指導を振り返ることが大切である。

【授業を振り返り記録に残す】（図26～28）

図26．活動の様子を捉える。

図27．子どもから出てきた様々な発想

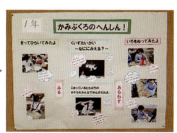
図28．教師による学びの記録

5. 模擬授業づくりの事例紹介

大学生の皆さんがチームで模擬授業づくりに取り組んだ事例を通して、模擬授業までの流れや準備のポイント等について紹介する。

(1) 題材を決定しよう！ (90分×1)

図29. いいなと思う題材を紹介し合う。

図30. みんなで教科書をのぞき込む。

図31. 真剣な意見交流が続く。

各自が教科書を見ながら、「いいな！」と思う題材を付箋紙に書いて、ピックアップしていった。

「これ、なつかし〜」という声や、「楽しそう！ この題材、子どもたち喜ぶと思う」などとワイワイ話しながらの楽しいひととき。しかし、その中から、一つに絞り込むとなると悩む。

決定するときのポイントは、「子どもにとって魅力ある題材かどうか」「図画工作科で育てたい力がはっきりしているか」「材料や用具の準備が可能か」の三つの視点で決定していった。

(2) 題材の魅力と指導の手立てなどを考えよう！ (90分×1)

「題材名」「学習のめあて」「題材の魅力や育つ力」「指導の手立て」の四つについて、教科書と小学校学習指導要領を資料に、チームでしっかり話し合った。教科書の題材名はこのまま、それとも自分達流にアレンジするのか、子どもが面白いと思う魅力は何なのか、この題材でどんな力が育つのか、指導の手立てはどうするのか。話し合いの後、四つの項目について手分けして文章にして1枚の紙にまとめた。これは、学習指導案づくりの素になる。

図32. 一人一人が考えを出し合う。

図33. チームで話し合う。

図34. 手分けして文章にしていく。

(3) 学習指導案をつくろう！ (90分×1)

まず、学習指導案の意義と書き方について学んだ。その後、学習指導案の様式に沿って文章をパソコンで打ち込んでいく。前時にまとめた四つの項目を生かして、「題材の魅力や育つ力」は題材観へ、「指導の手立て」は指導観へ流し込んでいった。本時の展開については、時系列に沿ってアイデアを出し合った。

図35. 手分けして活動しながらも、相談するときはみんなで。

（4）授業の準備をしよう！（90分 × 1）

【準備①】活動を試してみよう！

　子どもになったつもりで活動をしてみると、いろいろなことが見えてくる。「ここで困るのでは？」「接着が難しいのでは？」「もっと違う材料がほしくなるのでは？」等。やってみて初めて気付く体験は授業に生かされる。

【準備②】板書計画を考えて、掲示物をつくろう！

　板書は、子どもにとっての情報ボードとなるように工夫する。

【準備③】準備物を整えて、場の設定も考えよう！

　準備物は、はじめからグループ毎に用意するのか、授業の途中で前に取りに来させるのか、効果的な渡し方を考える。

【準備④】子どもたちへの提案の仕方を考えよう！

　授業のはじめ、「子どもたちが題材と出会う場面」でどんな提案をするか、授業の中ほど「楽しみやイメージを広げる場面」でどんな提案をすすめるか、言葉を考えて自分なりの台本をつくる。

（5）さあ！授業の本番！（90分で2～3本の模擬授業を実施）

　思い切って、堂々と授業をしよう！

【模擬授業を終わっての感想】

- チームで一つのものをつくり上げることの難しさと楽しさを知った。最初は誰かが妥協しないといけなかったりしてマイナスの印象しかなかったけれど、回数を

重ねる毎に、みんながみんなに肯定的になっていって、各々の考えをまとめるというよりも、みんなで新しい発想を生みだしていくようになった。達成感がすごかった。

- 協力し合って指導案をつくることで、自分になかった発想も聞けてとてもためになったし、自分自身も活躍できる喜びを知った。指導案をチームでつくるのは一人一人のよさを生かすいい方法だと思う。

（福岡知子）

4. 学びを深める指導の工夫① 材料についての工夫

　図画工作の学習は、子ども一人一人の資質・能力の育成を目指す営みであり、けっして「作品づくり」を目指すものではないが、その資質・能力の育成が、表現や鑑賞の活動を通して行われる以上、どのような造形材料を教師が提供するか、あるいは子ども自身が選ぶかは、活動の充実＝資質・能力の育成に大きく影響するものであるといえる。

　また、それまでにどのような材料や用具に触れてきたのかという経験によって、子ども一人一人の技能の獲得の差が大きく異なることもある。

　学年に応じた材料に触れる機会を確実に設けることと、その積み重ねが、長い目で見た子どもの成長を支える、きわめて大切なカリキュラム・マネジメントの一環なのである。

1．各学年で扱う材料（小学校学習指導要領から）

　学習指導要領図画工作では、「内容の取扱いと指導上の配慮事項」の中で、扱う材料・用具が2学年ごとにまとめて示されている。ただし、これらを固定的なものと解釈してはいけない。「必要に応じて、当該学年より前の学年において初歩的な形で取り上げたり、その後の学年で繰り返し取り上げたりすること」とあるように、新しい材料との出会いとその積み重ねで経験が豊かになっていくものと理解したい。

各学年で扱う材料・用具 （※下線部　材料）		
第1学年及び第2学年	第3学年及び第4学年	第5学年及び第6学年
<u>土</u>、<u>粘土</u>、<u>木</u>、<u>紙</u>、クレヨン、パス、はさみ、のり、簡単な小刀類など身近で扱いやすいもの	<u>木切れ</u>、<u>板材</u>、<u>釘</u>（くぎ）、水彩絵の具、小刀、使いやすいのこぎり、金づちなど	<u>針金</u>、糸のこぎりなど
材料の具体例		
・土　：畑、校庭、花壇などの土、川や海、砂場などの砂など ・粘土：土粘土、油粘土、紙粘土など ・木　：枝、根っこ、木片、おがくずなど ・紙　：画用紙や厚紙、新聞紙や段ボール、大きな包装紙などの児童が扱いやすい材料		

2．子どもと材料の出会いの工夫

　「出会い」の工夫は、図画工作の授業においては非常に重要である。題材と出会う・活動と出会う・（鑑賞などで）作品と出会う…など様々な出会いがあるが、子どもと材料との「出会い」は、主に授業の冒頭の、導入といわれる時間帯の出来事である。それは、子どもたちの興味を引きだし、関心を高め、その後の展開を左右する大切な場面である。したがって、機械的に一人分ずつ材料を配るだけではなく、活動形態や授業のねらいに合わせて、出会いの方法を工夫する必要がある。

　例えば低学年で、「土」と出会う場面を考えてみよう。校庭に大きなシートを敷いて、その上に土を盛っておく、あるいは様々な色の土を白い紙の上に置いて並べておくなど、様々な方法が考えられる。木切れなどの場合でも、切るところから経験させるために長い角材などを用意する、あるいはいろいろな大きさに切った木端をたくさん用意するなど様々な出会いがあるだろう。

　活動を提案してから材料を示すのか、あるいは、まずは材料に触れてその後に活動を提案するのかなど、授業のねらい

図1．お店から頂いたたくさんの段ボールに出会う。

や構成によって、材料の提示の方法は変わってくるが、いずれの場合でも、その後の活動が待ち遠しくなるような、ワクワクする出会いをぜひ工夫したい。

3. 学校や地域の特徴を生かした材料

　図画工作の材料は、教材として販売されているものだけではない。家庭の協力を得て集める、空き箱や各種の空容器、校庭などで入手できる自然素材など様々なものが材料となる。その中でも、学校の立地する地域、校区などから集めた材料の活用は、子どもたちが自分たちの住む地域を意識したり、大切に思ったりするきっかけともなる有意義なものである。

　地域の特性を生かした材料には、大きく以下の二つが考えられるだろう。

> ○自然の材料…山間部であれば小枝や蔓（つる）、木の実、葉など。海や川の近くであれば、流木や石など
> ○産業から…地域の特産品の材料（工業製品の材料や工芸素材など）、また製造過程で生じる不要物や使用済のもの（木工所や住宅建設などでの残材、木切れ等。繊維産業などであれば、糸や布の切れ端や紙管、あるいは製造や運搬などに使わる消耗品など）

図2．校庭の樹木・剪定（せんてい）された小枝

図3．様々な木の実

図4．木工所の廃材・皮付きの木端

4. 材料集めのヒント

　材料集めは、身の回りを観察し使えそうなものを見つけることから始まる。このとき、柔軟にものを見ないとそのよさや可能性が見えてこない。そのお手本は、子どものまなざしと考えるとよいだろう。変わった形の木切れや石ころを何かに見立てたり、家庭内や屋外の様々なものを道具にしたり…"子どもの目"で見てみると、思わぬところに楽しい発見があるはずだ。

　また、地域の人たちとコミュニケーションをとり、協力をお願いすることで、学校と地域の結び付きを深めることにもつながる。

　ぜひ材料集めにチャレンジしてほしい。その際、以下の点に気をつけるとよいだろう。

> ○形………安全で面白い形のもの、多様に見立てられそうなものなど。
> ○量の確保……学級・学年の子どもたちが存分に楽しめる量の確保。図画工作においては、特に造形遊びの活動の場合など、材料を十分に用意しておく必要がある。「足りる・足りない」という問題以上に、沢山の材料は、子どもの造形的な発想を促し、活動を広げることにつながる。
> ○扱いやすさ…重い物や切断・接着が困難なものなどは避ける。
> ○保　存　性…長期保存できるか。自然のものは、腐敗や虫の発生などに注意する。
> ○安　全　性…工場などからもらい受ける場合、材料の安全性を確認すること。

（佐藤賢司）

4. 学びを深める指導の工夫② 安全指導の工夫

　図画工作では、様々な材料・用具を使ったり、教室を出て活動したりするので、場合によっては思いがけない事故が起きる可能性がある。子どもが安心して活動できるよう、材料・用具などの安全指導と、活動環境の安全点検を徹底したい。

1. 材料や用具の事故の例

原因となる材料・用具・場所等 （学習指導要領記載のものは太字）	事故例
刃物：はさみ・小刀・カッターナイフ・段ボールナイフ・彫刻刀など	指を切るなど
のこぎり・糸のこぎり・金づち・ペンチ	指を切る・打撲・指を挟むなど
針金	端で突く・目に入るなど
ホットボンド・ヒートカッター	やけどなど
接着剤	指などを接着する・目に入るなど
絵の具・溶剤など	誤飲・皮膚炎症など
立ち木・遊具など	落下など
プール・水場など	転倒など
図工室・教室	道具棚の転倒・倒壊など

　刃物では、はさみや小刀でも小さなけがの事故は起こりやすいが、彫刻刀は特に気をつけたい。木版画などの製作時、専用の彫刻台（板）を用いない場合は、利き手の反対側の手で板を押さえて掘り進むが、このとき彫刻刀の刃の進む方向に手を置くと、誤って彫刻刀を刺してしまうことがある。このとき、板を彫ろうとしている利き手には、強く力を入れた状態なので、思いのほか深い傷となることが多い。

　また、けがの多い用具の一つに段ボールカッターがある。段ボールに刺して切るような場合、裏側が見えにくく、また、のこぎりのような刃が付いていて、傷が大きくなりやすい。

　接着剤は、速乾性のものでの誤接着があり、瞬間接着剤などで指を付けてしまうと、専用の剥離剤がないとなかなかはがすことができない。

　いずれも、過剰に心配して使用を避けるようなことをしては活動ができないが、危険性は十分認識しておきたい。

図5．彫刻刀の使い方（上：良い例、下：悪い例）

2. 材料や用具の安全な扱い方の指導

　材料・用具の安全な扱い方の指導として、ともすると「禁止事項」のみを強調し、板書などで列記する例を見かける。それも一定の効果はあるが、大事なのは「正しく安全な使い方＝最も効率的で抵抗感のない使い方」を実感的に身に付けることであり、なぜそれが正しいのか、子ども自身が理解し、納得することである。禁止すればよいとういうものでもない。

　また、安全な扱い方とは、使う際の使い方だけではない。片付けや管理も含めた、総合的な「扱い方」だと理解することが重要だ。

○「安全な扱い方」の考え方（はさみの場合）

安全な扱い方 ─┬─ 使い方：利き手で持ち、反対の手で紙をもってゆっくり切る。刃の進行方向を持たない。
　　　　　　 ├─ 取扱い：刃を開いたまま机上に置かない。受け渡しは、閉じて刃を持ち、相手に取っ手を向ける。
　　　　　　 └─ 管　理：ケースや刃先カバーを付けて、道具箱などに入れる。

図6．紙を動かしゆっくりと切っていく。　　図7．取っ手を向けて安全への気配り　　図8．しまうときは刃先カバーを付ける。

○「安全な扱い方」の指導

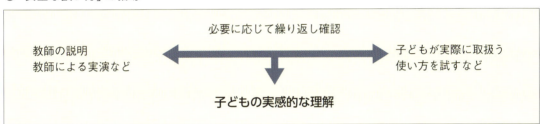

3. 活動場所での安全点検

　図画工作の授業では、造形遊びの活動の場合など、教室や図工室を出て活動する場合がある。また、教室や図工室内であっても、普段の授業では使わないところ（窓や天井など）を使うこともある。

　いずれにしても教師は、予想される子どもの行動や、環境の改変・物品移動の可能性を考え、しっかりと事前点検しておく必要がある。以下の点など、特に気を付けたい。

教室・図工室	・子どもの動線の床などに不要な物品が置かれていないか。 ・イスや机のがたつき・破損はないか。 ・棚などの転倒防止・収納物の飛び出し防止などできているか。 ・不要な刃物や鋭利なものなど置かれていないか。 ・窓などに落下防止策はなされているか。 ・その他
校庭など	・プールや水場などの衛生面は大丈夫か。 ・遊具など高所の安全対策はできているか、ネジのゆるみなどないか。 ・砂場やグラウンドなどに危険物が埋まる・混ざるなどしていないか。 ・（造形遊びなどで）設置されそうなもの（ひもなど）が、他の学年児童の危険にならないか。 ・その他

（佐藤賢司）

4. 学びを深める指導の工夫③　活動場所についての工夫

　図画工作の学習は、表現や鑑賞の活動を通して行われるが、その活動は教室の中だけではなく、様々な場所で行われる。特に造形遊びの場合は、子どもが多様な活動を思い付くことができるような場所の設定が不可欠だといえる。

1. 様々な場所での活動

　学校の中で活動できる場所にはどのような場所があるのか、その特徴を合わせて以下に例示する。

図工室	・大きな作業机がある。 ・箱イスなど重ねられるイスがある。 ・材料・用具がそろっていて取り出しやすい。 ・天井や壁などの加工が可能。
多目的室など	・広く床が使える。 ・（床がカーペットの場合）床で活動できる。
視聴覚教室など	・一人一人が視聴覚機器を使える。
体育館	・広い面積の空間がある／ステージがある。 ・バスケットゴール・ギャラリー（回廊）など、高さを生かせるものがある。 ・照明を落とすことができる。
廊下 渡り廊下 階段　など	・長い床・空間がある。 ・窓があり、外光が入る。 ・（渡り廊下などは）天井部に吊るすことができる。 ・段差がある。
運動場	・最も広い空間が使える。 ・遊具など形や高さを生かせる。
砂場	・造形活動用の砂場は、掘る、水を流すなどできる。
校庭	・樹木や自然の土などがある。

　教室以外での活動というと、どうしても造形遊びの活動だけを考えがちだが、例えば、アートカードゲームなどの活動の場合、教室の机で行うのと、多目的室などの床で行うのとでは雰囲気が異なる。また、鑑賞活動の中で画像や映像を見る場合、教室の電子黒板やモニター画面で見るのと、暗転できる部屋で、大型スクリーンとプロジェクターを用いた場合とでは、見え方や印象が大きく異なる。さらに、絵の具の活動であっても、教室や図工室の机で行うのと、屋外にシートを敷いて行うのとでは、解放感が異なり、大胆な表現への展開などに差が出る場合もある。造形遊びに限らず、授業のねらいにあった活動場所を選ぶことが重要である。

図9．棚や机の上に乗って活動することもある。余計なものを置かない環境づくりが大切

図10．体育館で段ボールを切って組み立てる活動

図11．床に座って大きく腕を動かしながら描いていく様子

2. 造形遊びにおける活動場所の選択

（1）材料を基にした「発想」を支える場所

　例えば、図工室の机に班で別れて座り、「割り箸をつなぐ」活動を開始すれば、当然机上での製作が中心となり、つなぎ方や部分的なかたちなど、細かい部分も重視した展開となる。これとは異なり、多目的室などの机の無い床で、「新聞紙をつなぐ」活動を開始した場合、身長を超えようとしたり、横にどんどん伸びていったりと、大きな展開が見られやすい。

　材料から考える場合でも、何気なく場所を決めるのではなく、材料や場所との出会いによって生まれる子どもの思いを想定し、それが実現できるように、よく考えて活動場所を選択しよう。

図12. 体育館で傘を使った活動を展開する。

図13. 新聞紙をつなぐ活動を多目的室の床で展開する。

図14. 風が通る場所で発想する子ども。さらに場所を変えて活動を広げていった。

（2）場所自体が発想の基になる場合

　渡り廊下や校庭の特徴的な形の場所、風の通り道、吹き抜けの空間や、外光がよく入る廊下や玄関ホールなど、校内には特徴的な場所がたくさんあり、それらの特徴から様々な活動の発想が引きだされる。発揮させたい子どもの資質・能力にふさわしい場所を探してみよう。

場所の特徴	活動の展開例
風が通る場所	布やシートなどで風を捕まえる、PEテープなどを風になびかせるなど。
遊具や手すりなど高さがある場所	ひも状のものなどを垂らす、結び方を工夫するなど。
階段など、段差や高低差のある場所	高低差を生かしてつなげる、徐々に変化させるなど。
光が差し込む場所	影を造形する、セロハンなど透過性のある材料で色の影をつくり動かすなど。

図15. CDケースを組み立てる活動から始めた子どもたち。光の差し込む場所で色の影を映しだす活動も生まれた。

図16. 影が映る場所で発想する子どもたち。近づいたり離れたり、距離を見極めながら活動する。

（佐藤賢司）

4. 学びを深める指導の工夫④　ともに学び合う学習形態の工夫

　小学校の授業における学習形態とは、主に教室での机の配置と、教師の立ち位置との関係などをいう場合が多いが、学習形態は単なる配置の問題ではなく、どのように学ぶかという重要な問題と密接なものである。「主体的・対話的で深い学び」にふさわしい学習形態を十分に検討しよう。

1. 自然な交流が生まれる学習形態の工夫

　教室・図工室などの一般的な机の配置は、講義型・班型などである。通常教室で一般的な講義型は、子ども全員が前を向いているので、教師の話を聞きやすい反面、子ども同士の交流がペア（隣）以外には起こりにくく、他の様子を知りにくい（図17）。一方、図工室などでよく見られる班型は、班ごとの活動に向くことはもちろん、一人一人の製作であっても、少なくとも同じ班の子ども同士の活動を常に見ることができるので、自然と交流が生まれやすい（図18）。このため、図画工作の授業では、班型の配置が比較的多く見られる。

●一般的な教室内の配置

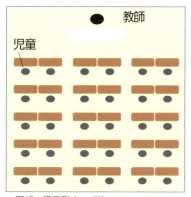

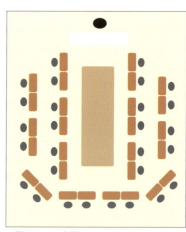

図17. 講義型（ペア型）　　図18. 班型　　図19. コの字型

　図17、18の型の他にも、コの字型の配置（図19）がある。これは、子どもが互いの顔を見ながら活動でき、また教師がすべての子どもの机の近くで学習の様子を見ることができる配置である。
　これらの様々な配置は、図画工作だけではなく、他教科の学習や学級経営とも密接な問題であり、題材の特徴に加え、子ども・子ども同士の状況とも合わせながら考えるとよいだろう。
　また、個人の絵の具セットなどだけではなく、共同で使用する材料・用具がある場合、その置き場所なども工夫したい。教室の前後などに置くと、取りに来るのが大変な子どもがいたり、近くの子どもが優先的に使ったりということも起き得る。図19のように活動の中心に置くなどの配慮も必要である。

2. グループ活動の工夫

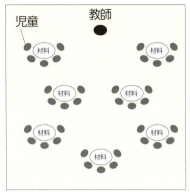

図20. グループ型

グループでの活動は、教室内の場合、班型が中心となるが、造形遊びの導入の場合など、あらかじめ材料を置いてその周りに座るなどの工夫（左図）が必要となる。また、校庭や廊下など、教室以外の場所での活動では、子ども一人一人の動きや様子に目を配るようにしよう。

グループ活動においては、子どもの役割分担が自然に発生する場合が多いが、必ずしもその子の本意ではない役割となる場合や、他の子どもとの交流や関係づくりが上手くいかない場合もある。

過度な関与は避けて、子どもたちの自主性を信頼することは大切だが、求める学習の実現のさまたげになるような要因については、状況を見ながらしっかりと対応することが必要である。

3. 鑑賞の学習形態と鑑賞タイムの設定

身近な美術作品などを、電子黒板や大型のスクリーンにプロジェクターで映して鑑賞する場合、特に机が必要なければ、イスだけ、あるいは床に直接座るなどして、できるだけ近くでよく見えるようにする。そのとき、端に座る子どもからも画像がしっかり見えるか確認しておく。なお、ワークシートなどの記述があるときにはクリップボードなどで対応するとよいだろう。

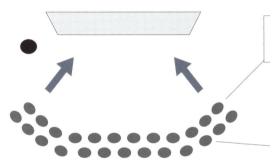

端に座る子どもも、画像がよく見えるようにする。

対話型鑑賞などの場合、声がよく聞こえる距離で座る。広がり過ぎないように。

絵や立体に表す活動、造形遊びの活動などで、製作途中や作品ができ上がった後などに相互鑑賞の時間（鑑賞タイム）をとることがある。このような相互鑑賞では、友達のよさを感じたり、その後の展開のヒントをもらったりすることができる。このとき、机上につくったものを置くだけではなく、横にワークシートなどを添えておくと、作者のねらいや工夫が伝わる。

自由に歩いて鑑賞するのもよいし、時間を決めて班毎の机を回るなどの方法もある。ただし、あらかじめこのような相互鑑賞の時間をとることを決めていても、子どもの製作の様子を見て柔軟に予定を変えることも必要である。活動上、どうしても手を離すことができない子どもがいるときや、大事な部分をつくっている子どもが多いときなど、無理に手を止めさせることは適当ではない。そのような場合は、時間を変更するなど、適宜、対応を考えよう。

図21. 友達の発想や表し方のよさや、込められた思いを感じる。

（佐藤賢司）

4. 学びを深める指導の工夫⑤　板書などの工夫
～子どもの学びを支援する板書の計画とポイント～

　授業を計画するときには、学習内容や構成を考えることはもちろん、どのように板書するかを計画しておくことも大切だ。黒板は、貴重な「情報ボード」だ。その時間の課題について考えたり、大事なことが何かを理解したりできるように、板書の内容・構成と順序を考えておこう。

1. 板書の意義

　板書は、黒板（ホワイトボード・電子黒板など）に、その授業のねらいや要点を示し共有することで、子どもが学習の見通しをもち、進めている学習を理解し、内容について考えたり整理したりできるようにアシストするものである。交流内容や思考過程が簡潔に整理されて、いつでも見返しながら学習を進められることも大切な役割といえる。

　板書された「めあて（ねらい）」を意識し、みんながそれを共有して学習を進めることは、平成29年告示の小学校学習指導要領に示された「主体的で対話的な学び」の第一歩である。また、図や記号を活用しながら構造的に整理された板書で常に振り返りができることは、深い学びへの推進力となるだろう。

　ただし、板書計画にしばられすぎて授業が硬直しないように心掛けたい。あらかじめ文字や文章を書いたカードを準備し、順に貼りながら進めるカード多用型の授業を、時折、目にすることがある。そうすればたしかに授業も板書も予定通りに進むかも知れない。しかし、その時々の子ども自身の思考や言葉を反映した板書とはいえず、生きた授業にもつながらない。授業は子どもとつくるものだということを忘れないようにしたい。

2. 板書計画のチェックポイント

　板書は、その授業が終わったときに、学習の流れや子どもの考えの変容が一目でわかるように計画したい。多くの場合、1時間（45分）の計画を立てるが、図画工作科の授業は2時間続けて設定されている場合も多く、全90分を見通して計画する方がよい場合もある。また、図画工作教室には上下可動式黒板が設置されていることもあり、そうした環境や条件に応じた計画を立てておくことが大切である。

　以下のチェックポイントを参考に、子ども側に立った板書計画を作成しよう。

【板書計画のチェックポイント】「・」の項目を確認し、すべてできたら□にレを入れましょう。
①流れがわかる構成となっているか　（いつ・どこに・何を書くか）
　　□子どもの考え（思考の流れ）を明確にする配置・構成
　　　・上下左右に時間や思考の深まりに沿って配置する。
　　　・中央にテーマ等を置き、全体を対称的に構成する。
　　　・内容に合わせて対比的に構成する。
　　□学習内容のポイントやキーワードの位置・提示方法
　　　・短い言葉で簡潔に、わかりやすく整理する。
　　　・題材名・主要な発問（課題）・めあては必ず板書する。
　　□「めあて」や「振り返り（まとめ）」の示し方
　　　・めあて…授業の目標に沿って、子どもにわかりやすい表現で示す。
　　　・振り返り…感想でなく、めあてに沿って気付きをまとめる。
　　□子ども自身が板書する場合の場所・スペース確保
　　　・学年や内容に応じた高さ、広さを確保する。

②見やすく、わかりやすいか　（どのように書くか）
　□文字の大きさと形
　　・後方からもはっきり見えることを優先し、重要なことは大きく強調して書く。
　　・学年に応じて基本の大きさを変え、画数の多い漢字はやや大きくするなど配慮する。
　　　（大きさの目安：低学年20cm×20cm → 高学年10cm×10cm）
　　・行間を空け、余白を意識する。
　　・ホワイトボードマーカーや電子黒板は、線（ペン先）の太さにも注意する。
　□色チョーク（マーカー）の活用
　　・色数を使いすぎない（赤➡重要、黄➡強調 他、校内の色使いの統一ルールに合わせる）。
　　・子どものノートとの対応を意識する（例：白➡鉛筆、赤➡赤ペン、黄➡青ペン）。
　□図表・絵や写真の活用
　　・後方からも見えるように大きさや色に配慮し、必要に応じて手元用（配布）資料も準備する。
　　・ICT機器を併用し、画像の拡大・縮小による効果、動画による変化や動きを資料活用する。
　□図式化と記号や囲みの工夫
　　・要点や構造を図にまとめて示し、下線・矢印・囲み等で関係理解や比較を容易にする。
　　・番号や記号を付し、活動や思考の流れを整理する。

③板書の前後に
　□黒板（ホワイトボード・電子黒板）をいつもスッキリ美しく
　　・板書以外の掲示物を黒板からできる限りなくす。
　　・チョーク（マーカー）を整理し、新しいもの（予備）がすぐに使えるよう準備しておく。
　　・黒板消しは、クリーナーできれいにしておく。
　　・授業後にデジカメなどで板書を記録し、板書の改善や次時の授業計画作成に利用する。

3. 板書の構成

　板書は「先生のノート」ともいわれ、子どもにとっては自分のノートのまとめ方の見本となる。黒板に「なぜかな？」と書いただけでも子どもたちが考え始め、言葉の発問と同じ役目を果たすこともある。課題やめあてと反対側にスペースを空けておくことで、あそこに結論や振り返りが入るのだろうと見通しをもって活動を展開する後押しとなる。子どもの思考を予想し、授業の流れやポイントを再確認する意味からも、板書をどのように構成するのかを丁寧に考えておきたい。

図22．学習の流れをわかりやすく掲示

図23．考えるポイントやキーワードを掲示

図24．電子黒板と黒板を併用して掲示

（藤丸一郎）

4. 学びを深める指導の工夫⑥　学びの記録と評価の工夫

　授業は、学習目標があって初めて成立し、その目標の達成の状況を見るのが学習評価である。したがって、学習目標そのものが評価規準となり、このことを「目標に準拠した評価」という。子どもの能力を教師が序列化するような評価は「目標に準拠した評価」ではない。あくまでも学習指導要領に沿った「学習目標」があってこその評価であることを理解しよう。

1. 評価の観点と評価規準のつくり方　― 評価改善サイクル

　学習評価は、教育活動に関して、子どもたちの学習状況を評価するものである。つまり、教師が一方的に子どもの能力を測定するのではなく、教師の指導を含めた学習活動そのものが実質的に評価の対象であり、その改善を図ることが最も重要な目的となる。このことを確実に理解しておく必要がある。

　観点別学習状況の評価は、学習状況を分析的に捉えるものであり、その評価の観点は教科ごとに示されている。これまで図画工作科では「造形への関心・意欲・態度」「発想・構想の能力」「創造的な技能」「鑑賞の能力」という四つの観点が示されてきた。

　平成29年3月告示の学習指導要領では、目標の明確化を図る観点で、育成を目指す資質・能力が、「知識及び技能」「思考力、判断力、表現力等」「学びに向かう力、人間性等」という三つの柱で整理され、これにともなって、評価の観点についても、以下のように示された。

知識・技能	思考・判断・表現	主体的に学習に取り組む態度
・対象や事象を捉える造形的な視点について自分の感覚や行為を通して理解している。[知識] ・材料や用具を使い、表し方などを工夫して、創造的につくったり表したりしている。[技能]	・形や色などの造形的な特徴を基に、自分のイメージをもちながら、造形的なよさや美しさ、表したいこと、表し方などについて考えるとともに、創造的に発想や構想をしたり、作品などに対する自分の見方や感じ方を深めたりしている。[発想や構想][鑑賞]	・つくりだす喜びを味わい主体的に表現及び鑑賞の学習活動に取り組もうとしている。[態度]

　以上の観点は、さらに学年別の評価の観点として、第1学年及び第2学年、第3学年及び第4学年、第5学年及び第6学年の三つが示されている。

　これらの規準をもとに、教師は授業改善のための評価サイクルをしっかりと考えることが重要となる。

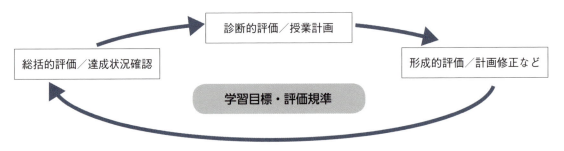

図25. 授業改善のための評価サイクル

2. ルーブリックを活用した指導と評価

　評価規準は、「どのような観点でみるのか」「どのような目標とするのか」という尺度、いわばものさしのようなものである。しかし、それだけでは評価ができない。ある観点・目標に対して、どのような子どもの姿であれば「十分満足できる」状況なのかという基準が必要である。これは、いわば目盛りのようなものといえよう。規準と基準の違いはここにある。そして、この基準を、冷たく機械的な「できる／できない」ではなく、より具体の子どもの姿として言語化・記述したものが、ルーブリックと呼ばれるものである。もともとは到達目標を学習者と共有し、自己評価項目としても用いられるものであったが、小学校で子どもと共有する際は、文言の調整が必要なのはいうまでもない。

　ルーブリックは、以下のような構造でつくられる。授業における目標・評価の整理や妥当性の確認、学習者の姿を具体的に想定する意味でも有効なものであり、効果的に活用したい。

	A	B	C
評価観点1	評価基準（子どもの姿）の具体の記述	評価基準（子どもの姿）の具体の記述	評価基準（子どもの姿）の具体の記述
評価観点2	評価基準（子どもの姿）の具体の記述	評価基準（子どもの姿）の具体の記述	評価基準（子どもの姿）の具体の記述
評価観点3	評価基準（子どもの姿）の具体の記述	評価基準（子どもの姿）の具体の記述	評価基準（子どもの姿）の具体の記述

A：十分満足できる（学習成果が十分見られる）　B：おおむね満足できる（学習成果がおおむね見られる）　C：努力を要する（学習成果を見ることが難しい）

3. 学習カードなどの評価の工夫

　実際に評価を行う際には、どうすれば子どもの学習状況を把握できるのかを考え、活動にあった評価方法を選択しなければならない。また、一方的な見方に陥らないよう、いくつかの評価方法を組み合わせるなどの工夫も必要である。

　主だった評価方法としては、以下のようなものがある。

> ○観察による評価：活動や発言などを観察し記録する。評価表、メモなどを活用し、よさなどを読み取る。
> ○作品などによる評価：つくっている過程のものや作品から、子どものねらいや意図、工夫などを読み取る。
> ○記述などからの評価：子どもが書く学習カードや感想文、自己評価カードなどの記述から、製作過程での気付き、思い、試行錯誤の様子などを読み取る。
> ○映像による評価：カメラ、ビデオなどで撮影し、子どもの活動の過程などを改めて読み取る。

　これらの中で、学習カードなど、記述されたものは、教師が設定する項目（感想であればどのように投げかけるか）により、成果の表れ方が大きく異なる。

　単純に「感想を書きましょう」「気付いたことを書きましょう」という事後的な記述だけではなく、発想の過程や途中での気付き、試行錯誤などがわかる学習カード・ワークシートの記述の在り方を工夫したい。毎時の振り返りや次時への展望など、子どもの学びの深まりにも結び付くような項目立ても、学年や活動によっては効果的である。

（佐藤賢司）

4. 学びを深める指導の工夫⑦　作品展示の工夫
～どう見せるのか、どう見せたいのか考える～

　作品を展示し、友達と互いの作品について交流したり、他学年の作品を見てアイデアの面白さや造形的な美しさを感じ取ったりできる機会を設定することは、鑑賞の能力を伸ばすと同時に創造性を大切にする態度を自然に培うことにもつながる。様々な場所と方法の展示を工夫し、見る機会や感じる楽しみの輪を広げていきたい。

1. 造形を楽しむ空間としての学校づくり

　授業の成果としての作品は、今も教室内に展示されることが多い。しかし、子どもがより多く鑑賞し、見て楽しむ環境を考えると、作品展示は積極的に教室内からの脱出を図る必要を感じる。

- 校舎内…教室の外側の壁面、廊下の掲示板や上部の空間、踊り場や吹き抜けの利用。
  空き教室や図工室を活用した学校ギャラリー開設。体育館での全校作品展の開催。
- 校舎外…砂場や遊具（ジャングルジム・鉄棒・運梯など）の活用。
  中庭、花壇や植栽、学校周りのフェンスの利用。

　以上のような場所が考えられる。学校により校舎内外の状況は異なるだろうが、学校中のあちこちで他学年の作品や工夫に触れる体験は楽しい学びとなる。

　他教科や行事、他学年との連携も見逃せない。音楽発表会や運動会と連携して展示や装飾を行い、楽しい空間を演出し盛り上げることもできる。

　また、縦割り活動などで異年齢集団による製作や展示を経験することは、造形への見方や考え方への刺激となり、助け合いや話し合いを通した共同の学びの場となる。

図26. 教室から外へと移された展示場所

図27. 音楽会とコラボした作品

　このように場所や組み合わせを広げていくためには、教師間の連携や協力が重要である。「チーム学校」として力を発揮し、子どもが作品を通してコミュニケーションがとれる楽しい空間にしていきたい。

2. 地域との連携を深め、生活を豊かにする

　「百聞は一見に如かず」といわれる。絵や立体作品は、足を止めなくても自然と目にとび込む視覚情報である。その点で学校便りのような文書で発信される情報とは異なる性質をもっている。子どもたちの絵や立体作品を校外に展示し、保護者や地域の方が目にする機会を増やすことで、子どもの学びや学校生活への理解を深めていくようにしたい。

　具体的には、公民館や公園のような公的な施設のほか、郵便局や銀行、商店街などに理解と協力をお願いし、展示可能な場所や機会を工夫したい。安全への配慮や作品の保護などについて調整ができれば、協力が得られる場所は少なくない。地域にある駅に展示すれば、通勤通学に利用する多くの人が目にすることだろう。

　また、地域で開催される文化行事や伝統行事との連携も考えられる。連携した製作や展示を行うことは、子どもたちが地域への理解と愛着をもつ機会にもつながる。

図28. 縦割り班による作品といろいろな展示空間

図29. 駅前に設置した小中合同の街角ギャラリー

3. 作品の取り扱いと展示の工夫のチェックポイント

- ☐ **作品は、原則として全員の作品を展示する**
  - 一度に展示する場合は、子どもの学びを全体的に受け止めることや表現の違いを知ることができる。全校作品展などでは学年による発達や成長を発見することもできる。一方で、技術面の比較に陥りやすくなるので、一人一人の発想や思いに着目できる説明書きや活動紹介を付けるとよい。
  - 何点かずつ展示する場合は、場所の確保が容易で、比較もされにくい。しかし、短期間での入れ替えが必要となり全員の展示には長期間が必要でタイミングを逸することがある。条件の都合上、全員同じ題材の展示が難しい場合でも、展示発表の経験が同様にもてるような配慮が大切である。
- ☐ **あらかじめ期間を決めて展示する**
  - 作品管理に配慮し、汚れたり、壊れたりを避けるためにも適当な展示期間を決めておく。
  - 長期間の展示は、作品への関心が薄れ、鑑賞の機会も意欲も減少させる。
- ☐ **平面作品を直接がびょうで留めない**
  - 台紙に貼る、作品ケースやフレームに入れるなどして展示する。作品にがびょうの穴痕を付けないようにすることで、作品や作者の思いを大切にする姿勢の育成につなげる。
- ☐ **見やすさと安全性に配慮する**
  - 廊下や踊り場等では、通行や緊急避難時の安全に配慮して展示を行う。屋外では、防水防風にも配慮する。
  - 立体作品は、机・イス以外の備品（卓球台やピアノなど）も活用し段差をつけ、見やすくする。作品によって（大きなもの、鳥や気球など）は、天井から吊したり、吹き抜けを利用したりすると、目を引き視覚的に楽しい。
- ☐ **「作品票（カード）」は、見るものに伝わることが大切**
  - 文字の大きさや鮮明さ、展示場所を考慮し、上段に貼られた場合にも内容が読み取れるようにする（上下に多数展示する場合は、作品票を読みやすい高さに一括して掲示する方法もある）。
  - 作品票には、題名や氏名だけでなく、コメントを加えると思いが伝わりやすい。
  - 作品票は、子ども自身が書くことで自らの作品への愛着が強まる。
- ☐ **展示場の演出**
  - 「平面・立体（工作を含む）・映像」で構成を考え、動線・視線・作品の特徴を考慮して空間を演出する。
  - 造形遊びは、活動の公開（参観）、ビデオ等での映像展示、活動場所そのものの展示を工夫する。
  - 照明を活用し、特に立体作品の見せ方を意識する。
  - 案内表示や作品説明にも配慮し、造形活動の意味や価値を広く伝える。
  - 活動の過程や作者の意図をビデオや写真のスライドショーで紹介し、コミュニケーションを取りながらつくり・つくりかえる過程と経験の大切さへの理解を広める（ICT機器を活用する）。
- ☐ **地域の方とのコラボレーション**
  - 地域の美術館や博物館、地域出身や在住の作家、姉妹都市など交流のある外国の子ども、地域の保育所・幼稚園・中学校の協力を得て、同時開催し多様な表現と作品に触れる機会をつくる。

　こうした展示は、日頃からの地域や諸機関と小さな交流の積み重ねで可能になる。一度に広げようとせず、地域に根付くことを目指して継続的に取り組んでいくようにしたい。また、展示を教師だけで企画するのではなく子どもが関わり「どのように見せるのか、どう見てほしいのか」を意識する機会をもつことも大切な学びとなるだろう。それは造形面だけでなく、地域の一員としての意識付けにもつながっていくことだろう。

（藤丸一郎）

4. 学びを深める指導の工夫⑧　保護者や地域との連携

　表現活動や鑑賞活動の可能性を広げようとすると、場所は机上や教室から屋外へ、校内から家庭や地域へと広がり、対象は友達から家族や街の方々へと広がる。材料や環境も、絵の具や画用紙といった画一的なものだけでなく、それぞれの地域の特産物・特有の施設・気象条件などの特色を活用して授業や行事を考えるようにしたい。

1. 保護者や地域を知る

　子どもたちの学びは、保護者や地域の力を活用することでより豊かなものになる。そのためには、まず地域にどのようなお宝（物的資源や人的資源）が眠っているのか、目を向ける必要があるだろう。

　手掛かりとして「物的資源」の一例を挙げると、以下のようなものが考えられる。
- 自然環境……砂や小石・貝殻・枝葉・木の実・雪・氷・風など魅力的な材料がいっぱい
- 地場産業……粘土や木切れ、和紙や段ボール、金網、瓦、ひもなどの多様な端材
- 伝統・文化…祭や地域イベント、伝統工芸や芸能、社寺や史跡など
- 施設・設備…美術館や博物館、公民館、商店街、公園など

「人的資源」として第一に挙げられるのは、保護者や家族で、協力依頼も比較的容易だろう。地域の方々も協力的な場合が多く、時間設定と内容について丁寧に調整することで、子どもたちの良きサポーターとなる存在なので、躊躇せずアプローチしてみたい。
- 創作に関わる人材…………その地ゆかりの作家、趣味として製作しているセミプロ、ものづくり名人、美術館等の学芸員、教育系や芸術系で学ぶ大学生など
- 材料・場所に関わる人材…工場や商店を営む人、伝統文化に関わる人、行政機関の社会教育や産業振興担当の人（部署）

　上記で挙げた二つのほかにも、地域の暮らしや学びを見守っていただける保護者や高齢者は多く、子どもたちの活動やそこに込められた思いを知ってもらうことも大切である。

2. 交流連携の方法について

　交流は、①校外へ出て地域の中で行う場合と、②地域より校内に招いて行う場合が考えられる。①のように校外に出て、その場所ならではの環境を知り、特有の雰囲気を味わうことは子どもたちにとって大きな刺激となり、創造性を喚起することも考えられる。②のように校内に招いて行う場合は、現地への移動時間が必要ないことや材料用具の準備が比較的容易なことがメリットといえる。招待した方々は学校での様子や子どもの学校生活を目の当たりにすることで、強力なサポーターとしての意識共有につながるだろう。

　また交流連携は、ⓐゲストティーチャーを依頼して知識や技術を子どもが学ぶ方法と、ⓑ子どもの作品を展示し鑑賞する機会をつくる方法とに分けることもできる。ⓐの交流では、専門的な知識とともにその思いや熱意が子どもたちを刺激するだろう。ⓑの交流では、地域の人が子どもたちの日頃の活動を知ることで、子どもや学校への理解が深まる。アンケートなどを組み合わせて鑑賞後に自分のよさが認められたり（図30）、感謝されたりすれば自己肯定感の向上にもつながるだろう。それぞれの組み合わせについて具体例を挙げてみよう。

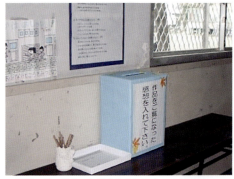

図30. ギャラリーに置かれたアンケート回収箱

【①-ⓐ　校外で、子どもが学ぶ場合】
- 地域の作家や職人のアトリエや工房を訪問し、製作の様子を見学したり、話を聞いたりする。
- 地域の美術館に出向き、学芸員とのギャラリートークやアートゲームを体験する。
- 公民館等で、ものづくり名人や教育系・芸術系の学生によるワークショップを体験する（図31）。
- 砂浜や田畑で砂や土を材料に、造形遊びを行う。

【①-ⓑ　校外で、子どもを知る場合】
- 美術館や公民館、公園で作品展を開き、子どもの作品を鑑賞する機会をもつ。
- 商店街や駅前、社寺の境内などにギャラリースペースを設け、街ゆく人の鑑賞機会をつくる（図32）。
- 地域イベントや祭等の行事の案内ポスターを製作し、街角に掲示する（図33）。

図31. 大学生による造形ワークショップ　　図32. 駅前広場に設置されたギャラリー　　図33. 商店街に展示された平和タペストリー

【②-ⓐ　校内で、子どもが学ぶ場合】
- 学校に作家の作品を展示し、「学校美術館」を開催して本物を鑑賞する機会をつくる。
- 作家を招き、ギャラリートークを行い、直接話を聞いて意図や思いなどを知り、深い交流を行う。
- 身近な高齢者や保護者の協力で、伝統的な工作や遊び（わらぞうり・竹とんぼなど）を行う（図34）。

【②-ⓑ　校内で、子どもを知る場合】
- 空き教室を利用して「子ども美術館」を企画し、地域の方々を招待し、楽しんで見ていただく。
- 作品展を一般公開にし、ポスターを校外へ掲示したり、案内用パンフレットやアンケート用紙を作成したりする（図35）。

図34. 地域の方々に習うしめ縄づくり　　図35. 一般公開で来校した地域の人とアンケートに記入する異学年の子どもたち

　地域や地域の人との連携は、自分の暮らす社会との連携である。その第一歩は、隣の席の友達から始まる。異学年・教職員から保護者・地域へと輪が広がっていく。その間には、隣の学校や進学先の中学校との連携も考えられる。様々な方法を学校や地域の状況に合わせて柔軟に取り入れながら、保護者や地域との連携を通して社会と関わり、その一員として形や色と楽しく関わり豊かに生きる資質・能力を育んでいきたい。

（藤丸一郎）

コラム 「ICT機器の効果的な活用」

　情報社会にあって、学習指導におけるICT（機器）活用の必要性はますます大きくなっている。学校にもデジタルカメラ・書画カメラ・パソコン（タブレットを含む）・プロジェクタ・電子黒板などが次々と設置されつつある。これらは画像・映像という視覚情報を扱いやすいという点で、他の教科以上に図画工作科で活用の可能性が大きな機器だといえるだろう。図画工作科は、体全体の感覚で感じ取ることを大切にしているとはいえ、やはり視覚が大きな役割を担っている教科なのだから。

　授業においては、①興味・関心を高めるため、②課題を明確につかむため、③イメージを膨らませるため、④思考や判断を深め促すため、⑤製作過程や手順の理解のため、⑥用具の使用方法を知るため等、様々な場面で次のような活用が考えられる。

◎主に教師（指導者）による活用
- プロジェクタや電子黒板を使って大きな画面に映しだす。
- タブレット端末などを利用し身近ではっきりと見せる。
- 像を原寸大でよりリアルに見せる。拡大して注視したり、縮小して俯瞰したりする。
- 航空写真や接写のように視点・角度を変えた映像を見せる。
- 動画で動きや変化、過程や手順を示す。
- 並列に並べて比較する。

◎主に児童生徒（子ども）による活用
- カメラやビデオで撮影し、アイデアや作品づくりに活用する。
- 描画ソフトを使い多様な形や色を試し、比較・確認しながら製作をすすめる。
- 利用可能な既存の画像データを表現や鑑賞の材料として利用する。
- 作品や活動の様子を映像として記録し、ポートフォリオ作成などに活用する。

　以上、指導者と子どもに分けて示したがアクティブな学習の中では、確認したりイメージを膨らませたりする活用も、情報収集や記録する活用も、両者どちらもが活用すると考えた方がよいかも知れない。学校の環境にも左右されるので、使用可能なものを上手に取り入れて便利に効果的に使ってみる姿勢が大切だろう。

　例として自分自身が日頃便利に使っている方法を紹介してみよう。

　ある子のアイデアや作品を全体で共有したい時、これまでは持ち上げて例示したり、書画カメラを利用したりしていた。今は、タブレット型端末（スマホやタブレット等）のカメラ機能と無線通信機能（Wi-Fi、Bluetoothなど）を利用し、その場所でカメラを向けた作品や活動の様子をプロジェクタや電子黒板に無線で送り、大きく映しだすようにしている。つまり、スマホ片手に机間指導をしながら、持ち運びにくい絵の具やニスを塗りたての作品も、造形遊びの活動の様子も、カメラを向けるだけですぐに全員で共有し交流できるのだ。（※プロジェクタや電子黒板によっては、受信装置が必要な場合もあるが、今ではそれほど高価ではない。）

　機器の活用を中心に話を進めてきたが、インターネット等の通信環境も日々進み、それを活用した試みも各地で始まっている。作品や資料をデータベースとして1カ所にまとめておき、学校の枠を越えて利用したり、学校間で交流をしたりする試みである。これらは一人ですぐにできることではなく地域や自治体の研究会などで組織的な取り組みが必要となる。それらがつながる日のために校内の映像のデータを残しておくと今後貴重な資料となりさらに効果的なICT活用が可能となるだろう。

　機器や通信環境の進歩、設置状況の改善はさらに進み、容易にできることも増え続けていく。学習の質を向上させるツールとして上手に活用し、子どもの笑顔をたくさんつくりだしたいものである。

（藤丸一郎）

第4章

図画工作科の実践事例

　第4章では、図画工作科の実践事例を紹介する。この章では、図画工作科の授業のイメージがより鮮明になるように、豊富な事例を指導案とともに紹介している。これらの様々な事例を通して、低学年から高学年への発達の段階における指導の違いを読み取ることもできる。また、造形遊びをする活動と絵や立体、工作に表す活動における発想や構想の能力や技能には、それぞれに特徴があるので、指導方法も工夫されていることがわかるだろう。鑑賞の活動についても特徴を生かして指導方法を工夫することが求められる。さらに、それぞれの内容で育まれる資質・能力は関連し合って一体的に育まれていくので、造形遊びと、絵や立体、工作、鑑賞、どの活動もバランスよく指導することが大切である。この題材で育つ資質・能力は何なのかを考えながら、子どもの目線で学びを捉えていこう。

第4章　図画工作科の実践事例

1. 低学年　造形遊びをする活動①　幼児期の学びを生かして

第1学年図画工作科学習指導案

指導者：秋山敏行（愛媛大学）、岸佳代子・上河原真由美・清家和子（松山市立新玉小学校）
日　時：平成27年6月5日、19日、26日
学　年：第1学年1組（27名）、2組（27名）、3組（27名）
場　所：各教室（見慣れた環境をつくりかえる）

1．題材名
「おって　ちぎって　まるめて　かぶせて」造形遊びをする活動

2．題材について
①児童観（省略）

②題材観
　新聞紙は、紙材料の中でも比較的柔らかく、手軽に加工することができるものである。つまり、児童一人一人が自分の感じたことや思いなどを関わり合わせ、そこで思い付いたことを形として反映させやすい材料である。このことから児童は新聞紙に進んで働きかけ、ちぎる、丸める、などの活動を通して、いまここでつくりつつあるもののイメージをもつとともに、次の関わり合いを思い付き、つくりだしていく。それがさらに友達のつくりつつあるものや教室空間へと広がり、床や壁、窓や出入り口のドア、机やイスなどへと広がっていくことで、さらに自分らしい発想が展開されていく。さらには、教室中をくまなく新聞紙で覆い隠し、いつもの景色をつくりかえ、新しい空間をつくりだすということも期待されるだろう。

③指導観
　児童の「やってみたい！」を引きだす指導の工夫として、材料との出会いにおいて教室前面を覆うなど児童の目の前に大量の新聞紙を広げておき、材料への関心を高める。また、実際に新聞紙に触れる時間を設け、そこで感じ取ったことをもとに身体全体を使って自由に活動を始めてみるよう促す。そうして関わり合いが始まると、児童一人一人の活動は様々な方向へと展開していくことが予想され、新聞紙の感触を楽しむ児童や、破いたり、折ったり、重ねたり、被せたり、さらには友達や教室環境と関わり合ったりすることを思い付き、実際にそうした活動を展開させていく児童の姿も期待されよう。教師はそうした児童一人一人の活動に寄り添い、励ましながら、さらなる関わり合いが展開されていくような（＝つくり、つくりかえていく）声掛けを心掛けたい。

3．学習目標
　新聞紙の感触を身体全体で楽しみながら関わり合うとともに、教室環境や友達などとも関わり合い、イメージを広げて、次の新しい自分なりの関わり合い（造形遊びをする活動）をつくりだす。

4．指導計画（全2時間）
- 新聞紙の感触を楽しみながら、イメージを広げ、表現する。さらに友達や教室環境など、関わり合いを広げ、思い付いたことをつくり、つくりかえていく（1時間※本時〜2時間）
- 自分や友達のつくりだしたものなどと関わり合い、その面白さやよさを楽しむ（1時間※本時〜2時間）

5．評価について

知識・技能	思考・判断・表現	主体的に学習に取り組む態度
・新聞紙の感触を楽しむなかで、材料の特徴に気付いている。（ア[知]） ・思い付いたことをもとに、ちぎったり丸めたりしながら工夫して形をつくりだそうとしている。（イ[技]）	・新聞紙や教室環境、友達などとの関わり合いからつくりつつあるものをイメージしている。（ウ[発]） ・自分や友達のつくりだしたもののよさや面白さを感じたり、考えたりしている。（エ[鑑]）	・新聞紙の感触を楽しみながら、教室環境や友達とも様々に関わり合おうとする。（オ[態]）

106

1. 題材の特徴について

　普段、新聞紙は「情報を伝えるための紙媒体」としてニュースなどの出来事を伝えるための仲介物であったり、古くなったものなどは緩衝材代わりの詰め物や巻物として、あるいは作業をするときの下敷きなどとして使われたりすることが多く、それ自体に目を向けられることは少ない。一方、「新聞紙」を「材料」として見たとき、それは比較的柔らかく、折ったり、丸めたり、ちぎったりしやすい手軽な加工が可能なものである。また重ねたり踏んだりすれば音がするし、身体に巻けば一種の衣服の代わりになったりもするものである。

　子どもたちは手の感覚や身体全体を使って対象となるものに働きかけ、そこで得られた感じや思いをもとに、さらに対象へと働きかける、というプロセスを止まることなく展開していく。この場合でいえば、子どもたちは「新聞紙」という材料に関わり合うことによって感じ取ったことをもとに、それらを折ったり、丸めたり、やぶったりするなど様々に働きかけ、そうして感じたことや思い付いたことをもとに、さらに次の働きかけを実現していくことが期待されるのである。

　子どもたちは、そうして身の回りのものや環境と関わり合うことを通して、それらの意味や価値を新たにつくりだし、解釈し直し、理解を広げ、深めていると考えられる。このことを逆から見ると、子どもたちは、そうした関わり合いを通して新たに意味付けた世界を理解する新しい自分をもつくりだしているということになるのである。このような関わり合いのプロセスは、いわゆる「遊び」によって支えられているともいえる。ここで「遊び」とは、真面目や一生懸命等に対するものではなく、西野範夫によれば「固定された概念や状況を拓くものであるとともに、個々性を発揮して新しい状況や意味をつくりだし続けるもの」[1]と定義されうるものである。

　こうした自発的な活動としての「遊び」は、幼児教育においても重視されているものである。そこでは、この遊びを通した総合的な指導によりその資質・能力が育まれていくとされているのである。したがって、特に低学年では、幼児教育からの連続性として、こうした部分を大切にしていくことが必要である。

2. 学習活動の実際

（1）全体の様子

❶事前準備と導入

　素材との出会いとして教室前面及び床面の半分程度を覆うなどして子どもの前に大量の新聞紙を広げておき、材料への関心を高めるとともに、身体全体を使って自由に活動することができるという活動への期待感が膨らむようにした。

　1年1組では、上述のように教室環境を準備したところに子どもたちを招き入れて活動が始まったのだが、実際に子どもたちが教室に入ってくると、「やったあー」などと言いながら教室に入ってきて、新聞紙を踏みつけたり叩いたりしてその感触を楽しみ始め、活動が始まっていった。

図1. 新聞紙を広げて

　図画工作科の授業において、導入は（いわゆる領域の別なく）きわめて重要な要件の一つである。なぜならば、何かと細々した説明を受けた後に活動に入るよりも、例えば教室に入った瞬間、そこには普段とは違う世界が広がっていて、一歩一歩、歩を進めるたびに普段とは違う音が聞こえてくる。これは何だろう、この上に寝たり、投げたり、丸めたり、…自分なりにこれで何かをしてみたい、いますぐにやってみたい！と思って活動に入る方が、その資質・能力を育むという点からみても、はるかに有意であると考えられる

1）西野範夫「子どもたちがつくる学校と教育　第11回　造形遊びの再定義〔1〕造形遊びの位置づけの背景と経緯にみる意味」『美育文化』美育文化協会、1997、VOL.47 NO.4, p.59

6．本時の学習

①目標
- 新聞紙の感触を身体全体で楽しみながら関わり合うとともに、教室環境や友達などとも関わり合い、イメージを広げて、次の新しい自分なりの関わり合い（造形的な活動）をつくりだす。

②準備物
新聞紙／セロハンテープ

③本時の展開

学習活動	指導上の留意点	評価の観点と方法
1．学習のめあて①をつかむ。		
学習のめあて①　しんぶんしとかかわって、おもいついたことをしてみよう。		
【教師の働きかけ】 「何ができるかな？　ちぎったり、折ったり、…思い付いたことをやってみよう！」 【予想される子どもの姿】 ・新聞をちぎったり、折ったり、丸めたり、重ねたり、かぶせたりする。  【予想される子どもの姿】 ・友達がやっていることを自分でもやってみる。 ・友達や、机やイスに新聞紙をかぶせてみる。 ・新聞紙の中に寝てみる。 2．新聞紙との関わり合いを深め、広げていく 3．学習のめあて②をつかむ。	・子どもの表現の世界に入れてもらうように、子どもと一緒に、ちぎったり、折ったり、かくれたり、してみる  ・一人一人の活動の様子にできる限り関わり合う（声掛け等） 	活動の様子 表情やつぶやき （ア） （ウ） （オ） 活動の様子 表情やつぶやき （イ） （ウ） （エ）
学習のめあて②　じぶんがいいなとおもったかんじでじゆうにやってみよう、 　　　　　　　　みんなにも見てもらおう。		
【教師の働きかけ】 「たくさん思いついたね。みんなで見て、触ってみよう」 【予想される子どもの姿】 ・つくったものを友達と見せ合ったり、くっつけてみたり、交換したりする。 4．後片付けをする。	・子ども一人一人が思い思いの活動を展開していくことができるようにするため、一人一人の行為に共感的な言葉を掛け、支援していくことができるようにする	活動の様子 表情やつぶやき 会話の様子 （エ）

ためである。

❷「造形遊び」の意味と意義

「造形遊び」の活動は、子ども一人一人が場や状況との新鮮な出会いにおいて、普段の当たり前にズレが生じることが一つの端緒となって展開していくと考えられるものである。

この場合でいえば、辺り一面を覆い尽くしているのは新聞紙だが、子どもたちにとってその意味はいわゆる一般的なそれにとどまらず、踏めばカサカサと音がし、つかめばグシャグシャになる「何か」として子どもたちを取り巻いているといえるのである。そうしたところから活動が始まり、子どもは思い思いに新聞紙と関わり合いながら、新しい意味や価値、そしてそれらを新しい意味や価値と感じる新しい自分自身をも、つくり、つくりかえていくのである。

（2）Aさんの様子

Aさんは、はじめのころは、新聞紙を集めてそれを放り投げたり、丸めて棒をつくったりしながら関わり合いを楽しんでいた。その後、教室の後方隅のところで、大量の新聞紙を集めてクシャクシャにし、そこに潜ったり被ったりしてその感触などを楽しんでいる子どもたちのところへ行き、一緒にその中に入って大量の新聞紙との関わり合いを楽しむ姿が見られた。さらにその後は、この新聞紙の海の中で寝るための枕を新聞紙を丸め重ねてつくっていたが、その傍らで新聞紙を羽織ってマントにしている友達の様子を見て、マントをつくることに変更するなど、発想や構想

図2．新聞紙の感触を楽しむ。

を繰り返し、様々な意味や価値として新聞紙による「何か」をつくり、つくりかえていく姿をみてとることができた。

3．本題材における指導法について（教師の関わりについて）

子どもたちは、その一人一人において異なる関わり合い、つまり一人一人において異なる感じや思いをもとに様々な形をつくり、つくりかえていく。

そうした中で子どもたちは、関わる対象に関する知識を得たり、それをもとにイメージを広げ深めたり、用具を活用しながら工夫してそれらをかたちにしようとしたり、しかし一人ではできずに友達と協力してつくりかえたり、そこからまた新たなイメージを得て友達と共有したり、といった、図画工作科で期待される資質・能力を存分に発揮しながら、図画工作科特有の見方・考え方をより豊かにしていくのである。つまり、そこには子ども一人一人で異なる表現の根拠があるということでもあるのである。

したがって、そのような子ども一人一人の表現のありようを、ある特定の方向に枠付けて理解することのないように留意する必要がある。教師が自分の都合に合わせて理解することのないようにしなくてはならないのである。そのためには、子ども一人一人がつくりだす表現のありようにできる限り寄り添い、励まし、時には一緒に同じ行為をしてみることで、子どもがそこで感じ考えた思いやイメージを共有するなどしながら声掛けをするなど、一人一人が満足する展開となるような支援を心掛けたいところである。

図3．子どもとともに楽しむ。

（秋山敏行）

2. 低学年　造形遊びをする活動②

第1学年図画工作科学習指導案

指導者：〇〇市立△△小学校　〇〇〇〇
日　時：〇年11月5日
学　年：第1学年2組30人
場　所：多目的ホール（床に座って活動できる場所）

1．題材名
「すきなかたちの木をえらんで…」

2．題材について
①児童観（省略）
②題材観

　本題材は、教室での造形遊びである。用意された様々な木片から、気に入った形を見つけ、並べたり、積んだりすることを楽しむ活動である。子どもたちは、幼児の頃から慣れ親しんでいる積み木遊びを思い起こし、床に自由に並びかえながら自分らしい感覚や気持ちを働かせて「〇〇になってきたよ」「〇〇をつくってみよう」など様々に発想するだろう。ここでは、友達とつくりたいイメージを共有させ、協力して一緒につないだりできるように、周りの友達との関わりによって知識や技能、発想や構想の能力をいっそう育ませたい。また、活動の終わりに鑑賞会を行うことで友達のよいところを発見し、互いのよさや違いを認め合うようにしたい。一人一人が活動の思いを発表することで、表し方の工夫など伝えたい気持ちを膨らませ、自分や友達の活動のよさや面白さを感じ取ってほしい。

活動場所の工夫

③指導観

　まずは、子どもたち一人一人が選んだ木片を、床に自由に並べることができる十分なスペースが必要である。そこで木片の手触りや匂い、温もりなどを感じることから始めたい。指導の工夫としては、四角い形、三角の形など手に取り、好きな形を集め、並べるときに思い付いたことをどんどん試させ、何度も並び変え、違う方法がないかと考えさせ、自発的な学びにつなげたい。子どもが思い付いたことやつぶやいたことに寄り添い、共感し、それぞれの活動を認め、褒めることで自信を付けさせたい。また、振り返りの鑑賞会で、子どもたち同士が活動を見合い語り合い、新しい「いいこと」を思い付き、次への表現意欲につなげたい。

3．学習目標
　木片の感触を十分味わい、材料を並べたり積んだりして楽しんだり、木片の形や色などから思い付いたことを試しながら、イメージを広げて造形的な活動に取り組む。

4．指導計画
・様々な形の木片から好きな形を見つけて、イメージを広げ表現活動をする。
・自分や友達の並べた作品を見ることを楽しむ。

5．評価について

知識・技能	思考・判断・表現	主体的に学習に取り組む態度
・木片を選びながら見たり触れたりし、様々な形に気付いている。（ア[知]） ・何度も並び変えたり、いろいろなつなぎ方を工夫したりしている。（イ[技]）	・選んだ木片から楽しい活動を思い付いたり、どのように活動したりするか考えたりしている。（ウ[発]） ・自分や友達の活動から、造形的な面白さや楽しさを感じ取ったり考えたりしている。（エ[鑑]）	・選んだ木片を床に並べたり、重ねたり、友達とつないだりすることを楽しもうとしている。（オ[態]）

6．本時の学習
①目標
・好きな形を見つけ、並べたり、積んだり、友達とつなげたりしながら思い付いたものを楽しくつくる。

1. 教師の指導のポイント

　低学年の造形遊びは、子どもたちが材料などと出会い、自分でやりたいこと見つけて発展させていく活動である。低学年では、身の回りの材料を並べる、重ねる、積む、つなぐなど体全体を働かせて楽しく活動できるような工夫が必要である。本題材では、既製の積み木とは違う不定形な様々な形をした木片の形からイメージを広げ、子どもたちが思い思いに並べ変え夢中になれるところが特徴である。子どもたちは、何度もつくりかえながら友達と見せ合ったり、まわりの友達と目的を共有したりして関わり、新たな気付きや発想が生まれ展開させることが大切となる。クラスみんなで作品を見ながら話すことの楽しさも味わい、共に学び高め合う学習活動を目指したい。

図1．友達の活動を見て表したいことを思い付く。

2. 学習活動の実際（活動写真からの読み取り）

（1）事例①

　図2、3は、A君が初めに木片を選んでから、イメージが変化していく様子である。図2右の写真は、三角形の木片の2個の組み合わせ、図3では、「この2つは、動かせば形が変わるよ」と動かして変わる面白さを発見している。図4は、B君のように、布ガムテープで2個ずつ、つなげ並べる。このように、周りの友達の活動で発想を広げている。この題材では、並べるだけでなくガムテープで固定させることで、自分のつくりたいことをより実現させている。

図2．三角形2個を組み合わせるA君。

図3．動作でイメージを広げていくA君。

図4．ガムテープで離れないようにつないでいくB君。

（2）事例②

　次の見開きの図5のCさんとDさんは、二人で活動した。どんどん並べていくうちに、学校をつくろうと話し合う。図6のように、仕上げに葉っぱを貼り校庭に見立てた。二人で形の組み合わせを考えながら、校舎のイメージを表現していった。図7は、鑑賞会で作品を発表する様子で、二人の協力し合う姿が見られた。

　鑑賞会は、学習活動の振り返りとして、自分や友達の活動あとを見ることができる。自分の活動の思いを言葉で語らせ、みんなでその思いに耳を傾け、共有することで安心して自分の表現ができる集団となる。

②準備物
　大量の形の違う木片（三角形、四角形、不定形などの形）／布ガムテープ
③本時の展開

学習活動	指導上の留意点	評価の観点と方法
1．学習のめあてをつかむ 2．材料と十分触れ合う ・大量の木片と出会い、自由に触り、匂いや手触りなど楽しむ。  3．思い付いた活動をする ・様々な木片の形や色に着目し、並べたりつなげたりしながらどんなことができるか考え、工夫する。  ・何度もつくり変えてみる。 4．自分の思いを話したり聞いたりする ・つくりつつあるものを互いに楽しく見合いながら、よさや面白さを感じ取り、イメージを広げていく。  5．作品を紹介しながら活動を振り返る。 ・振り返りとして、鑑賞タイムを設ける。自分の活動の気に入ったところを発表し合い、友達の活動のよさや面白さを感じ取る。	学習のめあて①　すきなかたちの木をえらぼう！  ・思い思いに選ばせ、自由にやりたいことを考えさせる。 学習のめあて②　ならべたり、かさねたりしてみよう  ・固定したいときは、布ガムテープを使わせ、付けたりはがしたりさせる。 ・思い付いたことに共感し、認め、ほめることで自信をもたせる。 学習のめあて③　ともだちとつないでみよう  ・友達と目的を共有し、新たな発想が生まれたら、一緒に活動するように促す。 ・友達の活動に興味をもって質問できるように指導する。	（オ） ・表情やつぶやき ・活動の様子 （ア）（イ） ・表情やつぶやき ・活動の様子 （ウ） ・会話の様子 ・活動の様子 （オ） ・対話の様子 ・活動の様子

低学年から鑑賞会で思いを伝え合うことは、友達の活動のよさや面白さを感じ取るだけでなく、多様な価値観を認める学級づくりなど様々な場面で生かすことができる。

図5．CさんとDさんの活動の様子

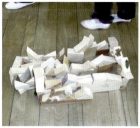
図6．葉っぱを貼り学校の木々を表す。

図7．鑑賞会での発表の様子

（3）事例③

右の6枚の写真は、E君が長い板をいくつか選び、高速道路をつくりだす様子である。鑑賞会では、道路や橋やドライブインを説明し、実際に車で出かけたときのことを思い出しながら説明した。右上の写真は、マイクを持つような動作で自慢げに話し発表を楽しんでいる。

子どもたちの作品を見ると、女子は家や学校などの建物が多かった。図8、9のように、家の中に家具をつくったり、自分や家族もペンで書き加えたりしている。男子は、図10、11のように犬や馬などの動物をつくったり、気に入った形を組み合わせ、つないでいくのを楽しんでいた。

本題材では、鑑賞会を取り入れることによって、子どもたちが選んだ様々な形の材料の特徴を生かして思いついたことや、それぞれが工夫したことを伝え、発見し、認め合うことができ、子どもたちは、またやってみたいという次の意欲につながっていた。

図8．家具も備えたお家の作品

図9．自分と家族を書き加えたお家の作品

図12．女児の作品例

図10．動物の作品①

図11．動物の作品②

（岡田陽子）

3. 低学年　絵に表す活動①

第1学年図画工作科学習指導案

指導者：△△小学校　郡司明子
日　時：〇〇〇〇年2月16日
学　年：第1学年1組（36名）
場　所：多目的室及び教室

1．題材名
「ぬのとなかよし　ぬのでえがいて」絵に表す活動

2．題材について
①児童観（省略）
②題材観
　　布は、触り心地（質感）をはじめとし、色や模様など様々な特色があり、子どもが主体的に関わろうとする材料の一つである。また、乳幼児期から、衣服や寝具など身近な生活の中で欠かせないものであり、それぞれに質感の違いや好み等を子どもなりに感じ取っていることだろう。
　　本題材は、体全体で布に親しみ、その可塑性を体感する造形遊びの活動（時間）を保障した上で、触れ合った布からイメージを広げ、絵に表す活動である。布の模様の一部や色面を表したいものに見立て、絵に生かすこともできる。多様な形や色を組み合わせたり、さらに描き加えたりすることを楽しみたい。

③指導観
　　本題材は、絵に表すための主な材料を生活における身近な布とし、材料に体全体で親しむことから始める。造形遊びとして布に潜ったり、被ったり、仲間と引っ張り合ったりして、材料に全身で関わっていく幼児期の原初的な体験をなぞりながら、表したいもののイメージを創りだしていく過程を大切にしたい。
　　また、布を裂く、切る際には織りの方向によって手応え（身体感覚）も異なるので、様々に試しながら布の特徴や魅力に気付くことができるよう支援したい。多様な布の特徴を捉え、自分が表したいものに応じて必要なものを組み合わせたり、そこからさらにイメージを広げて描き加えたりしながら、絵に表す活動の楽しさを味わえるようにしたい。

3．学習目標
　　布に体全体で触れ合いその特徴を感じるとともに、絵に表したいことを見つけ、いろいろな形や色の組み合わせを楽しみながら、表し方を工夫する。

4．指導計画（全2時間）
- 布と触れ合うことからその特徴を感じとり、イメージを広げて表したいものを絵に表す。（1.5時間）
- 自分や友達が表した作品の面白さやよさを楽しむ。（0.5時間）

5．評価について

知識・技能	思考・判断・表現	主体的に学習に取り組む態度
・布に触れ、様々な質感や形の変化などに気付いている。[ア［知］] ・表したいものに合わせて、布の組み合わせや描画の方法を工夫して表している。[イ［技］]	・表したいものをイメージし、布を並べたり、組み合わせたりしながらどのように表すか考えている。[ウ［発］] ・造形的な面白さや楽しさ、表し方について感じ取ったり考えたりしている。[エ［鑑］]	・布を用いて表したいものをつくりだす喜びを味わいながら、楽しく活動している。[オ［態］]

6．本時の学習
①目標
　　布の特徴を体全体で楽しみながら関わり合うとともに、イメージを広げて表したいものを絵に表す。
②準備するもの
　　様々な布（全身を覆うような大きな布、端切れ等）／布用接着剤／カラーペン／画用紙（八つ切り）

1. 題材の特徴について

布は、従来誰にとっても身近なものである。人は、産まれた次の瞬間には布に包まれ、それ以降、衣服として身につけて過ごす。布は就寝時も共にあり、私たちが生活する上で欠かせない材料の一つである。一方、日常の中であらためて布の質感や形、色を意識する機会は少ないのではないだろうか。

そこで、子どもが体全体で布に関わり合う造形遊びとしての活動から、材料の特徴に触れ、十分に自らが親しんだ材料を用いて絵に表す一連の表現過程を楽しむようにしたい。それは、身近な生活と図工の時間をつなぎ、幼児期の生活や遊びの中で子ども自身の感覚や行為を通じて様々な材料体験を重ねてきたことを呼び起こし、さらに児童期の学びを充実、発展させていく題材観に基づくものである。日頃から、使わなくなった布や使い古したハンカチや端切れなどを集めておき、身近な生活の中に造形活動を楽しむための材料が多々あることにも子どもが気付けるようにしたい。

子どもにとっても、単に与えられた材料で表現活動が進行するより、自らがその「ものごと」（材料）に関与し、交わり、親しむ中で、自発的に描いたり、つくったりする表現行為へと展開していくことの方が、より主体的な学びの可能性が広がることだろう。本題材は、そのような子どもの行為の関連性を重視して絵に表す活動を促すものである。

2. 学習活動の実際

（Ｉ）全体の様子

❶事前準備と導入

多目的室や教室の一部に机を寄せて、体が動かせる広い空間を確保する。そこに、伸縮性のある布、透過性のある布など、様々な大判の布を4人で一枚手に取れるように置いておく。「グループで話をしながら、布と関わり合ってみよう。どんな遊びができるかな？」と投げかけ、各グループの活動を安全に配慮しながら見守る。

子どもたちは、大きな布の中に皆ですっぽりと入ったり、互いに体に巻きつけて引っ張り合ったりし、それぞれに布との関わり合いを深めていく。自然に友達同士の体が近づき、布を介して接触することで、次第に心身共にほぐれていく。

十分に布に触れ合い親しんだところで、この先、布を用いて絵に表す活動の見通しをもつ。さらに、布を絵に表す材料にすべく切り裂く方法について知り、織りの方向に合わせてはさみを入れ、身近で扱いやすい材料や用具に十分に慣れる経験を積みながら、体全体で裂くことを楽しむ。子どもたちは、時折、奮闘しながら布に力一杯向き合う様子を見せた。このように、手先のみならず、全身で材料（対象）に関わり合うような造形遊びとしての活動は、幼児期の遊び／学びにおける全体性を保障すると同時に、自ら思い入れのある材料に仕立てることから、主体的に絵に表す活動の充実にもつながることだろう。

❷「絵に表す」の意味と意義

子どもは、心惹かれる「もの」や「こと」（出来事）、「人」などについて、自身の行為を通じてあらためて可視化することにより、自らその像（イメージ）を確かにしたい（関係を結びたい）という思いをもっている。

とかく絵に表すことは、子どもの生活範囲（地面に指で描くことから描画材を用いて描くことに至るまで）において、いつでもどこでも実現可能であり、子どもにとっては最も身近に感じる表現手段であることが多い。

ゆえに、絵に表すという行為が、材料や用具を含めパターン化してしまう場合も少なくない。そこで、本題材のように一般的な描画材に加え、布で形や色面、質感をも表現できるという経験は、描くという行為や画面を創りだすという点において広がりをもたせ、新たな表現の楽しさを味わえるものになると考える。

図1. 布を貼って絵に表す。

③本時の展開（2時間分）

学習活動	指導上の留意点	評価の観点と方法
1．学習のめあて①をつかむ。 学習のめあて①　いろいろなぬのとふれてみよう。かんじてみよう。 【教師の働きかけ】 「布の中に入ったり、被ったり、どんな遊びができるかな？　試してみよう」 【予想される子どもの姿】 ・仲間と共に入る、引っ張る、転がるなど、思い思いに布の感触を味わう。 2．学習のめあて②をつかむ。	・広い空間で多様な布と触れ合えるように促し、安全に留意して活動できるよう配慮する。 	活動の様子 表情やつぶやき （ア）
学習のめあて②　ぬのをつかって　え　をかこう。 【教師の働きかけ】 「好きな布を切り取り、画用紙に貼り付けたり描き加えたりしてみよう」 【予想される子どもの姿】 ・友達のよさを受け止め、自分もやってみる。 ・表したいことに合わせて、布を組み合わせたり描き加えたりして表す。 3．表したいイメージを深め、広げる。 【教師の働きかけ】 「布の形や色、触った感じから、よりイメージを膨らませよう」 【予想される子どもたちの姿】 ・あらためて、布に触れてみる。 ・布の感じを生かしたイメージをもとに、さらに描く。 4．学習のめあて③をつかむ。	・布を切る方向やボンドで貼り付ける際の様子をよく見て、必要に応じて個々の気付きを促すように声を掛ける。  ・多様な布を集めておく場所を設け、随時、新たな布を探せるようにしておく。 ・イメージを深め、広げるような声掛けをするとともに、互いに見合い、友達の表現も参考にするよう促す。	活動の様子 表情やつぶやき （イ） 活動の様子 表情やつぶやき （ウ）
学習のめあて③　じぶんやともだちの　え　を見たりさわったりしてたのしもう。 【教師の働きかけ】 「いろいろに工夫して絵に表すことができたね。みんなで見合ってよさを伝え合おう」 【予想される子どもの姿】 ・表したものを見たり触れたりしながら、活動を振り返る。 ・互いの作品を見合い、面白さやよさを伝え合う。 5．後片付けをする。	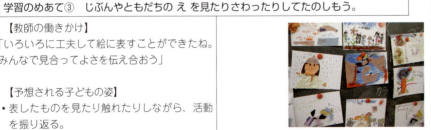 ・自他の表したものや表し方の工夫を振り返るために、互いに見合い、話をする時間を重視する。布との関わりを大事にする活動なので、大切に触れながら見合うように促す。	活動の様子 表情やつぶやき 会話の様子 （エ） （オ）

また、子どもたちが想起する表したいことのイメージは、布との関係性を介して個々の経験や思いが反映されたものになる場合も多く、一連の「絵に表す」活動が、表現の多様性を支える上でも重要な過程となっていることがうかがえた。

(2) 活動の様子

　広い床上で布と戯れる活動では、子どもたちが積極的に布の内側に潜り込み、その感触や全身が包まれる感覚を味わっていた。そして、自身の関わり方によって変幻自在になる布の形や表情の面白さを捉える子どもたちの笑顔と歓声が教室全体に広がった。

　布を切り裂く際には、力一杯体全体で布に挑んだり、仲間と引っ張り合い協力したりしながら、その手応えを自らの行為を通じて感じとりながら、十分に対象と関わる様子が見られた。

　このようにして、子どもたちの熱気が通った布は絵に表す際の材料となり、さらに子どもたちの手によって画用紙の上で各自のイメージを伴いながら新たな意味や価値が見いだされ、再構成されていく。

図2．Aさんの表現

　Aさんは、布に全身くるまれた際の温かさを思い起こし、雪が舞い降りる中で、手袋、マフラーを身につけている「私」の様子を絵に表した。さらに、友達の活動の様子を眺めながらヒントを得て、別の布を手にすると、帽子の形を切り抜き頭部に貼り付けた後で、満足そうに完成の声と笑みを浮かべていた。

3. 本題材における指導法について(教師の関わりについて)

　本題材は、布に全身で関わる時間から、徐々に細やかな表現活動に移行して絵に表す活動である。一連の過程における子どもの様子をしっかりと把握する中で、適切な支援や言葉掛けを行いたい。

　前半の布と戯れる際には、子どもたちもテンションが上がるため、活動場所において危険な状況はないか、安全面に配慮して注意深く見守る必要がある。特に、先に述べたように身近な材料や用具の扱いに慣れるためにはさみを用いる場合、その取扱いには十分な注意を払わねばならない。

　また、絵に表す際に用いる布は、子どもたちが関わりあった布のみならず、事前に端切れ等を用意しておくなど、手元でも様々な布に触れ、イメージが湧くよう準備を進めておきたい。

図3．床面も表現活動の場に。

　絵に表す活動が始まると、布、描画材、接着剤等を同時に使用するため、机の上にものがあふれる状況になる場合も少なくない。必要に応じて整理を心掛けながら活動するよう呼びかけていく。同時に、扱う布の大きさによっては、机の上では収まらず、床に材料を広げてのびのびと活動したい子どももいる。一人一人の希望や状況を、全体との関係性において可能な限り許容しながら、子どもの主体性を重んじるようにしたい。

　そのような中で、絵に表すこと自体、一枚の画用紙を超えてさらに描きたいという思いをもつ子どももいる。子どもが抱えていることや欲していることに対し、その都度丁寧に聴き取り受け止めながら、真摯に対応できるようにしたい。そのために、教師も心身ともにゆとりをもって、おおらかに学びの空間を構成する一人として、その場に居られるようにしたい。

図4．広がりのある表現に。

（郡司明子）

4. 低学年　絵に表す活動②

第2学年図画工作科学習指導案

指導者：○○○○
日　時：○年6月13日
学　年：2学年3組（28名）
場　所：教室

1．題材名
「アジサイみつけた」絵に表す活動／鑑賞する活動

2．題材について
①児童観（省略）
②題材観
　子どもたちは雨の中を歩くのが好きである。水たまりに長靴で入ったり、傘の雨粒を飛ばして遊んだりなど、雨の日だからできる遊びを楽しんでいる。そこで雨の日に生活科の時間を使って傘をさして、花を見たり、虫を見つけたりする活動を行った。子どもたちは晴れたときとは違う自然の様子や生き物と触れ合うとともに、晴れた日には感じることができない驚きや、楽しさを感じることができた。本題材は、雨の日に見つけた美しいアジサイを中心に体験したうれしい気持ちを絵に表したものである。
　本題材では、パス、水彩絵の具、スタンピングなどを使いながら描き、その色合いを十分に味わいながらアジサイを画用紙に描いていく。子どもたちは描きながら、好きな色や形を見つけ、そこからイメージを広げていくだろう。活動を通して、自分らしい感覚や気持ちを働かせて様々に発想する姿が期待できる。また活動中は、周りの友達と描いているものを見せ合うように設定している。友達との自然な鑑賞交流の中で、表し方を工夫するなど創造的な技能も発揮できると考えた。

③指導観
　指導にあたっては、生活科においてきれいに咲いたアジサイを子どもたちが充分に鑑賞する時間を事前に設けた。図工の授業ではアジサイを思い出しながら、スタンピングなどの技法も組み合わせながら描き、その色合いや形の美しさに気付く活動に焦点を当てた。指導の工夫としては、組み合わせでできる色の美しさを全員が体験し、絵の具は混ざり方によって色が変わってくることを体験の中で気付くようにするとともに、友達同士で鑑賞できるように向かい合って座るなどを行った。

3．学習目標
- パスや水彩絵の具で塗ったり、描いたりしながら好きな色や形を見つけ、さらに重ねたりしながら、イメージを広げて、自分らしい表現を工夫する。［技］［発］
- 対象を観察したことで気付いた色や形などから思い付いたことを絵に表して楽しむ。［知］［態］

4．指導計画（全2時間）
- 第1次（1時間）本時
- 第2次（1時間）

5．評価について

知識・技能	思考・判断・表現	主体的に学習に取り組む態度
・様々な技法を使って塗ったり描いたりしながら、絵具の表現、色の違いなどに気付いて、それを生かし、表し方を工夫している。（ア［知］）（イ［技］）	・体の感覚を働かせながら、形や色、肌触りなどを感じ取り、表したいことを思い付いている。（ウ［発］） ・友達の表現のよさや面白さに気付き、自分の作品のイメージを広げようとしている。（エ［鑑］）	・塗ったり描いたりする感触を味わいながら、描く活動を楽しんでいる。（オ［態］）

6．本時の学習
①目標
- 塗ったり描いたりしながら、イメージを広げ自分らしい表現をする。

1. 題材の特徴

(1) 生活科との関連

本題材は「学びの連続性」を重視して「生活科」と関連させたものである。単元の時期を合わせ、梅雨の時期に咲いたアジサイの鑑賞体験を通し、自然や社会などの経験を造形的な発想に生かすことを目的に、活動と場を考慮して取り組んだ。

(2) 指導において配慮した点

低学年において表したいことは、自分の感じたことや想像したことが中心となる。そのことから、子どもたちが自分が納得するまで描いたり、活動の終わりを自分で決めたりして、子どもたちが自分らしくやり切ることができるような学習環境に努めた。また、周りの友達と一緒に活動するように設定し、友達との自然な鑑賞交流の中で、表し方を工夫するなど創造的な技能も発揮できるように配慮した。

2. 学習活動の実際

(1) 習得する技法と工夫点

1学年時には、パスを使った線描きや面塗りについて経験している(図1)。2学年時の最初に取り組んだ自分の顔と友達の顔を描く絵の製作では、混色の技法を経験している。水彩絵の具の使い方に関しては、混色は2年生になってから取り組んでいる。

本題材は、これまで習った内容の応用編として次のように取り組んでいる。

❶アジサイをパスで描く。
❷絵の具で色付けを行う。
❸友達や自分を描き加える。
❹余白に葉っぱでスタンピングを行う。
❺鑑賞を行う。

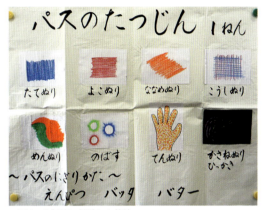

図1. 1年時に経験した技法

(2) 活動の工夫点

低学年での活動の工夫点として、机を班毎に寄せて一連の活動が子どもたち同士見えるようにした。アジサイの輪郭線に用いるパスの色は赤系の花には赤色、青系の花には青色、紫系の花には紫色を用いた。これは子どもたちに様々な色と出会わせて、自分が何色を描いているのかを意識付けるためである。絵の具で色付けを行う際は、「色の足し算」として紫色をつくる体験を入れた。あわせて、絵の中に自分たちも描き込むことでアジサイを見たときのうれしかったことや楽しかったことなどを

図2. 自分と友達も描き込んでうれしさを表す。

思い起こすことができるようにし、より思い入れをもって取り組めるようにした。

また、葉っぱのスタンピングを行うことで、形を写し取る面白さを体験するとともに、空いた余白にさらに自分らしい表現を加えることができるように工夫した。

最後に、友達同士で作品を見せ合って感じ取ったことや、創造したことなどを話したり、友達と共感し合ったりすることを通して、コミュニケーションを高める入り口となるようにした。

そのことから、自分の考えと異なることを見つけ、その思いをくみとったり、作品のよさに気付いてそれを自分の表現に生かしたりすることができた。

②準備物
　　パス／八切画用紙／水彩絵の具用具一式／葉っぱ／タオル／花瓶に入れたアジサイを２、３セット
③本時の展開

学習活動	指導上の留意点	評価の観点と方法
１．学習のめあてをつかむ。		
学習のめあて　ぬり方や色のつくり方をくふうしてアジサイをかこう。		
【教師の働きかけ】 「学校の中庭に咲いていたアジサイを見てどうだった？」 【子どもの姿】 「アジサイって、とてもきれい」 「アジサイを描いてみたい」	・雨の日に校庭を歩いたことを振り返り、そのときに見つけたものや感じたことを思い出すように促す。	
【教師の働きかけ】 「アジサイは、どんな様子かな？」 【予想される子どもの姿】 「一つ一つ小さな花が集まっているよ」 「ピンクでもいろんなピンクがあるよ」 「大きくてまるいよ」 ●アジサイの花を描く 【教師の働きかけ】 「パスで花びらを描こう」 【予想される子どもの姿】 「きれいなかたちだね」 「小さな花びらたくさんあってたいへん」 ●絵の具でアジサイの花の色をつくり、塗る。 「はなびらの中に絵の具で色を塗ろう」 【予想される子どもの姿】 「濃い色や、薄い色ができたよ」 「白をたくさんいれるとうすくなるよ」 「青と赤で紫ができたよ」	・アジサイを教室に持ってきて、パスでスケッチすることを伝える。 ・アジサイの特徴を観察するように指導する。 ・アジサイを実際に見ながら、中の方から描くとよいことを伝える。 ・絵の具で混色のやり方を教え、同じ色でも混ぜる色の量によって、色の濃淡が変わることを指導する。 ・パスと絵の具を使うバチックについて実演指導する。 ・形や色をもとに、思い付いたり、想像したりしたものを発表する場を工夫する。	（オ） （ア）（イ） パスでアジサイの輪郭が描けたか。 表情やつぶやき 活動の様子
２．活動を広げる。 ●自分や友達を描く 【教師の働きかけ】 「アジサイを見てうれしく思った自分や友達も描いてみましょう」 ●葉っぱをスタンプする 【教師の働きかけ】 「葉っぱに絵の具をつけて画用紙にスタンプするとどんなかたちがうつるかな？」 【予想される子どもの姿】 「葉っぱのかたちがきれい」 「ほんものの葉っぱを描いたみたい」	・葉っぱを使ったスタンピングについて実演指導する。 ・児童がスタンピングを体験できる機会を設ける。	（ウ） 表情やつぶやき 活動の様子
３．自分が楽しくつくったことを、友達に話す。 「ここがむずかしかったよ」「どこ、どこ？」		（エ） 会話の様子
４．後片付けをする。		

(3)「子どもたちの様子」

　水々しく色鮮やかなアジサイは子どもたちの大好きな花の一つである。アジサイは小さな花（正確には花ではなくガクであり、「装飾花」と呼ばれるもの）が集合して一つの塊になっており、そのことを子どもたちがどのように感じて、どのように描くかも楽しみなモチーフでもある。　活動では、一つ一つ丁寧に描いて色を塗っていく子どもや、絵の具をふりかけて描く子どもなど様々であった。アジサイの周囲の風景も、それぞれのイメージで表現することができた。雨の日も楽しくなるような色とりどりのアジサイで教室はいっぱいになった。

図3．破いた紙から発想する子どもの絵

　一人一人違う個性豊かなアジサイができあがって子どもたちは満足気だった。その様子は対話の様子からも伺うことができた。「色がにじんで本当にアジサイのようにきれいにできたよ」「色の足し算って面白い」「自分も友達もアジサイと一緒に絵の中にかけてうれしい」「自分色のアジサイがかけて、とても満足」といったつぶやきや感想があった。

3. 教科横断的な学び

　事前に「生活科」において、植物などを観察した体験は、図画工作科にも生かされることとなった。子どもたちの生活範囲の広がりや発達に応じて、鑑賞の対象も広がる。

　ここでは、植物の花びらの数や形に興味をもつ姿が見られた。形や色のきれいさなど、対象や事象と自分とを分けて捉えている姿が見られ、そこには自分の好みや判断も加わってくる。また、見るだけでなく、匂いを嗅いだり触ったりして、五感を通して感じたアジサイであったからこそ、子どもたちの心が耕され、その後の表現に

図4．校庭散策の様子

もつながった。あわせて、友達同士で校庭を歩きながら「生き物を見つけ慈しむ」といった思いも共有し合えたことは、子どもたちにとってかけがえのない体験となったことであろう。

　このように感じ取ったことや想像したことなどを話したり、友達と共感し合ったりすることは、「思考力、判断力、表現力等」の育成につながることから、事前に行った「生活科」の学習が、教科横断的な学びとして効果的であったことがうかがわれた。

（犬童昭久）

5. 低学年　立体に表す活動①

第1学年図画工作科学習指導案

指導者：○○○○
日　時：○年○月○日
学　年：第1学年2組（30名）
場　所：図工室または教室

1．題材名
「つないで　たてよう　みんなのおしろ」立体に表す活動

2．題材について
①児童観（省略）

②題材観
　本題材は、コーンスターチを原料としてつくられた発泡緩衝材を使用して、「こんなおしろがあったらいいな」という発想を広げて、住んでみたい建物をつくる活動を中心としている。児童は、材料を組み合わせて自由につなぐことによって、手を動かしながら形の立体的な変化を経験することができる。「ここにまどがあったら…」「えんとつをつけたいな…」などのアイデアを実現することによって達成感を得ることが可能となる題材でもある。作品が完成した後は、友達の「おしろ」と並べて展示することによって、互いの表現のよさやについて認め合う機会となるようにしたい。

③指導観
　今回、材料として使用する発泡緩衝材は水で濡らすことによって容易に接着することができ、つないだり積み上げたりすることが可能である。このため一般的な接着剤を使用した立体造形のように、のりしろを考慮したり接着できるまでの時間を待ったりする必要がない。本題材では、発泡緩衝材のこのような利点を生かし、児童が発想したことを即座に立体化することを楽しめるように指導していきたい。
　このような材料を使用することによって接着に関する技法指導は低減されると考えられるので、児童の発想を広げたりつくりたいものを具体化させたりするために、指導者が個別にアイデアを聞いてアドバイスするなどの支援を十分に行っていきたい。

3．学習目標
　材料を組み合わせたり積み上げたりして楽しい「おしろ」をつくる活動を通して、立体の形の変化を感じながら工夫して自分のイメージを表現する。

4．指導計画（全2時間）
- 発泡緩衝材の使い方を知り、つないだり積み上げたりして立体的に表現することを楽しむ。（1時間）本時
- 自分や友達の作品を教室に並べ、互いの表現のよさを感じる。（1時間）

5．評価について

知識・技能	思考・判断・表現	主体的に学習に取り組む態度
・材料に触れながら触った感じや特徴に気付いている。（ア[知]） ・高く積み上げたり、「おしろ」をじょうぶにしたりするために表し方を工夫している。（イ[技]）	・材料に触れながら、自分なりに表したい「おしろ」を思い付いている。（ウ[発]） ・友達の「おしろ」と一緒に並べて町をつくり、互いの表現のよさを感じ取ったり、考えたりしている。（エ[鑑]）	・材料の性質を生かし組み合わせたり積み上げたりして、形の変化を楽しんでいる。（オ[態]）

6．本時の学習
①目標
- 発泡緩衝材をつないだり積み上げたりしながら立体のイメージを広げ、自分らしい「おしろ」をつくることを楽しむ。

1. 低学年の子どもの造形活動を即応的に支える材料

本題材で使用している発泡緩衝材（図１）は、荷造りの際に内容物を保護するために使用されるもので、環境への負荷を低減するためにコーンスターチ（とうもろこしからつくられたでんぷん。自然界で分解する）でつくられている。このため、濡れたぞうきんなどで表面をなでると、コーンスターチが溶けてのり状になる。この特性によって、発泡緩衝材は容易に互いを接着することができる。発泡緩衝材は、幼稚園・保育園などの保育の現場において、造形の材料としてよく使用されている。子どもたちの発想やアイデアを表現に生かすためには、技能面での制約が少なく扱いやすい材料であることが理由であると考えられる。

図１．発泡緩衝材

この他、粘土も低学年の子どもにとって扱いやすい立体造形の材料の一つである。土粘土だけでなく、紙粘土、油粘土なども表現によって使い分けることができる。また保育の題材で使用される小麦粉粘土（食品用の小麦粉を主に水で練り上げてつくった粘土）なども、活動に応じて低学年の立体造形に使用することが子どもの材料経験を広げるとともに、豊かな発想を即応的に支えることにもつながるといえる。

2. 学習活動の実際

本題材の指導において大切にしたいことは、子どもが発想したことについては実際に手を動かして試すようにすることである。頭の中でしっかりと構想を練ることも大切であるが、低学年のうちは、材料を具体的に操作しながら考えることによって表現したいことが徐々にわかってくることもある。特に「思考力・判断力・表現力等」の育成に関わって、表現の過程における形や色の変化から発想や構想を広げたり、やってみたいことを実現するために思考を深めたりすることは重要である。

また、材料と材料を組み合わせたり積み上げたりすることによって、美しい・楽しい形を発見する契機にもなる。そのために、学習活動の環境設定にも互いの気付きなどを交流しやすいようにする等の配慮が必要である。例えば４～５名程度のグループで互いに向かい合う着座方法とすれば、子ども同士の会話がしやすく、つぶやきなどを含めたコミュニケーションが生まれやすい。「ぼくはこんなに高く積み上げたよ」「こうすれば、とてもじょうぶにつなぐことができるよ」「たくさんつなぐと、面白い形ができたよ」などの発話によって、子どもは互いのよさや美しさを感じ取ったり考えたりするとともに、つくりつつある「おしろ」の表現にも広がりが生まれる。

3. 本題材における指導法について

導入部では、発泡緩衝材の使い方を示範するとともに表現の主題を知らせることが指導の中心となる（図２）。展開部における教師の指導としては、子どもがつくろうとしている「おしろ」のイメージを聞き取りながら、できるだけ多様な方法で材料を操作したり異なる方向から見たりすることを助言することが望ましい。その際、子どもがはじめにつくりたいと考えたことが活動とともに変化することも容認し、途中で生まれたアイデアを大切にするように指導したい。

図２．発泡緩衝材のおしろ

そして、子どもが見つけた美しい形・楽しい形に教師自身が共感しながら、立体に対する見方を学級全体へと広げることによって、子どもの造形的な視点が、それまで以上に豊かなものへと育っていくと考えられる。

②準備物
　【教師】発泡緩衝材／ボール紙／特徴ある建物の写真などの掲示物
　【児童】ぞうきん
③本時の展開

学習活動	指導上の留意点	評価の観点と方法
1．学習のめあて①を知る。 **学習のめあて①　ふしぎなざいりょう「かんしょうざい」を知ろう！** 【教師の働きかけ】 「『かんしょうざい』っていう材料を知っているかな？こうやって水で少し濡らすと、簡単にくっつくよ」 【予想される子どもの姿】 ・ふしぎな材料だな。 ・かんたんにくっつくから、とてもつくりやすいね。 2．発泡緩衝材による立体造形を試行的に体験する。 ・塗らすとくっつくことを体験しよう。 3．学習のめあて②を理解し、表現活動を広げる。 **学習のめあて②　「かんしょうざい」をつなげて　みんなのおしろを　つくろう！** 【教師の働きかけ】 ・「『かんしょうざい』をつないだり積み上げたりして、自分だけの楽しいおしろをつくろう」 【予想される子どもの姿】 ・じょうぶにしたいところは、「かんしょうざい」を二重にするといいよ。 ・「かんしょうざい」を立てて並べると、かざりみたいできれいだよ。 4．広い床などに作品を並べ、互いの表現のよさについて話し合う。 【予想される子どもの姿】 ・みんな屋根の形が違っていて、おもしろいね。 ・たくさんならべると、まちができたみたいだよ。 5．後片付けをする。	・発泡緩衝材をつなぐ操作を実演し、水で濡らすことによって接着できることを指導する。 緩衝材の接着 ・具体物をつくるのではなく、どのようなつなぎ方ができるか、どれくらい高く積み上げられるかを体験することを伝える。 ・児童のアイデアやイメージを聞き取りながら共感するとともに、思い付いたことを試してみることを促す。 ・児童が見つけた面白い形やつなぎ方を学級全体に紹介する。 ・同じ材料を使用していても、つなぎ方や積み上げ方が違うことに着目するように伝え、互いの表現のよさを認め合うようにする。	 （オ） 活動の様子、表情 やつぶやき （ア）（イ）（ウ） 活動の様子、完成作品 （エ） 活動の様子、表情 やつぶやき

4.「立体に表す活動」における幼・小の連続性

　小学校入学前の幼稚園・保育園で行われる造形活動では、感性や創造性を豊かにすると同時に表現そのものを楽しむことを大切にしている。そのときの気持ちや想像を色で表したり、遊びや見立ての中から形を生みだしたりすること自体が、幼児の表現活動の重要な位置を占めている。本題材で紹介した「つないで　たてよう　みんなのおしろ」も、このような遊びや見立ての要素を含んでいる。設計図に基づくような手順で造形を行うのではなく、試してみたことの中から面白い形を見つけるというプロセスは、遊びに富んでいるといえよう。

　図画工作科の指導においては、作品を完成させることやその完成度を高めることに指導の重点が置かれる場面も少なくない。しかし、何かをつくる行為は子どもにとっての自己表現であり、その過程で楽しさや驚き、そして喜びなどを伴った活動であることが望ましい。以下に引用するのは、幼稚園教育要領（平成29年告示）の、領域「表現」のねらいと内容である。

図3．遊びを通して立体の感覚を養う幼児の姿

感性と表現に関する領域「表現」

〔感じたことや考えたことを自分なりに表現することを通して、豊かな感性や表現する力を養い、創造性を豊かにする。〕

1 ねらい
(1) いろいろなものの美しさなどに対する豊かな感性をもつ。
(2) 感じたことや考えたことを自分なりに表現して楽しむ。
(3) 生活の中でイメージを豊かにし、様々な表現を楽しむ。

2 内容
(1) 生活の中で様々な音、形、色、手触り、動きなどに気付いたり、感じたりするなどして楽しむ。
(2) 生活の中で美しいものや心を動かす出来事に触れ、イメージを豊かにする。
(3) 様々な出来事の中で、感動したことを伝え合う楽しさを味わう。
(4) 感じたこと、考えたことなどを音や動きなどで表現したり、自由にかいたり、つくったりなどする。
(5) いろいろな素材に親しみ、工夫して遊ぶ。
(6) 音楽に親しみ、歌を歌ったり、簡単なリズム楽器を使ったりなどする楽しさを味わう。
(7) かいたり、つくったりすることを楽しみ、遊びに使ったり、飾ったりなどする。
(8) 自分のイメージを動きや言葉などで表現したり、演じて遊んだりするなどの楽しさを味わう。

　　　　　　　　　　　　　　　　　文部科学省『幼稚園教育要領解説』フレーベル館、2018年、pp.233-247

　いずれの内容でも、造形活動をはじめとする幅広い表現によって「楽しむ」「遊ぶ」ことが繰り返し示されている。このような経験や過程を重視する幼稚園教育要領の考え方は、小学校低学年の「立体に表す活動」でも大切にしていきたい。そして学習の評価においても、完成した作品の完成度のみによって判断することは避けたい。教師は、表現の中でどのような姿・表情を見せていたのかをつぶさに見取るようにし、一人一人の子どもの心情や感性に寄り添った評価を心掛けたい。

　　　　　　　　　　　　　　　　　　　　　　　　　　　　　　　　　　　　（竹内晋平）

6. 低学年　立体に表す活動②

第1学年図画工作科学習指導案

指導者：豊岡大画（群馬大学教育学部附属小学校）
　　　　新井洋美・早川愛美・長田紗綾（同附属特別支援学校）
日　時：〇〇〇〇年11月9日
学　年：第1学年（38名）
場　所：多目的室

1．題材名
「つんで　つなげて　いろいろなかたち」立体に表す活動

2．題材について
①児童観（省略）
②題材観
　箱は、幼児期から身近な生活の中で接してきた素朴な材料の一つである。気軽に、積む、並べる、崩すなどの操作がしやすく、自分のイメージに合わせて働きかけを繰り返し、その変化を直接感じることができる。そのような活動を通じて、表したいものを自分で見つけたり、思い付いた形にするための組み合わせを考えたりする子どもの姿を期待したい。活動を展開する中で、行為の広がりや発展も期待できる。子どもがそれぞれに手がけているものを、友達とつなげたり組み合わせたりする中で、立体的な構造が立ち上がり、「家に見えてきた」「ここにはタワーがあるといいな」などと場を広げたり意味付けたりしながら、仲間同士、互いにイメージを共有していくことができると考える。

③指導観
　本題材は、大小、長短など、多様な箱を操作し組み合わせる行為を通じて、立体としての形の変化に関心をもち、自分の表したいものを立体に表す活動である。指導の工夫としては、箱の形の特徴を生かした組み合わせの実演、多様な形の箱を十分に用意し手に取りやすく配置すること、活動のフレキシブルな展開に応じる場づくりの工夫、などである。一つ一つの箱の形の特徴を捉えつつ、自分が表したいものに必要な箱を選びとる力や、複数の箱を組み合わせることで立ち上がる立体としての形の変化を楽しみ、自分なりに意味付ける力を育みたい。

3．学習目標
　箱の形の特徴を生かして、積んだり、つなげたりしながら表したいことを見つけ、いろいろな形や色の組み合わせを楽しみながら、表し方を工夫する。

4．指導計画（全2時間）
- 様々な箱の特徴からイメージを広げ、自分が表したいものを工夫して表す。（1.5時間）
- 自分や友達のつくったもので遊び、面白さや良さを楽しむ。（0.5時間）

5．評価について

知識・技能	思考・判断・表現	主体的に学習に取り組む態度
・箱を見たり触れたりしながら、様々な形や色などに気付いている。（ア[知]） ・表したいものに合わせて、箱の組み合わせや接着の方法を工夫して表している。（イ[技]）	・表したいものをイメージし、並べたり、つなげたりしながらどのように表すか考えている。（ウ[発]） ・造形的な面白さや楽しさ、表し方について感じ取ったり考えたりしている。（エ[鑑]）	・箱を用いて表したいものをつくりだす喜びを味わいながら、楽しく活動している。（オ[態]）

6．本時の学習
①目標
　箱の形や色などの特徴を身体全体で楽しみながら関わり合うとともに、イメージを広げて、自分が表したいものを工夫して表す。

1. 題材の特徴

　子どもたちにとって、箱は幼児期から生活の中で手にしてきた身近な材料である。お菓子の箱など比較的小型のものから、全身が入るような大型の段ボールに至るまで、子どもたちは日常的に箱に触れて、その形や色や質感、大きさなどを体全体で感じとっている。また、箱を並べたり積んだり組み合わせたりしながら造形遊びを展開したり、工作等に表すことを幼児期から経験している。

　本題材は上記のような既習経験を生かしつつ、一般的な箱の形に加えて、筒状のものや芯棒、プラスチックのカップなど、形のバリエーションを増やして、多様な箱の組み合わせをもとにイメージを広げ、自分の表したいものを工夫して表し、友達と共に遊ぶ楽しさを感じられる活動内容である。

　事前に家庭にも呼びかけ、生活の中で手にする扱いやすい、比較的軽くて丈夫な箱を持参してもらうよう、協力を依頼する。身近にあるこれらの箱は、立体に表す上でも様々な可能性が広がる材料である。また、テープでつなげるなどの接着も容易であり、子どもたちが表したいものに合わせて表現方法を自分なりに工夫することができる。さらに、箱を組み合わせる際に、立体として自立するよさや、塊の感じなどの観点に気付きやすく、立体に表すことの面白さを体感することができる。

　また、本題材は「ならべて　つんで（造形遊び）」の、立体に十分に触れながら思い付いたものを自由につくる活動と、算数の単元「いろいろなかたち」の整理分類を通して、立方体、直方体、円柱、球の特徴を理解する活動と連動して行う教科横断的な学びの側面もある。そのため、自分の表したいものを具現化する際に、形の違いや類似を生かしながら、意図的に表現することを促すことができる点も特徴的である。

2. 学習活動の実際

（1）全体の様子

●事前準備と導入

　多目的室のコーナーには、「さいころのかたち」「つつのかたち」「ボールのかたち」「（その他の）はこのかたち」といった特徴の異なる形ごとに箱を分類して置き、活動への興味と期待が膨らむようにした。

　また、教師は形の異なる箱の組み合わせからできる新たな形づくりを演示し、「どんな形に見えるかな？」と、子どもたち自ら表したいもののイメージが湧くような導入を丁寧に行った。子どもたちはその様子にひきつけられるとともに、早く自分でもやってみたいな、という思いを高まらせていた。

図1．各コーナーに置かれた種類別の箱

　さらに学習環境の工夫として、広がりのある空間を生かし、子どもたちが必要な材料や用具を気に入った場所に持ち出し、材料に十分に触れながら、様々に組み合わせを試したり、動かしたりすることができるようなスペースを整えた。

　このことは、子どもが自由に活動の場を行き来して材料体験ができる「造形遊び」の活動（時間）を保障すると同時に、子ども同士互いに活動の様子を見合い、学び合える場が成立する可能性を示唆している。そのような学びの場から、自分が表したいもののイメージが広がり、様々に試したり変えたりしながら、友達とも関わり合い、主体的に学習に取り組む"構え"が形成されていくと考えられる。

図2．材料や用具の準備を整えておく。

②準備するもの
　　様々な箱（筒やカプセル等その他立体物も含む）／セロハンテープ
③本時の展開（２時間分）

学習活動	指導上の留意点	評価の観点と方法
１．学習のめあて①をつかむ。		
学習のめあて①　いろいろなはこを手にして、あらわしたいことを見つけよう。		
【教師の働きかけ】 「こんな組み合わせもできるね。何に見えるかな？　自分の表したいものに合わせて、箱をつないでみよう」 【予想される子どもの姿】 ・並べたり、積んだりするなど、思い思いに箱を組み合わせる。 	・形の特徴について考えながら箱の組み合わせを思い付くことができるよう、表したいものの形について問いかける。  	活動の様子 表情やつぶやき （ア） （ウ）
・友達のよさに学び、自分もやってみる。 ・表したいことに合わせて、箱をテープでつないで表す。	・個々の活動の面白さを受け止め、関わり合うように声掛けをする。 ・箱をつなぐ技法について、工夫している児童の様子を取り上げ、紹介する。	活動の様子 表情やつぶやき （イ） （ウ）
２．箱との関わり合いを深め、広げる。 【教師の働きかけ】 「異なる種類の箱に触れて、組み合わせの面白さを見つけてみよう」 【予想される子どもたちの姿】 ・あらためて、多様な箱を手にとってみる。 ・箱の組み合わせからイメージして、より表したい感じを探る。 ３．表したいイメージを深め、広げる。	・イメージを深め、広げるような声掛けをするとともに、互いに見合い、友達の表現も参考にするよう促す。	活動の様子 表情やつぶやき （イ） （ウ）
学習のめあて②　じぶんやともだちのあらわしたものを見たりふれたりしながらたのしもう。		
【教師の働きかけ】 「いろいろな形になったね。みんなで見合って遊んでみよう」 【予想される子どもの姿】 ・表したものを見せあったり、遊び方を互いにやってみたりする。 ・友達の作品のよさに感化され、自分の作品にさらにつけたし、よりイメージを広げる。 ・友達の作品と自分の作品を組み合わせて、一緒に楽しもうとする。 ４．後片付けをする。	・自分や友達の表したものや表し方の工夫を振り返るために、表したもので友達と自由に遊ぶ時間を重視する。その中で、一人一人の行為に共感的な声掛けをして、互いに認め合える関係性をつなぐ。	活動の様子 表情やつぶやき 会話の様子 （エ） （オ）

❷「立体に表す」の意味と意義

　立体に表すということは、自らの表したい思い（イメージ）を「もの」として実在させ、立ち上げることである。絵、立体、工作に表すこといずれも材料に働きかけ、その応答を通じて自らの思考やイメージを可視化、具現化することにより、自身と「もの」との対話のあらましを捉えることができるわけだが、なかでも、立体に表す際には、全身で対象に対峙する感覚や直接的な手応えを得られることが特徴的である。

　また、一方向からではなく多様な方向から対象に向き合うことの面白さに気付かせてくれる。その中で、見え方が変わることの新鮮さや、時に自身の身の丈を超えていく「もの」に働きかけることのやりがいから、さらなる意欲と満足感が喚起されることもある。そして、一人の力では叶わないことが仲間と手を携えることによって実現していく充実感を味わうこともあるだろう。

　さらに、立体に表すことは、ものを加えていく足し算の表現のみならず、ものを取り除いていく引き算の表現も可能である。そのもの自体を動かしたり、操作したりするなど、そのものに体全体で、また、仲間同士で関わって遊び続けることができるのも魅力的である。

（2）活動の様子

　活動が始まると、積極的に箱に働きかけ思い思いに楽しむ子どもの様子が見られた。7〜8個の箱を並列させ連結した電車に見立て、床面を引きずり走らせる子。その傍らには箱を積み上げ横に長い箱を渡してアーチをつくる子らがいて、先の子は「電車が通りまーす！」と箱と共に自分もくぐり、次の場所に向かう。異なる形の箱を組み合わせて、脇に筒状の形を付けてトラックに見立て、走らせる子もいる。

　Aさんが「天井まで届くタワーにしよう」と投げかけると、Bさんもその思いに乗じて、「じゃあ一緒に組み立てよう」と自分が手がけていた数個の箱による構造物をAさんの重ねた箱の上に設置する。二人して、「うん、いいね」とイメージを共有し、さらに高さを出す工夫をし、共に試行錯誤を繰り返していた。

図3．イメージを共有して協力し合う。

3. 本題材における指導法について（教師の関わりについて）

図4．個別に声を掛けながら全体をつなぐ教師

　広い空間で、子どもたちはそれぞれに居心地のよい場所を求め、その場で熱中したり、必要に応じて移動したりしながら活動を展開していく。教師は、全体をよく見て回り、一人一人の行為を肯定的に受け止め、本気で面白がりながらそのよさを返していく。時に、子どもと同じ目線になり活動の中に分け入って、子どもが力を注いだところやこだわった部分に着目しながら、子どもの言葉を丁寧に拾い上げていく。そして、まわりの子どもたちとも共有するように話の内容を紹介したり、つないだりしながら、空間全体の学びの関係性を創りだしていく役割を引き受けていた。

　1年生の時期は、表したい思いが素直な行為として表出される一方で、箱を「つなぐ」接着の技法など不十分な様子も見られる。その都度、教師は子どもが意図する表現に即して、実際にやって見せながら必要な支援を行うことも大切である。

　さらに、このような広がりのある活動の場では、全体を俯瞰する眼と個々の子どもの出来事に対応する眼、どちらもいっそう重要になることを意識したい。

（郡司明子）

※本実践事例は、平成30年度第39回群馬大学教育学部附属特別支援学校公開研究会における小学校1年生の授業実践（共同学習として同大附属小学校児童も参加）を筆者が参観し、両附属学校の学習指導案を参照の上、編集執筆したものである。

第4章 図画工作科の実践事例

7. 低学年　工作に表す活動①

第1学年図画工作科学習指導案

指導者：△△小学校　○○○○
日　時：○年4月20日
学　年：第1学年1組（在籍30）
場　所：図画工作室

1．題材名
「My Trunk まい　とらんく　〜ざいりょう　はくぶつかん〜」工作に表す活動

2．題材について
①児童観（省略）

②題材観

　　自分にとって大切な物を保管する行為は、どの年齢層においても一定に見られるが、子どもにとっては、何かを大切に感じる感情を育むだけでなく、数概念を形成したり、集合体の中で一つの要素に着目してそれを基準に系列化する思考を獲得したりする等、発達上、重要な役割を果たす。子どもが自ら集めた材料を収納するバッグを博物館に見立てた本題材は、こうした能力の修得に加え、材料が増えていくことや材料が作品を生みだすことを想像することで、夢や夢を現実にする意志を育むこともできる。

　　幼稚園教育要領の「表現」の内容には、生活の中で形や色、手触り等に対して気付いたり感じたりすることを楽しみ、いろいろな素材に親しみ工夫して遊ぶことが掲げられるとともに、身近な環境で出会ったものから得た感動を他者と共有することが述べられている。この点において、本題材は、子どもが生活する環境から心の琴線に触れたものを並べ、自らの所有物として保管する喜びとともに、他者とその喜びを共有する経験を得る題材であり、幼児期の学びを生かした題材と考える。

③指導観

　　本題材における主な活動は、空き箱を組み合わせて工作材料を詰めるトランクをつくる活動と、材料を生活の中から収集する活動の二つである。トランクをつくる際は、トランクの外形用とその中に詰める材料を入れる箱の大きさの関係を考え、形や大きさを手掛かりに空き箱を選ぶ点に留意するようにする。他方、材料を集める際は、子どもの生活環境における形や色への感覚を鋭くし、形や色をはじめ、物のよさや美しさを感じ取るように促す。また、材料を集める行為は、対象に主体的に関わり自分の世界を広げることでもあるため、子どもが教室で目にする様々なものに対しては、日頃から花を生けたり掲示物を見やすく配置したりする等の配慮が必要である。さらに、完成したトランクを鑑賞する際は、個人の作品への想いや物を大切に思う気持ちを他者と共有できるように、トランクをつくる際の考えや材料を収集したときの気持ちを話し合う場面を設定する。

　　材料の収集はトランクが完成した後も継続し、小学校の6年間、同じトランクに材料を補充し続けて使用することが望ましい。自らつくったトランクに材料を詰める活動により、環境を形と色で見る習慣や材料を製作の発想の手掛かりとして見る習慣を身に付けるように配慮する。

3．学習目標
　　空き箱をトランクにするため、サイズが適切な箱を選ぶことで形について考えるとともに、収納する材料を選ぶことで、身近な材料における形や色のよさや美しさを考え、材料が作品になることを想像する力を育む。

4．指導計画（全2時間）※本時はその1
- 空き箱を組み合わせ、さらに装飾してトランクをつくる。（1時間）本時
- トランクのふたと把手をつくり、トランクに材料を入れ、鑑賞を行う。（1時間）

5．評価について

知識・技能	思考・判断・表現	主体的に学習に取り組む態度
・形や色を組み合わせる活動を通して気付いたことを基に、イメージしたトランクにする工夫をしている。（ア[知]）（イ[技]）	・好きな形を選んだり、形や色の組み合わせを考えたりしながら、表し方を考える。（ウ[発]） ・自分の作品のよさに気付くとともに、他者の作品のよさに気付く（エ[鑑]）	・材料を構成し、自分のイメージを表すことを楽しむ。（オ[態]）

1. 題材の特徴

　本題材は、これからの学校生活で、何かをつくる際に使用する材料の収納箱（トランク）をつくるものである。図画工作科では、材料の形や色を生かして意図したものをつくり上げる経験を積む中で、思考力や判断力、表現力等を養うが、本題材は、その活動の基本となる材料について関心をもち、身の回りを注意深く観察して、形や色の観点から材料を収集することを主眼とする。さらに、トランクの完成後は、材料を補充し修理しつつ、6年間の小学校生活において愛用することを目指す題材である。

　「③本時の展開」には基本的なつくり方を示すが、他にも様々な展開が可能である。例えば、トランク内の小箱すべてを白い紙コップにしたり、白ではなく色柄付きやプラスチック製のコップにしたりすることもできるし、装飾は紙に限らずカラーペンやパス類で行うことも可能である。また、小箱の向きを変え、さらにスライド式にして岡持タイプにしたり、本題材では抜き取り可能としている小箱を、大箱の底に接着したりする方法も考えられる。その他、本体とふたを蝶番でつないでふたを開閉式にしたり、ふたの一部を切り抜いてプラスチックや塩化ビニール製の透明板を貼って額縁のようにして、材料が見えるスタイルにしたりすることもできる。なお、こうしたアレンジは、トランクを6年間使用することを前提にすれば、発達を考慮して修理の際に適宜取り入れることが可能である。

図1．様々な材料（例）

2. 学習活動の実際

　幼稚園教育要領の領域「表現」の内容には、生活の中で形や色、手触り等に気付いたり感じたりすることを楽しみ、いろいろな素材に親しんで工夫して遊ぶことや、身近な環境で出会ったものから得た感動を他者と共有すること等が述べられている。本題材では、子どもが生活する環境から心の琴線に触れたものを集めて所有物として保管する喜びを味わうとともに、他者とその喜びを共有する経験を得ることを目的としており、幼児期の表現活動の発展形と考えられる。

　トランクづくりにおける主たる活動は、形を組み合わせることであり、この活動では量の概念や系列について学ぶことを目的とする。また、材料の収集においては、身近な環境を観察して何かに気付き感じることや、物の形・色・手触り等を手掛かりに、それらを用いてつくられる作品をイメージする経験を積むこと、さらに、見立てる力や材料をつくり変えて新たなものをつくりだす意志を修得することを目的にする。また、鑑賞の際、子どもたちは他者の作品を見て、組み合わせの面白さを感じたり、人によって発想が異なることを知ったりすることにより、人や物等の環境への関心を高めるようになることが予想される。

> **Point▶ 観察の観点**
>
> 　教育番組では観察の観点が多々取り上げられる。例えば、繰り返し、見る角度、イメージと感触の違い、自然物と人工物の共通点等である。観察した結果は分類に通じ、分類は「分かる」ための手段となる。材料を探す際は、これらの観点が示されたTV番組を活用し、子どもたちに身の回りを観察するよう、動機付ける方法もある。
>
> 参考：Eテレ『デザインあ』『ミミクリーズ』他

　トランクをつくる最中に、小箱が大きなトランクの箱の中に収められなくてとまどう子どもの姿が想像されるが、これについては、子どもが自身で考えて空間を埋めたり箱を加工したり箱の向きを変えたりして解決する他、他者に互いの箱を交換する提案を行う等、知恵を出して解決しようとする姿を期待する。

　なお材料は、人工物に限る必要はなく、運動場の枝や木の実でも構わない。材料を収集するために屋外に出て、子どもたちが自然に接する場面を設定するような授業案も考えられる。

3. 本題材における指導の留意点

　教師として留意すべき点は、箱の大きさによる組み合わせが上手く行かない子どもに対する指導である。量の概念の発達は子どもによって異なることから、大きさの異なる箱を組み合わせることが難しいク

6．本時の学習

①目標
・トランクをつくる喜びを味わうとともに、大きさや形の違う箱を組み合わせる活動を通して、物の形と大きさへの理解を深める。

②準備物
はさみ（利き手用）／カッターナイフ／カッティングマット／のり／木工用ボンド／両面テープ／空き箱各種（紙コップや透明コップも可）／ボール紙等の厚紙／綿（パンヤ）／原毛／その他（把手用具、布、キルト芯、フェルト、ビーズ、糸、ストロー、シール、木の実等）／【以下は教師のみ】透明フィルム／グルーガン／スプレーのり／アクリルカッター／カッター用定規（金属製等）／鳩目／目打（きり）

③本時の展開

学習活動	指導上の留意点	評価の観点と方法
1．学習のめあて①を理解し、箱を組み合わせる。		

学習のめあて①　じぶんのすきなかたちやいろをくみあわせてトランクをつくろう。

学習活動	指導上の留意点	評価の観点と方法
【教師の働きかけ】「トランク用の大きな箱の中に収まるように、小さな箱の大きさと形を考えて組み合わせましょう」 【予想される子どもの姿】 ・箱がうまく収まらない。 ・トランクの中を二段式にしたい。 2．箱の配置を決め、隙間を埋める。 【教師の働きかけ】「大きな隙間は厚紙で箱をつくって埋め、小さな隙間は綿で埋めましょう」 （図は小箱を「紙コップ」にした例） 【予想される子どもの姿】 ・小箱を箱の底に固定したい。 ・中の箱の高さが高くてふたが閉まらない。 3．学習のめあて②を理解し、箱を装飾する。	・写真のような箱のサンプルを用意して見せ、箱は各自で準備するように事前に伝えておく。 ・二段式用の、上段の底の板（紙、プラ板等）と板に小箱を接着するグルーガンを準備する。 ・箱を自作する際は、隙間に合わせた形（円柱や三角柱等）にしてよいと伝える。 ・箱同士の隙間を埋める綿や原毛を準備する。 	（ア）（オ） 表情や行為 （イ） 表情や発話

学習のめあて②　かざりをつけてお気に入りのトランクにしよう。

学習活動	指導上の留意点	評価の観点と方法
【教師の働きかけ】「好きな色紙や柄紙、布を用いて、箱を飾りましょう。ふたの飾り方は、大きく全面を覆っても、小さく切って組み合わせて貼っても構いません」 【予想される子どもの姿】 ・ふたの表面をクッションのように膨らませたい。 ・濡れないようにしたい。  4．他の子どもの作品を見て真似をしたい所を話し合う。 5．後片付けをする。	・箱を装飾する材料（用具）を準備する。  （➡写真は一例） ・ふたをクッションのようにする場合は、布の下に挟むキルト芯の枚数で膨らみ具合を調整し、木工用ボンドや両面テープで貼るように指導する。また、ふたの内側に布を織り込む際は、ふたが閉まるように留意することを伝える。 ・カバーには、のり付透明フィルムを（のり付ではないときはスプレーのり）貼る。 ・次時は、身近な材料を5つ探して持参するように伝える。見つけた場所を記録する用紙を配る。	（ウ） 活動の様子 （エ） 表情や会話

ラスや子どもの場合は、例えば、均一サイズの紙コップを用いて、隙間はすべて着色された原毛で埋める等、製作方法を決めて行うことも考えられる。また、紙コップへの装飾は行わず、周りに詰める綿にペンで着色したり絵の具でスパッタリングを施したりする方法もある。教師は子どもの発達の様子を見て、題材を様々にアレンジすることが必要である。また、ふたを膨らませたり透明フィルムで覆ったりする工夫は、題材を契機として子どもが発想や構想をした結果であるため、そうした子どもの工夫を実現するための準備を、教師はあらかじめ行う必要がある。これ以外にも、想定される製作時の工夫点を事前に検討し、対応するための材料や用具を準備しておくとよい。

> **Point▶ お片付けアート**
>
> ウルスス・ウェールリが提唱する、形と色に着目して作品を整頓する方法は、日常の様々な物や場面でも展開できる。例えば、松葉の長さ、駐車場の車の色、マグリットの『ゴルコンダ』の人物のサイズ、サラダの野菜の種類等である。トランクに詰める材料の整理の仕方を関連させて、彼の作品を鑑賞する時間を含めることも考えられる。
>
> 参考:「たのしいおかたづけ」翔泳社、2015年

ICT機器を活用する場面としては、製作の説明をするためのスライドは元より、トランクの参考例や子どもの作品を画像で示す他、材料の種類について、例えば原毛を初めは画像で見せ、次に、実物を触って視覚と触覚の差異や共通点を確認するようなことも可能である。用具の多様性については、両手用はさみ(「③本時の展開」右下図)やスプレーのりのように、「切る」や「貼る」といった同じ用途でも仕様が異なる用具があることを、子どもが自らタブレット端末等を用いて調べることが考えられる。

4.2時間目の内容

本題材は2時間で完成する計画であるが、その授業方法は2時間続きでも、翌週に2時間目を実施しても構わない。いずれにしても2時間目は作品を完成し、鑑賞することを活動内容とする。2時間目の表現活動は、把手を付けること、ネームタグをつくること、材料を箱に収めることである。把手は、その種類や素材によって箱への固定の仕方が様々に考えられる。市販のプラスチック製や竹製の丸型や風呂敷ハンドを使用する他、布・革・毛糸・紙ひも等でつくることもできるが、トランクへはいずれも結束バンドで付けるのがよい。革ひもならひもと箱に2箇所穴を目打ちきりで空け、そこに結束バンドを通して止める。ネームタグは、トランク本体に接着するタイプでもひもで把手に結ぶタイプでもよいが、ボール紙等の厚紙に紙やマスキングテープで装飾してつくる方法であれば簡便にできる。ひもを通す穴に鳩目(穴を覆う円状の金具)を使うと頑丈でデザインのよいものになる。なお、ネームは直筆でも印字でもよいが、完成したトランクが子どもにとって好ましいものとなるデザインにする工夫が必要であろう。

本題材では子どもが集めた材料を詰めるが、材料の準備ができない子どもが多い場合は、教師が準備をしたり材料集めを授業中に設定したりする必要がある。また、5つ持参した材料のうち1つを他者とくじ引きで交換する方法では、もらう材料が何になるかわからない「偶然」という遊びの要素が発生し、交換する場を遊びの場とすることができる。

図2. 完成作品(材料)

最後の作品鑑賞については、博物館の展示室のイメージで、広いスペースにトランクを開いて並べて見せたり、ファッションショーのように、子どもが一人ずつ教室の前に出てトランクを持ちながらポーズを取り、最後に箱の中を開けるパフォーマンスを行ったりする方法が考えられる。授業参観日に教室に展示して、保護者に見てもらうことも一案である。

本題材の製作を通して、子どもが材料に対する関心を示すようになることは元より、環境へ配慮する姿が見られるようになることが望ましい。また、選んだ材料が使われる未来を想像したり、材料を使うときに材料を見つけた過去を省みたりすることにより、時間の概念を体感することも期待できる。そのため、本題材を、時間と空間における相対的な自己の存在を感じる手掛かりとして、他の教科や活動と関連させることも可能である。

(内田裕子)

第4章 図画工作科の実践事例

8. 低学年　工作に表す活動②

第1学年図画工作科学習指導案

指導者：宇都宮大学教育学部附属小学校
　　　　笹竹　大樹
日　時：〇年11月8日
学　年：第1学年2組（35名）
場　所：教室

1．題材名
「おった　かみざら　だいへんしん！」工作に表す活動

2．題材について
①児童観（省略）
②題材観
　紙皿は、子どもたちにとって身近な材料である。普段は、食べ物を載せて使うものであるが、材料に目を向けると、画用紙と同様に絵を描く、はさみで切るなどの加工が容易であるとともに、丸みを帯びた形状や表面の凹凸といった特徴をあわせもっている。この特徴を生かして、紙皿を折り、折った紙皿を動かしながら思いを膨らませて表現していく題材である。ここでは、多様な表現の可能性をもった材料と関わり、紙皿の動きをもとに「〇〇ができそう」「〇〇にしたらおもしろそう」など、つくりたいもののイメージを膨らませながら楽しく表現していくことが期待できる。また、互いの作品を動かしながら見合う活動を取り入れることで、友達の表現の面白さを感じながら、自分の表現に生かしていくことができると考えた。

③指導観
　本題材は、「紙皿を折り曲げた形を動かしたときの様子から、具体的なものを見立てて表現する」ことに焦点を当てている。指導の工夫としては、前時の子どもの作品や教師の参考作品をもとに、「切る」「新たな形を付け加える」「絵や色を付ける」「まわりの様子を表す」といった表現のパターンの例を示すことで、自分の思いを表すための方法や発想の手掛かりにすることができると考えた。
　また、作品に対する思いや、その表現方法を交流する相互鑑賞の場を設定することで、友達の多様な表現に触れ、その刺激を自分の表現の工夫につなげられると考えた。
　さらに、題材の終末では、どんな工夫をしているかという視点を意識させながら鑑賞させることで、紙皿という一つの材料から生まれた発想の多様さや、自分と友達の表現の違いを楽しむことができると考えた。

3．学習目標
- 紙皿の動きからの見立てをきっかけとし、自分の表したいもののイメージを広げて、表現方法や材料を工夫しながら表現する。

4．指導計画（全3時間）
- 紙皿を折り曲げた形や動きから何に見えるか見立てを行い、思い付いた形を表す。（1時間）
- 自分の表したいテーマに合わせて、作品に必要な表現を加える。（1.5時間）本時
- 自分と友達の作品を発想の多様性や表現方法の違いを視点にしながら鑑賞する。（0.5時間）

5．評価について

知識・技能	思考・判断・表現	主体的に学習に取り組む態度
・自分の感覚や行為を通して気付いた形や色から、表したいイメージに必要な表現を選択し、表現方法や付け足すものを工夫して表している。（ア[知]）（イ[技]）	・紙皿の形や動きから見立て、自分の表したいものを思い付いている。（ウ[発]） ・自分や友達の表現のよさを感じ取ったり、考えたりしている。（エ[鑑]）	・紙皿を折り曲げた形や動きから、楽しく見立てたり表現したりしようとしている。（オ[態]）

6．本時の学習
①目標
- 自分の表したい思いに合わせて、形を変える、色を付けるなどして紙皿に表現を加えたり、想像を膨らませて材料や周りの様子を付け足したりする。

1. 題材の特徴

（1）工作とは何か？

　工作の題材においても、絵や立体、造形遊びの題材に見られるような、子どもたちの自由な発想や思考による自分らしい表現（心象表現）が求められる。しかし、工作の題材には、絵や立体、造形遊びと区別される特質がある。それは、工作の題材が目的や機能に根ざした表現（適応表現）を軸にしているからである。工作は、生活に役立つもの、友達や人に伝えるためのもの、つくったもので遊ぶことができるものなど、実際に使用できる目的や機能に即した表現である。授業においては、これを軸としながらも、そこに子どもの思いや考えなど、表現したいイメージやアイデアが加味されることが重要となる。工作は軸となる目的や機能がありながらも、絵や立体などと共通の造形性に基づいた学習題材である。

　実際の機能や使用目的に即した工作の学習は、中学校の美術では、デザインや工芸につながるが、幼児期の造形活動との関連性においても、日常生活における様々な身近な材料へ働きかけて活動する点で重なりがあるといえよう。特に低学年の工作では、材料として、ペットボトルや空き箱、木の実や小枝など、身近にある様々なものを新しい視点で扱うことが、子どもたちの豊かなイメージや発想の幅を広げることにつながるのである。このような点も工作の各題材の学習がもたらす効果として捉えることができる。

（2）紙皿をもとにした子どもの多様なイメージ

　本題材における紙皿も、普段の生活で使い慣れた身近な材料の一つである。また、図画工作の授業で最も使用頻度の高い画用紙などの紙材料の一つとして、紙皿は絵を描くことができるとともに、立体の表現にも用いることができる材料である。本題材では、丸みを帯びた形状や表面の凹凸を生かして立体的な形と動きをつくりだすために紙皿を用いている。紙皿を折り曲げたり、はさみで切り込みを入れたりして加工し、元の形からの変化を楽しむとともに、動きを試しながら平面から立体へと展開する。

　このように、本題材では、加工、変形させた形から自分の表したいものをイメージし、見立てを行うことで、子ども一人一人の思いを表現することができる。例えば、同じように半分に折り曲げた紙皿の形状から、シーソーで友達と遊ぶ様子や大きな口を開くことができる生き物など、それぞれのイメージで表現を展開することができるのである（図1、2）。本題材は、動く構造を軸にしながらも、子どもの多様な表現を導くもので、材料との関わりをきっかけに、つくりたいもののイメージを膨らませながら楽しく表現することを学習のねらいとしている。

図1．児童作品　折り曲げた紙皿をシーソーに

図2．児童作品　折り曲げた紙皿を動物の顔に

2. 学習活動の実際

　材料としての紙皿から、どのように表現できるか、また、子どもたちが活動の見通しをもち、いかに自分の表したいものを見つけられるか、本題材の導入では板書を用いて、学習のめあてと展開を示している。

　ここでは、実際に紙皿を折り曲げた形を動かしてみることで、そこから発想したものやイメージしたことについて、子どもたちの発言を軸に対話的に交流する活動を取り入れたい。授業の導入では、子どもた

②準備物
　　紙皿／画用紙／はさみ／クレヨン／全芯色鉛筆／のり
③本時の展開（1.5時間分）

学習活動	指導上の留意点	評価の観点と方法
1．多様な表現方法の作品を鑑賞する。 【予想される子どもの姿】 ・ギザギザの歯が付いていると、おそろしいワニに見える。 ・顔に体と手足が付くと、楽しく飛び回っているみたいに見える。 	・自分の表したいものに合った表現方法を見つけられるように、「切り方」「付け加えるもの」「色の付け方」「まわりの様子」がわかる作品を提示するとともに、これらを表現の工夫の視点として示す。 ・作品ができるまでの過程を示し、本時の視点を基に工夫していくイメージがもてるようにする。 	（エ）（オ） 発言やつぶやき 活動の様子
2．学習のめあてをつかむ。 　学習のめあて　きったり、つけくわえたりして　たのしくわくわくさせていこう！		
3．色を加えたり、材料を付け足したりしながらつくる。 【予想される子どもの姿】 ・笑っている顔にしたら、うさぎが楽しそうに跳び跳ねているみたいに見える。 ・近くにエサ箱をつくって置くと、鳥が食べている感じになった。 	・紙皿の様々な動きを生かした作品を取り上げ、その面白さを共有することで、動きを生かした作品をつくろうとする意欲を高められるようにする。 ・つくりたいものについての子どもの思いを聞くことで、自分なりの表現への見通しが持てるようにする。 ・つくりたいものに向けて、様々な表現を試みたり工夫を加えたりする行為を認め、自分の表現の工夫に自信をもって取り組むことができるようにする。	（オ） 表情やつぶやき 活動の様子 （ア）（イ） 活動の様子 作品
4．互いの表現を見合う。 【予想される子どもの姿】 ・旗や釣りをしている人が付いていていいね。 ・一緒にいる友達が増えて、楽しそう。周りの草原の絵をかざってあるのもいいね。 	・導入で示した視点を確認し、相互鑑賞させることで、新しい視点に気付き、工夫を取り入れることができるようにする。 ・本時の活動でのがんばりや多様な表現のよさを共有することで、次時への意欲が高まるようにする。	（エ）（オ） 会話の様子
5．後片付けをする。		

ちの関心・意欲を高めるとともに、一人一人が表したいものをイメージできることが重要である。

　導入では、他にも、表現性や造形性の異なる参考作品を複数示すなどし、表したいもの、表したいことのイメージを広げられるようにすることも考慮したい。その際、参考作品の実物の他、参考作品をつくった際の作品の変化の様子を記録しておき、モニターなどで映しだすなどして製作過程を示すことも効果的である。例えば、簡単に折り曲げるなどした同じ形の紙皿に、色や紙を加え、でき上がった作品を背景に合わせて置いてみるまでの一連の製作過程を提示し、もともとは同じ形であったものが、多様な表現を導くことを示すのである。これは、一人一人の子どもの発想やイメージの生成を支援するばかりか、はじめから多様な表現が許容されている学習環境を設定することにもつながるのである。

　次に、製作では、紙皿を折り曲げたり、はさみを使って切り込みを入れたりして、紙皿の簡単な形の変化から自分の見立てたものを具体的な形にする。製作においては、作品をこんな風にしたいという思いをもち、それに必要な表現を考えさせたい。例えば、「友達とシーソーで楽しく遊んでいる様子にしたい」「大きな口の強そうな生き物にしたい」「みんなを乗せた船がユラユラ波に揺れるところにしたい」など、それぞれのイメージに即して、色や形を考え、付け加えるものや背景を工夫するのである。学習の手立てとしては、導入時に示した「切る」「新たな形を付け加える」「絵や色を付け加える」「周りの様子を表す」など表現の学習要素をいつでも確認できるようにし、表したいものに即して活用できるように配慮したい。また、机間指導では作品に対する思いやその表現方法について意識を高めるとともに、表現の途中に製作の過程を相互鑑賞することで友達の多様な表現に触れ、そこで受けた刺激を自分の表現に発展的に生かすことができる。その際、時間的制約は予想されるが、例えば、クラスの半数の子は自分の作品の前に着席したままとし、もう一方の半数が友達の作品を見に来ることを繰り返すなどし、低学年に適した方法で、簡単な意見交換と交流を短時間で行える場を設定したい。工作の題材では、その機能や作品の大きさ、テーマなどによっては、つくったもので遊んだり、動かしたり、試すためのスペースをあらかじめ設けておくことも考えられる。友達と交流し、アドバイスを取り入れながら、「自分はもっとこうしたい」といった思いをもち、試行錯誤を重ね表現するのである。また、製作過程では、板書に示された学習のねらいや活動のポイントなどが再確認できるよう授業を組み立てたい。

　本題材の終末では、作品の背景をクレヨンなどで描き、作品を仕上げる。その際、「どのような感じの作品を表したかったのか」「そのためにどのような表現を選択したのか」という視点を、もう一度、意識させながら学習のまとめとしたい。鑑賞活動も取り入れる場合には、製作過程での鑑賞と同様に、実際に作品を動かしてみることで、動く機能をもった工作題材ならではの体験をさせることも考慮できる。これらを通して、材料の紙皿から生まれた発想の多様さや自分と友達の表現の違いを、実際の動きとともに楽しむことができる。

（本田悟郎）

> **Point▶ 安全指導の留意点**
>
> 　低学年の学習活動においては、それまでの経験に即して、用具の扱い方を確認したり、材料や表現意図に即して技法を示したりする必要がある。
>
> 　また、はさみなどを使用する際の安全指導は、教師の一方的な説明で終わるのではなく、実際に取り扱うなどして、児童が実感的に理解することが必要である[1]とされる。さらに、経験したことのある材料や用具であっても、安全指導は繰り返し確実に行いたい。
>
> 1）文部科学省『小学校学習指導要領解説　図画工作編』日本文教出版、2018年、p.124

9. 中学年　造形遊びをする活動①

第3学年図画工作科学習指導案

指導者：〇〇〇〇
日　時：〇年〇月〇日
学　年：第3学年1組（30名）
場　所：校庭の花壇と教室

1．題材名
「さかさま花壇」造形遊びをする活動

2．題材について
①児童観（省略）

②題材観
　地球上の生き物ものは重力の支配のもとに発生・進化・成長することによってその形態をしている。一方、草花を、空中にさかさまにして吊ると、本来の形態から上下が反転し見る者に無重力的な浮遊感を喚起させる。本題材では、教室などの天井を花壇に見立て、天井からさかさまに草花を吊すことによって幻想的な空間づくりをするとともに、「さかさま花壇」を散歩するなどして自分たちでつくった場と親しむものである。本題材は、図画工作のみならず、栽培や植物の観察を通じて生活科、理科、総合的な学習の時間などと連携した教材として扱うのもいいだろう。

③指導観
- 花を吊るという活動を通じて場を変化させ、魅力的な空間づくりをする。
- 花を見るだけでなく、触る、匂いをかぐなどしながら五感全体を働かせた活動をする。
- 切る、結ぶ、といった手先の活動とともに、台にのぼって活動をする、寝転がって見る、「さかさま花壇」を散歩する、揺らしてみる、など体全体で活動を行う。
- はさみを適切かつ安全に扱えるようにする。
- どこに何をどう吊るすと面白い空間ができるのか、草花の特徴や色、形、量などを考えながら活動をすすめる。
- 草花の名前や特徴などの知識を紹介しながら、子どもたちが自然や生物への愛着と畏敬の念をもてるようにする。
- 活動後も「さかさま花壇」を、しばらく、そのままにしておくことで、時間経過とともにドライフラワーへと変化していく様子をあじわう。

3．学習目標
　各種草花の色や形に興味をもち、それらを切ったり、束ねたり、吊したり、並べたりしながら場に変化を与えて楽しむことができる。

4．指導計画（全2時間）
①花壇での活動（10分）、②束ねたり、吊るしたり（10分）、③外と内をいったりきたり（50分）、④鑑賞会（20分）

5．評価について

知識・技能	思考・判断・表現	主体的に学習に取り組む態度
・用具を適切かつ安全に使用し、ひもなどを使って結んだり吊るしたりして自分のイメージを表す。（ア［知］［技］）	・どこにどの花を、どうやって吊るすと空間が面白くなるだろうと考えながら活動している。（イ［発］） ・触ったり匂いをかいだり、見る角度を変えたりしながら、自分たちでつくった空間の面白さをあじわう。（ウ［鑑］）	・草花を切ったり、束ねたり、吊るしたりしながら、場を変化させての空間づくりを楽しんでいる。（エ［態］）

1. 題材の特徴

　天井から草花を吊るすと、それを見た者に自らが空中をただよっているような不思議な感覚を与える。学校の教室や廊下などの天井から草花を吊り下げて「さかさま花壇」をつくる。こうして学校のある場所をわくわくする空間に変えて、そこで、散歩したり、お昼寝したりしながら、自分たちでつくった場とたわむれながら鑑賞する。

　本題材は、普段はあたりまえとされていることを、ちょっとした仕掛けでいとも簡単に覆して非日常性をつくりだし、それを楽しむものである。それは、あたりまえと感じてきた既存の意味や価値にゆさぶりをかけ、新たな意味や価値を生成する創造であるとともに、身体全体と五感のすべてを使った主体的で対話的な深い学びである。本題材は、図画工作科のみならず、栽培や植物の観察を通じて生活科、理科、総合的な学習の時間などと連携した教材として扱うのもいいだろう（図1）。

図1. 花壇や緑地などに集合して草花についての話をする。

2. 学習活動の実際

(1) 花壇で草花を摘もう

　花壇や緑地など、草花を摘んでいいところがあるか事前に下調べしておく。その際、季節や草花の種類に応じた特徴などもあわせて調べておく。触るとかぶれる植物や虫などもあるので留意する。生活科や理科の授業、委員会活動、地域の住民などと連携して、花壇づくりから自分たちで取り組むのもいいだろう。できれば、花を摘む屋外の場所と花を吊る屋内の場所が近く、授業中に何度も行き来できるとよい。校外活動では周辺の交通事情や危険な箇所への事前把握が欠かせない。現場の状況や当日の天候などにもよるが、軍手、日よけの帽子、汗拭きタオル、虫よけ、などもあったほうがいいこともある。

図2. 花を摘む時は、次のつぼみが残るように茎を切ると、また次の花が開く。

　花を摘む際にははさみを使う。はさみは安全に考慮された刃先が丸いものがよく文房具用の一般的なものでよい。一方、園芸用のはさみは刃先がとがっていて小学生には危険なので避けたほうがよい。はさみをもってふざけないように注意喚起する。

　花を摘むときは、まず教師が摘み方の見本を示す。そのとき、次のつぼみが残るように茎を切ると、また次の花が開くことを伝える（図2）。また、それぞれの草花の名前やその特徴を話す。子どもたちは、花の色や形を観察したり、香りを嗅いだり、触感を感じたりして、花から花へと移り動きながら、花摘みを行う。また草花に詳しい教師とチームティーチングで授業を行うことにより、知識を相互に関連付けた、より広い学びを与えることができる。子どもたちは、自ら主体的に、多様な生きた草花に接しながら五感のすべてを使ってそれらと対話するだろう。

(2) 教室や廊下に草花を吊るそう

　はさみ、麻ひも、テグス、輪ゴムなどを使って、天井から草花を吊るす。天井の構造にあわせて、事前に子どもたちが安全に取り組める吊るし方を考えておく。安全に高いところの活動ができるように丈夫なテーブルや脚立などを準備するとともに、あらかじめ試して安全を確かめておく。天井の構造によってはドライバーで、天井板を止めているネジを緩めることによって容易に吊り下げることができる。

　子どもたちは、屋外の花壇といったりきたりしながら草花を摘む活動と、摘んだ草花を吊るす活動を繰

6．本時の学習

①目標
- 様々な草花を吊るして魅力的な空間をつくる。

②準備物
　各種草花（学校の花壇や校庭などで活動するとよい）、テグス、麻ひも、洗濯ばさみ、はさみ、輪ゴム、ドライバー

③本時の展開（2時間分）

学習活動	指導上の留意点	評価の観点と方法
1．活動①をつかむ。 学習のめあて①　花だんで草花をつもう。 ・学校の花壇などで花を摘む。  「これは何の花だろう？」 「どの色の花を摘もうかな」	・はさみをもってふざけないように注意喚起する。 ・花の名前や特徴を教えながら活動をする。 	活動の様子 (イ)(エ)
2．造形表現活動・鑑賞 学習のめあて②　教室やろう下に草花をつるそう。 【教師の働きかけ】 教室や廊下などに花を吊るすように提案する。  ・はさみ、麻ひも、テグス、輪ゴムなどを使う。 ・新たに、どこに、どの花を吊るそうか、と考えながら草花を摘む活動と、摘んだ草花を吊るす活動を繰り返す。 「どこに吊ろうかな？」 「こうするとおもしろいよ。」	・安全に高いところの活動ができるように丈夫なテーブルなどを準備しておく。 	活動の様子 表情やつぶやき (ア)(エ)
学習のめあて③　「さかさま花だん」を、楽しもう。 【教師の働きかけ】 触ったり、匂いを嗅いだり、見る角度を変えたりしながら「さかさま花壇」を楽しむように声掛けをする。 「きれい！」「ふしぎ！」  ○片付け	・事前に床をきれいに掃除しておき、寝転がって見ることもできるようにする。 	活動の様子 表情や会話 (ウ)

り返す。草花の種類、色、形、大きさ、量、切り方、吊り方などを工夫しながら吊り下げていくことによって、空間の表情が変化していく。横に並べる、縦に並べる、一か所にまとめる、散らばせる、葉をつける、葉をつけない、色の置き方を工夫する、吊る高さ

図3．はさみ、麻ひも、テグス、輪ゴムなどを使って、天井から草花を吊るす。

を変化させるなど、子どもの自由な発想を引きだす声掛けの工夫があるとよい。子どもたちは、自ら吊り下げた草花たちによって、刻々と場の雰囲気が変わっていくことを楽しむだろう。

（3）「さかさま花壇」を散歩しよう

「さかさま花壇」を散歩して、触ったり、匂いを嗅いだり、見る角度を変えたりしながら鑑賞する。事前に床をきれいに掃除しておき、寝転がって見ることもできるようにして、さかさま花壇の下でお昼寝タイムを設けるのもいいだろう。このように空間の面白さを、五感を使って体全体で味わう。また、手で触ったり風が吹いたりして揺れる様子を楽しむのもいいだろう。さらには、活動後も「さかさま花壇」を、しばらく、そのままにしておくことで、時間経過とともにドライフラワーへと変化していく様子をあじわうのもいいだろう。子どもたちは、自分たちの働きかけに

図4．「さかさま花壇」

よって生まれた空間を楽しむ体験を通じて、主体的で対話的な深い学びを得ることができるだろう。

3. 本題材の指導法

本題材は、小学校・中学年の「造形遊び」に位置付けられる。『小学校学習指導要領解説 図画工作編』では「造形遊び」の意義を「児童の遊びには、人が本来もっている、生き生きと夢中になって活動する姿を見ることができる。遊びにおいて、児童は、自ら身の回りの世界に進んで働きかけ、いろいろと手がけながら、自分の思いを具体化するために必要な資質・能力を発揮している。そこには心と体を一つにして全身的に関わりながら、多様な試みを繰り返し、成長していく姿がある。このような遊びがもつ教育的な意義と能動的で創造的な性格に着目し、その特性を生かした造形活動」と説いている。また、内容や活動は「材料などに進んで働きかけ、自分の感覚や行為を通して捉えた形や色などからイメージをもち、思いのままに発想や構想を繰り返し、経験や技能などを総合的に活用してつくること」、「児童が材料や場所、空間などと出会い、それらに関わるなどして、自分で目的を見つけて発展させていくこと」とされ、「進んで楽しむ意識をもたせながら、資質・能力を育成する意図的な学習」であることが強調されている。

以上の「造形遊び」の基本的な考え方に留意しながら、本題材の特質である草花との触れ合いを大切にし、自由で楽しく安全な学習活動になるよう指導されたい。

（冨田晃）

10. 中学年　造形遊びをする活動②

第3学年図画工作科学習指導案

指導者：〇〇市立△△小学校　〇〇〇〇
日　時：〇〇年□月□日
学　年：第3学年〇組（35名）
場　所：図工室

1．題材名
「アルミくんだいへんしん」造形遊びをする活動

2．題材について
①児童観（省略）

②題材観
　本題材は、アルミホイルを使い、自分の感じるままに丸めたり、くしゃくしゃにしたり、つなげたり、ぶら下げたりしながら銀色の世界をつくり上げていく題材である。アルミホイルを自在に変化させ、手触りを楽しみながらしゃらしゃらという音を聞き、自分のイメージを広げながら製作していく。図工室に掛けられたネットや、机やイスといった場所に働きかけながら、アルミホイルという材料の面白さを発見させていきたい。

③指導観
　アルミホイルという材料と向き合い、場所に働きかけ、丸めたり、つなげたりという行為から様々なことを発想させていきたい。また、つくりだした形から新たなイメージを発想する能力も養いながら、自分や仲間のつくりだした世界から共通点や違いを見つけ、美しさや面白さに共感させていく。

3．学習目標
- アルミホイルと向き合いながら、イメージしたり、つくったりする行為を楽しむことができる。［態］
- 場所に働きかけながら、アルミホイルを丸めたり、つなげたりする中でイメージを広げることができる。［発］
- 場所に働きかけながらアルミホイルを丸めたり、つなげたり、ぶら下げたりして表現方法を工夫することができる。［技］
- 仲間と互いの活動や作品を見合い、よさや面白さを感じ取ることができる。［鑑］

4．指導計画（全2時間）
- アルミホイルと出合い、アルミホイルを丸めたり、つなげたりする中でイメージを広げる。
- 場所に働きかけ、表現方法を工夫し、形のよさや面白さを表現する。

5．評価について

知識・技能	思考・判断・表現	主体的に学習に取り組む態度
・見つけた場所の感じを捉え、生かしながらアルミホイルを丸めたり、つなげたりして表現方法を工夫している。（ア［知］）（イ［技］）	・アルミホイルを丸めたり、つなげたりしながらイメージを広げ、面白い形を思い付いている。（ウ［発］） ・自分の気持ちを話したり、仲間の考えを聞いたりしながら、造形的なよさや面白さを感じ取ったり考えたりしている。（エ［鑑］）	・アルミホイルを丸めたり、つなげたりする活動を楽しもうとしている。（オ［態］）

6．本時の学習
①目標
- 場所の感じを生かし、アルミホイルを丸めたり、つなげたりして、イメージを広げ、表現方法を工夫することができる。

②準備するもの
　アルミホイル…1人1本〜2本＋α／ネットなど（教室の環境づくりのため）／場合によっては新聞紙

1. 教師の支援のポイント

アルミホイルは、思っている以上に扱いやすく、変化しやすい材料であり、子どもたちにとって、とても魅力的な材料といえる。コストなどの問題がある場合は、新聞紙を丸めて、その上からアルミホイルを巻くなどして活動を行ってもよい。アルミホイルをネットにぶら下げたり、机いっぱいに広げたりしながら、つくり、つくり変え、つくり続けていく様子を期待したい。

（1）環境設定の工夫を行う

アルミホイルを広げたり、ぶら下げたりできる場所や環境を設定することで子どもの造形行為に広がりが生まれるだけでなく、そこで得た気付きや発想が仲間と展開し、主体的・対話的な深い学びを生みだす学習活動になる。

（2）アルミホイル（材料）から、子どもがどんな行為を予測する

教師の働きかけ：アルミホイルを使ってどんなことができそうかな。
子どもの反応　：丸める（細く長く、ボールのように、ふわっと）・広げる・折る・
　　　　　　　　くしゃくしゃにする・重ねる・切る・ちぎる・ぶらさげる・包む

（3）子どもの学習活動の様子から価値付けたり、思いを引き出したりする

アルミホイルを細く長く丸めたものをネットにつるし、どのような結び方をしたらよいかを考えている様子

仲間とアルミホイルの手触りを楽しみ、机いっぱいに広げながら、イメージを広げている様子

教師の言葉掛けの例
【造形的な見方・考え方を引きだす言葉掛け】
「どんなイメージがでてきたかな」
【造形行為を価値付ける言葉掛け】
「この「形・色」は、～～な感じがしてとてもいいよ」
「その結び方とても面白いね。花に見えるよ」

（4）みんなで鑑賞する場を設定する

変化した空間やアルミホイルを試して生まれてきた表現のよさや面白さに気付く場面を設定する。

子どもたちは、「これは、水の町だ」「きらびやかな噴水だ」「海の中を泳いでいるような気持ちになった」などと自分にはない表現のよさや面白さに触れ合いながら、自分の見方・考え方を広げていくことができる。

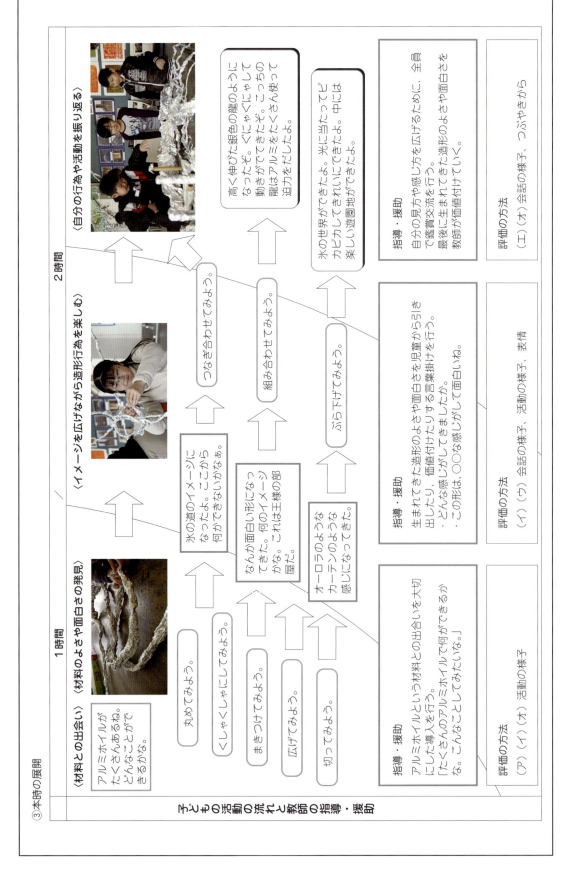

2. 子どもの造形活動の実際〜3つの発見〜

（1）「こんなことができそうだ」とアルミホイルと出会い、材料の面白さを発見する

丸める（細く、長く）

くしゃくしゃにする

丸める、つなげる

広げる、重ねる

（2）場所に働きかけ、アルミホイルの面白さを発見する

　子どもたちは、アルミホイルの材料を楽しみながら、場所に働きかけ、ネットにぶら下げたり、つなげて机に広げてみたりしながら試していく。

❶図工室に貼ってあるネットから思い付き、アルミホイルを付けてみる

> きゅっと細く丸めたのをネットにつるしてみたよ。

> ネットを利用してつなげてみると海の中の世界になったよ。

❷図工室にある机を生かし、細く伸ばしたアルミホイルをつなげていく

> きゅっと細く丸めたよ。どうしようかな。

> 図工室の机を利用してつなげてみると木の根のようになったよ。

❸イスや床、外から漏れる太陽の光を生かし、包み込んだり、丸めたりする

> イスを包んでみると、きらびやかな王様のイスに変化した。もっといろいろ包んでみよう。

> 窓からもれる光の入る場所の床にぐるぐる巻いたアルミホイルを置いたらきらきら光る噴水になったよ。

（3）仲間と関わりながら、形の面白さを発見する　〜主体的・対話的に学びを深めていく〜

　自分の活動を進めていく中で、仲間と関わり、生まれた面白い形を「みる」ことで、イメージを広げていく。

　仲間には、「それは、どんなイメージなの」「○○の感じがして面白いよ」「そのアルミホイルの使い方が面白いから取り入れよう」などと交流しながら、アルミホイルの面白さを再発見しながら、自分の学びを深めていく。

（鎌宮好孝）

第4章 図画工作科の実践事例

11. 中学年　絵に表す活動①　水彩絵の具

第3学年図画工作科学習指導案

指導者：〇〇市立△△小学校　〇〇〇〇
日　時：〇年5月20日
学　年：第3学年2組30人
場　所：図画工作室

1．題材名
「花のいろ　花のかたち」絵に表す活動

2．題材について
①児童観（省略）
②題材観
　　眼は他の感覚器官より多くの情報を外界から得ているとされ、見ることは、子どもが成長する上で学ぶための主な手掛かりといわれる。ただし、どのように見るかが重要であり、見方は学習を左右する鍵となる。
　　人は年齢が上がるにしたがい、「いつか見た形」と判断して詳しく見なくなる傾向があるが、小学生にとっての外界はいまだ新鮮なものが多く、見ることへの関心も高い。中でも花は、自然界の生物の中で特に美的であり、飾ったり身に付けたり愛でたりと様々な方法で人と関わるため、関心をもって見る機会も多く、たとえ見慣れた花であったとしても、繰り返し観察することに堪えるモチーフである。
　　本題材での、花を観察して水彩画を描く行為は、子どもが花の色と形を見て綺麗だなと感じたり飾りたいと思ったりする気持ちを自身で確認することを促すと考えられるが、それと同時に、水彩絵の具はパス類と異なりパレットで混色が可能であり、画用紙には見えた色で見えた形を一気に表現することができるため、興味や関心を抱いて表現活動に取り組むことができると考えた。
③指導観
　　本題材では、モチーフである花を観察することと、花の色を写し取るために混色を行うことを活動の中心とする。そのため、混色の「色を組み合わせると他の色ができる」様子を授業の導入で実演し、実演にならって子どもは絵の具の混ぜ方や混ぜる色の組み合わせ方を体験する。また、筆の洗い方や筆洗及びウェスの使い方等、水彩絵の具を使用する上での基礎になる用具の取り扱い方を示してわかるようにする。さらに、観察を深める方法として、五感で花を鑑賞するための発問をしたり、対象の見方についてのヒントを示したりする。
　　作品ができ上がったら、体育館の床に花畑をイメージして学年全員の作品を並べ、畑を歩く人を子どもたちが演じたり、あるいは子どもたち全員で体育館の2階から花畑を眺めたりして、様々な距離から作品の花畑を見る時間を設ける。この鑑賞活動では、作品1枚の花を見る場合と花の集合体としての花畑を見ることで受ける印象の違いを話し合う等、他者とともに自身の作品や他者の作品を見るようにして、描く楽しさや見る楽しさを他者と分かち合う手立てとする。

3．学習目標
・水彩絵の具による混色の方法を試しながら、対象の色や形の特徴を捉える見方を深める。

4．指導計画（全2時間）
・水彩絵の具の混色の方法と対象の観察の方法を理解し、花の色を混色で表現する。（1時間）本時
・作品を体育館に展示して、自他の作品を他者と共に鑑賞する。（1時間）

5．評価について

知識・技能	思考・判断・表現	主体的に学習に取り組む態度
・花の形を、絵の具の色の混色をいろいろ試しながら、色の感じを捉え、筆を用いて自分のイメージを表す。（ア[知]）（イ[技]）	・対象を見る角度を変えたり、触ったり香りを嗅いだりしながら対象の色の表現方法を考える。（ウ[発]） ・花の美しさや、自分や者の作品のよさを感じ取ったり考えたりする。（エ[鑑]）	・対象を見ることや混色することを楽しんでいる。（オ[態]）

1. 題材の特徴

　小学校3年生から本格的に導入される水彩絵の具は、おおむね、絵の具の中で子どもが最初に出会う色材である。水彩絵の具は、子どもがこれまで使用してきたクレヨンやパス、色鉛筆やコンテ等と異なり、穂先が柔らかい筆を使って軟らかい液体を操るという性質をもつ。さらに小学生用の水彩絵の具には、加える水量が多いと透明水彩絵の具のように重ね塗りの際に下の色が透けて見え、少ないと不透明水彩絵の具（ガッシュ）のように下の色を覆い隠す性質があるため、これを「半透明水彩絵の具」と呼ぶこともある。

　水彩絵の具は、準備に時間を要し扱いが難しく画面が汚れやすい等の問題もあるが、2年生までに使用した色材では難しかった「混色」が楽にできるという利点を有する。また、色と形を同時に表現できる特性もあり、水彩画を題材に扱う際は、こうした水彩絵の具の利点を子どもが理解し実感しながら製作を進められるようにすることが、子どもが関心や意欲を途切れさせずに授業で活動する秘訣である。

　絵の具の純色は対象の色を表していないため、三原色[★1]の絵の具とされる「赤・青（藍）・黄（山吹）」と白のみを使って、描く色をすべて混色で創作する実践がある（参考：キミ子方式）ことや、混色すると彩度が下がり色から鮮やかさが削がれるため、色数が多い絵の具セットがあるということは、水彩画を学ぶ上で知っておいてほしい。ただし、ここでは制限された色数の絵の具でどれだけ色数をつくれるか試みてほしいと考えた。そこで、本題材では絵の具を同系色の3色と白と黒に限って混色を行うようにした。こうした内容に関わる色の理解を促すため、絵の具（色材・色料）では三原色を混ぜると黒（減法混色）になることや明度と彩度の意味（図1）、さらには、色光の三原色での加法混色を子どもが実際に試して体感することで、以後、絵の具で色が濁ることから生じる絵に対する苦手意識を抱かせないばかりか、絵の具に対する知識を系統立てて修得することができると考える。

> **Point ★1 三原色の話**
> 小学校では、三原色を「赤・青・黄」として教えることが多いが、これは、色料（色材）の三原色とよばれる「マゼンタ（赤紫）・シアン（青緑）・イエロー」を便宜上、12色入り絵の具に備わるチューブに対応させているためである。なお、色の見え方は色覚に関係するため、教師は錐体細胞や色覚特性についても理解しておく必要がある。

　本題材では黒や白を混ぜる練習を行うが、これを重色の活動に発展させ、白を加えた淡い色が乾いた上から黒を加えた濃い色を重ねる場合と、その反対の場合とでは結果が違うことに気付かせたい。また、描いた色が不適切であった場合に水で画面の色を溶かして拭き取ることを知っておくとよい。

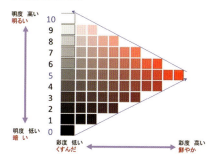

図1．明度と彩度による色の変化

　なお、本題材は、便宜上、本時で製作が完了する展開としたが、実際には2時間続きの授業で本時分の内容を行い、鑑賞は3時間目に総合的な学習の時間等で学年一斉に行うのが望ましい。

　水彩絵の具について学ぶ本題材では、チューブ入りの絵の具全般について触れ、子どもがアクリル絵の具などの基本的な性質を知り、異種の絵の具への関心を抱いたり、紙（支持体）や筆、パレット等に興味をもったりするような展開が含められるとさらによい。また、最新の絵の具事情として、色名の代わりに三原色の配分を示す図をチューブに表示した絵の具や、野菜や果物等の自然素材でつくられた絵の具を紹介したり、自然環境が地域（国）固有の色と色名をつくっている例を示したりすることにより、色についての関心や知識を高める手立てとする方法も考えられる。なお、市販の絵の具では、販売元や規格によってチューブの色の並び方が異なるため、本題材で3色の絵の具を選ぶ際には、絵の具箱の中で隣り合う色が色相環の並びと異なる場合もある。こうした問題を避けるためには、子ども自身が最初に選んだ色に近いと思う2色を選んだり、色相環の図版を使って色を選んだりする手段を用いる必要がある。

6．本時の学習

①目標
- 水彩絵の具による混色の方法を理解し、花を観察して花の色を混色で再現し、筆で花を表現する。

②準備物
花弁の大きな花（1輪）／水彩絵の具用具一式（絵の具／筆洗／丸筆〔3本〈4号、8号、12号〉程度〕）／ウェス〔2枚〕）／【以下は教師のみ】画用紙1枚（八つ切り：21.6cm × 16.5cm）

③本時の展開

学習活動	指導上の留意点	評価の観点と方法
1．学習のめあて①を理解し、水彩画の準備をする。 学習のめあて①　水さい画へのスタンバイ！ 【教師の働きかけ】 「右利きと左利きの人で、配置が異なります」 	・筆、パレット、筆洗、ウェスの使い方、絵の具の性質について紹介をする。 （特に、筆洗の箱の数、2種類のウェス、利き手とパレットの持ち方、筆の材質と形等の意味について、子どもが関心を抱くようなプレゼンテーションを行う）	
2．学習のめあて②を理解し、製作を始める。 学習のめあて②　混色をためしてみよう！ ・パレットに絵の具を出し、教師の実演を見ながら動作を真似て「混色シート」に基づいて混色を行う。 ・「混色シート」の左端のマス目は、白と黒以外から選んだ絵の具の色ですべて塗る。また「④他の色を混ぜる」際の「他の色」も、その他の絵の具から1色を選ぶ。 ・筆は太めの丸筆か平筆を使用する。 【教師の働きかけ】 「各々を混ぜると、色はどのように変わりますか」 「筆を洗うときは根元まで洗いましょう」 【予想される子どもの姿】 ・水や白を混ぜると、綺麗な色になる。 ・黒や別の色を混ぜると濁る。	・純色に「水を混ぜた色、白を混ぜた色、黒を混ぜた色、別の色を混ぜた色」の混色を教師が実演する。 ・画用紙に印刷した混色シート（下図）を配布する。 混色シート ①水でうすめる 色　←←←→→　水 ②白を混ぜる 色　←←←→→　白 ③黒を混ぜる 色　←←←→→　黒 ④他の色を混ぜる 色　←←←→→　他の色	
3．学習のめあて③を理解し、製作を行う。 学習のめあて③　かんさつした色を自分でつくってみよう！ 4．花弁を観察し、花弁に最も近い色の絵の具と、その絵の具の両側に並ぶ2色、さらにパレットに出ている白と黒の5色を用いて混色をしながら花を描く。 【教師の働きかけ】 「花の色をよく見て、絵の具と水でその色をつくってみましょう」 【予想される子どもの姿】 ・花とそっくりの色をつくるのは難しい。 ・筆がパサパサになる。 5．他者の作品を鑑賞する。 6．後片付けをする。	・持参した花を、五感を使って鑑賞するように促す。 ・画用紙の向きは自分自身が決めるように伝える。 ・パレットへは、色同士が混ざって色が濁らないように、間隔を空けて絵の具を出すことを伝える。 ・筆への水の含ませ方を調整するため、ウェスを利用するように伝える。 ・混色して筆で描くことの意味を考えるように促す。 ・近くの席の子どもの作品を見る時間をつくり、次の鑑賞活動につながるようにする。 ・筆洗の水を自他の作品にこぼさないように伝える。	（ア）（オ） 表情や行為 （イ） 行為や発話 （ウ） 活動の様子 （エ） 表情や会話

2. 学習活動の実際

　本題材における主な活動は、混色すること、観察すること、筆で描くことである。これらは中学校へ続く美術教育の流れにおいて、描画の好悪を分ける活動でもある。中でも観察して描く活動は、想像して描いたり記憶を想起して描いたりする活動の基礎を成すものでもあるため、水彩画に触れて間もない頃に、特に学習を要す活動といえる。

　学校で行われる観察して描く絵（写生画）は、山本鼎(かなえ)(1882-1946年)が提唱し、現在の創造性を尊重する絵画に通じる「自由画」に端を発すると考えられるが、当時、子どもの個性的表現ができないという意味で「臨画」を指した「不自由画」が、現代では写生画になっているような風潮がある。自由に描く知識や技能が無いことがその理由であるが、教師は観察して描く学習の意味を考え、さらに、子どもが写生画によって修得することを理解して活動を促すことが、子どもの描画への動機を高める手立てになると考えられる。

図2．クレヨンによる児童の絵

　観察して描く方法としてはチゼック（Franz Cizek、1865-1946年）の方法が知られている。それは1サイクル「モチーフを見ずに描く→モチーフを短時間見る→再びモチーフを隠す」を、見る時間を少しずつ延ばして繰り返し、最後は見ながら描くというものである。これは描くことを目的に対象物を見るための見方と観察する意志を体感する方法とされ、実践では、描けなかった部分をどのように見るかを決めてモチーフを見る子どもの姿が見られた。図2は、海外の小学生のクレヨンによる花の絵である。混色が試みられているが、水彩絵の具での混色とともに他の色材での混色を併せて体験すると、子どもたちは絵の具の特性に加え、色材による混色の違いやよさを知るようになる。

3. 本題材における指導の留意点

　本題材では、混色の楽しさや奥深さを指導することが重要であるが、何より、子どもが以後、自分で混色できるようになることが指導の大きな目標である。そのため、混色を初めて行う本授業では、混色によって自分で色をつくることができる感動を体感することが最重要課題であり、それは、興味をもって活動する姿によって確認する必要がある。ただし、色を似せることに縛られて描くことが嫌になることを避けるため、本題材の後に混色の応用編として、完成した作品によって生活を潤すような経験を用意することも考えられる。例えば、アクリル絵の

図3．発展例（日傘）

具を用いて日傘（図3）をつくったり、クレヨン・パスを併用して布にバチックを施したり、面相筆を用いて窓ガラスに細密画を描いたりする等である。

　混色の指導法としては、実演の他、混色をシミュレーションできる回転色盤のアプリやソフトでプレゼンテーションをしたり、子どもが回転色盤を作成したりする方法がある。その際、回転盤はアニメーションを見る道具に用いることができるため、本題材を発展させて、錯視の授業の導入を行うことも一案である。その他、補色を見つけるアートゲームのカードやアプリを混色の指導に利用することもできよう。

　なお、この題材では陰影はつけないが、学年が上がり観察力が上がると、補色や黒を用いて陰影を表すような活動にも取り組むことが考えられる。

　さらにまた言語活動と組み合わせて、本授業の前に、写生された花の作品をアートカードで見て、絵から感じるイメージを言葉で表したり、文学における「写生」が美術の概念に基づくことを踏まえ、文学作品から花の色や形に関する一節を探して、観察の視点を考えたりするような活動もあろう。　　　（内田裕子）

第4章 図画工作科の実践事例

12. 中学年　絵に表す活動②　墨流し

第4学年図画工作科学習指導案

指導者：松崎としよ
日　時：○○○○年○月○日
学　年：第4学年（35名）
場　所：各教室

1．題材名
「墨流しを生かして」絵に表す活動

2．題材について
①児童観（省略）
②題材観
　墨流しは平安時代の宮廷の遊びだったといわれている。川の流れに墨液を垂らし、生まれる模様を楽しむ遊びだった。やがて、墨模様を紙や着物の絹にも写しとるようになった。三十六人歌仙（西本願寺本三十六人家集）にも、墨流し模様を染めた紙の上に、和歌が書かれた美しい作品が残っている。その歴史や墨流し模様を知ることで、より本題材に興味・関心を高められると考える。
　本題材は、墨流しの様々な技法を知り、児童が思い思いの紙を染める楽しさに加えて、その模様を生かした紙染めの楽しさが味わえる。さらには、その紙を生かして、くらしの中で使える小物をつくることもできる。多様に展開できる題材である。

③指導観
　本題材は、墨流しの歴史的経過を知ることで、自分たちの身近な美術作品のよさや面白さを感じ取ると同時に、材料や用具の特徴を生かすことや、様々な表し方を工夫して表すという技能についても育成できる。指導の工夫としては、水と墨液（マーブリング液）が、水の上にゆらゆらと浮かび、偶然に模様が浮かび上がる様子を見せる。さらに先を見越して自分でつくりたい模様に発展させる活動にも目を向けさせていく。手や体全体を使って自分なりの染め紙を生みだし、くらしの中で活用するものをつくりだす活動は、児童の創造性や柔軟性を引きだすと考える。

3．学習目標
　進んで表現したり鑑賞したりする態度を育てると同時に、材料や用具の特徴を生かして、くらしに役立つものをつくる。

4．指導計画（全3時間）
- 墨流しも様々な展開があり、偶然にできた模様だけでなく、意図的に模様を想定して染める楽しさも体験する。（1時間※本時）
- 染めた紙を生かして、くらしに役立つものをつくる。（2時間）※参考紙面に作品例を掲載

5．評価について

知識・技能	思考・判断・表現	主体的に学習に取り組む態度
・墨流しを体験し、独特の形や色を捉えている。（ア[知]） ・模様を最大限に生かし、くらしの中で活用できるものを工夫してつくりだそうとしている。（イ[技]）	・水の動きでできる模様や、見通しを立ててつくりだす模様とその展開をイメージしている。（ウ[発]） ・自分や友達のつくりだしたもののよさや面白さを感じたり、気付いたりしている。（エ[鑑]）	・墨流しの歴史を知り、墨流しの感触を楽しみ、模様を生かした表現を工夫しようとしている。（オ[態]）

6．本時の学習
①目標
　水の動きで生まれる模様や、その感触を身体全体で楽しみながら関わり合う。さらには見通しを立ててつくりだす模様の工夫や、次時の「くらしに役立つもの」を見越して墨流し模様をつくる。

1. 題材の特徴について

（1）「墨流し」について

　「墨流し」は歴史を遡れば、平安時代の宮廷の遊びだったといわれている。川の流れに墨液を垂らし、生まれる模様を楽しむ遊びだった。やがて墨模様を紙や着物の絹にも写しとるようになった。西本願寺本三十六人家集の一部にも、墨流し模様を染めた紙の上に、和歌が書かれた美しい作品が残っている（図1）。

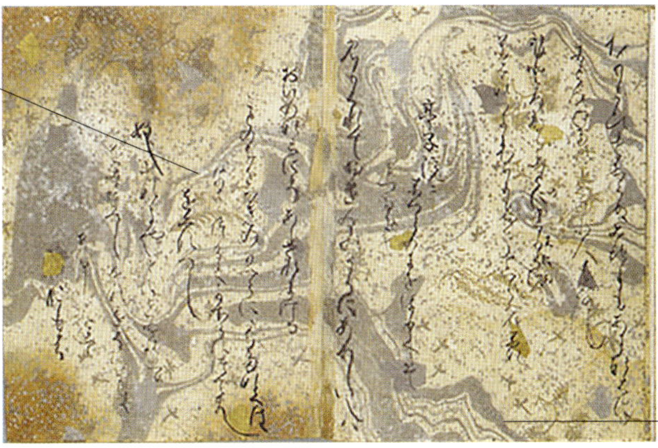

図1．『西本願寺本三十六人家集（凡河内躬恒家集）』
写真提供：本願寺

（2）墨流しを用いるねらい

　水の上に現れる模様は、水の動きでどんどん形を変える。紙や布を水面に置くと、瞬時に墨模様が吸い込まれるのが不思議で、年齢を超えて魅せられる模様であり、活動であると捉える。

　墨液の代わりに彩液（マーブリングカラー）を使い（図2）、「マーブリング」と呼ばれている墨流しの画材も広く出回っている。彩液は、顔料と接着材ＰＶＡ（水溶性合成樹脂）を混ぜ合わした顔料タイプのインクで、紙や布に吸着すると、水で流れたりにじんだりしない。混色も自由であるので、墨液と合わせて使用しても面白い。簡単にカラーの墨流しを体験できる優れものである。

　小学校低学年から、大人まで楽しめる本実践は、魅力に満ちた題材となると考える。中学年の発達段階に合わせて、墨流しの様々な展開を以下に示す。

図2．マーブリング液（彩液）

2. 学習活動の実際（墨流しの様々な展開）

　墨液や彩液を水面に浮かべる活動は、年齢を超えて人の心を捉える。墨液や彩液を竹串や筆に含ませ、ゆっくり水面に触れると、すっと広がってゆく。濃さの違う墨液や異なった色の彩液を交互に置くことで、同心円の輪ができる（図3、4）。大人も子どももその美しさに歓声を上げる。さらに竹串に油をつけて水面に触れると水面に浮かんだ墨液や彩液も油に弾かれ、透明の膜が水面に浮かぶ。さらに竹串で水面に触れたり、息を吹きかけ、水面に波動を起こすことで、ゆらゆらと思いもかけない模様が広がる（図5）。

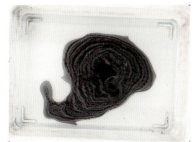
図3．同心円状に墨液が広がっている状態

図4．2色の彩液が同心円状に広がっている状態

図5．竹串で水面に触れ、墨模様が広がった状態

②準備するもの
　　パット／墨液かマーブリングインク／小筆か竹串数本／筆ふき布／新聞紙／染める紙（水がしみる紙）
③本時の展開（1時間分）

学習活動	指導上の留意点	評価の観点と方法
1．学習のめあて①をつかむ。		
学習のめあて①　前時の墨流しの歴史をふり返りながら墨流しについて考えよう。		
【教師の働きかけ】 「水の動きを計算に入れることで、偶然にできる模様が、面白い模様に発展します。誰かここでやってみましょう」 「他にもマーブリング液を使ったり、新聞紙の切り抜きを浮かべたりすることで、模様に変化が出ます」 「ここにある参考作品で、染め方がわかりにくいものはありませんか」 【予想される子どもの姿】 ・どんな模様ができるのかな。 ・この模様はどうやってつくったのだろう。 ・染め方を知りたい。	・希望の子どもに、墨流しをしてもらい、みんなで見ることで、墨流しの理解を図る。 ・墨流しにもマーブリング液を使ったものや、白抜きをするものなど、様々な展開があることを知らせ、染めた紙でくらしに役立つものを作成する展望を知らせる。 ・参考作品の提示を行うことで、偶然性に満ちた模様の他にも、見通しを立てた墨流しもあることを知らせる。	（ア） 活動の様子 表情や発話
2．学習のめあて②を理解し、墨流しを始める。		
学習のめあて②　数枚の墨流しをするなかで、様々な工夫をしてみよう。		
3．友達の染め紙を鑑賞し、今後つくりたいものを想定し、それを生かして墨流しの方法に工夫を加える。 【教師の働きかけ】 「染める紙を水面に置く時は、空気が入らないようにしましょう」 「染め紙を水面から上げるときは、上に新聞紙を載せて、染め紙と一緒に持ち上げると、紙が破れるのを防げます」 【予想される子どもの姿】 ・水面を揺らして水の動きをつくろう。 ・息を吹きかけても水は動く。 ・ハートの紙を水面に浮かべて白抜き模様を入れよう。 ・マーブリング液を使うと華やかさが増すよ。 ・〇〇さんの方法をやってみよう。 ・この模様は何かの表紙に使えないかな。	・パットの下にビニールを敷いたり、染め紙を水面から取り出す時に使用する新聞紙を準備したりすることで、教室の環境整備に注意を払う。 ・友達の活動を見て、様々な墨流しのコツを、互いに教え合えるように助言をする。 ・様々な墨流し模様の染め紙や、それで作成した作品を、学習指導材としていつでも見られるように掲示することで、見通しのある墨流しの活動を引きだす一助とする。 ・工夫した模様は、全体で共有できるように、適宜声掛けを行う。 ・マーブリング液は、混色して使うこともできることを知らせる。 ・先に墨で絵を描いて乾かしたものや、パスで絵を描いた紙に墨流しできることや、墨流しやマーブリングした紙に、あとで絵を描くこともできることを知らせる。	（イ）（ウ） 活動の様子 表情やつぶやき
4．他の子どもの染め紙を見て話し合うことで、「くらしの中で活用できる作品づくり」の展望を探る。 【教師の働きかけ】 「友達と話し合って染め紙の模様を生かせる作品についてアドバイスし合うといいね」 【予想される子どもの姿】 ・ブックカバーの表紙にすると素敵だな。 5．後片付けをする。	・児童間で話し合いが十分にすすむように、机間指導を行う。 ・墨流しの醍醐味や、出てきた感想や助言を共有することで、次時への期待感や見通しへとつなげる。	（エ）（オ） 表情や会話

発達段階や用途によって、墨流しも様々な展開ができる。いくつかの展開例を画像とともに以下に示す。

図6．メッセージカードの柄

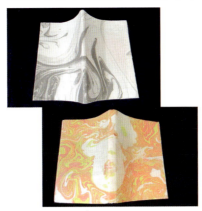
図7．ブックカバー

図8．うちわの柄

図6：好きな形に切った紙を水に浮かべて墨流し（マーブリング）をすると、紙を浮かべた部分の墨液（彩液）は避けられて、染め残り、紙の白が残る。はがきやカードに墨流しを行い、白く残した部分にメッセージを書くなどすると楽しい。

図7：墨流し／マーブリングした紙を乾かし、小じわをアイロンや重しで伸ばし、ブックカバーにする。どちらもそれぞれの魅力がある。

図8：前述の同心円状の墨流し模様の紙を、うちわに貼り付けると、すっきりしたデザインのうちわになる。水面を揺らして模様を水面に広げると、違った趣のうちわとなる。各自の好みで様々な模様が楽しめるのも、墨流しの魅力といえる。

←図10．ランプシェード

図9．ランチョンマット

図11．しおり

図12．小物入れ

図13．海と森を追加した様子

図9：墨流しをした紙をラミネートすると、水に濡れても繰り返し使えるランチョンマットになる。

図10：ラミネート作品を丸めて、LED電球を入れると、ランプになる。模様が光で浮きだす。

図11：ラミネートした紙を切って穴をあけたところにリボンを通すと、丈夫なしおりになる。

図12：牛乳パックに紙を貼り付けると、かわいい小物入れや、鉛筆立てに使える。

図13：墨流しを行った紙に絵を書き足したり、先に墨で絵を描いたりした後から墨流しできる。紙に貼ってマスキングテープで飾り付けると、壁に貼ることのできる額絵にもなる。

3．本題材における指導の留意点

　墨流し（マーブリング）は年齢を超え、大人も子どもも、楽しめる活動といえる。何より、平安の昔から、現在に伝えられた歴史を話し、その作品を紹介することで、さらに墨流しへの興味・関心が高まる。

　墨の濃淡や、染め残した紙の余白の美しさは、子どもたちも、自然に感じるとることができる。さらに染めた紙を使って、くらしを彩る様々な小物を、発達段階に合わせてつくることも、本題材の魅力である。画仙紙に限らず、身近にある画用紙や、水を吸い込む布などにも染めることができることで、作品の幅も広がる。短時間で染めができることも、学校教育の中に取り入れやすい要素である。自分の染めた紙を使ってプレゼントのカードをつくったり、光を通したりといった、現代感覚に合った取り組みを期待する。

（松﨑としよ）

13. 中学年　立体に表す活動① 気持ちをそえて！　ケーキしょくにん

第3学年図画工作科学習指導案

指導者：○○市立△△小学校　○○○○
日　時：○年11月1日
学　級：第3学年1組25人
場　所：第3学年1組教室

1．題材名
「気持ちをそえて！　ケーキしょくにん」立体に表す活動

2．題材について
①児童観（省略）

②題材観
　　本題材は、自分だけのオリジナルケーキを想像し、紙パック、プリンカップなどの身辺材を用いて立体で表現するものである。主材料である紙パックは入手しやすいだけでなく、自分の好きな形に加工することができ、表現の幅が広いため、本題材に適した材料と考える。ケーキといっても種類が豊富であり、色、形などの造形要素が含まれるとともに、様々な表現方法が必要になるため、子どもたちも主体的に創造することができる。できたケーキを見せる（送る）相手へのメッセージカードを持ったジブンシン（自分＋分身＋写真）を添えることによって、気持ちのこもった作品になることを期待する。

③指導観
　　指導にあたっては、導入で参考作品やケーキの写真を提示して、自分がどのような形のケーキをつくるか具体的にイメージできるように支援する。児童自身にも、どのようなケーキがいいか調べさせたり、材料となる身辺材を収集させたりすることで、より主体的な学びになるよう支援する。ショートケーキ・タイプの作品は、全員が共通してつくることとして、もう1点は自分の好きなタイプのケーキやその他のスイーツを選択してつくることによって、表現に幅をもたせる。製作中は、友達の作品を見て互いの作品のよさや工夫を認め合えるような発言を、机間指導による対話を通して引きだしていく。作品が完成したら、空き箱を利用した作品展示・鑑賞コーナー「ビッグ・ケーキ」にケーキを飾り、相互鑑賞の機会を設ける。

3．学習目標
- 紙パックなどの身辺材を主材料としたケーキづくりに関心をもち、進んで活動に取り組むことができる。［態］
- どんな形のケーキにしたいか自分のイメージをもち、そのためのつくり方を考えることができる。［発］
- 自分のイメージしたケーキの形や色の感じを捉え、身辺材を加工して様々な形をつくったり、装飾を施したりして工夫することができる。［知］［技］
- 自分や友達のケーキを鑑賞する活動を通して、色や形の美しさや面白さなどを感じることができる。［鑑］

4．指導計画（全5時間）
- 紙パックなどの参考作品や様々なスイーツの画像を鑑賞し、どのようなケーキをつくるか考える。（0.5時間）
- 身辺材を用いて、自分だけのケーキをつくる。（3.5時間）本時
- メッセージを送る相手を想像しながら、ジブンシンをつくる。（0.5時間）
- ビッグ・ケーキに作品を飾り、鑑賞会を楽しむ。（0.5時間）

5．評価について

知識・技能	思考・判断・表現	主体的に学習に取り組む態度
自らが想像したケーキに合った形や色の感じを捉え、色画用紙を付けたり、装飾するなど表し方を工夫する。（ア［知］）（イ［技］）	どのようなケーキをつくるか想像し、そのためのつくり方を考える。（ウ［発］） 自分や友達のケーキを鑑賞する活動を通して、色や形の美しさや面白さなどを感じることができる。（エ［鑑］）	ケーキづくりに関心をもち、身辺材を用いたケーキづくりを楽しんでいる。（オ［態］）

1. 題材の特徴について

　同様の題材では紙粘土を用いるものが多いが、本題材では環境教育の視点と子どもの主体的、対話的で深い学びを促す観点から、紙パックなどの身辺材を活用することにした。作品のつくり方では、三角柱（ショートケーキの形）をつくるため、紙パックを潰して組み立てる手法を考案した。紙パックを潰してつくる手法であるため「ツブシビルド（潰し＋build）」と名付けた。

　題材は、ケーキをモチーフとした「パッケーキ（パック＋パッケージ＋ケーキ）」である。事前に子どもに紙パックなどの身辺材を収集するよう予告し、持参するように準備する。このとき、集めるものは紙パックだけでなく、お菓子の空き箱、プリンやアイスクリームのカップなども含め、いろいろ考えて工夫した表現ができるよう、用意する材料に幅をもたせた。同時に、つくりたいケーキについて考える材料として、実際のケーキについて調べるように促した。そのため、材料集めの段階から、子どもの主体的な姿勢が見られた。

2. 学習活動の実際・指導上の工夫

　子どもの作品を大別すると、3つの類型、5種に分けられた。

（1）「ツブシビルド」の手法を用いた"ショートケーキ・タイプ"（図1）

　紙パックを切り開いて三角柱をつくり、そこに装飾を施してショートケーキを表現する。

　他の（2）、（3）の類型についても同様だが、子どもがケーキの土台部分の大きさや高さ、形、また、飾りつけに様々な工夫を施すことができるように、教師は多種多様な材料を用意しておくとよい。

図1．ショートケーキ・タイプ

（2）空き容器を用いたタイプ

- プリンカップなどの空き容器を用いた"カップケーキ・タイプ"（図2）
- 細身の円柱状の空き容器を用いた"ロールケーキ・タイプ"（図3）
- 太い円柱状の空き容器を用いた"ホールケーキ・タイプ"（図4）

　それぞれの空き容器の形状の特徴を理解し、置き方や向き、複数の組み合わせなど、いろいろ考えて工夫することを促す。その際、飾りつけは空き容器の特徴が見えなくなってしまうのではなく、その特徴を生かしてつけることを子どもがわかるように伝えたい。

図2．カップケーキ・タイプ

図3．ロールケーキ・タイプ

図4．ホールケーキ・タイプ

（3）特定の型に当てはまらない"アグレッシブ・タイプ"（図5）。

　中には、上記の型にとらわれないケーキも見られた。動物の形を模したケーキ、直方体のケーキ、ホットケーキやパンケーキなど、多様な表現が認められた。ケーキだけでなく、他のスイーツをつくる子どももいた。教師はこういった子どもたち独自の発想・工夫を認める方向で支援したい。

図5．アグレッシブ・タイプ

6．本時の学習
　①目標
　　・どのようなケーキをつくるか想像し、そのためのつくり方を考えることができる。
　　・紙パックなどの身辺材を用いて、自分だけのケーキを工夫してつくることができる。
　②準備物
　　児童：筆記用具、紙パックやプリンカップなどの身辺材、「パッケーキ」のつくり方を示したプリント
　　教師：ケーキの写真、参考作品2点、色画用紙、ホイップ粘土、ポンテン、モール、両面テープ、紙皿
　③本時の展開（T：教師／C：児童）

学習活動	指導上の留意点	評価の観点と方法
導入（5分） 1．前時の復習。 　T：前回の時間でいろいろなケーキを見たけど、どんなケーキがあったかな？ 　C：いちごのケーキ 　C：クマの形のケーキ 2．本時の内容を知る。 　T：いろいろなケーキがあったよね。前の時間でみんなにはどのようなケーキをつくるかを考えてもらったので、今日はいよいよケーキをつくっていきます。 3．本時のめあてを知る。 　T：というわけで今日のめあては……。 学習のめあて　自分だけのケーキを考えてつくろう！ 展開（35分） 4．教員の参考作品を例に、ケーキをつくることを知る。 　T：先生もケーキつくってきたんだけど、何でできているか、どうやってつくっているかわかるかな。 　C：紙パックや色画用紙。 5．紙パックを用いてつくる方法について理解する。 6．つくりたい形や色のケーキを、紙パックを用いてつくり始める。まずはショートケーキからつくる。 　C：先生、私のは1ℓの紙パックだけど、そのまま使ってもいい。 　T：いい考えだね。500mℓに合わせなくてもいいですよ。立派なショートケーキができそうですね。 終結（5分） 7．片付けをする。 8．次時の学習内容を把握する。	・挙手をして、発表するように促す。 ・ケーキの写真を黒板に掲示する。 ・めあてを全員で読む。 ・ケーキの材料、つくり方を児童が対話的に考えられるよう環境を整える。 ・教師がつくり方を示範（演示）する。実物投影機を用いて児童に見せる。 ・机間指導を通して、個別指導を行う。 ・自分の机の周りだけでなく、手が空いたら近くの友達の片付けも手伝うように指示する。 ・次回も製作の続きを行うことを予告する。身辺材など、必要な材料があれば持参するよう伝える。	 （ウ） 行動観察 （オ） 行動観察、作品

つくりたいケーキが思い浮かばない場合は、図6のように教師が様々なケーキの画像を集めたケーキ・カタログを用意したり、子ども自身がインターネットを活用したりして、実際のケーキを鑑賞させ、参考になる例を探る方法もある。あるいは、子どもが事前に近所のケーキ店などにうかがい、取材をする方法もあるだろう。いずれにせよ、どのようなケーキをつくりたいか明確にさせる必要がある。

図6．教師手づくりのケーキ・カタログ

3．学習活動の実際・指導上の工夫

　子ども全員が共通して"ショートケーキ・タイプ"を1点つくるように設定したが、同じタイプであっても様々な工夫が見られた。作品の2点目は、子どもが持参したプリンカップの空き容器などの身辺材を生かして、好きなタイプのケーキをつくるように設定した。子どもが自ら選んだ容器を使い、事前に調べたケーキの知識や情報と組み合わせることで独自の工夫が多く見られ、バラエティに富んだ作品となる。

　さらにそのほかに、完成したケーキの隣に飾るため、「ジブンシン（自分＋分身＋写真）」をつくらせた（図7）。ケーキの大きさに釣り合うようにデジタルカメラで撮影・プリントし、前後両面から見えるように1つのジブンシンに2枚の写真を使った。撮影時には、子どもにプラスチック段ボール製のビッグスプーンとビッグフォークを持たせてポーズを取らせる。完成後、色画用紙等でメッセージ入りのミニカードをつくり、ジブンシンに添える。このミニメッセージカードは、自宅に飾るためだけでなく、誰かに見せる（プレゼントする）場合もあることを想定した。「メリークリスマス！」「食べるぞー」といったメッセージの他、仕事が忙しい父親に見せるための「お父さんメリークリスマス」というものもあり、子どもの気持ちのこもった作品となった。

図7．「ジブンシン」を用いたメッセージカード

4．鑑賞で相互の評価

　作品ができあがったら作品展示・鑑賞コーナーとして「ビッグケーキ」を会場に設置した（図8）。子どもの目に入りやすくする工夫をし、表現と鑑賞の一体化をねらった。鑑賞会では、「キャンドルサービス・ザ・ビッグケーキ！！」と題して、イルミネーションを楽しむこともできる（図9）。

図8．作品を展示したビッグケーキ

図9．キャンドルサービス・ザ・ビッグケーキ！！

ロウソクの形をした「LEDキャンドルライト」を「ビッグケーキ！！」に配したキャンドルスタンドに設置し、点灯する方法もある。クラスで、鑑賞会も兼ねたクリスマス会を行ってもよいだろう。

　このような相互鑑賞を通して、自身の表現・学習の振り返りをすることができるだけでなく、他者の表現・工夫に触れ、自身の表現・工夫の幅を広げることもできるだろう。本題材の学習が終わった後も、一定期間展示を継続することで、学習の達成感・感動が持続するとともに、別の題材、次の学習にもいい影響を与えるのではないだろうか。廊下やホールなどに展示することにより、他学級・他学年の子どもたちにも学習効果が波及することも期待できる。

（佐伯育郎）

14. 中学年　立体に表す活動②

第3学年図画工作科学習指導案

指導者：○○市立△△小学校　○○○○
日　時：○○○○年5月20日
学　年：第3学年2組（30名）
場　所：図画工作室

1．題材名
「住んでみたいわたしの家をつくろう」立体に表す活動

2．題材について
①児童観（省略）

②題材観

　現実的、非現実的、過去、現代、未来など、家の設定にかかわらず、自分の夢の生活やそこに関わる家族、仲間のことを考えながら住みたい家を製作することで想像を広げることのできる題材である。また、これまでに、よく扱ってきた紙の材料を曲げたり、切ったりして試行錯誤する中で、平面から立体に立ち上げる構造をわかり工夫することができる。子どもたちは使い慣れた材料、技法の扱い方を変えると違った表し方ができることに気付き、イメージを広げながら面白さを感じ、表現活動に取り組んでいくことだろう。さらに、でき上った家を持ち寄り、友達と相談しながら組み合わせ、イメージを共有しながら街をつくる活動を通して鑑賞の能力を働かせ、友達の作品の工夫した点や面白い点を見付け、街づくり全体へイメージを広げさせたい。

③指導観

　本題材では、紙のいろいろな折り方や曲げ方、立たせ方を試し工夫しながら、見え方や表し方のイメージを広げ、立体に表すことを活動の中心としている。

　指導に当たっては、試作用の紙を十分に用意し、子どもに折ったり丸めたりしてできる基本的な形からイメージをもたせる。このとき、実際に子どもの前で、紙が平面から立体に変わる様子を見せ、子どもなりの形や組み合わせができるよう働きかける。立ち上がった紙の形や姿から住みたい家を想像し、装飾したりして、自分の思いを表現できるようにしたい。子どもたちは白画用紙や色画用紙、異なる質感の紙から思いに合うものを選び、見え方を確かめながら立体に表し組み立てていく。さらに、画用紙に絵を描いて、絵を折り曲げ平面から立体へ立たせてみることで、イメージをより広げたり具体的にもったりすることができるようにしてもよい。完成した自分が住んでみたい家から、さらに街づくりにまで想像を広げ、作品を友達とつなげたりもっと装飾を加えたりしながらイメージを共有していく。その際、表したかった思いや友達の表し方のよさ、組み合わせたときの面白さを味わう鑑賞交流の場を設定する。

3．学習目標
　自分が住んでみたい家をイメージし、紙の色や形を考えて折り方、切り方、つなげ方を工夫していろいろ試し、創造的につくったり表したりする中で変わっていく表現の面白さを感じ取りながら、豊かな生活を創造する態度を培う。

4．指導計画（全4時間）
①第1次　様々な紙の折り方、つなげ方を試して、その形から住みたい家を立ち上げる。（1時間）
②第2次　住みたい家に画用紙で人やモノ、模様などをつくり、加える。（1時間）
③第3次　自分のつくった家と友達のつくった家から街のかたちを想像し、つなげたり組み合わせたりする中でそれぞれの表現の面白さやよさがわかり、見方や感じ方を広げる。（2時間）

5．評価について

知識・技能	思考・判断・表現	主体的に学習に取り組む態度
・紙の色や材質や様々な形があることに気付いている。（ア[知]） ・紙を切ったり折ったりして形をつくることや、組み合わせる活動の中で工夫をしている。（イ[技]）	・紙の色や形から発想し、切ったり折ったり組み合わせたりしながら表し方を考える。（ウ[思]） ・自分や友達の表現のよさや工夫について感じたり、気付いたりしている。（エ[鑑]）	・好きな色や形を見つけて、つなげたり組み合わせたりする楽しさを味わいながら、自分なりに表現しようとしたり、友達と作品を組み合わせて街をつくろうとしている。（オ[態]）

1. 題材に合わせた材料、用具の準備を行う

　様々な材料や用具を提供することで、完成作品は、華やかで見応えのある作品にすることができるかもしれない。しかしながら、最も大切にしたいことは、題材の学習目標に合わせた材料、用具の準備を行うことである。

(1) 材料の準備

❶紙

　使用する紙の種類は、色画用紙、コピー用紙、段ボール紙、厚紙、折り紙、お花紙である。このように、紙には多くの種類があり、色、厚み、硬さ、手触りや風合いなど様々である。本題材では、様々な色、厚みや硬さの紙を準備して、それぞれの紙の特性や紙の折り方によって強度の違いがあることを感じ、工夫して使用できるよう促す。

　完成した作品に、絵の具やサインペンで装飾したり、絵を描き加えたりすることも可能だが、ここでは、紙の様々な特性を考えながら工夫し発見することを大切にしたいため、紙で装飾したり、紙を貼って描いたりすることも一体的に活動できるよう提案したい。製作の終盤に文字を書くなど、子どもの必要に応じて、サインペンを提供する。

図1．折り曲げて立体をつくりだす。

図2．巻き付けて立体をつくりだす。

❷接着剤

　紙を固定する材料には、のりとセロハンテープを併用するとよい。完成作品の見栄えを気にすればのりだけを使用する方が、接着材料が見えずきれいだが、本題材では、折り曲げてできた形からアイデアを考えリズムよく家の形を構成することが大切と考えるため、のりだけを使用して、固まる時間を待つことを避けたい。このとき、紙の広い面積を貼り合わせたり、テープを留める指先が届かない紙の内側を固定したりするにはのりを用い、強い紙の張りを利用した形など、強度の必要な接着にはテープの使用を考えるなど、接着材のそれぞれの特性を考えて工夫できるように促したい。

図3．テープで留めてリズムよく製作する。

(2) 用具の準備

　本題材で使用する切るための用具は、基本的にはさみを使用する。しかし、子どもからの要望や製作上の必要に応じて、カッターナイフや千枚通しも準備しておく。カッターナイフは前学年で体験していることもあるが、使用するときは再度、安全な使い方の指導を徹底する。

　はさみだけでも、紙を折り曲げて角を切ることで紙に穴を開けたり、形をくり抜いたりすることが可能であるなど、紙を折って切るはさみの使用方法を伝え、子どもに紙の加工の工夫を促す。

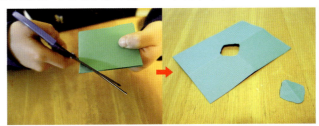
図4．でき上がりのイメージをもって、工夫してはさみで加工する。

6．本時の学習
①目標
これまでの知識（経験）を基に一枚の紙を切ったり折ったりすることで紙の強度や性質に気付き、それらをつなげたり組み合わせたり、平面から立体になるよう工夫しながら表す形の面白さを楽しみ立体に表現する。

②準備するもの
【教師】コピー用紙／色画用紙／サインペン／折り曲げた紙の見本／組み合わせた形の見本／セロハンテープ／カッターナイフ／千枚通し【子ども】はさみ／のり

③本時の展開

学習活動	指導上の留意点	評価の観点と方法
1．学習のめあて①を理解し、紙を折る。		
学習のめあて①　紙の切り方、おり方をくふうしていろいろな形をつくろう！		
【教師の働きかけ】 「コピー用紙をいろいろな形に切って折ったり曲げたりしてテープで留め、いろいろな形にしてみましょう」 【予想される子どもたちの姿】 ・同じパターンの紙の形、折り方ばかりになっちゃうな。 ・テープで留めると形がふくらんで面白い形になったよ。	・教師が試作用のコピー用紙をいろいろな形に切って、折ったり曲げたりしながら、形を発見する様子を見せる。（はさみの使用方法も指導） ・折り方や紙の切り方を工夫できない子どもとは、一緒に紙を切ったり、折ったりしながら形の面白さを一緒に見付ける。 ・児童の面白い形を取り上げ、周りにもその工夫を伝え、発想を促す。	（ア）（ウ）（オ） 気付き、活動の様子
2．めあて①でできた形を参考にして、いろいろな色の画用紙で形をつくり、組み合わせて、住みたい家をつくる。		
学習のめあて②　切ったりおったりした紙を組み合わせて、住んでみたいお家をつくろう！		
【教師の働きかけ】 「紙を切ったり折ったり、曲げたり、つなげたり組み合わせたりして住みたいお家をつくりましょう。」 【予想される子どもたちの姿】 ・組み合わせた、形がうまく立たないなぁ。どうしたらいいかな。 【教師の働きかけ】 「色や飾りについて考えてみましょう。」 【予想される子どもたちの姿】 ・窓や家具、人をつくろう。 ・明るい色で飾って楽しい家にしよう。	・教師が折り曲げた紙の様々な形を組み合わせて、新たな形が生まれることを見せながら、住みたい家をつくることを伝え創造させる。（形のつなぎ方も指導） ・折り曲げた紙の形や色の組み合わせの面白さを友達と共有しながら、住みたい家をつくろうとする意欲を高められるようにする。 ・住みたい家に暮らす人や家のインテリア、装飾にもイメージを広げる。 ・つくりたい住みたい家について、子どもの思いを聞くことで、自分なりの表現への見通しがもてるようにする。	（ア）（イ）（ウ） 表情、つぶやき、行為、活動の様子 （エ）会話の様子
3．友達の作品と互いの作品を鑑賞したり、話をしたりして活動を振り返る。		
学習のめあて③　みんなでつくった家をならべてまちづくりを楽しもう。		
【教師の働きかけ】 「住みたい家の作品を鑑賞し、自分のつくった家について友達に話してみよう」 【予想される子どもたちの姿】 ・自分の思ってもみなかったかたちの家があってすごい。友達の家とつなげてみたい。 ・人や動物をつくって楽しい街をつくりたい。	・様々な表現を試みた作品を鑑賞しながら、一人一人の児童の工夫を賞賛し、自分の表現の工夫に自信をもって友達に話ができるように声掛けする。 ・鑑賞交流の中で、友達の工夫した点や新しい視点に気付き、多様な表現のよさを共有することで、創造への意欲が高まるようにする。 ・次回、皆のつくった作品を組み合わせて街をつくることを伝え、活動の楽しさを引き継ぐ。	（エ）（オ） 作品、会話の様子
4．後片付けをする。		

2. 授業の実際と支援

（1）平面から立体に表す活動を楽しむ

　授業の最初では、子どもに題材名は伝えずにコピー用紙を様々な方法で折り曲げてもらう。そうすることで、目的意識にとらわれることなく平面から立体に形が立ち上がる面白さや美しさを楽しむことができるだろう。子どもの紙の折り方に発展が見られなくなった場合、教員が手品のように異なる方法で子どもの前で折り曲げて見せたり、はさみの使用を促したりして、自分だけの形をつくりだし、友達と比べてみるように働きかけることも、タイミングをみて行いたい。

図5．のびのびと発想を広げながら作品を製作する様子

　子どもがコピー用紙で様々な紙の折り方を発見した後に、「その形からイメージを広げて『住んでみたいわたしの家』をつくろう」と呼びかける。このときに、事前に家のイメージを設計図のように画用紙に描くのではなく、これまでの家の形の概念にとらわれることのないように、折ってできた紙の形からイメージを広げ、組み合わせる、組み立てる、さらに加工することなどを促し、子どもの発想や構想の力を育みたい。

（2）題材を通して子どもの思いを受け入れる

　「住んでみたいわたしの家をつくろう」（立体に表す活動）では、教師の思い描く製作過程や完成作品に導いたり評価したりすることなく、様々な子どもの思いを受け入れる題材としたい。

　例えば、将来の夢が大工さんの子どもは、形を組み立て高さや大きさを競うかもしれない。デザインに興味のあ

図6．立体作品例「動く家」

図7．立体作品例「遊園地の家」

る子どもは、形や色を楽しみながら家には見えない見たこともない未来の家を想像することも考えられる。日頃の生活から家族や友達と住む楽しい家を想像する子どもは、家の内側の世界に工夫をこらしながら家具や人物を製作するかもしれない。動物の好きな子どもは、広い庭のある動物園や遊園地のような家を想像するかもしれない。このように様々な子どものアイデアが予想される。

　教師は、授業の目標を明確にしながら、子どもの題材に対する思いを受け入れ、製作過程で子どもと会話を楽しんだり、友達と互いの作品を鑑賞したりする時間を設けたりすることで、教師も想定外となるような子どもの発想や構想の力を引きだしつつ、教師や仲間とアイデアを共有する機会をつくりだしたい。

3. 授業の振り返りと発展

　授業の最後では、一人一人が作品を持って発表するのではなく、子どもの作品を広い空間に並べて展示しながら、それぞれの作品の工夫や面白さを友達との会話を楽しみながら共有できるよう鑑賞したい。さらに、次回の活動では、自分のつくった家と友達のつくった家をもとにして、街のかたちを想像して共通のイメージをもち、それぞれの表現の面白さやよさを生かしながら作品をつなげたり組み合わせたりする中で、見方や感じ方をさらに広げる機会としたい。

図8．立体にした作品を並べてみる様子

　「街」をテーマにすることにより、自分の暮らす街の特色や地形、街並みについて子ども達が調べることなども予想される。その場合、社会科や生活科とのつながりに発展させていくことも考えていきたい。

（新實広記）

15. 中学年　立体に表す活動③

第4学年図画工作科学習指導案

指導者：〇〇市立△△小学校　〇〇〇〇
日　時：〇〇〇〇年〇月〇日
学　年：第4学年〇組（35名）
場　所：図工室

1．題材名
「ギコギコ・トントンから生まれたよ！」　立体に表す活動

2．題材について
①児童観（省略）

②題材観

　目の前に木切れがあれば、感触を楽しみながら「何かつくれそう」と木片と木片を組み合わせてみる。このような子どもの姿は、ごく自然に見ることができる。また、木を加工するためには、様々な用具が必要となるが、のこぎりや金づちなどを使うこと自体に、子どもはものづくりの手応えや楽しさを感じるものである。

　このような実態をもとに、子どもたちが様々な木切れと出会い、あったらいいなと思うものを思い付き、のこぎりで木を切り出したり、金づちでくぎを打ったりして立体に表す題材を設定した。木で表したいもののイメージが初めに明確でなくても、材料である木切れに触れながら表現の思いが膨らんでいき、表したいものを次々と思い浮かべるような子どもの姿を期待している。

　学習の過程では、「思い通りに表せないなあ。失敗した」と感じる場面もあるだろう。そのときには、技能が伸びるチャンスと捉えて丁寧な指導で子どもが達成感を味わえるようにしたり、別の視点から捉え直すことによって新しい発想や構想が生まれるように導いたり等「失敗を乗り越える喜び」も味わってほしいと願っている。

③指導観

　木という手応えのある材料に向かい合って表したいことを考え、表し方を工夫して粘り強く取り組み、自分の思いにぴったりな表現にたどりついてほしい。

　指導の工夫として、前学年までの材料や用具についての経験を生かして表現できるように、導入時にこれまで経験した内容に触れていく。木片を並べたり、積んだりしていろいろなものをイメージした低学年の造形遊びの様子や、3年生の題材「釘打ちトントン」で金づちを使った活動の様子等を思い起こすようにしながら、（できればその時の画像を見ながら）どの子にも「できそうだ」との安心感がもてるようにする。

　また、発想や構想が生まれやすいように、材料の木切れについては、様々な大きさや形や材質のものを豊富に用意する。さらに、切断や接合については、のこぎりと金づちの使い方をわかりやすく演示するとともに、のこぎりと金づち以外の様々な切断・接合方法を柔軟に使っていくようにして、子どもの思いが実現できるように支援していく。

3．学習目標
木切れの特徴から表したいものを思い付き、木を切ったり、釘を打ったりしながら立体に表す。

4．指導計画（全6時間）
- 木切れを触ったり、組み合わせたりしながら表したいものを考える。（1時間）
- 前学年での経験を生かしながら、材料や用具の特徴を捉えて、思い付いた形をつくる。（4時間）　本時
- 自分や友達のつくった作品の造形的なよさや面白さ、表し方について感じ取ったり考えたりする。（1時間）

5．評価について

知識・技能	思考・判断・表現	主体的に学習に取り組む態度
・感覚や行為を通して木片の形の感じや組み合わせによる感じを捉えている。（ア［知］） ・前学年までの経験や技能を生かして、表し方を工夫してつくっている。（イ［技］）	・木片の特徴を捉えてつくりたいものを思い付き、材料を生かしながらどのように表すか考えている。（ウ［発］） ・自分や友達の表現に関心をもち、表し方のよさや表現の意図などについて、感じたり考えたりしている。（エ［鑑］）	・前学年までの経験を生かして、活動中に出会う造形的な課題に粘り強く取り組み、つくりだす喜びを味わおうとする。（オ［態］）

1. 題材の特徴について

　中学年の子どもたちは、手などの働きも巧みさを増し、扱うことのできる材料や用具も広がってくる。手や体全体を十分に働かせて、手応えのある材料や用具にチャレンジしていくことが、子どもにとっての喜びとなる。本題材でも、のこぎりで木を切ったり、金づちで釘（くぎ）を打ったりする活動に没頭する子どもたちの様子が印象的であった。中には、家でも木切れを見付けて活動した子どもや、お家の人とホームセンターに行って、親子で木を切ってものをつくった子どもなど、授業時間以外にも活動の広がりを見ることができた。

　のこぎりや金づちなどの用具を使ってつくりたいものをつくっているうちに、巧みさを増していく自分の技能を子ども自身が実感していく様子も多く見ることができた。「3年生のときより、釘を打ったりするのが得意になった」「初めは、うまく木が切れなかったけれども、段々コツがつかめてきてうまく切れるようになったよ」等、できるようになったという喜びは、これからの自信につながっていくことだろう。

　一方で、本題材で「自分の思うようにはできないな」という場合も、子どもにとって貴重な経験となっていった。「板と板を組み合わせて、釘を打とうとがんばったけれど、板が割れてしまって失敗した。釘の太さをよく考えないと失敗するということがよくわかった。でも、割れた板どうしをパズルみたいにして少しずらして新しい形をつくることを思い付いた」失敗したと思うことが、次の発見や発想につながるという経験は、「うまくいかない時に、どうするかを考える」態度を養っていくことにもなる。失敗することを恐れない、粘り強く取り組むなど、「学びに向かう力、人間性等」を涵養（かんよう）する面でも、このような経験を大切に取り上げて、指導を工夫していきたい。

2. 中学年の立体に表す活動について

　立体に表す活動は、空間にものを組み立てることが主になるので、触覚的な活動だといえる。しかし、つくったものを自分で鑑賞したり、見たり感じたりしたことを表現するのであるから、視覚的な活動でもある。つまり、「立体に表す活動」は、手と目の両方を働かせて、立体感「塊の感じ」を確かめながら、体全体を使って活動し、自分らしい表現をすることだといえる。

　また、幼いときから子どもは、子ども自身の生活の中で、身のまわりのものを積み上げたりして立体に表す感覚を、遊びを通して経験している。粘土や木切れなどを使って立体に表すことは、元々、子どもにとって楽しいことなのだということがわかる。

　中学年の立体に表す活動では、低学年で培った立体感「塊の感じ」を捉える力をさらに伸ばすことを指導者が意識することが大事である。

　低学年では、例えば粘土で塊の感じをつかんだり、重量感を感じ取ったりして、手を十分に働かせて立体に表す経験をしていることだろう。そのような経験をした子どもが、中学年になって、自分の表したい思いを、いろいろな角度から見てつくりながら、立体としての存在感を意識していき、「塊の感じ」をさらに捉えていくのである。言い換えると、「塊の感じ」を捉える力を身に付けることは、立体としての特徴や美しさを考えて表すということである。立体に表すことで、自分らしい表現ができたと思えるように指導を工夫することが大切である。

図1．釘を打つことが楽しい。

図2．釘を打つコツがつかめてきた。

図3．友達と協力する場面も。

6．本時の学習

①目標
木切れの特徴から表したいものを思い付き、木を切ったり、釘を打ったりしながら立体に表す。

②準備するもの
【教師】様々な大きさや形の木片、のこぎり、釘、金づち、万力、クランプ、接着・接合する材料（ボンド、麻ひも、針金、ヒートン等）
【子ども】軍手等

③本時の展開

学習活動	指導上の留意点	評価の観点と方法
1．学習のめあて①をつかんで活動する。		
学習のめあて①　木切れの形を生かしたり、組み合わせたりしながら、つくりたいものをつくっていこう。		
【教師の働きかけ】 「木を触ったり、組み合わせたりして、つくりたいものが思い付いてきたね。Kさんの選んだ木は、組み合わせると動物になりそうなんですね。Yさんは、まだハッキリしてないけれど、お気に入りのこの木切れを使いたいね。自分の思いにぴったりな形をつくっていこうね」 【予想される子どもたちの姿】 ・枝分かれのところを角にして、可愛いシカの家をつくりたいな。 ・変わった形の家をつくろうって決めてるの。建物の中にテーブルなんかも置こう。 【教師の働きかけ】 「前に学習したことを生かしながら、つくっていこうね。のこぎりの使い方も教えるよ」（画像を見ながら説明） 【予想される子どもの姿】 ・そうそう、金づちのコツ思い出した。 ・のこぎりも早く使いたいね。楽しそう。	・子ども自身が材料を選んだり、組み合わせたりできるように、ブルーシートの上に様々な形状の木片を置いておく。 ・子どもが材料や用具に慣れ、木片の組合せ方や釘の使い方を工夫している様子を見取りながら、必要に応じて安全で適切な用具の使い方を指導する。  ・困っている子どもに、解決のヒントになるような情報や新たな材料等を提供する。	表情やつぶやき 活動の様子 （ウ） （エ） （ア）
2．学習のめあて②をつかんで活動する		
学習のめあて②　自分の思いにぴったりな感じになるように、表し方を工夫しよう。		
【教師の働きかけ】 「今まで習ったことを生かして、表し方を工夫してつくっていこう。自分の表したい感じになるように、前や横や、上から見て確かめながらつくっていこう。」 【予想される子どもの姿】 ・上手く接着できないので、別の付け方を工夫しよう。 ・後ろから見ると、思い付いたよ。	・自分の表したい感じを、いろいろな方向から見て確かめながらつくることをアドバイスする。	活動の様子 表情やつぶやき （イ） （オ）
3．学習の振り返りをして、後片付けをする。	【学習の振り返りのポイント】 ・楽しかったり、頑張ったりしたこと ・思い付いたり、考えたりしたこと ・表し方を工夫したこと ・友達の表現でいいなと思ったこと ・材料の組み合わせを試しながらわかったこと	発言の様子 学習カードの記述 （ア）（エ）（オ）

3. 授業の振り返りと発展

●Sさんの活動の様子

1次の導入では、木の枝を手に取ってしばらく眺めていたSさん。木の枝をシカの角みたいと感じて、そこから「シカの家」をつくろうと思い付き、積極的に材料を集めていった。シカの家に住む可愛いシカもつくろう、屋根はシカの茶色に白い模様を付けよう等、イメージを膨らませて活動していった。シカの角みたいな2本の枝を家の屋根に付ける方法を考えていたが、釘を打つのは無理と判断して、強力ボンドで接着することにした。奈良公園にいるシカを思い浮かべながら、「シカにとって夏は涼しい家がいいなと思うから」と本当にあったらいいなと思いながらシカの家をつくっていった。

図4.シカの家

●Fさんの活動の様子

釘を打つことに最後までこだわって作品を完成させたFさん。「釘を打つときは、失敗ばかりだったけど、無事に完成して、うれしかったです」とカードに書いた。長方形の木片を組み合わせると屋台ができ、ゆったりくつろげるベンチもできると考え付いたFさんは、時計台や食べ物なども次々に発想してはつくっていった。

途中、まわりの友達に、「屋台でどんな食べ物を並べたらいいと思う？」などと会話しながら楽しくつくっていった。食べ物もぴったりな材質を考えて表していった。

図5.楽しい屋台

●Sくんの活動の様子

丸太の輪切りを積み上げて、その量感を気に入ったSくんは、「見守ってくれる大仏さんをつくりたい」と考えた。

どっしりした丸太を触りながら、それだけで大仏さんのようだと感じながらも、顔や手の部分にぴったりな材料を探していたが、結局、顔や手はカラーペンでも表すことにして材料を決めていった。顔の部分を丸太のひび割れに差し込むようにして固定するようにした。丸太そのものを加工することは難しいので、丸太そのものを生かすように考えていった。

図6.大仏さま

●Tさんの活動の様子

森の中のコテージをつくろうと考えたTさんは、部屋の内部をつくることがとても楽しい様子であった。自分がコテージでくつろぐようにテーブルやソファなど細かくつくっていった。窓を付けて家らしくしたいと考えたTさんは、そこだけ色を付けて窓らしく見えるように表し方を工夫していった。屋根をつくるときに、厚みの薄い板が上手く合わさるように、芯材を入れるアイデアを友達から取り入れるなど鑑賞の力も発揮してつくっていった。

（福岡知子）

図7.森のコテージ

16. 中学年　工作に表す活動① ペットボトル de カーレース！！

第4学年図画工作科学習指導案

指導者：○○市立△△小学校　○○○○
日　時：○年5月1日
学　級：第4学年1組25人
場　所：第4学年1組教室

1．題材名
「ペットボトル de カーレース！！」工作に表す活動

2．題材について
①児童観（省略）
②題材観
　本題材は、ペットボトルを主材料に用いた工作、動かして遊ぶことができるおもちゃづくりに取り組む内容である。児童は、ペットボトルなどの空き容器が、資源としてリサイクルされていることはある程度知っていても、それらを自分たちの手で自主的・積極的に造形活動に活用しようという意識は低いと思われる。本題材を通して、身近な容器であるペットボトルが造形活動の材料としても使用できること、新たに購入しなくても造形活動の材料は身の回りにいくらでもあることに気付くことが期待できる。
　本題材は、ペットボトルをボディにした車であり、生物をモチーフとしていることから「ペットカー」と名付けた。ペットボトルのふたをタイヤとして活用し、ひも付きの棒で牽引することでともに歩く（走る）ことができるようにすることで、ペットのように大切にしてほしい、友達のように一緒に遊んでほしいという願いも込めている。

③指導観
　指導にあたっては、導入で参考作品を走らせることによって、自分がどのようなペットカーをつくるか具体的にイメージできるように支援する。その後、各自アイデアスケッチを行い、どのようなペットカーにしたいかおおまかに考えさせる。児童自身にも、どのような生物をモチーフにするか調べさせたり、材料となる身辺材を収集させたりすることで、より主体的な学びになるよう支援する。製作中は、友達の作品を見てお互いの作品のよさや工夫を認め合えるように交流を促す。作品が完成したら、トーナメント方式の「P1グランプリ in ○○（学校所在地）」というカーレースを行うことで、作品を走らせて楽しむとともに相互鑑賞をする機会とする。

3．学習目標
- ペットボトルなどの身辺材を主材料とした走るおもちゃをつくったり、動かしたりして楽しむ。［態］
- どのようなペットカーにしたいか自分なりのイメージをもち、そのためのつくり方を考えることができる。［発］
- 自分のイメージに近付くようペットボトルなどの身辺材を加工したり装飾したりしてペットカーをつくるとともに、よく走るように工夫をすることができる。［知］［技］
- 自分や友達のペットカーを鑑賞する活動を通して、作品のよさや面白さを感じることができる。［鑑］

4．指導計画（全7時間）
- どのようなペットカーをつくるか考え、アイデアスケッチをする。（1時間）本時
- アイデアスケッチをもとに、自分だけのペットカーをつくる。（4時間）
- ペットカーを引っ張るためのコントロール・スティックをつくり、走行試験をする。（0.5時間）
- 完成した作品を使ってカーレースを楽しむ。（1.5時間）

1. 題材の特徴

(1) 題材の考え方

　ペットボトルの題材は、主に中学年を対象として図画工作科の教科書にも掲載されている。それらも参考にしながら、車のモチーフ、装飾の仕方や牽引方法などをアレンジして実践した。教科書によってはラーメンなどの食べ物をモチーフにした作品もあるが、食べ物を走らせることに違和感があるため、本題材では取り上げないことした。風力やゴムの動力を生かしたものもあるが、コントロール・スティック（ひも付きの棒、通称：散歩棒）で牽引することで、一緒に連れて遊べるように改善した。ペットカーというネーミングは、生き物の『ペット』ともかかっていて頭に残りやすく、作品にも愛着もわきやすいだろう。実際に、子どもたちはペットカーで楽しそうに遊んでいた。普段捨ててしまうペットボトルでも、工夫次第で工作に使うことができ、子どもがまた自分でつくろうと思うことができる。ペットボトルを利用することで、環境問題を少しでも意識できる。ペットボトルは簡単に準備ができ、それ程負担にはならないだろう。最近のペットボトルは、同じ500mlの容量のものでも形が違っていたりするので、造形的にも面白い。

2. 学習活動の実際・指導上の工夫

(1) 製作にあたっての留意点

❶ 事前の用意

　ペットカーはペットボトル自体を切るなどそれ程加工しなくても製作できるので、中学年の子どもでも取り組みやすい。しかしながら、はさみなどを用いることになるため、使用上の注意点はあらかじめ子どもと確認しておく必要がある。

　装飾用には、ビニールテープや色画用紙、動眼など、指導案に示しているような様々な材料を用意しておく。できるだけ多種多様な材料を用意して子どもの発想を引きだしたい。

❷ 模範作品について

　中学年であればイメージする力や調べる能力の程度からして、参考作品が複数あると子どもも見通しがもちやすい。実際の製作の際には、子どもは、ネコ、ライオン、トラ、ゾウ、クマ、カエル、フグ、ティラノサウルスなどの生物をモチーフとした多様な作品をつくっていた。

　しかし、それらがわかっているからといって、あまりに凝った参考作品であると、子どもにとってハードルが高くなるし、点数を多く提示し過ぎてもかえって思考を妨げてしまうだろう。子どもに参考作品を提示する場合は、少なくともペットボトルを寝かせた作品、ペットボトルを立たせた作品、図1～3にあるような作品のうち2点があればよいだろう。

図1．作品例①

図2．作品例②

図3．作品例③

(2) 製作する際の留意点

　参考作品を用意することは教師には必須であるが、最初から多くの作品を鑑賞させ過ぎても逆効果になることがある。少なくとも、p.169の図4のようなペットカーの基本形2種は用意しておきたい。基本形をただ鑑賞させるだけでなく、実際に引っ張って遊ばせることで製作の動機を高めるとともに、子どもの豊かな発想を促したい。

　「どのようなペットがいたら楽しいか」「引っ張って遊びたいペットは何か」などと考えさせるため、動

5．評価について

知識・技能	思考・判断・表現	主体的に学習に取り組む態度
・自分が想像したペットカーに近づけられるよう試しながら形の組み合わせによる感じがわかり、装飾性や走行性に自分なりの工夫をする。（ア[知]）（イ[技]）	・どのようなペットカーをつくるか想像し、そのためのつくり方を考える。（ウ[発]） ・自分や友達のペットカーを使用・鑑賞する活動を通して、そのよさや面白さを感じることができる。（エ[鑑]）	・ペットカーをつくり、走らせて遊ぶことを楽しむ。（オ[態]）

6．本時の学習

①目標
- どのようなペットカーをつくるか想像し、アイデアスケッチをすることができる。

②準備物

児童：筆記用具、ペットボトル、段ボール

教師：参考作品、つくり方を示したプリント、ペットボトル、段ボール、色画用紙、ビニールテープ、両面テープ、動眼、モール、シール、はさみ、カッターナイフ、ペットボトルカッター、千枚通し、カッターマット、竹串、棒、凧糸

③本時の展開（T：教師／C：児童）

学習活動	指導上の留意点	評価の観点と方法
導入（5分） 1．教師の参考作品を鑑賞する。 　T：今日は、先生のペットを連れて来ました。 　T：何でできているか、わかりますか？ 　C：ペットボトルと段ボール。 2．本時の学習内容を理解する。 　T：誰か引っ張って歩いてみませんか。 　C：はい。やってみたい。 　T：みんなもつくって、遊んでみたいですか。 　C：はい。つくりたい。 3．本時のめあてを知る。 　　学習のめあて　自分だけのペットカーを考えよう！ 展開（35分） 4．どのような材料を持ってきたか鑑賞し合い、発表する。 　C：角張ったペットボトル。 　C：丸みのあるペットボトル。 　T：ペットボトルにもいろいろな形や大きさがありますね。みんなはどんなペットカーをつくりたいですか。 5．どのようなものをつくりたいか話し合った後、ペットカーのアイデアスケッチをする。 〈予想される例〉 ・ペットボトルを寝かせて犬 ・ペットボトルを立たせてペンギン 終結（5分） 6．本時のまとめをした後、ワークシートを提出する。 7．次時の学習内容を把握する。	・参考作品をコントロール・スティックで引っ張って歩いて、子どもたちに見せる。 ・挙手をして発表するようにし、子どもが考えられるようにする。 ・子どもを教室の前に集めて、参考作品を実際に引っ張らせて歩かせ、これから取り組む作品のイメージを引きだす。 ・材料を机上に出させ、ペア、班で鑑賞し合った後、発表させる。 ・挙手し、考えを発表するように設定する。 ・ワークシートを配付する。 ・アイデアスケッチの留意点を確認する。①おおまかに②2つ以上③小さく、描く。 ・机間指導を通して、個別指導を行う。手が止まっている子どもがいたら、「どんな生き物が好きかな」などと言葉掛けをする。 ・今回の学びの成果、途中経過を発表する。 ・ワークシートを回収する。 ・次回から製作を行うことを予告する。スケッチをしてみて、追加したい身辺材があれば、次回持参するよう伝える。	 （エ） 行動観察 （ウ） 行動観察、ワークシート

物図鑑などの視覚的な資料を用意してもいいし、インターネットを活用して子ども自身に検索させてもよいだろう。もちろん架空の動物でもいいが、既存のキャラクターは避け、子ども自身のオリジナリティを重要視したい。

　製作する際は、ペットボトルの本体からつくるのではなく、段ボールのベース、ペットボトルのふたと竹串を用いたタイヤからつくり始めるとよいだろう。本題材は、用途・機能のある工作、引っ張って走らせて遊ぶ工作であるため、走行性も重要である。いくら本体の装飾

図4．ペットカーの基本形
（立たせるタイプ・寝かせるタイプ）

に凝ったとしても、うまく走らなければ意味がない。ペットボトルを立たせるタイプの場合、段ボールのベースが小さ過ぎると、引っ張って走らせる際にバランスが悪くて転倒することもある。どのくらいの大きさのベースが最適なのか、ペットボトルを段ボールのベースに仮止めさせて走行させるなど、子ども自身に試行錯誤させたい。ペットボトルの本体と段ボールのベースとの接続に抵抗が生じる可能性もある。接着性の高い両面テープを用意したり、段ボールを用いた別のパーツで補強したりするなどの工夫が必要となる。子どもの主体的な学びを保障するとともに、抵抗を感じる場面に応じて、子どもに対する適切なアドバイスが教師には必要となる。

（3）作品の完成後

❶作品を使って楽しむ

　作品完成後、展示・鑑賞するだけでなく、アトラクション化（ゲーム化）して楽しむ方法もある。例えば、「P1グランプリin○○（学校所在地）」などと題してカーレースをして楽しむ方法もあるだろう。体育館や廊下などの広いスペースを「○○（学校所在地）サーキット」と名付け、カーレースのコースに見立てて使用す

図5．子どもが作品で楽しむ様子

る。トーナメント表を作成し、チームに分かれてレースを行う。まず、デモンストレーターとして子ども2人がレースの見本を示す。司会進行担当の子ども（実況・ピットレポーター）がインタビューを行い、レーサーとペットカーの紹介をした後、レースを開始する。F1のTV中継で使用される曲をBGMとして流すとともに、チェッカーフラッグも用意するなどの工夫をすることで、レースの雰囲気を演出する方法もあろう。レースのコース上には、ペットボトル製のカラーコーンを2列に並べる。

図6．優勝カップ

レース後、上位者には表彰を行い、図6のようなペットボトル製の優勝カップを贈呈してもよいだろう。

❷活動の後で

　カーレースについては盛り上がったが、反省点も認められた。カーレースを実施してみると、子どもが白熱してペットカーを宙に浮かせて走ることもあるので、あくまでもペットカーを牽引することをルールとして徹底しなければ意味がないだろう。レース運営に関して、工夫・改善の余地があったので、レースではなく、子どもの実態によっては「つくっておさんぽ！　ペットカー」と題材名と内容を変更して実践してもよいだろう。

　カーレースが終わった後、お互いのペットカーを交換して遊ばせる機会をつくってもよい。本題材での学習が終了した後、作品を並べて展示すると、一連の学習の振り返りになるとともに、作品を相互鑑賞する機会にもなる。互いの表現を認め合う機会になることも期待できる。展示期間が終了したら、自宅に持ち帰らせ、家族にも見てもらうと、次の学習への励みになり、図画工作科に対する理解を促進させることにもつながるのではないだろうか。

（佐伯育郎）

17. 高学年　造形遊びをする活動①

第6学年図画工作科学習指導案

指導者：○○○○
日　時：○年○月○日
学　年：第6学年1組（30名）
場　所：校舎内、校庭など

1．題材名
「置くアート」造形遊びをする活動

2．題材について
①児童観（省略）

②題材観
　本題材は、周囲の様子を生かしていろいろな材料を置いたり積み上げたりして、環境の中での造形を楽しむ活動を中心としている。数人の子どもがグループとなって協力し、校舎の中や校庭で木の枝、木片、小石などを並べたり積み上げるなど、「置き方」を考えて配置することは、子どもにとって純粋に造形そのものを楽しむ経験になると考えられる。材料を組み合わせることによって実在する何かを再現する造形ではなく、材料を「選ぶこと」「置くこと」自体を楽しむ造形である。この活動により、子どもは自分の感覚や行為を通して、形や色の美しさや造形全体のリズム、秩序、そして環境との対比を実感することができる。

③指導観
　題材を通して育みたい能力は、子どもが思考を通して形や組み合わせを決定したり環境と造形との調和を図ったりする力である。「造形遊びをする活動」では、「絵や立体、工作に表す活動」とは対照的に作品化したり完成度を高めたりすることを目的とせず、材料や場所、空間などに働きかける操作・行為の過程で形や色によって表現することを重視している。そして本題材は、6年生の子どもが「こんな場所に置いてみたい」「こんな並べ方をしてみたい」と考える活動を共同して行い、対話を通して造形的な見方・考え方を深めることができる学習活動となることを意図している。表現活動を終えた後は一定期間、校内での展示を行い、他学年の子どもが平素の学校生活において鑑賞できる機会を提供したい。

3．学習目標
- 場所や空間の特徴を生かしながら、美しく楽しい材料の「置き方」を考え、造形的な発想に基づいて豊かに表現する。

4．指導計画（全2時間）
- 活動のねらいを理解し、場所や空間の特徴に基づいた材料の「置き方」を考えて表す。（1時間）本時
- 互いのグループの「置き方」を鑑賞し、表現の意図やよさについて話し合う。（1時間）

5．評価について

知識・技能	思考・判断・表現	主体的に学習に取り組む態度
・場所の造形的な特徴の感じを捉え、その空間に合った美しい置き方を試したり工夫したりする。（ア[知]）（イ[技]）	・空間の様子や材料の特徴から、美しい置き方を思い付いたり、どのように活動するか考えたりしている。[ウ[発]] ・自他グループの置き方を鑑賞し、互いの表現の意図やよさ、美しさを感じ取ったり、考えたりしている。（エ[鑑]）	・場所や材料の特徴をもとにして、面白い置き方を考えることを楽しんでいる。（オ[態]）

6．本時の学習
①目標
- 場所や空間の特徴を生かして材料を配置することを構想し、グループで協力しながら造形活動を楽しむ。

②準備物
【教師】木の枝・木片・小石・空き缶・落ち葉などの材料／インスタレーションの写真などの示範例

1. 高学年の造形遊びとインスタレーション、アースワーク等との関係

　造形遊びをする活動は、遊びがもつ特性を生かして造形に関することを学習する活動である。このため造形遊びをする活動は、はじめからつくりたいものの設計図を描いたり、決められた完成に向かって製作したりするものではない。子どもたちが材料や場所、空間などの状況と関わりながら造形的なイメージを発想し、試行錯誤を繰り返しながら形や色、材質などを生かして構成する活動が求められているといえる。特に、高学年の造形遊びでは身近な材料に加えて、場所や空間の特徴を基にした活動が重要であると考えられる。

　金子一夫が指摘するように、造形遊びをする活動に含まれる行為・操作にはインスタレーションやアースワークなどの現代美術的な表現を想起させるものがある[1]。インスタレーションとアースワーク、いずれも場所や空間の特徴を生かしながらも、人工物や自然物等を設置したり製作者や鑑賞者がその場に関わったりするなどの表現特性があるため、造形遊びとの共通性を見いだすことができる。例えば、既存の建築物などを布で梱包することで非日常性を表現したクリスト&ジャンヌ＝クロードの活動などは、高学年の造形遊びの特性である場所や空間との関わりを考える上で示唆に富んでいる。近年は美術館の企画展示等でも、製作者や鑑賞者が空間（場合によってはそれに加えて「時間」）と設置物との関係性を体感できる現代的な美術表現を紹介しているものがある。

2. 学習活動の実際

　導入の際に、インスタレーションなどの写真（図1）を提示して、場所や空間の特徴などをどのように生かしているについて話し合うようにしたい。インスタレーションなどの写真を鑑賞し、「自然の風景の中に人工物があって面白い」「材料をこんなふうに並べているのがすごい」などの表現の特徴や気付いたことを話し合うようにする。そして、鑑賞したインスタレーションなどを外見的に模倣するのではなく、鑑賞を通して場所や空間の生かし方や材料の配置方法の面白さを味わったり考えたりすることによって、自身の活動に対して見通しをもてるようにしたい。

図1. インスタレーション

　活動する場所を決めて表現を行う際には、グループである程度の話し合いをしながらも、それぞれの子どもたちがその場で思い付いたアイデアや試してみたいと思ったことを大切にし、可能な限り試行錯誤を繰り返しながら配置の面白さや組み合わせの意外性を発見できるような学習活動とすることが重要である。

3. 本題材における指導法について

　指導のはじめには、関連作品を鑑賞したり話し合いなどを通して表現の方向付けを行うが、活動する場所を決めた後には子ども主体の表現活動となる。その際にも、できるだけ教師は空間が変化していく様子を見守り、子どものアイデアがどのように広がっていくのかを把握するように努めたい。安全面を含めて適切な指導と支援を行うとともに、途中段階での子どもが試みたことやそれを通して感じた面白さなどを聞き取るようにして、評価に活用することも必要となる。

図2. せんたくばさみで

1）金子一夫『美術科教育の方法論と歴史〔新訂増補〕』中央公論美術出版、2003年、pp.86-88

③本時の展開（2時間分）

学習活動	指導上の留意点	評価の観点と方法
1．学習のめあて①を知る。 学習のめあて①　何かを置くことで できるアートって？ 【教師の働きかけ】 「この写真は自然の中に物を置いたり並べたりしてつくられたアートです」 【予想される子どもの姿】 ・物を並べるだけでも面白いね。 ・置き方を工夫すると、意外な感じがするね。 ・景色と物との組み合わせが面白いね。 ・描いたりつくったりしなくても、置いたり並べたりすることで楽しく表現できるんだ。 2．学習のめあて②を理解し、表現活動を広げる。 学習のめあて②　置き方を考えて アートを楽しもう！ 【教師の働きかけ】 「みんなも、校内に物の置き方を考えて、アートを楽しんでみましょう」 【予想される子どもの姿】 ・階段は高さの違いを生かせそうだよ。 ・校庭の端にあるビオトープに何か置いてみたいな。 ・総合遊具をいつもとは違う見え方にしてみよう。 3．決めた場所に木片や小石などを置いたり並べたりして表現を楽しむ。 【予想される子どもの姿】 ・床のタイルに合わせて置くときれいに見えるよ。 ・木の周りに木片を並べるとロケットみたいになったよ。 4．自分たちの「置き方」をデジタルカメラで写真に撮ったり、自他の表現を鑑賞したりする。 5．後片付け	・インスタレーションやアースワークという考え方があることについて、作品例を通して指導する。  ・作品化するよりも、置き方や並べ方を考えることを重視した指導とする。  ・どの視点から見るのが美しく面白いのかを考えて撮影するように助言する。 ・友達の表現を鑑賞し、どんな面白さを感じながら置いたり並べたりしたのかについて話し合うことを伝える。	 （オ） 活動の様子 （ア）（イ）（ウ） 活動の様子、ふりかえりカードへの記述 （エ） 撮影した写真、ふりかえりカードへの記述

※表内の写真は学生作品。

4. 校内で「置くアート」を構成する材料

　今回の学習指導案例に示したように、校内の様々な場所（校庭、校舎）を活用すれば、それぞれの空間を生かした高学年らしい造形遊びの展開が可能となる。建物の空間の特徴を生かしたり、立木をとり入れたりして様々な「置くアート」に挑戦するとよい。また、何を置くのかについても木片や小石だけでなく、小学校にあるものや家庭で準備できるものを活用して、新鮮な組み合わせを楽しむことができる。
　以下に示すのは、その具体例である。指導者の工夫しだいで選択肢はさらに広がるといえよう。

- 体育の学習で使うボールなど
　転がりやすいものではあるが、ボールは置き方を工夫すると動きや緊張感がある配置となる。大小を組み合わせることもできる。

- 流木
　海に近い環境であれば、様々な形態の流木を集めておくとよい。直線的（人工的）な空間に組み合わせると、流木の有機的な形態が際立って面白い。

- ポリプロピレンテープ
　様々な色がついた幅広の合成繊維製のテープである。何かに結び付けて編み込んだり、風になびかせたりすることもできる。

- 落ち葉
　色がきれいなものを集めて敷き詰めたり、とにかくたくさん集めて積み上げたり、幅広いアイデアにつながる材料である。

- 新聞紙
　何枚も使用して何かを包んだり丸めたものを並べたりすることによって、場所の見え方を変えることができる。

- ペットボトル、空き缶など
　比較的、多くの数を集めやすい。たくさん立てて置いたり並べ方を工夫したりすると楽しく空間の広がりや変化を実感できる造形活動となる。

（竹内晋平）

第4章 図画工作科の実践事例

18. 高学年　造形遊びをする活動②

第6学年図画工作科学習指導案

指導者：○○市立△△小学校　○○○○
日　時：○○○○年5月○日
学　年：第6学年2組（35名）
場　所：校庭

1．題材名
「こんなところに　こんなステキが！」造形遊びをする活動

2．題材について
①児童観（省略）

②題材観

　木漏れ日がふりそそぎ、時折さわやかな風が吹き抜ける、そんな5月の校庭で本題材は展開される。校庭の片隅には、先日剪定（せんてい）された様々な種類の木の枝が山積みになっていて、木の葉からは青々とした香りが立ち上ってくる。この剪定された様々な種類の木の枝や葉が、主な材料となり、子どもたちは手に取って様々に試しながら発想を広げていくだろう。お気に入りの場所に持って行って、木の枝を立てかけたり、つるしてみたりしながら、材料と場所を関わらせたり、また、材料の性質や光や風などの自然環境、人の動きなどの様子も取り入れて発想し、つくるものの意図や楽しさなどを考えて構想していくことだろう。

　本題材は、落ち葉が色づき、木の実が豊富な秋に展開することも考えられる。そこでは、秋という色彩豊かな環境の中で意欲的に取り組む子どもの姿が想像される。

③指導観

　普段何となく見ていた場所や空間が、新しいステキな場所や空間に変わることの面白さに夢中になってほしい。指導の工夫として、1次の学習（導入・予告）から1週間あけて、造形活動をスタートする。その期間に子どもたちは「こんな感じの材料を集めて、この空間に置きたいな」などと想像したり、光や風、人の動きなどの感じを想像したりして、時間に縛られることなく自由に考え、準備を始めることだろう。

　また、材料との出会いにおいて意欲が高まるように、様々な形状の木の枝などをたっぷり積み上げて置く。学校の技術職員さんの協力を得て、子どもたちが、木の香りがする新鮮な材料とタイミングよく出会うようにしたい。

　活動途中には、造形的な課題を見つけることだろう。造形的な資質・能力を総合的に働かせ、よりよく解決しようと粘り強く取り組む姿を励ましたりして「つくり・つくり変え・つくる」姿を読み取るようにしたい。

3．学習目標
- 校庭の特徴ある場所を見付け、木の枝など身近な材料を生かして、自分たちの空間づくりを楽しむ。

4．指導計画（全4時間）
- 校庭の特徴ある場所を見付けたり、材料を探したりして楽しい活動を考える。（1時間）
- 校庭の特徴を捉えて造形的な活動を思い付き、構成の美しさや面白さや周囲の様子を考えながらどのように活動するか考え、総合的に技能を発揮して、自分たちのステキな空間をつくる。（3時間）本時
- 自分や友達のつくった空間づくりの造形的なよさや美しさ、表し方の変化などを感じ取ったり考えたりするとともに、他学年（1年生）に紹介するなどして、自分の見方や感じ方を深める。（1時間）

5．評価について

知識・技能	思考・判断・表現	主体的に学習に取り組む態度
・感覚や行為を通して材料や場所、空間などの特徴や動きやバランスなどを理解している。（ア[知]） ・前学年までの経験や技能を総合的に生かして、活動を工夫してつくっている。（イ[技]）	・校庭の特徴を捉えて造形的な活動を思い付き、構成の美しさやつくるものの意図などを考え構想する。（ウ[発]） ・自分や友達の活動に関心をもち、表し方のよさや表現の意図などについて、見方や感じ方を深める。（エ[鑑]）	・資質・能力を総合的に働かせ、活動中に出合う造形的な課題に粘り強く取り組み、つくりだす喜びを味わおうとする。（オ[態]）

1. 題材の特徴(高学年の造形遊び)について

　高学年の造形遊びでは、材料や場所、空間などの特徴、友達との関わりを基に、総合的に資質・能力を発揮していく姿がある。特に、高学年の特徴として、ある程度予測をしながら活動できるようになることが挙げられる。「ここは風が通り抜けそうな場所なので、葉っぱが揺れるカーテンはどうかな」「太陽の光を受けて水面がキラキラするだろうから、光を反射する造形紙を使ってみたい」「使っていない植木のアーチは丈夫そうなので、1年生が来たら喜ぶブランコをつくりたい」など、本題材では、今までの造形遊びの経験を生かして、予測しながら思い付いたり、どのように活動するか考えたりする姿が見られた。

　もう一つの特徴は、「つくり・つくり変え・つくる」といった姿が、高学年ではよりダイナミックに表れるということである。予測しながら活動していても、手掛けたことによって生まれてくる様々な状況の様子を捉えて、思い通りにいかない場合に発想を変えてみたり、思うようにいってもさらに深化させてみたり、主体的に造形的な課題を捉えて、粘り強く解決に向かっていくという姿が特徴的であった。

図1. 1年生が思いっきり楽しめるように、次々に考えが浮かんできた。

2. 学習活動の実際(子どもの活動の見取りと個々の思いに沿った教師の支援)

(1) Tさんの活動の様子

　1次の導入では、Tさんは、KさんとOさんと一緒に、校庭の隅にある桃と柿の木に目を付けた。桃と柿の木の間の空間で楽しいことができそうだと感じたTさんたちは、「草取りをしてすっきりさせよう。この石も邪魔だから動かそう」と言いながら自分たちのステキな場所として、関わりを深めていった。「どんな材料がいいかな? 家からも持ってこよう」など会話も弾んだ。

　2次の活動では、最初、とまどいを見せたTさんである。「最初、ぜんぜん何も思い付かなくて、どうしようかと思っていると、Kさんが毛糸でつくった手編みのマフラー(ひも状の毛糸の手編み)をいっぱい持ってきてくれて、そこから、のれんみたいにしよう…という風に決まりました。そうすると、ここにタイヤを持ってこようとかいって、だんだん思い付いてきました」(その日の学習カードより)

　Kさんの手編みのひもから発想が広がっていったTさんたちは、自分たちが納得できるよう木と木の間にひもを張り巡らせていった(図2)。

図2. 特徴のある木と木の間が私たちのお気に入りの場所

　次に、Tさんは巣をつくろうと思い付き、タイヤの中に落ち葉を入れてみたりしたが、思い通りにいかないようだった。「タイヤの中にどうやったら巣がつくれるか悩んでいます」と教師のところに相談に来た。剪定された木の材料置き場に行って、一緒に材料を探すことにした。そこで、青々としたヒノキの小枝をたくさん見つけた。「ヒノキ風呂っていい匂いがするって言うよ。このヒノキの葉っぱはどうかな?」「あ、本当だ。いい匂いがする」そんなやりとりをしながら、Tさんは鳥の巣にぴったりの材料を手に入れたと感じたようだった。その後、一気に巣をつくっていった(図3)。さらに、ヒノキの枝をぶら下げて、空中に浮かぶ巣をつくることを思い付き次々にぶら下げていった。

図3. 鳥の巣を一気につくっていった。

6．本時の学習
①目標
校庭の特徴ある場所を見付け、木の枝など身近な材料を生かして、友達と関わり合いながら自分たちの空間づくりを楽しむ。

②準備するもの
【教師】剪定された木々等／接着・接合する材料（ボンド、麻ひも、針金、ヒートン等）／切断する用具（カッターナイフ、のこぎり等）

【子ども】子ども自身が用意した材料／はさみ、ほか

③本時の展開

学習活動	指導上の留意点	評価の観点と方法
１．学習のめあて①をつかんで活動する。		
学習のめあて①　ステキなことができそうな場所を見付けて、その場所にぴったりな材料を探して、思い付いたことをしてみよう。		
【教師の働きかけ】 「Tさんの選んだ場所は木漏れ日が当たってキレイね。それぞれの場所にぴったりな材料を探して、いいなあ、きれいだなあ、面白いなあと思うことをやってみよう！」 【予想される子どもたちの姿】 ・枝分かれしている梅の木が気に入ってるんだ。鳥の巣をつくってみたいけれど、まだやってみないとわからない。 ・風が通ると揺れるしかけができそう。この木に葉っぱをぶら下げていこうかな。 ・最初考えていたことと、ぜんぜん違うことが、頭の中に浮かんできたよ。	・子ども自身が材料を探したり選んだりできるように、ブルーシートの上に様々な形状の木の枝などを置いておく。 ・校庭にあるものを拾って活用できるように、事前に見回って環境を把握しておく。 ・接着や接合、切断するための補助材料や用具を自由に活用できるようにしておく。  「鳥の巣らしくなってきたよ」 「本物の鳥が来てくれるかも」	表情やつぶやき 活動の様子 （ウ） （エ）
２．学習のめあて①をつかんで活動する。		
学習のめあて②　思いに合わせて試す中で、つくり変えたり、つくり続けたりしよう。		
【教師の働きかけ】 「思い通りにいったり、いかなかったりしたときに、考えや思いの方向を深めたり変えたりして、つくり変えたりつくり続けたりしよう」 【予想される子どもたちの姿】 ・木の枝の組み合わせが、いい感じ。もっと上まで伸ばしてダイナミックな形にしよう。 ・池の水をきれいにするのは、無理だとわかったので、表面にきれいな花や葉っぱを浮かべることにしよう。	・構成のよさや美しさ、造形的な効果などを考えたり、新たな表し方を試みたりする姿を捉えて、共感的に関わる。 ・困っている子どもに、解決のヒントになるような情報や新たな材料等を提供する。	活動の様子 表情やつぶやき （イ） （ウ） （エ）
３．学習の振り返りを行う。 ・友達の活動を見に行って鑑賞交流した後、学習カードを書く。 ４．後片付けをする。	【学習の振り返りのポイント】 ・楽しかったり面白かったりしたこと ・思い付いたり考えたりしたこと ・表し方を工夫したこと ・場所と材料の組み合わせを試しながらわかったこと ・友達の表現でいいなと思ったこと （上記のポイントを子どもに示し、子どもが自由記述で書いたカードに写真を添えて、教室に掲示する）	会話の様子 学習カードの記述 （ア）（エ）（オ）

図工室で巣の中に入れる鳥をつくっていたОさんが戻ってきて、Тさんの巣の中に鳥を入れた。「この巣、本当にホワーンといい匂いがする。すごい」Оさんに賞賛されたТさんは、落ちていた桃の実や草花を使って、さらに巣を飾っていった（図4）。その後も、Тさんは、ОさんやＫさんと一緒に活動を広げていった。フェニックスの葉を刈り込んでつくったОさんのウサギにＴさんが感嘆するなど、それぞれが思い付いた発想を刺激し合いながら、グループで一緒に活動を続けた。

　3次の鑑賞活動では、1年生と6年生がペアになって、各チームで見る人と見せる人とが交代で見て回った。「不思議な木の間には、不思議な鳥の巣があります。その中には、いろんな色の鳥がいます。中には、この木に住んでいるホラー夫婦もいます。ホラー夫婦はいろんなものをつくっていきました。きれいなクモの巣はお母さん、かわいい銀のウサギはお父さんがつくりました。…（略）」Тさんは「不思議な木」と題したお話をつくって、1年生や友達に聞いてもらった（図5、6）。

図4．ステキな巣ができたね。巣の中にもいろいろと入れよう。

図5．ストーリーを聞きながら、鑑賞する1年生

図6．巣の中に興味津々の1年生

（2）子どもに対する支援と今後の見通しの例

　活動前は意欲を見せていたＨさんだが、特徴ある場所を選んだものの、何をしたらいいのか思い浮かばない様子だった。そこで教師は、選んだ場所でできそうなことを一緒に考えたり、他の友達の活動を見たり、材料に触れたりしてヒントを得るように支援しながら、発想することをあせらずに待った。

　やがて、「上からぶら下げてみたい」という思いを自分で考えることができた。その思いを受けて、ぶら下げるのにぴったりな材料を一緒に探すことにした。Ｈさんは、自分で選んだ材料と場所を関わらせながらしばらく熱心に活動していったが、自分の活動の中に意味を見いだせないようであった。活動の途中では一緒に活動している友達から、「面白いね。緑の束がいくつも上からぶら下がって、遠くからでも目立つよ」と言われてにっこりしたが、Ｈさんは満足できない様子であった。

　次の題材では、ポスターカラーという扱い慣れた材料を中心にして、繰り返し材料と場所、空間などの特徴から発想する題材を設定する。Ｈさんがもっている「発想や構想の能力」が発揮される状況を想定して、導入時の提案を考えていきたい。

図7．フェニックスの葉っぱを立てかけて、住みかがつくれそう。

図8．真っ赤にスプレーした大きなさやと木がぴったりマッチして満足。今度は石を使って。

図9．気分は1年中クリスマス。そんなイメージでつくっているの。

　前題材では、粘土に慣れるにしたがって、少しずつ自分の発想に対して自信がわいてきた様子のＨさんであった。そんなＨさんの様子から、これからもあせらずにゆっくり、そして繰り返し経験する中で、自分のイメージをもつことができるだろうと考えている。
〈左は他の活動の様子〉

（福岡知子）

19. 高学年　絵に表す活動①

第6学年図画工作科学習指導案

指導者：松﨑としよ
日　時：○○○○年○月○日
学　年：第6学年（35名）
場　所：各教室

1．題材名
「墨の不思議を生かして」絵に表す活動

2．題材について
① 児童観（省略）
② 題材観
　本題材は、墨の特性を体験的に理解し、表現活動へ発展させることをねらっている。墨の不思議さ（特性）を体験することを楽しむ活動である。具体的にはいろいろな方法を試しながら、墨と紙と水が生みだす表現に触れ、自分だけの表し方を探すことを提案している。さらに友達の作品の墨色の違いや、濃淡の違い、躍動感や、気持ちまで感じ取ることで、墨と紙と水、さらには用具が織りなす表現の豊かさを楽しむ題材である。

③ 指導観
　本題材は、墨・紙の特性を体験を通して理解することで、墨のもつ、にじんだりかすれたりする性質を生かして、いろいろな感じを表すことを楽しむことをねらっている。さらに、紙の違いや使用する用具によっても様々な表現を生み出すことも理解させたい。それは、学習指導要領（平成29年告示）にも明示されている「伝統や文化に関する教育の充実」「体験活動の充実」を図る指導である。
　指導に当たっては「技能」の育成の観点から、墨や筆などの用具、表現方法などを考慮する必要がある。中学年の書道で触れた墨であるが、画材としての捉え方をすることで、その豊かさへ気付くきっかけとなる。「墨は昔のもの」「難しい」といった思い込みを払拭した指導を工夫したい。高学年の「自分の感覚や行為を通して、形や色などの造形的な特徴を理解する」という発達段階に合った活動を展開したい。

3．学習目標
　墨・紙・水、用具の効果を生かして表したいことを見つけると同時に、友達の作品の墨色の違いや筆跡のよさを感じ取る。

4．指導計画（全5時間）
- 墨の濃淡や墨と紙と水が生み出す表現を体験する。（1時間※本時）※参考紙面に作品例を掲載
- 用具の使い方によって、様々な表現が工夫できることを体験する。（2時間）※参考紙面に作品例を掲載
- 自由表現（1時間）／・相互表現（1時間）

5．評価について

知識・技能	思考・判断・表現	主体的に学習に取り組む態度
・墨の特性を生かした表現の特徴を理解している。（ア[知]） ・墨や用具の特性を最大限に生かした表し方を工夫しようとしている。（イ[技]）	・見通しを立てて表現し、どのように表現を展開するか考えている。（ウ[発]） ・自分や友達の表現のよさを感じたり、気付いたりして、見方を広げている。（エ[鑑]）	・墨の感触や特性を生かした表現の工夫を楽しもうとしている。（オ[態]）

6．本時の学習
① 目標
　墨、紙、水のハーモニーで生まれる表現や、その感触を身体全体で楽しみながら関わり合う。さらには見通しを立て、墨や用具の特性を生かして発展させる。

② 準備物
　書道セット（硯・固形墨・スポイト・小筆・文鎮・下敷き）／水がしみる紙／水入れ／パレットか小皿／筆拭き／刷毛

1. 題材の特徴について

(1) 画材としての「墨」について

　墨は、中国の殷(いん)の時代（紀元前1500年頃）からその痕跡が確認されている。日本には朝鮮半島を経て伝えられたといわれ、推古天皇の時代は、仏教文化の影響を受け、写経なども盛んに行われるようになり、輸入だけでは需要に追いつかず国内で製造をするようになったと考えられている。

　現在では、小学校第3学年になると書道が始まり、全国の子どもが毛筆を手にし、墨を扱うことになる。さらに図画工作科においては、墨を画材と捉え、墨の効果を生かして表したいことを見つけたり、墨色の違いや筆跡のよさを感じ取ったりする指導が主流となっている。そして中学校、高等学校の美術教育へと発展的に継続している。さらに鑑賞指導においても、和紙や墨を使った子どもの作品と先人の作品が並んで紹介され、それぞれの作品にはどのような工夫が見られるかを問いかけている。そして表現の思いは、時代や場所を超えて受け継がれることを明示している。

(2)「墨の不思議」に着目して表現するねらい

　指導者はともすれば「水墨画を自分は過去に学んでいないので、墨を使った美術表現は指導する自信がない」と思い込みがちである。指導者のこれらの思いを解かなければ、豊かで楽しい墨表現を子どもに味わわせることはできない。パスや水彩絵の具等を画材に使う指導と同じように、身構えずに指導できるとよい。そのための一方策として「墨の不思議」に着目した指導の流れを提案する。具体的には墨と水の関係、用具の使い方、紙ににじむ墨の状態、墨の濃淡のつくり方、運筆の変化等々の基礎・基本を体感することから始める流れである。

　基礎・基本の中には、墨の特性を知ることも含まれる。墨は煤(すす)と膠(にかわ)（接着剤）が主原料である。膠は煤と煤の粒子同志をくっつける。さらに紙の繊維に接着させる。煤と膠が水や紙と出会ったときに、様々な反応が生まれる。その反応を「墨の不思議」と呼んで、表現を楽しむことが本題材のねらいである。本書の中学年では、水に浮かぶ液体墨の特性を生かした「墨流し」の表現を載せている。高学年では、さらに墨の特性に着目し、表現へとつなげる。伝統に学びつつ、ワクワクする墨表現を体験することで、現在の子ども・指導者共に、自由で個性的な墨表現を楽しんでほしいという思いで、本題材を提示した。

2. 学習活動の実際（「墨の不思議」を知り、それを生かした展開）

　本題材における主な活動は墨・紙・筆の特徴を体験的に知ることで、墨の魅力を創造的表現へとつなげてゆくことにポイントを置く。

(1) 硯(すずり)・墨・筆などの基本的な用具と特徴を知る（図1）。

(2) よく磨(す)った墨（濃墨）にスポイト等で水を加えて薄墨をつくることを知り（図2）、様々な濃さの墨をつくり、線を引く（図3）。墨の濃淡の美しさの理解につながる。

(3) 筆の押さえ方や動かすスピード、筆に含ませる水の量によって、様々な線（面）ができる（図4～6）。

図1. 机上準備

図2. 墨の薄め方

図3. 様々な濃さの線

図4. 筆先で描くと細い線／押さえると太い線

図5. 筆の水量を抑え、筆先を平らにつぶし割る。

図6. 点描や枯草の表現

③本時の展開

学習活動	指導上の留意点	評価の観点と方法
1．学習のめあて①をつかむ。		
学習のめあて①　画材としての墨表現の歴史や作品を知ろう！		
【教師の働きかけ】 「教科書美術館の墨表現作品や友達の作品は、皆さんの書道セットを使って表すことができます。それは時代や場所を超えて受け継がれます。どんな工夫がみられますか」 【予想される子どもの姿】 ・墨を画材に使った表現が昔からあるだけでなく、自分たちにもできるんだ。 ・面白そうだ。やってみたい。 ・ふすまに描いてあるんだ。墨が流れたり、にじんだりして雲に見える。 2．学習のめあて②を理解し、墨表現を体験する。	・教科書を参考に、墨表現の歴史に触れ、様々な展開があることを発見させ、その技法に関心をもたせる。 ・参考作品の提示を行うことで、墨、紙、水が生みだす表現に着目させる。 ・友達の表現を見ることで、墨表現は身近な楽しいものという認識を与える。 ・書道セットに注目させ、硯やスポイト、固形墨の役割を知り、机上の準備を整えさせる。	（ア） 特徴への気付き
学習のめあて②　「墨の不思議」を知り、それを生かして表現しよう！		
【教師の働きかけ】 「硯で擦った濃墨に水を濯ぐことで淡墨がつくれます。様々な濃さの墨をつくってみましょう」 「筆圧やスピード、水の含ませ方で様々な点や線が引けます。かさかさ線は枯草や風にも見えますね。様々な点・線を楽しみましょう」 「この作品を見て、どの順番で描いたと思いますか」「なぜこんなことが起きるのでしょうか」「後で描いたものが後ろに潜ったように見えることを使って、表現してみましょう」 「作品を見て、何か気付いたことはありませんか」 「薄墨が重なった所に、白い線（筋目）が浮き出しますね。不思議ですね」 【予想される子どもの姿】 ・墨を水で薄めると、いろいろな淡墨ができてきれいだなあ。 ・後で描いたのが後ろに潜って立体的だ。不思議だなあ。白い筋も墨の特性かな。 3．友達の表現を鑑賞し、「墨の不思議」をどのように生かしたかに着目して鑑賞する。 【教師の働きかけ】 「友達の表現の中で、墨の不思議を生かしてあるのはどこか探してみましょう」 【予想される子どもの姿】 ・幹の表面のざらざら感を出すのに、かすれを生かしているよ。（図12、14） ・筋目の技法を生かすことで、葡萄の粒の感じがよく出ている。（図11） 4．友達の表現を見て話し合うことで墨のもつ他の特性へも関心をもち、知ろうとし、それらを生かして自由表現を行う、次時の展望を知る。 【教師の働きかけ】 「墨の不思議を知ってどう思ったのでしょう」 【予想される子どもの姿】 ・墨の不思議がほかにもあれば知りたい。 5．後片付けをする。	・スポイトで垂らす水の量によって、濃さの違う墨色ができることを助言し、各自で体験させる。濃さを紙の上で確認するように助言する。（図1～3） ・筆圧によって線の太さがコントロールできることを知り、体験する。 ・筆に含ませる水（墨液）の量によって、様々な点・線が引けることを知り、体験する。（図4～6） ・最初に描いた部分が常に前面に出てくることを知り、体験する。（図7～9） ・上記の墨の性質を使った表現を自由に楽しむ。 ・後で描いた線が、初めに描いた線の下に行くことや、薄墨が重なった所に筋目がでることに着目させて、濡れたところには墨の粒子が載らないことを知らせる。（図10、11） ・もみ紙の凸に墨をのせ、籠のざらざらを表現する。（図13） ・子どもの発見を第一にする。指導者が一方的に説明するのではなく、なぜかを子どもに考えさせることを大切にする。 ・題材名である「墨の不思議を生かして」のねらいでもある「表現を見て気付く→墨の特性に関心をもつ→それを自分の表現に生かそうとする。」この流れを大切に支援する。 ・墨のもつ不思議を探すことで、墨の表現の深さや、面白さに気付けるようにする。 ・墨だからこそできる表現を発見することで、自分の制作への意欲や思考力向上へと発展できる支援を行う。 ・新しい技法への関心を高め、それらを自分なりの表現へと高めようとすることで、次時への課題をもたせる。	（イ）（ウ） 活動の様子 表情やつぶやき （エ）（オ） 表情や会話

（4）右の図7〜9は、筆順によって現われる不思議な現象であり、最初に描いた部分が常に前面に出てくる。クイズをしてその特徴を体験すると理解しやすい。

図7. 花の真ん中

図8. 花の左　　　図9. 花の右

（5）薄墨が重なった所に白い線（筋目）が浮き出す。薄墨の重なりが白く抜ける。この墨の特性（墨の不思議）を生かして、葡萄粒や花弁の重なりが、楽しく表現できる（図10、11）。

（6）紙を揉んでしわをつけ（図12）、墨をつけた刷毛でそっと刷くと、凸の部分に墨が載る。岩肌や木の表皮のざらざらの表現にも使える（図13、14）。

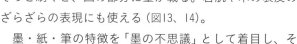

図10. 花　　　図11. 葡萄

墨・紙・筆の特徴を「墨の不思議」として着目し、それを体験的に理解して、自分なりに創造的に表現しようとする方向は小学校高学年の発達段階に合致している。同時にこれからの教育の方向を見据えたものである。具体的には、「教育に関わる様々な経験や知見をどのように継承してゆくか」「「主体的・対話的で深い学びの実現に向けた授業改善」「伝統や文化に関する教育の充実」等を受けた題材となっている。

（7）⑴〜⑹は、「墨の不思議」を生かした表現の展開例である。このねらいを受けて、今後小学校の教員を目指す学生が本題材に取り組んだ。当然、水墨画の経験もなく、美術教育も、多くの場合は中学校までで終了している。特に絵画製作に興味・関心が高いというより、絵画製作には苦手意識をもっている学生が多いかもしれないが、そんな学生も、本題材は楽しく、身構えずに取り組めたと述べている。

図12. しわをつけた紙に表れた墨の表現

図13. 籠の部分

図14. 幹の部分

3. 本題材における指導の留意点

書道の場合、時間短縮のため、墨液を使用することが多い。図画工作科の場合は、2時間連続の時間も設定できるので、時には硯で墨を磨る活動も入れたい。その際に墨の歴史や優れた特徴を伝える時間もとりたい。古くは古墳時代の壁画などに使われていた墨の歩みを知らせることは、美術文化の継承と創造への関心を高め、我が国の美術や文化に関する指導の充実にもつながる。

墨を画材に使った表現は、水墨画、墨彩画、墨アート、墨絵、俳画、南画等様々な呼び方がある。その分類のみにこだわるのではなく、墨・紙・用具等の特性を生かして、自分の表現に取り入れることを楽しんでほしい。先人の作品のみならず、身近な友達の作品からも、多くの学びが得られることを、本題材を通して知らせてほしいと思う。

墨表現は名人だけがつくりだすものではない。墨と水と紙のハーモニーが生みだす世界である。そしてそれは年齢・性別・国境をも超えて理解されることを、本題材の通して感じ取らせてほしい。

（松﨑としよ）

20. 高学年　絵に表す活動②

第5学年図画工作科学習指導案

指導者：○○市立△△小学校
　　　　○○　○○
日　時：○年○月○日
学　年：第5学年1組（40名）
場　所：教室

1．題材名
「扉の向こうは…（広がる情景を想像し表す）」絵に表す活動

2．題材について
①児童観（省略）
②題材観
　本題材は、扉をひらいた向こうに広がる世界を想像し、その世界を箱の中に表現する造形活動である。
　この活動を通して、形の大小や色の濃い薄いや鮮やかさ、材料の特徴や奥行きなどの造形的な特徴を捉えたり、構成などを考えたりしながら奥行きのある情景を絵に表すことを期待した。また、自分の感じ方や捉え方を生かして奥行きに関係する大きい感じや小さい感じ、近い感じや遠い感じなど表し方の工夫を期待した。

③指導観
　個々に表現の過程は異なる。そこで、個々の思いを大切に、それぞれの思いが実現できるように、材料の提案や表し方など支援を行う。教室配置は、子どもたちの対話が生まれやすいように8人組での机の配置とする。
　またICT機器を活用し鑑賞と表現とが一体的に行えるようにする。板書は、子どもの発言を「共通事項」を意識して整理し、子どもが情報として活用しやすくする。鑑賞では、奥行きの工夫を視点とし、『おすすめカード』を活用することで、自分や友達の作品を批評的に鑑賞できるようにしたい。

『山の間からのぼる月』
「道の手前を広く、奥をせまくして道が続いているようにしました。手前の木の高さを山より高くして、山が遠くにあるようにしました。2つの山を重ねて、左の山がもっと遠くにあるようにしました。空は、上に行くほど青を濃くして、広がっている感じを出しました。」
（5年男児ノート例）

3．学習目標
• 扉の向こうに広がる情景を想像して、形や色、奥行きなどを生かし、表し方を工夫して絵に表す。

4．指導計画（全8時間）
①まわりの様子や、写真などを見て、感じの違いとそのわけを考える。（1と1／2時間）
②『扉の向こう』を想像し、思ったことや表したいことなどについて交流する。（1／2時間）
③奥行きが感じられる、表したい『扉の向こう』を表す。（5時間）
④鑑賞をする。（1時間）

5．評価について

知識・技能	思考・判断・表現	主体的に学習に取り組む態度
• 自分なりに感じ、理解した奥行きのイメージを表すために様々な方法で工夫している。（ア[知]）（イ[技]）	• 表したいものや、それを表すための工夫を思い付いている。（ウ[発]） • 自分や友達の作品の中から奥行きの感じやその工夫を見つけようとしている。（エ[鑑]）	• 表したいものがよく表れるように意欲的につくりだそうとする。（オ[態]）

6．本時の学習
①目標
　• 自分や友達の作品を鑑賞して、より奥行きの感じられる工夫をする。
②準備するもの
　【指導者】デジタルカメラ／テレビ／ドライヤー／カッター／段ボールカッター／木工用接着剤／接着剤／段ボール紙／画用紙／ジオラマパウダーなど

1. 教師の支援のポイント

（1）子どもの表現過程には違いがあることを理解する

　提案をもとに絵に表す活動に取り組む子どもは個々に違う。具体的な情景や思い描く子どもと空想の世界を思い描く子ども、表したい情景に合わせて選ぶ箱を決める子どもと、選んだ箱の大きさや形などの特徴から表したい情景をイメージする子ども、近景から表し始める子どもと遠景から表し始める子ども、それぞれに表現過程が異なる。また、表現の過程では、これまで経験した描画材料を子どもが選択できるようにしたり、自分で描くだけでなく、雑誌や写真集の切り抜きやイラスト、ミニチュア等を材料として柔軟に活用できるようにする。

　教師が、画一的な授業展開に固執せず、子どもの資質・能力を支える姿勢をもつようにしたい。

（2）子どもの対話が生まれやすい教室配置

　本題材では、男女混合8人組でのグループにする。また、各グループのテーブルに、モニターとデジタルカメラを用意し、途中の作品を繰り返し見合うことができるようにし、鑑賞をしやすくする。

図1．場の設定→

（3）「共通事項」を意識した板書を計画する

　子どもが、自分の感覚や活動を通して大小や鮮明さなど形や配置、濃淡や明暗など色の造形的な特徴を捉え、自分のイメージをふくらませたり深めたり、友達から情報を得たりすることにより、資質・能力が発揮できるようにする。その支援として、交流の場面でこれまでの題材で子どもが気付いた、奥行きの表し方の工夫について交流し、子どもたちの発言を情報として活用しやすいように「形」「色」「イメージ・感じ」「材料・用具」の項目に整理し板書する。

図2．共通事項を意識して整理した板書例
形・色・イメージ・材料や用具で整理する。

（4）『おすすめカード』を活用する

　鑑賞では、奥行きを視点に作品を鑑賞するようにし、『おすすめカード』を活用する。自分や友達の奥行きがより感じられる「おすすめ」ポイントをカードで相互にお知らせするという活動を行うことで、より主体的に奥行きが感じられる位置や視線の高さ、向きを見つけ、自分や友達の作品を批評的に鑑賞する機会にする。

【教師の声掛け】
自分の作品、友達の作品がよりよく見える「おすすめ」ポイントを紹介しましょう。

2. 学習活動の実際（子どもの活動の見取りと個々の思いに沿った教師の支援）

（1）事例I（遠景から近景へと表現を進めたA）

　Aは、夏の広がる南の海を表現したいと考えた。まず、一番遠くの景色からつくることに決めた。初めにAは、箱の中に気に入った写真を、位置を考えながら貼り付けた。次に、砂場から持ってきた砂を写真のまわりに貼り付けることで砂浜を広げようと考えた。しかし、貼ってみたが、写真の砂浜よりも粒が大きく見え、困っている様子だった。そこで、材料選択の支援として「これを使ってみたら？」と砂よりも粒が小さいジオラマパウダー（鉄道模型で地面を表現する材料）と粉末状の木くずを提案すると、早速試してみてジオラマパウダーを使うことに決めた（図4）。

図4．実際の砂を使った表現（左）と、ジオラマパウダーを使った表現（右）

【子ども】水彩セット／のり／はさみ／紙粘土／雑誌・パンフレットなど

③本時の展開

学習活動	指導上の留意点	評価の観点と方法
学習のめあて　扉の向こうの情景を想像し、自分なりに箱の中に絵を表そう。		
1．デジタルカメラで撮影した画像を鑑賞する。 【子どもの活動】 ・自他の奥行きの工夫を見付ける。 ・表し方の工夫や発想などについて話し合う。 【教師の関わり】 ・様子を見て、話し合いが活発ではないグループには、一緒に鑑賞して観点を整理するように指導する。 2．今日のめあてをたてる。  【子どもの活動】 ・自分の作品や板書の情報から、今日のめあてを知る。 【教師の関わり】 ・言葉だけではなく、視覚的な情報も一緒に掲示するとよりイメージしやすくなることを伝える。	・話し合う視点を奥行きの感じと工夫にするよう、確認する。 ・鑑賞する視点の位置が同じになるよう、モニターの画面を見ながら話し合うようにアドバイスする。 ・交流がうまく進んでいないグループには、話し合いに加わり、進みやすいようにする。  ・奥行きの感じが効果的に表せているかを特に声掛けしていく。 ・前時までに子どもの中から出てきた工夫をあらかじめ板書しておくことで意識をもちやすくし、活動時間の保障ができるようにする。 ・前時の振り返りシートを配付しておくことで、本時への個々のめあてが明らかになるようにする。	（ア）（エ） 作品について語ったり、話し合ったりして、奥行きの工夫や効果を捉えている。 ◇活動の様子・発言
3．『扉をひらく』と見える世界をつくりだす。  【子どもの活動】 ・大小や濃淡など、奥行きが感じられるように工夫する。 ・自分で見え方を確かめながら表す。 4．作品を撮影する。 【子どもの活動】 ・撮影位置や向きなどを試し、奥行きが感じられるようにする。 ・撮影を通して見方を確かめる。	・困っている子どもを見取り、必要に応じて相談に乗る。 ・奥行きの工夫とともに、水彩絵の具での着色についての情報を掲示しておく。   ・見る位置を意識して撮影するよう助言する。	（イ）（ウ） ◆配置や配列、色の濃さなど表したい感じになるよう工夫している。 ◇活動の様子・発言

次にAは、真ん中の様子を表そうと木を用意した。画面の右、左、中央と配置を試しながら考えていた。写真を撮影し、見直しをくり返し、「もっと広がっている感じにしたいなあ」と納得がいかない様子だった。考えた末にAは、「森から出てきたら、広い海が広がってたっていう感じにする」と、木を配置するのではなく、左右に森をつくることを思いついた。森は緑一色だけを使って表そうとしていたので、一緒に写真を見ながら「木って光の当たり方で、いろいろな色に見えるよね」と話し合い、上の部分に明るい緑を加えて光の当たる様子を表した（図5）。

図5．海と森を追加した様子

　最後に一番手前の様子を表したいと、真ん中の様子で使わなかった木を用意した。そこでまた、表し方に困っている様子だった。聞いてみると、あまりにも真ん中と手前が近すぎて、違いが表せないということだった。Aの選んだ箱は、深さがあまりないもので、その箱を立てて使ったため、実際の奥行きはあまりなかった。「別に箱の中にしか、ものを置かないといけないと考えなくてもいいよね」とアドバイスをすると、「そうか！」と

図6．箱の外に木を置いた様子

箱の前に木を配置した。また、後ろの森との色の違いを出そうと、木には花を咲かせた。海は、自分で見つけた「遠くに行くほど青さが増す」ことを使って、海の広がりを表す工夫ができていた（図6）。

（2）事例2（近景から遠景へと表現を進めたB）

　Bは、初めに近くの情景からつくり始めた。花畑の手前を広く、奥を狭く表すことで、遠近を表そうとし、途中の作品をデジタルカメラで撮影して確認した。すると、床面に花畑を表すだけでは自分の思う奥行きを表すことができなかった。そこで、一番遠くの情景である壁面にも花畑を続けて描くことで、より奥行きがだせるように工夫していた。木の配置も、何度も並べ替えながら、より遠い近いを表そうと工夫していた。

　空を描いた時点で、作品を見ながら困っている様子だった。「どうしたの？」と聞くと、「奥にお花畑を描いたから、空が狭くなってしまった」と悩んでいた。Bが箱の中にすべてを納めないといけないと感じているのではと思い、「空を広げたいんだったら、後ろに紙を貼って上に足すこともできるかも」と方法の提案をしたところ、「やってみる」と再び活動を始めた。色を重ねて、つなぎ目が目立たないように工夫した。空が上に行くほど、青を濃く、グラデーションを付けることで、空の広がりを表した。

（3）事例3（大小関係をひっくり返すことで空想の世界を表したC）

　Cは、手前のものは大きく見え、奥のものは小さく見えるという気付きを生かし、あえて遠くのものを大きくすることで、巨大モンスターを表した。手前のヨットよりも奥のモンスターの方を大きくすることで大小関係をひっくり返した。モンスターを紙粘土でつくり、壁面に貼り付けることで、モンスターが襲ってくる臨場感を出そうと工夫した。

　色を付けている途中、活動が止まり、困っている様子だった。聞くと、ヨットのマストを青にしたが、後ろに緑の森をつくっていることで、目立たないということだった。以前、色の組み合わせについて学習したことを思い出すように提案した。Cは、緑と引き立て合う赤にマストを塗り直して表した。

（河野敬重）

第4章 図画工作科の実践事例

21. 高学年　立体に表す活動①

第6学年図画工作科学習指導案

指導者：○○市立△△小学校　○○○○
日　時：○○年□月□日
学　年：第6学年○組（35名）
場　所：図工室

1．題材名
「自分におくる記念トロフィー」立体に表す活動

2．題材について
①児童観（省略）

②題材観
　本題材は、小学校を卒業するにあたり、6年間を振り返り、現在の自分を見つめ、自分を褒めたり、讃えたり、元気付けたりすることをテーマとした立体造形＝卒業の記念碑をつくり、自らに贈呈するという卒業期を生かした題材である。基本的には、テーマに沿って自分の思いを形にしていく「立体に表す」活動である。記念に残るもの、それに込められたそのときの状況や思いを想起できるオブジェとして飾ってもらえるようなものとしたい。

③指導観
　題材の導入では、資料として実際のトロフィーを取り上げ、造形的な要素への気付きを促す。また立体造形の作品例を見せることで多様な美術の世界へと子どもたちを誘いながら、イメージを膨らませていくきっかけとなればと考え提示する。表現していくにあたっては、アイデアスケッチを必要に応じて行い、自分の願いに近づくために、材料を選択し、形や色の特徴を考えながら、表し方を工夫していく姿を期待したい。自分や仲間の作品の表現のよさや面白さを味わい、自分の造形に対する見方や考え方を深めることができるようにする。

3．学習目標
- 自分の願うトロフィーへの思いを広げ、表したいことを見つけるとともに、材料を選び取り、主題を伝えることや立体の美しさを考えて構成することができる。［知］［技］
- 表したいことに合わせて、これまでの経験を生かしながら、表現方法を工夫することができる。［発］
- 自分や仲間の作品の造形性のよさや工夫された表現のよさを味わい、自分の造形に対する価値観を深めることができる。［鑑］
- 「自分へのトロフィー」への思いを深めることに関心をもち、自分の願うトロフィーに向かうために、表現の仕方を工夫することを楽しむことができる。［態］

4．指導計画（全8時間）
- トロフィーへの発想を膨らまし、題材に対して興味をもつ。
- 自分におくる記念トロフィーのイメージや思いをはっきりさせ、製作への願いをもち、見通しを立てる。
- 表したいことに合わせて、これまでの経験を生かしながら、表現方法を工夫する。
- 自他の作品のよさを認め自分の価値を広げる。

5．評価について

知識・技能	思考・判断・表現	主体的に学習に取り組む態度
・表したいことに合わせて材料や構成の美しさを考えながら造形的な特徴を理解している。（ア［知］） ・これまで経験した用具などを生かし、表現に適した方法を組み合わせ、表し方を工夫している。（イ［技］）	・自分におくるトロフィーへの思いをめぐらせ、材料の特徴を生かし、発想し、自分の意図や思いが伝わるような表し方を考えている。（ウ［発］） ・作品を見せ合いながら、表したかったことについて話し合い、表現のよさと面白さを捉え、自分や友達の作品のよさを味わっている。（エ［鑑］）	・自分におくるトロフィーを表すために、自分の表し方で表現し、新たな表現活動の楽しさを味わおうとしている。（オ［態］）

1. 教師の支援のポイント

（1）事前の材料の準備を計画的に行う

【材料の準備】教師の準備するものと子どもが準備できそうなものを考えて事前に準備しておく。
子どもの準備は、トロフィーのテーマが決まってからでもよい。

【用具の準備】釘やペンチや金づちなどを事前に準備をし、けがのないようにするために用具の使い方も確実に指導する。

（2）作品への願いをしっかりともてるようにする

小学校へ入学し、卒業を迎える時期に製作する作品としてもよい。「小学校生活6年間を振り返り、自分を褒めたり、元気付けたりすることをテーマとした記念トロフィーをつくろう」と自分に向けてのトロフィー製作を提案する。以下は、そのテーマの例である。

- 学級委員として仲間をまとめる努力をしたこと
- 係りの仕事をやり切れたこと
- クラスの合唱を大切して一生懸命歌ったこと
- 下学年の子との関わりを大切にして生活したことなど

（3）子ども目線でよく見て指導・評価をする

子どもは「みる」「つくる」を繰り返しながら製作をしている。でき栄えだけを評価するのではなく、「子どもがどこを見て、つくろうとしているのか」「どんなことを考えながら、手を動かしているのか」と教師は、子ども目線で見て指導を行う。

図1．自分におくる記念トロフィー

（4）鑑賞活動の工夫をする

鑑賞活動は、ただ漠然と仲間の作品を鑑賞するだけでは意味がない。鑑賞活動では「この作品の○○なところがとても面白い」などと自分の見方・考え方を広げる活動なのか、「この色・形や材料の使い方はとても参考になる」と自分の製作の参考となる表現方法を知るための活動なのか、目的をはっきりさせて鑑賞活動を仕組むことが大切である。「もっと○○したい」と次の図画工作科の時間が待ち遠しくなるような鑑賞活動の工夫を行うことが大切である。

6．本時の学習

①目標
- 自分の願うトロフィーに近づくために、材料を選択し、これまでの経験を生かしながら、表現方法を工夫することができる。

②準備するもの
【指導者】ペンチ／釘／はさみ／のり／木工用ボンド／針金／紙粘土等／土台となる木
【子ども】自分で必要と思う材料／カラーセロハン／ビーズ／ビー玉／毛糸等

③本時の展開

学習活動	指導上の留意点	評価の観点と方法
1．前時の学習を振り返り、本時の学習内容の確認をする。 2．仲間の作品を鑑賞し、アイデアを交流する。 【児童の反応】 ・自分が使っていない表現方法や材料の使い方があるかもしれない。仲間の作品もみてみたいな。 【教師の働きかけ】 「作品を見てどんなこと感じましたか？」 【児童の反応】 ・上へのびていく形から目標に向かって努力しているというイメージが伝わってきます。 ・粘土という材料から何事にも負けない強い意志を感じます。 3．課題を確認する。 学習のめあて：自分の願うトロフィーにより近づくよう材料を選択し、これまでの経験を生かしながら、表現方法を工夫しよう。	・仲間の作品を見て感じたことを交流する活動を位置付ける。 ・作品の願いとつなげながら、表現のよさや面白を価値付ける。 ・子どもの製作過程とつなげて学び方を価値付ける。	製作カードから 発言から （ア）（エ）
4．自分の願いに近づくよう材料を選び、形や色を考えながら製作する。 【児童の反応】 ・仲間のトロフィーの作品がヒントになった。 ・もっと願いに近づくようにしたいな 【形から】運動会を頑張ったトロフィーなので形を迫力ある強い感じにするために、下はどっしりとし、上へのびていく形にしてみよう。 【色から】合唱を頑張ってきたトロフィーなのでそのときの気持ちを表す色を考えて製作してみよう。 （見方や考え方を働かせて） 【材料から】1年生との関わりを大切にしてきたトロフィーなのでやわらかく、やさしい感じを出すために和紙をうまく使い表現してみよう。 5．見方・考え方を広げる仲間の作品を鑑賞する。 【児童の反応】 ・この作品は迫力があって、材料の使い方がとてもいいな。 ・この作品は、色の使い方がとても面白い。 6．本時の学習を振り返り、次時への学習の見通しをもつ。 　製作カードに本時行った活動を振り返り、次時への見通しをもつ。 【児童の反応】 ・今日は、色について考え、材料を選んだ。紙粘土を利用すると自分の願うやさしい感じが出せた。	・表現工夫や発想のよさを価値づける言葉掛けを行う。 【教師の働きかけ】 〈言葉掛けの例〉 【思いを引きだす言葉掛け】 ・どんな思いがあるのかな ・どうしてこの「材料」にしたいの 【造形的なよさや面白さを価値付ける言葉掛け】 ・「形・色」は、○○な感じがしてとてもいいね。 ・この「形・色」は、とても願いに合っているよ。 ・この表現方法は、○○なところが面白いね。 【教師の働きかけ】 ・自分にはない表現の面白さを見つけてみよう ・次の時間の自分の製作の参考になる鑑賞活動になるよう工夫する。	活動の様子から 表情やつぶやき （イ）（ウ）（ア） 作品から （エ） 製作カードから 作品から （エ）

2. 子どもの造形活動の実際

（1）子どもの心から生みだされた世界を読み取る　～「自分におくる記念トロフィー」完成作品紹介～

　自分の願いに近づくために、どのような材料を使い、どのような表現方法を用いて製作したのだろうか。試行錯誤を重ねながら、つくり、つくりかえ、つくり続けることで自分の納得のいく作品が生まれたのである。

【作品名】
「運動会の団長をやり切った自分へ」

　優勝という目標に向かい努力したイメージを、直線的に針金で表している。仲間に助けられ、温かい気持ちを、オレンジの和紙によって表現している。

【作品名】
「児童会役員として努力した自分へ」

　児童会役員として日々積み重ねてきた思いをつまようじを重ねて積み上げるという方法で表現している。また、悩んだ思いを、液体粘土を垂らして表現している。

【作品名】
「下学年との関わりを大切にした私へ」

　最高学年として、1年生との関わりをとても大切にしてきた楽しい気持ちをトロフィーにしている。いつも一緒に仲良く遊んだときの気持ちを針金や毛糸で表現している。

【作品名】
「合唱を頑張ってきた自分へ」

　仲間同志で協力しながら、一つにまとまっていく歌声のイメージを針金で芯材をつくり、その周りを紙粘土で覆いながら表現している。また、美しい歌声のイメージをビーズと毛糸で表現している。

（2）仲間と関わりながら、表現のよさや面白さを発見する　～主体的・対話的に学びを深めていく～

　自分の製作活動を豊かにするための方法として、仲間との関わりはとても大切である。仲間と関わることを通して、「自分にはない造形的な見方や考え方を知る」ができる。このような主体的で対話的な活動は「自分のよさや可能性を知り、新たな自分を発見する」ことができる。こうした活動を続けていくことが造形的な見方や考え方を育んでいくと考える。

②班長として仲間に対してやさしく関わった感じを出すために赤系統でまとめたよ。赤やピンクやオレンジを重ね、紙粘土で表現することでさらに優しさを出したよ。

①赤の感じがとても優しくていいし、テーマとすごく合っている。

③なるほど、色を重ねたり、増やすことでこんなに温かく優しい感じが出せるのか。私の作品には、黄色と赤を重ねながら表現するといいかも。

（鎌宮好孝）

22. 高学年　立体に表す活動②　ゆかいな仲間たち

第6学年図画工作科学習指導案

指導者：○○○○
日　時：○年○月○日
学　年：第6学年1組（30名）
場　所：図工室または一般教室

1．題材名
「ゆかいな仲間（人間のしぐさや表情を取り入れた立体動物造形）」立体に表す活動

2．題材について
①児童観（省略）

②題材観
　本題材は、人間のしぐさや表情を取り入れた動物像の製作である。人は人が気になる。人が人を思う気持ちは、人間の本質といえよう。遠い昔、二足歩行を始めた人間の祖先は、自由になった手で道具を使うようになった。そして、泣いたり、笑ったりといった顔の表情や、手を振ったり、全身でポーズをとったりといったボディ・ランゲージを用いながら互いの心を交わしコミュニケーションを発達させてきた。本題材では、立ったり、座ったり、手にモノをもったり、笑ったり、泣いたりといった人間的な表情やしぐさを動物の造形に取り入れることによって、人と心が通じ合う「ゆかいな仲間」をつくるものである。

③指導観
　本題材は、「自由に想像すること」と「よく観察すること」の両方を取り入れたものである。「どんな動物にしようか」「何をしているところにしようか」と自由に想像を働かせるとともに、「笑った顔ってどんな顔」「○○してるってどんな格好」と、友達同士でポーズをとり、その観察を生かした造形活動を行う。
　彩色は、ポスターカラーなどの不透明絵の具で行う。色の選び方は、実際の動物の色にとらわれることなく想像を膨らませ自由とする。また、動物、魚、昆虫などの図鑑を見せて、多様で驚きに満ちた自然の生物の色彩や造形を参考にするのもいいだろう。

3．学習目標
　人間のしぐさや表情を観察して動物の塑像造形に取り入れることにより、人の興味を引く魅力的な表現をする。また、作品を生かす効果的な彩色をする。

4．指導計画（全5時間）
　石粉粘土による造形（2時間）本時、着彩（2時間）、鑑賞（1時間）

5．評価について

知識・技能	思考・判断・表現	主体的に学習に取り組む態度
・目や手の感覚を働かせながらものの形や色を捉えている。（ア[知]） ・へらなどの用具を用いて効果的な表現を工夫している。（イ[技]）	・題材のテーマや動きなど、自分の表したいものを思い付いたり、つくりながら考えたりしている。（ウ[発]） ・自分や友達と作品を見たり話し合ったりするなかで、見つけた面白さや工夫したことに気付く。（エ[鑑]）	・粘土造形や着彩に関心をもち、自分の思いをもった表現をする。（オ[態]）

6．1、2次の学習
①目標
・「○○（動物名）が△△（表情やしぐさ）しているところ」を想像しながら粘土による立体表現をする。

②準備物
石粉粘土／粘土へら／粘土板

1. 題材の特徴

人類は、太古の昔から、現代の各種キャラクターにいたるまで、人間らしいしぐさや表情をした動物像をつくることによって畏敬の念や愛着の心を形にしてきた。人類最古の彫刻とされるライオンマン、メキシコ・オアハカ州の独特な形・色彩をした木彫りの動物、日本最古の漫画といわれる鳥獣人物戯画、江戸時代から伝わる招き猫、現代のアニメーションキャラクターのように人間らしいしぐさや表情をした動物像は、古今東西を問わず人気のキャラクターとして人々に親しまれている（図1～3）。導入では、こうした人間らしい表情やしぐさをした動物像の既存作品を紹介しながら、本題材への子どもたちの関心を向かわせるようにするとよいだろう。

図1．イサイアス・ヒメネス（メキシコ）の作品
メキシコ・オアハカ州のある村では、愉快な動物木彫りが盛んにつくられている。

←図2．「招き猫」日本・江戸時代～
　前足で人を招く姿をした猫の像。商売繁盛の縁起物とされ日本の大衆文化に根付いている。

図3．「鳥獣人物戯画（甲巻）〈髙山寺所蔵〉」
〈写真提供：京都国立博物館〉
　　　　　　　　　　　日本・京都平安・鎌倉時代→
カエルとウサギが相撲をする場面。「日本最古の漫画」と呼ばれ、ユーモラスに擬人化された動物たちが描かれている。

2. 学習活動の実際

（1）石粉粘土について

粘土は、彩色が可能で丈夫な石粉粘土がよい。石粉粘土は、石を粉状に砕いたものに接着剤などを混ぜて粘土状にしたもので、他の粘土と同様に形を自由に変えられるとともに、次のような特徴がある。

- 乾燥して固まり、固まった後に削ることができる。
- 白く石膏のような触感がある。
- 絵の具で彩色ができる。
- 絵の具を混ぜ合わせて着色できる。
- 耐水サウンドペーパーで表面処理をするとつるつるになる。

なお、石粉粘土は乾燥すると固まるので、2時間続きの授業で行うとよい。

図4．粘土は一つの塊からつまみ出して頭や手足などの部分をつくると壊れにくい。

（2）活動の進め方

❶参考作品を観察する

例えば、有田焼の「まねき猫」を見せながら、気になったところ、面白いところなどについて子どもたちの感じたことを聞きだしながら、人間の表情やしぐさをした動物像に興味をもたせる。

❷つくりたい動物とその姿を考える

「どんな動物が、何してるところをつくろうか？」などと教師が問いかけ、「○○が、○○しているところ」を子どもが応えながら想像を膨らませていく。

❸形をつくる

4人程度のグループをつくり活動を行うと、互いの作品を眺めながら友達の活動がよい刺激になる。各自工夫して、粘土へらを使ったりする。粘土は一つの塊からつまみ出して頭や手足などの部分をつくると壊れにくい。

③本時の展開（２時間分）

学習活動	指導上の留意点	評価の観点と方法
１．導入（○子ども、◆教師） **学習のめあて①　招き猫を観察しよう** 【予想される子どもの発言と教師の言葉】 ○ネコが「こっち来てっ」てしてる。 ◆ネコのどこが「こっち来て」てしてる？ ○手を挙げて、こうしてる、ところ。 ◆そうだねえ。ネコは、ふつう、そういうことする？ ○するー／しない ◆じゃあ、みんなはする？ ○するー ◆ネコは、顔をかいたりするときに似たことはするけど、「こっち来てっ」という意味でこんなふうに手を挙げたりはしないねえ。招き猫は、ネコに人間のしぐさをさせたポーズをしてるんだねえ。なんだか、面白いねえ。	・例えば「招き猫」を見せて、気になったところ、面白いところなどについて子どもたちの感じたことを聞きだしながら、人間の表情やしぐさをした動物像に興味をもたせる。 （写真よりも、招き猫の立体像を子どもの前に実際において話すとよい） ・どんな動物が、何をしているところをつくってみたいか、子どもたちに発言してもらう。	会話の様子 （ア）
学習のめあて②　つくりたい動物とその姿を考えよう！ 【教師の発言】 「みんなは、どんな動物が、何してるところをつくってみたい？」 【予想される子どもの発言】 ・ペンギンが泣いてるところ ・ブタが腕組みして考え事してるところ		会話の様子 （ウ）（オ）
２．製作・塑像（２時間） **学習のめあて③　「ゆかいな仲間」をねん土でつくろう！** ・石粉粘土で「ゆかいな仲間」をつくる。	・粘土は一つの塊からつまみ出して頭や手足をつくると壊れにくいことを伝える。 （部品別につくると壊れやすい） ・粘土の状態にあわせて水をつけたり、細かい部分は粘土へらを使ったりする。	活動の様子 （イ）
学習のめあて④　お友達のポーズやしぐさを観察して表現に生かそう！ ・お友達に、○○している顔やポーズをしてもらい、その表情やしぐさの特徴を造形表現に盛り込む。 ３．後片付けをする。	・例えば子どもを二人一組で交代にポーズをとるようにする。 ・骨の角度、筋肉の付き方、重心の位置などに注視させる。	活動の様子 （ウ）

しばらくしたら二人一組で、交代で相手がつくろうとしている「○○しているところ」のポーズをして、その表情やしぐさを観察する。その際、骨の向きや肉の付き方などに留意する（図5）。

❹ **自然界の動物を観察する**

各種の動物図鑑などを使って、子どもたちが生物の造形に興味をもつように働きかける（図6）。例えば、自然界の色合いや模様の豊かさを伝えるために、熱帯魚の図鑑は有効である。

図5．粘土へらを使い細部にこだわる。

❺ **色を付ける**

絵の具は、ポスターカラーなどの不透明絵の具で行う。彩色は、まず下地の色を塗り、下地が乾燥してから細部の塗り分けや模様を入れるとよい（図7、8）。自然界の動物の配色を参考にするのもいいだろう。

図6．図鑑などで各種の動物を見る。　　図7．下地を塗る。　　図8．模様など細部を塗る。

❻ **友達同士での鑑賞**

作品のタイトルを「○○が、○○しているところ」とし、自分の作品のこだわったところを発表する。また、友達の作品の面白いところ、気になったところなどについて話し合う。ワークシートを用いて感想を書き込むのもいいだろう。また、あえて言葉を使わずにじっくり作品を鑑賞する時間もとりたい。

❼ **展示**

ゆかいな仲間たちを一同に集めて教室の一角などに飾るといいだろう。また、教室だけでなく校内の適切な場所や地域の公共的な施設などに展示することもできる。また、作品だけでなく、表現の過程を写真やビデオなどで記録したものを紹介するのもいいだろう。

3．本題材における指導法について

本題材は、子どもの自由な想像を形にするものである。子どもが自分らしさを発揮し、工夫しながら、満足いくものができるように、教師は、机間指導をしながら各自の作品のいいところを積極的に見つけだして褒めながら進めるとよい。そのときの声掛けは、単に「上手だね」ではなく、「○○が、△△なのが、いいね」のように、子どもが、具体的に、どこがどうして褒められたかわかるように伝えるのが大切である。また、自由な想像を形にする本題材の予行練習として貝殻や木の実などをモチーフにして、同じ大きさ、同じ形、同じ色の「本物そっくり」をつくる題材を取り入れるのもいいだろう。

図9．本物そっくりの貝殻作品

（冨田晃）

23. 高学年　工作に表す活動①　屏風づくり

第6学年図画工作科学習指導案

指導者：〇〇市立〇〇小学校　〇〇〇〇
日　時：〇年1月15日
学　年：第6学年1組（21名）
場　所：図工室・教室（話し合いの場合）

1．題材名
「卒業式の屏風づくり」（共同製作）工作に表す活動

2．題材について
①児童観（省略）

②題材観

　本題材は、6年生が卒業に向けて取り組む共同製作である。卒業式に、クラスで1年間の思い出を飾りたいという子どもたちの願いが屏風づくりとなった。これは、子どもたちが表したいことを主体的に表現し、クラス全員で協同して活動する過程を大切にし、図画工作科のねらいとクラスづくりを関連させた学習である。子どもたちは、初めて「屏風」という表現方法に出会うため、導入で日本の伝統的な屏風や絵を鑑賞し、構図や完成のイメージをもってから製作に入るようにした。ベニア板に金の紙を貼り、その上に切り絵を貼り合わせていく製作方法である。

③指導観

　共同製作は、個人の思いを大切にしながらクラスで伝えたいことをみんなでつくる喜びや達成感を味わえるようにしたい。そのために、クラス全員が目標を共有し、一人一人の造形能力を発揮させることが大切である。まず、活動に入る前に子どもたちが、自分たちで役割分担をし、調べ活動や材料集めなどの準備をし、みんなのアイデアをまとめ進めていく話し合いが重要となる。子どもたちにつくりたい屏風のイメージをしっかりもたせ、チームの協同活動とチーム同士のつながりをもたせながら製作を進めていく。

3．学習目標
- クラスの大切な1年間の思い出を、四季に分けてイメージを広げ貼り絵で表現する。［知］［技］［発］
- 自分の役割をしっかり果たし、クラスみんなで協力して屏風を完成させる。［態］

4．指導計画（全6時間＋学級活動2時間）
- 第1次…日本の伝統的な屏風や浮世絵、花札の絵柄などを鑑賞する。（1時間）
- 第2次…屏風の共同製作の進め方や役割分担などを話し合う。（学級活動1時間）
- 第3次…ひとり一人が、クラスの思い出をアイデアスケッチする。（1時間）
- 第4次…クラスのアイデアスケッチをもとに、屏風の構図やおおまかな下絵を決める。（学級活動1時間）
- 第5次…春・夏・秋・冬の4チームに分かれてイメージを深め製作する。（3時間）1/6 本時
- 第6次…4つの季節をつなげ、屏風に仕上げる。（1時間）

5．評価について

知識・技能	思考・判断・表現	主体的に学習に取り組む態度
・クラスで1年間の思い出を振り返り、日本の伝統的な屏風を知っていることと合わせてイメージを広げ、表し方を工夫したりする。（ア［知］［技］）	・クラスの話し合いから、表したいことを思い付いたり、材料の使い方を考えたりしている。（イ［発］） ・日本の伝統的な屏風を知り、その表現のよさや美しさを感じ取っている。（ウ［鑑］）	・クラスの思い出を共有し、進んでつくり上げることの喜びを味わおうとしている。（エ［態］）

6．本時の学習
①目標
- チームで協力して、季節に合わせて思い出の場面を貼り絵で表現する。

1. 共同製作のよさ

　図画工科のねらいである子どもたちにつくりだす喜びを味わせるために、本題材は、協同してつくりだすよさを感じ取れるものである。卒業前の６年生のクラスは、集団としてクラスがまとまる時期であり、担任は、クラスの子どもたちへの思いが高まる。子どもたちも小学校最後の思い出となり、みんなで力を合わせる授業として効果的である。共同製作のよさは、個人の発想や造形能力を生かしながら、一つにつくり上げる過程で、より豊かで多様な表現を実現していくところにある。他者の思いや個人の表現を尊重し、構想をまとめ上げる話し合いは、図画工作科だけ

図１．卒業製作に向けてみんなでアイデアを出し合う。

でなく、どの学習においても大切な力である。話し合い活動を生かした主体的、対話的な学びと造形表現の可能性を開く共同製作にしたい。

2. 学習活動の実際

　まず、屏風製作の下絵づくりでは、子どもたち一人一人が四季のイメージと一年間のクラスの思い出を重ね合わせたアイデアスケッチを描くことから始まる（図２）。

図２．アイデアスケッチを描く。

　運動会、修学旅行のような大きな学校行事、他にもそれぞれの季節ごとの思い出を絵に描き出し、その資料をもとにチームとクラスで話し合う活動が重要となる。ここでは、春・夏・秋・冬チームに分かれて４枚の構図を考えた。次に、各チームで考えた４枚の構図を、一枚の大きな屏風に構成する活動が、チーム代表の話し合いで行われる。四季の流れを表すとともに、秋の修学旅行の行先である岐阜城を中心に置き、龍が空に舞い踊る案で躍動感が加わった。春には、校庭の見事な桜の木と、夏には、富士山と学級園のひまわりと地域の大きな花火大会。そして、最後の冬には、３学期の思い出のスケートが絵に配置されクラスで発表された（図３）。

　各チームの活動は、まずは、個人の発想が尊重され、各自が季節のイメージに合うように様々な色の紙を使い、モチーフを自由に切り取っていく。また、切り取る方法だけでなく、折り紙の折り方を調べてモチーフをつくるようにもなった（図４）。

図３．構図をクラスで発表する。

　桜の幹を表現する春チームは、色画用紙にパスで塗り込み、幹の表面の色合いを表現していた（図５）。

図４．様々な方法でモチーフを考える。

図５．パスで幹の色合いを表現する。

②準備物
　色紙／金色の紙／はさみ／カッター／のり／絵の具／アイデアプリント／資料（イメージする見本）など
③本時の展開

学習活動	指導上の留意点	評価の観点と方法
1．学習のめあてをつかむ。  チーム代表が発表する様子	学習のめあて①　「屏風の全体下絵ができました。春夏秋冬チームに分かれて作業を始めましょう」（4チーム代表が、本時の進め方を説明する） ・個人のアイデアを生かすように助言する。 	（イ）（エ） アイデアプリントの記述 チームの主題設定 活動の様子 チームの対話 （素材の形や色彩の工夫）
2．チームで話し合ってから、各チームで作業をする。 ・季節を考えて、チームで主題を決める。 ・各自が材料をつくる。  折り紙でひまわりを表す夏チーム	学習のめあて②　並べたり、重ねたりしてどんなことができるかな？ ・素材を金色の紙の上に置き、構図や色彩を確かめるように促す。 	 （ア） 千代紙を組み合わせて、和風な色と形に工夫している。
3．構図を決めて材料を貼る。 ・様々な木片の形や色に着目し、並べたりつなげたりしながらどんなことができるか考え、工夫する。 	学習のめあて③　友達とつないでみよう。 	 （ア） 花札の鶴の絵を参考に、鶴の羽根の色を工夫している。
4．クラスの作品を見て、自分のチームを振り返る。  ・他のチームの作品を見て回り、気付いたことを話し合う。	・他のチームの作品を見て、感想を話し合い、次の意欲につなげさせる。 ・材料の形、色の組み合わせ、構図などに着目させる。	（ウ） 鑑賞する態度やつぶやき （エ） 振り返りの記述

図6．龍を配置する構図を考える①。　　図7．龍を配置する構図を考える②。

秋チームは、城や龍のモチーフが複雑になってきたので、他のチームの応援が加わることになった。特に、龍を城の周りに踊るように構図を取るのが、難しいようであったが何度も描き直すことで納得できたようである（図6、7）。

卒業式の練習が始まる頃、この屏風は完成させることができた。子どもたちは、この屏風の前で卒業証書を授与されることになった。6年間共にした仲間と一人一人が思いを込めた貼り絵は、金色の下地に輝きを増した。

図8．協力して作業を行う。

図画工作科と学級活動を組み合せたこの実践は、小学校の担任ならではの願いと計画が必要である。学級担任は、日頃から子どもの心を推し量り、クラスのよい人間関係づくりに努力し、様々なドラマの中で卒業式を迎えることになる。そのような背景をもつ今回の屏風づくりの共同製作の取り組みは、図画工作科の学習での子どもたちの創造力が一つに織り込まれた作品となり、意義深いものになったと思う。何より、子どもたちが完成するまで、自分たちの力で仕上げたい、どうすればよりよい屏風になるのか、何度も話し合い、みんなで協力し合うことができたことが財産となったようだ（図8）。

子どもたちは、屏風づくりは初めての体験であったので、日本の伝統美術である尾形光琳の『紅白梅図』や、俵屋宗達の『風神雷神図屏風』や、狩野永徳の金碧画、葛飾北斎の浮世絵『富岳三十六景』や花札のデザインを鑑賞し参考にした。特に、金色の画面に余白を残す構図は、これらの日本の美術の鑑賞を取り入れたことが生かされたようである。

下絵の段階で、ある男子が、寺の天井画に描かれた龍の絵の本を持ってきて、「龍をお城の周りに入れたい」と、チーム代表に話した。その案は、すぐにクラスの賛同を得ることができ、この屏風に躍動感を増すことができた。チーム別の作業は、次第に、他のチームによい刺激を与え合い、貼り絵の技法に工夫が見られるようになった。色紙をそのままで使うのではなく、質感や色合いを変化させるために絵の具やパスやコンテを塗り込んだり、手でちぎったりする方法などが表れた。金色の地に、様々な色と形になったクラスの思い出が映しだされ、完成したときはみんなでつくり上げる喜びを実感することができたのではないだろうか。屏風の建具は、学校の校務員の方が手伝ってくださり舞台に飾ることができた。ここでも多くの人たちに支えられ卒業できることを学んだだろう。

本実践は、学年が単学級で少人数の21名の児童数のクラスでの取り組みであった。担任は、2年間持ち上がりで、クラスの子ども同士のつながりと担任とのよい関係性の上にあったことは言うまでもない。共同製作は、学年やクラスの児童数や実態などを考え計画することが大切である。何より子どもたちと指導者がどんな思いで製作するのか、子どもたちの願いを考えて共同製作に挑戦させ、仲間と協力してつくり上げる喜びを味わわせたい。

（岡田陽子）

第4章 図画工作科の実践事例

24. 高学年　工作に表す活動②

第5学年図画工作科学習指導案

指導者：竹本封由之進（大阪大谷大学）
日　時：〇年年12月8日、15日
学　年：第5学年3組（38名）
場　所：図工室

1．題材名
「天下一の兜」工作に表す活動

2．題材について
①児童観（省略）
②題材観
　本題材は、戦国時代に実際にあった『変わり兜』を基に、その存在価値を知り、「自分だったら…」とイメージした兜を身辺材でつくり、軽量色粘土で覆うことで彩色していくものである。高学年の児童は、歴史にも興味を示し始めているので、関心・意欲を引きだすにもぴったりの題材である。また、思春期に向かうこの時期の児童は、内面も成熟していく時期にあるため、自己の内面を見つめるよい機会になると考えている。
　さらに、材料・用具に関して言えば、身辺材は低学年、中学年で扱ってきたので、材料経験や用具の扱い、技能などを総合的に生かせる題材であると考えた。

③指導観
　指導に当たっては、関心・意欲を引きだすため、実在する『変わり兜』の資料を使うことで、日本史に興味をもち始めている高学年児童の知的好奇心を刺激できるのではないかと考えた。また、装着できる大きさのカップを用意し、かぶるという用目的を組み込んで実用性を加え、より身近で、より真実味をもった表現活動になるようにした。表現時には、意図が伝わっているかを確かめるために、途中鑑賞を取り入れる。
　以上の指導を加えることで、伝えたい内容の効果的な手段を試行錯誤したり実現させたりする力が育つと信じている。さらには、自己の内面と表現の関係にまで気付き、自己表現、自己実現につながってほしいと願っている。

3．学習目標
- 自分らしさを表す兜をイメージし、必要とする材料を使って意図が伝わるように工夫して表現する。

4．指導計画（全4時間）※本時はその1
- 第1次　様々な形の兜を見て、兜の必要性と変わった形の兜の意義を知る。（1/3時間）
- 第2次　必要な材料を組み合わせて、自分らしい兜の形をつくる。（2時間）
- 第3次　自分らしさを強調するために必要な配色を考え、色粘土で彩色する。（1と1/3時間）
- 第4次　友人と兜とを比べて、表現の面白さやよさを楽しむ（1/3時間）

5．評価について

知識・技能	思考・判断・表現	主体的に学習に取り組む態度
・変わり兜に見られる形や色、特徴を捉え理解している。（ア[知]） ・意図した自分らしさを表現するために、形や色を組み合わせて表そうとしている。（イ[技]）	・形や色で伝えたい自分らしさをイメージして、構成を考えながらつくっている。（ウ[発]） ・兜の作品に表れた友達らしさの特徴を見つけ、そのよさや美しさを感じ取ったり味わったりしている。（エ[鑑]）	・変わり兜のもつ意味を知り、自他の表現でも積極的に意味を見いだそうとしている。（オ[態]）

6．本時の学習
①目標
- 特徴のある形の兜を基に、自分らしさを表せる兜をイメージして、各自が意図した自分らしさが効果的に伝わるよう身辺材を組み合わせて表現する。

1. 題材の特徴

（1）『兜』が示す意味

　一般的に『兜』といえば、五月人形や折り紙の兜の形を思い浮かべる子どもが多い。しかし、現存する兜にはかなり違った形のものが何種類もある。時代による違いもあるが、使用する武将の信念、性格、考え方などを反映したものも多数存在する。一見、目立つ兜をかぶっていると、敵から狙われやすいので、不利とも思われるが、指揮を執る場合に味方の将兵が判りやすいというメリットが考えられる。また、将兵が納得できる信念を示すことで、戦いの正当性を鼓舞したり、逃げ隠れしないという堂々とした態度から士気を高めたりする意味もあったのかもしれない。

　つまり、兜の形は、頭部保護という意味だけではなく、使用者の内面を表すものであるともいえる。そういった部分を理解しないと、この題材は単に各自の好きな飾りを付けるだけの活動になってしまう。歴史を学ぶ高学年の児童向きであり、教科横断的な学びとしたい。

（2）材料・用具について

　兜を形づくる材料となるコップ、トレイ、筒などの身辺材は、低学年から造形遊びや立体に表す活動などで慣れ親しんでいるものである。イメージしたものを形にしたり、身辺材同士を多数組み合わせたりする活動の経験は少ないが、これまでの経験からそれぞれの特徴は体得している。また、組み合わせがスムーズに行えるよう、シンナー不使用で変成シリコーン樹脂使用の化学反応形接着剤を準備し、固定を確実にするために各種洗濯ばさみも用意した。

　土台となるカップは、Φ18.7cmの大きさにして、実際にかぶることができるものを選んだ。工作に表す造形表現活動では、デザイン性とともに用目的も大切な要素と考えたからである。次頁展開部分に載せた写真のように、最初に配られたカップをさっそく頭に乗せたり、つくるたびに頭に付けて試したり、できあがった兜をかぶって満足げな子どもの姿などが見られた。

　さらに、切断を考える子どももいると考えたので、普段使っているはさみだけでなく、力を入れないと切れない部分のために万能ばさみを用意した。

　第3次からは彩色にかかるが、この場面では軽量の色粘土を使うことにした。形だけでなく、色によるデザインも行い、思い浮かべたイメージを手際よく表現するねらいである。また、軽量粘土を使うことで、前に述べた「つくったりかぶったり」もしやすいと考えたからでもある。

2. 学習活動の実際

　導入時に、少し時間を多めに使って、兜について話し合うことにした。兜の用途を質問したところ、頭部保護についてはすぐに思い浮かんで答えが返ってきた。次に、様々な変わり兜を紹介して、上で書いたような変わり兜の意義を説明したところ、興味津々で目を輝かせていた。そこで、

「今日は、一人一人が大将になって、味方たちが遠くから見ても判りやすい兜をつくります」

と言ったとたん、歓声が上がった。さっそく土台となる大きいカップを配ったところ、頭にかぶってみる、友達がかぶっている様子を観察する、角度を変えて自分だけのかぶり方を工夫するなどの積極的に関わる姿が見られた。

　さらに子どもが追究できるようにと考え、次のように発問した。

「自分らしさは友達と違う部分ともいえます。性格や好きなこと、信じていることや大切にしている考

②準備物
　　変わり兜資料／カップ（大）／身辺材（箱、コップ、トレー、筒など）／接着剤／軽量色粘土／はさみ／万能ばさみ

③本時の展開

学習活動	指導上の留意点	評価の観点と方法
1．学習のめあて①をつかむ。		
学習のめあて①　いろいろな形の兜がある理由を考えよう。		
【教師の働きかけ】 「戦国時代の兜には変わった形のものがあります。武将の兜の形が特徴的なのは、何か理由が考えられますか？」	・資料の変わり兜から、次の点を押さえる。 「全軍を指揮するために目立つ必要がある」 「人柄を表すことで自軍の大将が判る」	表情やつぶやき （ア） （イ）
2．学習のめあて②をつかむ。		
学習のめあて②　自分らしさが伝わる兜を形づくろう。		
【教師の働きかけ】 「実際にかぶれる兜に飾り付けて、家来たちが自分を見つけ易いように形づくろう」 【予想される子どもの姿】 ・頭にかぶってイメージを膨らませる。 ・材料を組み合わせて兜の形を考える。 ・材料を取り替えて感じの違いを比べる。		活動の様子 （イ） （ウ）
3．学習のめあて③をつかむ。	・どんな特徴を表すか問いかけて意識させる。	
学習のめあて③　自分らしさ、友達らしさを確かめよう。		
【教師の働きかけ】 「付け方や組み合わせまで考えて工夫したね。友達の工夫で、その人らしさを見つけたら、声に出して言ってあげましょう」 【予想される子どもの姿】 ・考えつかなかった組み合わせを褒める。 ・その子らしさを、兜を通じて再認識する。	・見つける力の大切さを確認する。 ・意図がどれだけ伝わったか、確認させて、次時の表現につなげる。	表情やつぶやき 会話の様子 （ア） （エ）
4．学習のめあて④をつかむ。		
学習のめあて④　さらに自分の兜らしくしていこう。		
【教師の働きかけ】 「1時間程続けますが、その後、色粘土を付けるので、色でもさらに伝えましょう」 【予想される子どもの姿】 ・記号などで表せないか考える。 ・自分にぴったりの配色を考える。	・さらなる表現に向けて、次の点を押さえる。 「伝えたい内容は、1つでなくてもよい」 「好きなものや考えを含めてよい」 「色でも自分らしさの表現を考える」	表情やつぶやき （イ）
5．後片付けをする。	・次時継続のため、危険な物を協力して片付ける。	

えなど、たくさんあると思うけれど、それを形だけで伝えるにはどんな形にすればいいだろう？」

しばらく考えに沈む時間が続いたが、やがて思い浮かんだ子どもから、アイデアを描きとめる紙を求めたり、材料となる身辺材を選びに行ったりする活動が始まった。それをきっかけに、

「4年生のときに使った透明なカップはない？」

「たくさんくっつけてつくってもいいでしょ？」

と、質問というより、思い浮かんだイメージに向かった表現活動が始まった。

並べたり組み合わせたりしてつくるのはこれまでに何度も体験しているので、よどみなくつくっていく。接着剤は初めての種類でも、これまでの経験を応用して問題なく使いこなしている。経験を積み重ねることの大切さを改めて感じた。

図1．相互鑑賞で確認し合う。

図2．色粘土で表現する。

ある程度形が見えてきた段階で、相互鑑賞を入れ、自分らしさが伝わっているかを確認した。この時点で、次の二点を押さえた。

①表す自分らしさは、一つだけでなくてよい。

②次時に色粘土で覆って彩色するので、色は考えなくてよい。

この二点を付け加えることで、さらなる自分らしさを追究する姿が見られ、意欲を継続しながら前半の活動を終えた。

後半は、形づくりの完成から始めた。新たに思い付いた表現も加えることができるかと考えたからである。もちろん、彩色時に思い付いたことがあれば付け加えることも可能だと伝え、彩色による自分らしさの表現活動に入っていった。

「これから色粘土で色を付けますが、ただ付けていくのではなく、色でも自分らしさを表しましょう。これは違うと思えば、付けずに新たな色を選びましょう」

と、語りかけた。配色を考えながら丁寧に色粘土を付けていったり、色粘土を混ぜて自分らしさを表す色をつくったり…軽量粘土は初めてであるが、紙粘土の経験から扱いには困らず、色を塗る感じで彩色を楽しんでいた。

第4次の鑑賞では、友達らしさがあふれた兜を見て、内面と表現には密接な関係があることを肌で感じていたようである。

図3．運動好きだから色も形も力強く！

図4．料理とドラえもんが好き！

図5．マイペースで猫好きだから後ろにも

（竹本封由之進）

第4章　図画工作科の実践事例

25.独立した鑑賞の活動①

第3学年図画工作科学習指導案

指導者：宇都宮大学教育学部附属小学校
　　　　大塚　智大
日　時：〇年6月26日
学　年：第3学年3組（34名）
場　所：図工室

1．題材名
「絵の世界を想像しよう」鑑賞する活動

2．題材について
①児童観（省略）

②題材観
　本題材では、カンディンスキーの作品を用い、絵に描かれている要素を基に絵の世界を想像する鑑賞活動を行っていく。カンディンスキーは、抽象絵画の先駆者として知られる。本題材では、同じ年代に製作された『Around the Circle』『支え無し』『黄・赤・青』の三作品を用いて鑑賞活動を行っていく。これらの作品は、一枚の絵の中に様々な要素が入っており、様々な見方で解釈することが可能である。そのため、絵の様々な部分から描かれているものを見つけたり、それぞれをつないだりしながら自分たちの見方で楽しく絵の世界を想像していくことができると考えた。

③指導観
　本題材は、「作品に描かれている要素をもとに絵の世界を想像し、自分たちの見方で楽しく鑑賞する」ことに焦点を当てている。指導の工夫としては、まず、一枚の絵をもとに学級全体で鑑賞し、一人一人が自分の見方で作品の解釈を考え、対話しながら互いの見方を交流させる。対話により、自分とは異なる視点の面白さに気付き、多様な見方ができると考えた。
　また、物語をつくる際には、様々な要素の形や色などをもとに見立てをし、どのようなことが描かれているかについて、対話しながら物語を想像していく活動につなぐことで、自分たちの見方で想像力を働かせながら能動的に鑑賞することができると考えた。
　さらに、一枚目に描かれている要素が含まれるもの、特に同じ形や模様が含まれていながらも、色合いが違うものとして、二つの作品を加えて三枚の作品を提示し、物語を考えていく。三枚の絵をつなぐ順番を考えたり、場面の様子や移り変わりを考えたりしながら物語を想像させることで、描かれている要素の形や色に着目して、楽しく想像して物語をつくっていくことができると考えた。
　そして、題材の最後には、グループごとにつくった物語を伝え合う活動を設定し、それぞれの見方のよさや感じ方の違いを楽しむことができるようにしたいと考えた。

3．学習目標
- カンディンスキーの作品をもとに、描かれている様々な要素から見立てやつながりを意識しながら絵の世界を想像する。

4．指導計画（全2時間）
- カンディンスキーの作品をもとに、絵に描かれた世界を想像する。また、複数の作品を使い、それぞれの作品の特徴を生かした物語を小グループで考える。（本時1時間）
- グループごとに考えた物語を発表し合い、友達の作品の見方を楽しむとともに、互いの感じ方のよさを味わう。（1時間）

5．評価について

知識・技能	思考・判断・表現	主体的に学習に取り組む態度
・絵の中に描かれている形や色の感じ、それらの組み合わせによる感じがわかる。（ア［知］）	・友達と対話しながら美術作品に描かれている様々な要素について考え、絵の世界を感じ取っている。（イ［鑑］）	・美術作品に描かれている様々な要素をもとに、見立てやつながりを意識しながら絵の世界を想像し、自分なりの見方や感じ方で味わう。（ウ［態］）

1. 題材の特徴

（1）図画工作における鑑賞とは？

　図画工作における鑑賞は、創造的な活動として表現と密接に関連する。そのため、自分の作品、友達の作品を対象に、多くの表現題材には鑑賞活動が効果的に組み込まれている。また、図画工作には独立した鑑賞の題材があり、そこでは美的に表現されたものが鑑賞の対象になる場合が多いが、単に美術作品に見られる美的価値を学習するばかりではなく、表現の面白さや様々な造形性、さらには、美術作品以外の日常生活にある身近なものや環境、物を触った感触や言語的イメージをもとに、独立した鑑賞の題材が実践されている。例え

図1．気付いたことを発表し合う鑑賞の一場面

ば、子どもたちが校内で面白い形や顔に見立てられる物などを探して写真を撮り、写真に補充したい絵を付け加えて発表する題材や、「○○○な形」「○○○な色」など言葉をもとにしてイメージできる形や色を短時間で簡単な絵に表してみる題材などである。このように独立した鑑賞の題材では、鑑賞する対象を、美術作品に限らず、広い領域にわたって柔軟に求めることができる。また、どのような観点で独立した鑑賞を行うか（対象の美的価値、造形性、面白さ、楽しさ、主題、メッセージ性、歴史、身近な環境、文化理解など）、学習のねらいを明確にして独立した鑑賞を授業化して行きたい。

❶ 表現の題材に組み込まれる鑑賞活動の留意点

- 授業の導入の鑑賞では、参考作品や美術作品から関心・意欲を高め、発想・構想のきっかけをつくる。
- 授業のまとめ、表現の過程における鑑賞では、友達の作品に共感したり刺激を受けたり、自分の作品について思いや見方を深めたりできるようにする。
- 授業時間以外にも自由に鑑賞ができるように、教室や校内の適切な場所に作品を展示したり、鑑賞のコーナーや学校美術館などを設けたりする。

❷ 独立した鑑賞における授業化の留意点

- 鑑賞の対象を幅広く捉える（美術作品、日常の身近なものや環境、触覚、言語的イメージなど）。
- 鑑賞の授業における学習のねらいを児童の発達に即して検討する（美術作品の鑑賞は主に中学年以降）。
- 美術作品の鑑賞では、実物に接する機会も考慮し、美術館の利活用や連携なども検討する。
- 美術作品の鑑賞では、鑑賞資料の作成、ビデオやスライドなどの視聴覚機器の使用、また、ワークシート等の副教材を取り入れるなど、学習環境の整備や適切な教材準備が必要になる。

（2）美術作品の鑑賞

　美術作品を鑑賞の対象にした本題材では、子ども一人一人が対象にいかに向き合うことができるか、能動的鑑賞を考慮した学習支援が計画された。図画工作の鑑賞は美術作品について学ぶのではなく、感性を働かせ、子どもたちの個性と感覚による体験的な発見や気付きを導くことが求められる。本題材では、「対話による鑑賞」によって、作品を見て気付いたことを基に意見交換を行い、作品の色や形からイメージ化したり、作品の主題や物語を導いたりすることで、互いの感じ方や作品のよさを味わうことができる。

2. 学習活動の実際

　本題材では、「対話による鑑賞」★1 を基にした言語活動やグループワークを通して、子どもたちの発想や想像力を刺激することで見方や考え方を深める。抽象絵画の先駆者、ワシリー・カンディンスキー（Vassily Kandinsky、1866-1944年、ロシア）の作品を教材とし、作品三点から「比較鑑賞」を行うことで、造形性やモチーフ、形や色の共通点と相違点などを捉え、最初に作品を見たときの漠然とした印象から発展的に具体的なイメージを導く学習活動である。美術作品の鑑賞では、次のような作品を構成する要素から作品を見ることができる。

６．本時の学習

①目標
- 絵の中に描かれている要素をもとに、形や色などから見立てたり、つながりを考えたりしながら、絵に描かれている世界を想像する。

②準備物
作品『Around the Circle』『支え無し』『黄・赤・青』（実物大に拡大したもの）／ワークシート

③本時の展開（１時間分）

学習活動	指導上の留意点	評価の観点と方法
１．本時のめあてを確認し、活動の見通しをもつ。	・一つの要素について数人の見立てを発表させた後にめあてを提示することで、自由な見方・感じ方で見る面白さを感じ、関心を高めることができるようにする。	
学習のめあて　どんな世界がかくされている？　絵を見て物語を想像しよう！		（ウ） 活動の様子 （ア）（イ） 発言
２．カンディンスキーの『Around the Circle』に描かれた要素や色合いをもとにして、絵の世界を想像する。 【教師の働きかけ】 「この絵の中にどんなものが描かれているかな」 【予想される子どもの姿】 ・三角の下に虹みたいなものがある。 ・色が明るいから楽しい世界なんじゃないかな。 ・虹みたいなものもあるし、小さい三角の部分はブランコみたいだから、きっと夢の公園の世界だと思う。 	 ・じっくりと作品と向き合う時間を設定することで、自分の見方・感じ方で作品の要素を見つけ、自分なりに作品の解釈をもつことができるようにする。 ・一つの要素を様々な視点から詳しく見たり、つなげて考えたりできるように、子どもの発言を、要素別に整理して板書する。 ・子どもの多様な意見を受容しながら、意見をつなぐようにコーディネートしていくことで、互いの見方・感じ方のよさを生かして絵の世界を考えていけるようにする。	
３．絵に描かれた要素の見立てをもとにして、三枚の絵のつながりを考えながら物語をつくる。 【予想される子どもの姿】 ・四角い模様のものは、魔法のじゅうたんで、いろいろな世界に飛んで行ける。 ・この絵はテントの中の色と似た色だから、ここでつながっている。 ・一つの描かれている要素や色合いをもとにして絵をつなぎ、物語をつくっている。 	・グループごとの自由な作品の捉えを生かした物語をつくることができるように、グループごとに三枚の絵を配布し、自分たちの見立てをもとに並び替えながら考えられるようにする。 ・三枚の絵を描かれている形と色を観点として示し、比較して見るよう促すことで、共通点や違いをもとにしたつながりを考えられるようにする。 ・多様な捉えで想像できているグループを紹介することで、視点を広げ、多様な見方・感じ方で豊かな想像力を発揮することができるようにする。 	（イ）（ウ） 表情やつぶやき 活動の様子
４．本時を振り返っての感想を伝え合う。	・想像した世界を発表させ、聞き合わせることで、一人一人の見方・感じ方を広げられるようにする。	

● 作品の構成要素－主題と表現
- 主題…作品で扱われる中心的な内容やテーマのことで、大きく二つの要素からなる。ひとつは「メッセージ的主題」で、これが一般的な作品の主題であるが、作品によっては、もうひとつの「造形的な主題」だけが際立つ場合もある。造形作品の主題は、題名や描かれたモチーフなどを含むものであるが、言語表現よりも抽象的で主観性の強いものや造形的な問題自体が中心的テーマとなることがある。
- 表現…気持ちや思想の顕れとして色や形で造形的に作品に示されるもので、様々な造形要素の総体である。造形要素には、絵における色や形、線、陰影、明暗、遠近感、構図（バランス、対比など）、立体における量感や動き、空間性、大きさや技法、素材そのものも含まれる。また、写実、抽象などの作風や美術史の様式区分も表現を支える要素である。

図2．クラス全体での鑑賞の様子

本題材でも、作品の構成要素に注目した鑑賞活動が行われている。導入のクラス全体での鑑賞には、作品三点の実物大の複製が用意された。まず、自由に印象を述べることから始め、次に、描かれたモチーフや抽象的な形を意識的に見ることができるように、絵から部分を切り離した資料を用いている。これは、作品パズルのアートゲームの応用でもあるが、作品の鑑賞は意図的な観察によって深まり、そこから感想を導き、分析や考察の段階へと展開して行く点を理解しておきたい。また、終末のグループワークでは、4人の班に分かれ、各班に作品のコピー三点とワークシートが一枚用意された。この授業では、作品に深く向き合うための支援として、教材準備と環境設定に配慮し、また、子どもたちの交流を導く「対話による鑑賞」や作品の構成要素に注目した「比較鑑賞」によって作品三点の関連性を意識的に見つめ、物語創作を通して作品を捉え直す活動を行った。子ども一人一人の創造的態度と能力に強く働きかける本題材であるが、物語を作品本来の意味と適切な範囲で結び付ける発問などが重要となる。

> **Point▶ ★1「対話による鑑賞」**
>
> 「対話による鑑賞」は、「対話型鑑賞」とも呼ばれ、1980年代後半にニューヨーク近代美術館で、フィリップ・ヤノワインやアメリア・アレナスによって理論化された鑑賞の手法である。鑑賞者が作品を見て気がついたことや意見を述べることから始められ、進行役のファシリテーターや教師は、肯定的に発言の理由を聞き、様々な感想や意見の共通点をまとめ、作品と関連付けながら活動を展開して行く。作品の知識を受動的に学ぶのではなく、感性を働かせ能動的に作品と関わる手法で、日本でも1990年代以降、美術館や小中学校の鑑賞で盛んに活用されている。能動的な鑑賞活動を理論化した研究として、ヴィジュアル・シンキング・ストラテジー（VTS）との関連性を指摘できる。

このように、美術作品の鑑賞では、子どもたちの能動的な活動を引きだすことが求められる。例えば、具象的な作品ばかりではなく、抽象的な作品からも子どもたちは豊かに発想することができる点を考慮したい。プロジェクター投影や大判のコピーを用いる際には、現物の作品の色合いに配慮し、現物の雰囲気を損ねていないか注意深い取り扱いが求められる一方で、授業での美術作品の使用では、教材として子どもの視点を導くよう、部分の拡大や分割、注意点・マークの挿入、パズルなどの楽しい教材化も検討できる。ワークシートなどでは「この作品の感想を書きましょう」といった直接的な問いは極力避け、本題材のように絵をストーリー化してみたり、作品の登場人物にセリフの吹き出しを付けたり、色や形からの連想を擬態語や擬音語で表してみたりなど、子どもの豊かなイメージをもとに作品の本質に近づくことができるように配慮したい。教師は事前に美術作品への理解を深め、その上で、子どもの感性と能動性を生かすことを軸に授業を組み立てることが肝要である。

（本田悟郎）

第4章　図画工作科の実践事例

26. 独立した鑑賞の活動②

第6学年図画工作科学習指導案

指導者：○○○○
日　時：○年11月15日
学　年：6学年1組（30名）
場　所：教室

1．題材名
「日本美術の宝を鑑賞しよう」B鑑賞

2．題材について
①児童観（省略）
②題材観
　本題材は、日本の伝統美術の一分野である日本画を鑑賞する活動を通して、子ども自身が見たこと、感じたことを友達と話し合う中で、様々な見方や感じ方を共有したり、今まで享受した知識を基盤とした自分の認識を広げたりしながら、日本画の美しさを学ぶものである。
　本教材として扱う作品「黒き猫」（明治43年〈1910年〉、一幅151.0cm×51.0cm、公益財団法人 永青文庫蔵）は、明治時代、横山大観・岡倉天心とともに活躍した日本画家、菱田春草の作品である。
　小学校高学年という社会的、文化的な関心が高まるこの時期に、日本の有名な作品を分析的に見たり、意図や気持ちなどを読みとったりするなど作品を深く捉えることができるようになることは、鑑賞力を高めるということからも有意義であると考える。

③指導観
　作品の主のモチーフである黒猫の目は、正面を見据え、耳先はピンと立ち、足先まで神経が行き渡り、何かしら緊張している様子にも見える。猫の黒い毛並は、ぼかしの技法が取られ、柔らかな猫の体が表現されている。また、その背景にある柏の木や葉は、色彩や葉の形、大きさが装飾的に描写され猫を引き立たせている。
　この作品の部分や全体を子ども自身が鑑賞し、意見を交流する中で、作品のよさや美しさなどを自分の感覚を働かせながら、作者の気持ちを感じとったり、味わったりする機会になりうると考える。
　また、本作品について美術館学芸員より、作品と掛け軸という日本の伝統的な書画の表装方法について、暮らしの中の作品の扱われ方等の解説も入れ、伝統美術についても関心をもたせたい。

3．学習目標
- 日本画（「黒き猫」）を鑑賞する活動を通して、形や色、動き、奥行きなどの造形的な特徴を捉え、表し方の変化、表現の意図や特徴を感じ取ることができる。

4．指導計画
- 「黒き猫」を鑑賞し、表現について考えることができる。（1時間取り扱い本時1/1）

5．評価について

知識・技能	思考・判断・表現	主体的に学習に取り組む態度
・美術作品を見て、日本画の形や色、描き方などの特徴を捉え、理解している。（ア[知]）	・美術作品を見て、形や色、などの我が国の美術作品の造形的な特徴をもとに感じ取り、自分なりの見方や感想をもつことができる。（イ[発][鑑]）	・美術作品を見て、形や色などの特徴を感じ取り、我が国の美術作品のよさ、美しさを味わおうとしている。（ウ[態]）

1. 題材の特徴

（１）題材感で示したこと

　高学年の鑑賞の活動として、これまで学習したことを基に、日本の伝統美術の一分野である日本画を鑑賞しながら、友達と話し合う中で様々な見方や感じ方を共有したり、自分の認識を広げたりしながら日本画のよさや美しさを学んだ。最後に紹介した美術館学芸員によるビデオメッセージでは、作品と掛け軸という日本の伝統的な書画の表装方法についてや、暮らしの中の作品の扱われ方等の解説を入れ、生活の中で関わる伝統美術について示すことで子どもが関心をもつことができる工夫を行った。

（２）「指導観」で示したこと

　「独立した鑑賞活動」として設定し、次の三つの点に配慮した。❶子どもがよさや美しさなどについて関心をもって感じ取ったり考えたりし、一人一人の感じ方や見方を深めることができるような内容であること。❷鑑賞する対象は発達の段階に応じて子どもが関心や親しみのもてる作品などを選ぶようにするとともに、作品や作者についての知識は結果として得られるものであること。❸子どもが対象について感じたことなどを言葉にしたり友達と話し合ったりするなど、言語活動を充実すること。

　上記のことを配慮し、「主体的・対話的で深い学び」の実現に向けて次の点に留意して取り組んだ。

- 〔共通事項〕の内容に沿って、鑑賞の活動を通して形や色、動きや奥行など造形的な特徴を捉えることを重視する。
- 自分の見た作品を言葉で表現し、詳しく見ることで細部まで分析的に観察する。
- 導入で、柏の木や猫の体を部分的に見せることで、絵をじっくり見ることの楽しさを体験させる。
- 作品について感じたことを言葉にしたり、ペア学習で話し合ったりする場を設けることで作品の見方を深めることができるようにする。自分の意見を言う際には、根拠を基にして話すように支援する。
- 対話型の授業で鑑賞のポイントとして形や色、動きや奥行についても話し合うよう取り上げていく。
- 美術館学芸員の解説映像を見ることで、日本画や掛け軸について興味・関心をもち、伝統や文化について大切にしようという基礎を育成する。
- 絵や資料などを見ることが苦手な子どもへの配慮として、導入において、苦手意識をもたせないようにクイズ形式のデジタル画像を準備する。
- 視力が弱い子どもや聴こえにくい子どもには、席を配慮する。

2. 学習活動の実際

（１）子どもたちのつぶやき等

　「猫は触ったらふわふわしてそう」「墨で描いているのかな。私も描いてみたい」「猫の爪の間が一つ一つ丁寧に描いてある」「木のゴツゴツ感は硬い感じがする」「猫の耳がピンとしていて緊張しているようだ」「しっぽがだらんとしているからリラックスしていると思う」「柏の木の葉っぱは柏餅についている。給食でも出てきた」「柏の葉が手前、幹が奥にある」「奥がぼんやりしていて、手前の木がはっきりしている」「でも、猫には輪郭線がないよ」等、発言された文脈のつながりの中で様々な意見が交わされていった。後半には奥行きに関することや図像学的に考えた自分の考え等、活発な発言から友達と共に高め合っている様子を見ることができた。

図１．互いに感じたことや考えたことを伝え合っている様子

（２）ワークシートに記入された言葉

　「キャプションを家に持って帰って、家族に紹介したい」「美術館に行って本物を見てみたい」「学芸員さんにあってみたい」等の感想が見られた。

　　　　　　　　　　　　　　　　　　　　　　　　　　　　　　　　　　　　　　（犬童昭久）

6．本時の学習

①目標
- 「黒き猫」を鑑賞し、日本画の表現のよさ、美しさを感じ取る。
- 我が国の伝統文化について興味・関心をもつ。

②準備物
（教師）掛け軸、作品の部分図パネル、作品の全体パネルワークシート、作品カード、記入用キャプション

③本時の展開

過程時間	学習活動	指導上の留意点	評価の観点と方法
導入 5分	1．「柏の木」の部分を見て、何がいるか想像する。 【教師の働きかけ】 「この木の上に何が描かれているかな？」 【予想される子どもの姿】 「うーん、サルかなあ」 「木の上だから、ネコだと思う」 2．作品全体を見て学習のめあてをつかむ。 学習のめあて　「黒き猫」を鑑賞し、日本画の表現のよさ、美しさを感じとろう。	・作品の部分を少しずつ提示することで、何が表されているか期待感をもって作品を見られるようにする。	
展開 35分	3．日本画「黒き猫」を鑑賞し、感想を発表する。 (1)個人の考えを記述する。 (2)近くの友達に自分が発見した作品のよさ（表現の工夫）を伝える。 (3)全体で作品のよさについて話し合う。 4．「黒き猫」のキャプションに自分の推薦文（解説）を記入する。 【教師の働きかけ】 「最後に、美術館の学芸員の先生からビデオメッセージをいただいていますので、紹介します」	・感じたことや気付いたことをワークシートに書くことによって個人で感じとったり見つけたりする時間を確保する。 ・気付いたこと（色・形・動き・奥行き）などについて話し合わせることで気付きを深めるようにする。 ・猫、柏の木について音や匂い、感触等について想像させ、イメージを膨らませるようにする。 表現のよさ、美しさについて自分の考えや感想を言うことができたか。 ・表現のよさ、うつくしさについて整理するために鑑賞した内容をキャプションに記入し、相手に伝えるようにする。	(ア) (イ) 表情やつぶやき 活動の様子 (イ) 表情やつぶやき 活動の様子 (ウ) 会話の様子
まとめ 5分	5．本時で学んだことをまとめる。	・作品を展示している美術館学芸員によるビデオメッセージを紹介し、本時のまとめと本物の作品を見ることのよさを伝える。	

第5章

図画工作科の学びの広がり

　図画工作科の学びは、図画工作科の授業内だけで成り立つものではない。子どもは、生活や社会との関わりながら生活を営んでいるのであるから、学びもまたそうあってもおかしくはない。図画工作科の学びもまた、様々な事柄との関係によって多様に展開する。

　図画工作科の学びの展開は、多様であり、どのように展開させるべきかは、子どもや学校、地域の状況によって変わってくる。第5章では、図画工作科の授業をより充実させ、また、多様に展開する学びを実現できるよう、いくつかのアプローチの仕方を提示する。これを手掛かりに、より充実した学びの実現を目指そう。

第5章　図画工作科の学びの広がり

1. 図画工作科における研究授業づくり
～教育実習での研究授業を中心として～

　教育実習終盤では、教育実習生は、それまで学んできた実習先小学校の特色、学級・児童観察、学習指導案、題材研究、材料準備、指導言語研究、評価活動などを踏まえ、総まとめの意味をもつ授業を行う。この授業は、公開研究授業となり、通常指導する学級担任以外の教員、大学での指導教員などが参観し、事後に討議会が行われることが多い。また、小学校教員は、日々研修・研究を続けて力量形成を図るが、このとき、授業公開を中心とした公開研究会を開催することがある。より豊かで実りある図画工作科授業のための省察、改善の契機として研究授業は大きな意味をもつ。

1. 教育実習の事前準備の中で　― PDCAサイクルのうちの「Plan」として

　研究授業の意義や在り方を語る上で、PDCAサイクルが引用されることも多くなってきた。「Plan（設計）－Do（実施）－Check（評価）－Act（改善）」の繰り返しによって、継続的に改善を図ろうとするこのサイクルは、もともとは事業活動における生産管理や品質管理などの管理業務を円滑に進める手法として用いられてきた。もちろん経済活動における事業とは完全には合致するわけではないが、日々学び続け、成長を続ける教育実習生や若手教員の軌跡にとっても重なる部分が多いということであろう。

図1．カリキュラムや指導計画の研究

　PDCAサイクルのうちの「Plan」は、事前準備の段階から始まっている。児童の主体的な活動を軸にする図画工作科の特色から、教育実習先の小学校や児童の実態をできる限り事前に把握することが大切であるからだ。実習校の業務に支障をきたさないようにして小学校の指導教員と連絡をとり、指導方針や年間カリキュラムを聞き、図画工作室やクラス教室展示の作品を見ることは準備の第一歩である。そして、これらの状況把握と大学での学修をあわせて、実習先の児童に合った題材を構想し、試作作品を添えて指導教員に提案するような積極性が必要である。題材内容がよければ、「投げ込み題材」として実現可能になり、実現不可能な場合でも、その主体的な努力は教育実習をやり遂げる原動力となるであろう。

2. 教育実習序盤の準備　― 児童観察と題材準備

　教育実習序盤のこの時期は、事前準備に引き続き、PDCAサイクルにおける「Plan」の段階での実態把握にあたる。材料や用具を扱う図画工作科の場合、児童観察によって、個々の資質・能力を把握し、指導につなげていく。事前準備で、教科書や題材実践集などで調べた活動や作品と実際に受けもった児童の実態との違いを踏まえて微調整していくのである。

　また、事前準備で用意した「投げ込み題材」、実習中に出会った題材などの中から、研究授業としての内容を設定して題材試作を開始する。この教科では、題材試作は、学習指導案作成と同時に進めていくところに特色がある。自分が受けもつ児童

図2．活動題材を試作する。

の日常の活動を思い浮かべ、その構想や行動を予想しながら、題材試作をすることで、その題材の児童にとっての魅力やつまずきに気付くことができる。その上で、題材の目標を明確にし、材料の数や種類を調整し、活動時間を設定していく。

3. 教育実習中盤から終盤での準備 ― 指導言語の吟味と掲示物・教具などの準備

　題材の中心的な内容を児童に伝えるために、人前で話をする訓練をしておくことが大切である。まずは、毎日、鏡を見て表情やしぐさを豊かにすることから始め、実習生仲間、指導教員などとともに模擬授業をして指導言語の吟味を行っていく。その中で、質問、発問、指示、説明などの違いを意識し、児童にとっての自然な流れを意識した「細案（シナリオ）」を作成し、学習指導案につなげていく。また、模擬授業や協議を重ね、それを踏まえた板書計画、「短冊黒板」、掲示物、教具、「示範（演示）」、例示作品などの準備を行う。この時期の模擬授業は、実際の児童の姿をかなり把握してきている

図3．教壇で話す練習をする。

と考えられるので、模擬とはいえ、「Do－Check」の機能をもっており、修正を加えていく。

4. 研究授業当日 ― 授業と授業討議会

　当日は、授業者は、これまで積み上げてきた準備を想起し、自信をもって授業に臨むようにしたい。また、学習指導案とともに児童の活動や作品などについての記録用の座席表を用意するとよい。授業者にとっては、授業進行のための携帯資料となり、参観者にとっては、事後の討議会での発言のための記録となる。

　討議会前には、授業者は、司会役の実習生あるいは指導教員と十分な打ち合わせをしておくようにする。そして、それを受けた司会者は、授業目標や実際の展開を中心におきながら、時間配分に配慮しつつ、指導言語、子どもの活動、作品などについて触れ、討議の観点を明確にして進めていく。このとき、授業者は、討議の中で授業時の活動を随時振り返れるように、授業時の児童の作品や感想カードなどを準備しておくとよい。参加者全体で児童の活動内容を共有できるため、討議に深みが出てくるからだ。

　討議会には、「Do－Check」の機能があるが、これは、討議会参加者全員が「Act（改善）」の意識を共有するためであり、授業の善しあしを決めるためのものではない。参観者は、授業者の努力に敬意を払いつつ、建設的な意見を述べるようにしたい。例えば、授業者の展開を踏まえながらも、「○○の場面では、○○のような理由から、自分であれば、○○の手だてをとるが、いかがだろうか」といった代案実践を提案し、具体を踏まえた議論ができるようにしたい。授業者のみならず討議会参加者が、その研究授業の総括と「Act」の意識をもち得たときには、次につながる真に意味のある研究授業となるであろう。

（宇田秀士）

図4．研究授業の様子①

図5．研究授業の様子②

【参考文献】
・岩手県立総合教育センター『校内授業研究の進め方 ガイドブック』2007.
　http://www1.iwate-ed.jp/tantou/kyouka/seika/jugyouken/jugyouken_guide_h19.pdf　2019.6.14 閲覧
・柴田義松，木内剛編著『増補版 教育実習ハンドブック』学文社，2012.
・東秀樹『チームの目標を達成する！PDCA』新星出版社，2014.
・文部科学省『補習授業校教師のためのワンポイントアドバイス集 「4発問」「5板書」「6指名」』
　http://www.mext.go.jp/a_menu/shotou/clarinet/002/003/002.htm　2019.6.14 閲覧

2. 幼稚園・保育園・認定こども園等との学びの連続性

　小学校就学前の子ども（本節では「幼児」）は、幼稚園・保育園・認定こども園等で様々な造形活動に親しんでいるが、そのような経験は小学校の図画工作科でどのように生かされているのだろうか。また、小学校教員と保育者は互いの指導や保育について、その意義や目的を十分に理解できているだろうか。

　本節では、小学校と幼稚園・保育園・認定こども園（以下、幼稚園等）がどのような連携や接続を図ることが望ましいのかについて、三つの視点を示していきたい。

図1．粘土遊びをする幼児（奈良教育大学附属幼稚園）

1. 幼稚園等での教育活動を理解するための連携

　幼稚園等においては、小学校のように教科によって指導や保育がなされているのではなく、園での生活全体を通して幼児の発達を促すことが意図されている。生活の流れや自然環境、季節や年中行事、そして集団での遊びを通した様々な体験が、幼児の発達に大きく関連している。園での生活や遊びを通して育てることが望ましい「ねらい」や「内容」は、幼稚園教育要領において、次の五つの領域として示されている。

- 心身の健康に関する領域「健康」
　〔健康な心と体を育て、自ら健康で安全な生活をつくり出す力を養う。〕
　　１ねらい
　　　(1)明るく伸び伸びと行動し、充実感を味わう。
　　　(2)自分の体を十分に動かし、進んで運動しようとする。
　　　(3)健康、安全な生活に必要な習慣や態度を身に付け、見通しをもって行動する。
- 人との関わりに関する領域「人間関係」
　〔他の人々と親しみ、支え合って生活するために、自立心を育て、人と関わる力を養う。〕
　　１ねらい
　　　(1)幼稚園生活を楽しみ、自分の力で行動することの充実感を味わう。
　　　(2)身近な人と親しみ、関わりを深め、工夫したり、協力したりして一緒に活動する楽しさを味わい、愛情や信頼感をもつ。
　　　(3)社会生活における望ましい習慣や態度を身に付ける。
- 身近な環境との関わりに関する領域「環境」
　〔周囲の様々な環境に好奇心や探究心をもって関わり、それらを生活に取り入れていこうとする力を養う。〕
　　１ねらい
　　　(1)身近な環境に親しみ、自然と触れ合う中で様々な事象に興味や関心をもつ。
　　　(2)身近な環境に自分から関わり、発見を楽しんだり、考えたりし、それを生活に取り入れようとする。
　　　(3)身近な事象を見たり、考えたり、扱ったりする中で、物の性質や数量、文字などに対する感覚を豊かにする。
- 言葉の獲得に関する領域「言葉」
　〔経験したことや考えたことなどを自分なりの言葉で表現し、相手の話す言葉を聞こうとする意欲や態度を育て、言葉に対する感覚や言葉で表現する力を養う。〕
　　１ねらい
　　　(1)自分の気持ちを言葉で表現する楽しさを味わう。
　　　(2)人の言葉や話などをよく聞き、自分の経験したことや考えたことを話し、伝え合う喜びを味わう。
　　　(3)日常生活に必要な言葉が分かるようになるとともに、絵本や物語などに親しみ、言葉に対する感覚を豊かにし、先生や友達と心を通わせる。

- <u>感性と表現に関する領域「表現」</u>
    〔感じたことや考えたことを自分なりに表現することを通して、豊かな感性や表現する力を養い、創造性を豊かにする。〕
    1 ねらい
    (1) いろいろなものの美しさなどに対する豊かな感性をもつ。
    (2) 感じたことや考えたことを自分なりに表現して楽しむ。
    (3) 生活の中でイメージを豊かにし、様々な表現を楽しむ。

    文部科学省『幼稚園教育要領解説』フレーベル館、2018年、pp.145-247

幼稚園等では、これらの領域に示されている「ねらい」と「内容」を単独で取り上げて指導するのではなく、複合的な視点として保育環境に取り入れていくことが大切である。例として「お店やさんごっこ」を軸とした保育には、領域「人間関係」「言葉」「表現」などに関連した「ねらい」と「内容」が含まれており、それらを視点とした総合的な指導が展開されることとなる。つまり、幼稚園等では「ものづくり」だけを取り出して指導したり造形的な能力のみに着目したりする教育活動を展開するものではないことを理解しておく必要がある。そのため小学校教員の立場としては、積極的に幼稚園等との連携を図り、保育を参観するなどして小学校教育との相違を把握するとともに、幼稚園等での遊びや経験による育ちが図画工作科での学びへと系統的につながっていることについても理解しておくことが重要である。

2. 幼稚園・保育園・認定こども園からの接続を意図した図画工作

平成29年告示小学校学習指導要領総則「指導計画の作成と内容の取扱い」では、「低学年においては、第1章総則の第2の4の(1)を踏まえ、他教科等との関連を積極的に図り、指導の効果を高めるようにするとともに、幼稚園教育要領等に示す幼児期の終わりまでに育ってほしい姿との関連を考慮すること」と述べられている。前項で触れたように、幼稚園等では生活や遊びを中心とした保育の中で「表現」を総合的に扱っているため、小学校1年生の図画工作科においても他教科との関連を図った指導が大切である。

例えば、生活科で植物を育てた経験を絵に表したり、国語科で扱った物語を色彩で表現したりすることなどである。低学年などでは、図画工作科の授業が始まってもすぐには表したいことを思いつかない場合もある。このため特に低学年の指導にあたっては生活経験や遊びの要素を重視した動機付けを行う、作品が完成することのみを目的とせずに形や色、材質を楽しむといった過程を大切にする、といった指導上の工夫が必要である。このような配慮の視点をもつ上で、幼稚園等において展開されている保育の考え方は示唆に富んでいる。

図2. 好きな色を使って描く。

3. 幼稚園・保育園・認定こども園からの接続を意図した図画工作

幼小連携の一環として、児童の作品を地域の幼稚園等で展示するなどの交流を行うことが望ましい。また、小学校で開催する校内作品展に幼稚園等の作品を招待して展示することも考えられる。幼児が小学校の展示を参観する機会をもつことができれば、幼児にとって「小学校に行くようになれば、こんなことができるようになる」という期待や見通しにつながる。作品を対象とした交流であっても、幼稚園等から小学校への就学に向けた円滑な接続を図る上でも有効であるといえる。幼小のギャップに起因する生活上・学習上の課題を解消するためにも、様々な形で学びの交流を進めておくことが効果的である。

(竹内晋平)

第5章　図画工作科の学びの広がり

3.社会の中でのアート
～地域社会とのつながり～

　学校は学びの場であると同時に、市民に開かれた地域コミュニティの拠点として活用される機会も増えている。2011年3月11日、東日本大震災での大津波は多くの犠牲者を出した。これまでも歴史上多くの地震、津波を経験してきた日本であるが、今回の犠牲はあまりにも甚大であった。震災直後、学校は緊急の避難所となり、多くの市民が避難した。ボランティアや学校の先生も支援を行った人は多かった。

　歴史は繰り返す。こうした悲劇を繰り返さないために震災を伝え、その記憶を残すことは重要である。桜は入学の時期である春になると花が咲き、人々の記憶を呼び覚まし、記憶を新たにすることができる。

　「桜3.11学校プロジェクト」は、地域社会（NPO等）と学校が協働で行われる。毎年春開花する桜を観るたびに人々は犠牲者への思いを深くし、さらに地震と大津波の経験を後世に永く語り継ぎ、アート体験を通して防災や減災の意識を高めることを目的としている。

1. アートプロジェクトの内容

（1）「桜3.11学校プロジェクト」の概要

　東日本大震災で甚大な被害を受けた東北地方に、2012年3月、桜の木を植える活動をスタートさせた。津波の遡上（そじょう）ラインの青森・岩手・宮城・福島の4県の学校などで、アートワークショップを行ったり、記憶をとどめ未来の世代に伝える目印の役割も果たす桜の木を植えたりする活動である。

（2）プログラム内容（アートワークショップ／桜風船ワークショップ／植樹セレモニー／桜花火打ち上げ）

　「アートワークショップ」講師は、ワークショップ実績のアーティストと事前協議し、対象となる子どもたち（1学年、複数学年など）にふさわしい（年齢や地域性などに配慮）プログラムを準備する。また授業時数確保も配慮し、図画工作との授業との振替などとし、学校行事として組み込んでもらう。

　「桜風船ワークショップ」は全学年対象。ヘリウムガスで膨らませた白、ピンク、濃いピンクの3色の風船に、将来の夢やメッセージなどを、文字や絵で自由に描く。

　「植樹セレモニー」は、子どもや教職員だけなく保護者なども参加。東日本大震災（通称3.11）は、千年に一度の規模の震災だといわれている。そのため、条件が揃えば千年近く生き続けるエドヒガン（江戸彼岸）という桜を選択した。10年目の木ならば7m以上の高さになり、次の年には花を咲かせるのだ。これは記憶をとどめる記念物となるとともに、津波が到達しなかった安全な地帯を未来の世代に伝える目印の役割も果たす。

2. 津波の遡上ラインの学校との連携・協働プロジェクトの方法

　福島県K小学校は、明治5年創立。震災時は9mの津波で町内の半数の世帯が浸水し、隣駅駅舎は流失するほどだったが、K小学校はなんとか被害を免れた。学区域には2か所の仮設住宅があったが、ほとんどが浪江町・南相馬市から避難されている方々で、K小学校も震災以前の在校生に加え、他学区域からの転入生20名を迎えていた。今回は、震災を忘れないために親子で不自由な夜を過ごそうと、父母と教師の会が『学校へ泊まろう会』を企画した。

- 日程：2015年11月7日（土）
- 対象：福島県K小学生58名（1年1名、2年4名、3年12名、4年12名、5年12名、6年17名）
- 予定：13：00～15：00（小学校内体育館）パルコキノシタによるアートワークショップ
　　　　15：00～15：15（小学校校庭）桜風船ワークショップ（一般公開）村上タカシ
　　　　15：15～15：45（小学校校庭）植樹セレモニー（一般公開）＊引き続き「学校へ泊まろうの会」開会式（写真⑨）
　　　　18：30～　　　（小学校校庭）鎮魂と希望の桜花火打ち上げ（一般公開）
- 主催：桜3.11プロジェクト実行委員会、一般社団法人アート・アンド・パブリック協会、一般社団法人 MMIX Lab
- 協力：国立大学法人宮城教育大学村上タカシ研究室 他

3. 実践の振り返り

　K小学校でのプロジェクトは学校だけでなく保護者会との協働企画となり、アートワークショップ（写真①〜④）、桜風船ワークショップ（⑤）、植樹セレモニー（⑥）、桜花火（⑦）は定番であるが、保護者会主催として飯盒炊飯、震災紙芝居（⑧）、段ボール間仕切りでの学校での宿泊（⑨）なども子どもたちは体験し、震災を振り返る理想的なプロジェクトとなった。さらに、協働で製作したベニヤ13枚による壁画（⑩）は現在相馬の沿岸部の避難タワー（⑪）に設置されている。

　桜風船ワークショップでは、学校の子どもたちは白やピンクの風船に自分の希望や夢を書き、一斉に空へと放つ。その様子は、桜の花びらが風に吹き飛ばされる光景を思わせる。2012年など初期のワークショップでは、子どもたちが「家に帰りたい」「家族といっしょにいたい」「長生きしたい」といった言葉を書いていた。しかし、新しい子どもたちが進学してくるにつれ、そのメッセージは将来何になりたいかなど、何十年も先の未来を見据えた願いになってきている。こういうプロジェクトをしながら何百年と樹齢のある桜を、小さな子どもたちが大人になって、自分の子どもたち、またその孫たちが、世代を超えて「あのときに植えた桜だ」「あの震災のときにここまで津波が来たんだ」と一つの目印にしたいと考えている。

　数々の学校を地域復興の中心地とし、子どもたちが自分の記憶をさらに後の世代と共有できることを目標にアートを媒介とし震災を伝え、鎮魂と希望を感じてもらう実践を行っている。災害は繰り返す。人は歴史から学ぶ必要がある。これまでメディアを駆使し伝えてきただろうか。視覚伝達のメディアとしてアートや桜を位置付け、これからは学校の立地環境や地域の歴史や自治体のハザードマップなども把握し、各学校独自の防災マニュアルを作成し、避難訓練を繰り返し実施する必要がある。一連の学校でのプロジェクトを通して、芸術表現行為や防災減災にも興味・関心を促す取り組みとなった。

4. 研究授業当日　─授業と授業討議会

　教育の現場では「アクティブ・ラーニング」という学修者の主体的、対話的で深い学習が求められている。新しい学習指導要領の図画工作科の目標にも「自分の感覚や行為を通して理解する」という「行為」という概念が組み込まれた。単なる「活動」とは異なり、「行為」というのは動機や目的を伴い、より主体的な学びにつながる。今回のプロジェクトでは、学校とNPO等が連携協働しプロのアーティストとの造形活動を行っただけでなく、PTAと協働で学年を超えた宿泊体験も行い、楽しみながらも地域を知り、防災意識を高め、震災を忘れない体験となった。学校は学びの場であると同時に地域コミュニティの拠点でもある。アートを通した活動は、授業という枠にとらわれず展開が可能である。

（村上タカシ）

第5章 図画工作科の学びの広がり

4. 他教科との合科的・関連的な指導

　教科とは、学校で教える知識や技能などを内容の特質に応じて分類したものである。一方、確かな学力を子どもが身に付けるためには、複数の教科の知識や技能をまとめたり、教科で学んだ知識や技能を実際の生活と結び付けたりすることが大切になる。現実の世界は、教科として分割されているわけではなく、様々な要素が関係しながら構成されているのだ。「総合的な学習の時間」はこうした視点のもとにつくられた活動である。また、近年注目されている課題解決型学習においても、教科の枠組みを超えて多方面から課題の解決を図ることが、実際に社会に役立ち、社会をつくりだす力になる。そして、各教科においても他の教科の目標や内容を合わせたり、関連させたりすると効果が上がる場合がある。特に図画工作科は、子どもの知識のみならず心と体とも結び付いた全人格的な成長に関わる教科である。

図1. メイポール・ダンス

　合科的・関連的な指導は、ともすれば目的や内容があいまいになりがちである。合科的・関連的な指導計画の作成にあたっては、子どもが意欲的に取り組める課題を設けるとともに、他教科との関連性を丁寧に確認することにより、教える側が、その活動の意義をきちんと意識化しておくことが重要である。そして指導内容が広がり過ぎて焦点が定まらず十分な成果が上がらなかったり、子どもの負担過重になったりすることのないように留意すべきである。

1. 他教科との合科的・関連的な指導の例

　以下に具体的な指導の例を挙げて省察する。

（1）「さかさま花壇」

　第4章9節（p.136～）掲載の「さかさま花壇」では、植物の栽培や観察を通して生活科や理科との合科的・関連的な指導が考えられる。図画工作科の授業では、教師が材料を購入するなどしてあらかじめ準備することが多いが、子どもたちとともにできるだけ自然の状態の素材を手に入れることにより学びの幅を広げることができる。「さかさま花壇」の場合、材料となる草花を、生花店などで購入した鉢植えや切り花を準備することもできなくはないが、それでは、この題材の大事な魅力が失われてしまう。子どもたちは、花壇や野原から実際に生えている草花を摘むことによって、そしてさらにできればその草花の栽培から取り組むことによって、植物の種類や成長を学ぶとともに、生命に対する慈しみの気持ちを育てることができるのである。

図2. 教師が材料を並べるのではなく、子どもが実際に生えている草花を摘むことによって学びの幅が広がる。

（2）「ゆかいな仲間たち」

　第4章22節（p.188～）掲載の「ゆかいな仲間たち」では友達の人体を観察したり、図鑑などを通じた動物の色や形を観察したりすることによって、理科や体育との合科的・関連的な指導が考えられる。

　「ゆかいな仲間たち」において、その課題を「○○が、○○しているところ」としたとき、子どもの想像だけで活動を進めると、ともすれば、ぬいぐるみのような構造のない作品になりがちである。そこで、例えばつくるものが「猫が、あぐらをしているところ」であ

図3. 図鑑の動物たちに興味深々の子どもたち

ったとき、実際に自分であぐらをしたり、友達に、あぐらをしてもらって、どこにどんな骨があって関節はどうなっているか、そのとき、筋肉はどうなっているのかを観察させることにより、作品に構造や動きが生じ生命感をそそぐことができる。また動物、魚、昆虫など各種の図鑑を見せることによって生物の多様な形態と色彩を学ぶことができる。

（3）「メイポール・ダンス」

「メイポール」とは、「五月の柱」の意味。メイポール・ダンスとは、広場などに柱を建て、柱の上部から放射状に広げた複数のリボンを、各人が手にもちながら柱の周りを踊ることにより、リボンを編み上げる遊戯である。イギリスの古代儀礼として始まり、現在では集落などの祝祭のみならず学校行事として行われているところがある。

図4．ダンスをしながらリボンを編む。

近年、日本でもメイポール・ダンスを体育科におけるダンスとして取り入れたり運動会や学校祭のアトラクションとして行ったりしている学校もある。このようにメイポールでは集団における身体表現に主眼が置かれることが多いが、リボンの色や編み方といった造形面にも注目しながら、図画工作科と関連させた指導を行うことも考えられる。

（4）「つくって　たたいて　スティールパン」

スティールパンとは、ドラム缶からつくられる旋律打楽器である。20世紀中ごろ、カリブ海トリニダード島において発明され、当地のカーニバルとともに発展・普及してきた。

スティールパンは、ドラム缶を材料とし、ハンマーという人間にとって最も原初的な工具でつくられる。だから、その気になれば、自分でつくることもできるはずである。見た目が変で思ったような音色がしなくても、自らつくった楽器で音楽を奏でる喜びは大きい。

図5．バケツ大のドラム缶とハンマーひとつで楽器ができる。

バケツくらいの大きさのペール缶を使えば、鉄板が薄いので加工を簡単に行うことができる。小学校高学年ならば製作可能であろう。6時間程度の活動で1オクターブの小型スティールパンをつくることができる。この題材を「総合的な学習の時間」に取り入れた学校もある。また、ものづくりとしての図画工作科に加え、演奏として音楽科、楽器の発祥の歴史と文化を知る社会科、学校祭などでの披露を通して特別活動などと合科的・関連的な指導を行うのもいいだろう。

図6．自分でつくった楽器で演奏会

2. 合科的・関連的な指導にあたっての留意点

子どもが、「生きる力」と、学校教育において求められる、資質・能力を、より大きく効果的に育むために、合科的・関連的な指導は大変重要である。それは、各教科の学びで子どもが身に付けた力を、その教科のみならず、他教科と絡めて働かせることにより、子どもはより豊かな経験や学びをえることができるためである。そのためには教師の工夫した指導が必要である。また一人の教師で行うだけでなく、得意分野の異なる教師同士や地域の協力者と連携しながら授業を行うことも有効になる。

特に小学校入学当初においては、生活科を中心に合科的・関連的な指導を行ったり、子どもの生活の流れを大切にして弾力的に時間割を工夫した指導を行ったりして、幼児期の終わりまでに育った姿が発揮できるよう教育課程編成上の工夫（スタートカリキュラム）が重要である。

（冨田晃）

第5章 図画工作科の学びの広がり

5. 学校生活の中での鑑賞活動

1. 学校としての鑑賞の環境づくり

校内を散策してみるとこれまで思いもよらなかった素敵な場所を発見することがある。例えば、校庭に咲く花を見てとても美しいと感じたり、窓から眺めた景色に感動したりするなど、その場所での感動した体験はいつまでも思い出に残っているものである。同様に、教室等に授業で取り組んだ自分の作品が展示され、子どもがうれしく感じれば、その場所は子どもにとっての大好きな場所となるだろう。これらの体験を通して「生活や社会の中の形や色などと豊かに関わる」姿を思い描きながら、子どもが学校を継続して大好きになるような活動へつなげたい。そのために「学校としての鑑賞の環境づくり」の取り組みが必要である。そのことについて、文部科学省『小学校学習指導要領解説　図画工作科編』（日本文教出版、2018年、p.125、以後「同解説」）においては、次のように示されている。

図１．校内展示の様子

> 校内の適切な場所に作品を展示するなどし、平素の学校生活においてそれを鑑賞できるよう配慮するものとすること。また学校や地域の実態に応じて、郊外に児童の作品を展示する機会を設けるなどすること。

上記のことから、学校という場所は子どもの楽しいアイデアや工夫などが見られる造形的な空間であることが望まれる。そのための環境づくりの留意点として次のことが挙げられている（同解説、p.125）。

①展示作品は、日々の学習の成果である作品や学校に永く残す作品、外国の児童の作品、親しみのある美術作品、自分たちの表現の過程を記録した展示物などが考えられる。
②展示の場所や方法については、掲示板だけでなく、踊り場の隅、壁やフェンス、廊下の上部の空間を生かすなどが考えられる。
③児童が自分の作品に合った展示場所を見付けたり、児童の思いが伝わりやすいように展示の仕方を工夫したりする必要かがある。その際、児童の見やすさや、耐久性や安全性に十分に配慮する必要がある。
④展示は、児童の作品を通して学校と保護者や地域の連携を深める効果もある。
⑤児童の作品を校外に展示するためには、あらかじめ指導計画に位置付けるようにするとともに、教職員の理解と家庭や地域の協力が必要である。

図２．名画の複製品や卒業生の作品が玄関に飾ってある様子

あわせた取り組みとして、学校通信等で図画工作科の学習の様子を紹介したり、保護者会で子どもの活動の様子を紹介したりすることなどを継続して行う。これらの取り組みの積み重ねは、子どもが美術作品を大切にしようとする意識付けにつながるとともに、子どもの造形活動へ取り組みの意欲向上につながっていくものと考える。以下に例を挙げて見てみよう。

2. 実践活動の例

(１)「がっこうたんけん」

この活動は、低学年での活動として設定し、校内の様々な場所の形の凹凸をクレヨンで紙に写し取る「フロッタージュ」を行いながら散策する。子どもは、活動で校内に様々なかたちを発見するだろう。新

1年生であれば校内の各場所を知ってもらうことも、あわせて行う。

（2）「校内スケッチ」

学校でのお気に入りの場所に焦点を当てスケッチを行う活動である。描くところを探すコツとしては、角度や位置を変えて見てみる（視点の変化）ことや、絵の具で描いたり、クレパスで描いたり、対象物である植物、建物、景色をじっくり見たりすることを促す。そのことから思いがけないよさや美しさに出会える。例えば、校内にたくさんの植物の花が咲いていることに気付いたことで花を愛でる心や、それに伴って母校の愛着にもつながるであろう。

（3）「校内美術展」

子どもの作品を展示したり、他校の子どもの作品を巡回展として展示したりする。空き教室や多目的スペースを中心に、廊下や階段、体育館、玄関など、離れて見て鑑賞できるような広めの場所に展示を行う。活動では、上級生が下級生に作品を紹介する鑑賞会の機会を設けると効果的である。

発展的な活動として、「校内美術展」を地域の方々にも呼びかけて地域の方々の作品も一緒に展示する取り組みへと広げると地域社会との連携にもつながっていく。「校内スケッチ」は次の段階として学校外での「写生大会」へつなげるとよい。

図3．校内美術展の様子

近年の例として、地域の神社仏閣が自然災害で破損し、以前のように「写生大会」を行うことができなくなった学校では、当たり前にあることのありがたさや、かけがえのなさについて子どもが気付き、地域で大切にされてきた神社仏閣などの文化財に興味や関心をもつ子どもが増えたという[★1]。子どもが自らを振り返り、気付くことが、美術作品を大切にしようとする子どもの意識付けにつながったものと考える。

また、学校には子どもによる作品だけでなく、学校に所縁（ゆかり）のある作家作品や、名画複製品、卒業生の描いた作品などが正面玄関などに展示してある場合がある。作品を日常的に目にしていると、その後もいつまでも覚えているものである。生涯にわたり美術を愛好する心情を育てる観点からも子どもに大きな影響を与える学校における鑑賞の環境づくりに努めることはとても大切である。

> **Point ★1 環境に向き合い気付くこと**
>
> 図4と図5は、平成28年度熊本県環境絵画コンクール入賞作品。当絵画コンクールは県内の小学生が「地球や地域で起こっている環境問題」や「わたしたちにとって大切にしたい環境」「自然と一緒に生きる」など、日ごろ環境について考えていること、感じていることを表現した絵画作品である。受賞者のコメントには地震の体験を経て当たり前に生活できることのありがたさ、平和な日常のかけがえなさについて気付き、意識が変わったことが述べられている。

図4．題名「自然災害がおきても大丈夫な未来」
氷川町立宮原小学校（6年、製作時）上田良迪
「科学が進んだら、災害がおきても家や畑や田んぼだって空に皆で非難することができる。自然は怖い。それでも自然と共に在りたい」（6年生）

図5．題名「思い出の庭」
宇城市立松橋小学校（5年、製作時）西村亜希子
「地しんですめなくなった庭は、毎年たくさんのこん虫がいました。もう一度こん虫のいる庭にすみたいです」（5年生）

（犬童　昭久）

6. 地域の美術館等を利用した鑑賞活動

　図画工作の授業で地域の美術館を訪れるためには、引率できる教員数や時間的な制約、移動手段の確保などの困難な条件が想起される。しかし、図画工作における美術館の利用は様々な方法で試みられている。
　平成29年公表の「小学校学習指導要領解説 図画工作編」では、「内容の取扱いと指導上の配慮事項」(p.121)の項目で、美術館の利用について、「各学年の『B鑑賞』の指導に当たっては、児童や学校の実態に応じて、地域の美術館などを利用したり、連携を図ったりすること」と明示されている。これは平成10年の学習指導要領から引き継がれた記載内容であり、年月を経て一層の学校現場への定着を期待させるものである。

1. 地域の美術館を教材化するには？ ― 美術作品の実物との出会い

　美術館での作品鑑賞は学習者である子どもたちに、どのような価値をもたらすのであろうか。それは、実物の作品との出会いから導かれる。小学校の図画工作の授業で美術作品を鑑賞する場合には、コピーや印刷物、教科書掲載の作品、複製品などが用いられる。あるいは、プロジェクターやモニターなどの視聴覚機器に作品を映して鑑賞活動を行うこととなる。この場合、絵の大きさや質感、立体の空間性や素材感などは間接的にしか感じ取ることはできない。また、色や明暗の再現も不確かなことが多い。これに対して、美術館で出会う実物の美術作品からは、作品それぞれの特質を直に感じ取ることができ、子どもたちに大きな印象を残し、関心や感動をもたらすこともある。実物を見ることで、子どもたちの表現性や想像力の高まりを期待することができるのである。
　その一方で、作品が実物であることと引き換えに美術館には制約もある。むしろ、ニュートラルな白い壁に囲まれ、資料としての美術作品を適切に見せるための静寂に包まれた空間に、作品との物理的、心理的な隔たりを感じてしまうことも考えられる。近年は減少傾向にあり、極端な事例ではあるが、かつては、学校の遠足や社会見学などで美術館に訪れても、一列に整然と並んだまま作品の前を素通りしてしまうようなことも起きていたという。
　子どもたちにとって美術作品の実物が鑑賞の対象として興味深い特別なものとなるかどうかは、鑑賞時及び前後の授業における教師のアプローチの仕方次第なのである。専門的に作品の話をする美術館の学芸員や教育普及担当者以上に、普段から子どもたちと学校生活で深く関わる教師はここでも大きな存在なのである。つまり、美術館での鑑賞活動を有意義な学習にできるかどうかは、他の題材を検討する場合と同じように、事前の準備計画に左右されるのである。具体的には、①年間学習指導計画における位置付け、②表現題材との関連性、③美術館訪問前後の事前事後学習、④美術館での鑑賞時の可能な範囲での学芸員との連携、⑤鑑賞する美術館所蔵作品の事前調査などを考慮したい。その上で、美術館での鑑賞による子どもの資質・能力の高まりを念頭に、学習のねらいや目的を明確にすることが求められる。教師が主体的に題材と作品に関わることで、地域の美術館とその作品は子どもにとって魅力的な教材となるのである。

2. 地域の美術館での鑑賞活動の特徴と学習のねらい

　ここでは、地域の美術館等を利用した鑑賞活動として、栃木県立美術館での鑑賞活動を基に、活動の概略を一般化して捉えることとする。
　まず、右頁の図1は、展示室での鑑賞活動の前に美術館集会室で美術館や企画展等の概要、鑑賞時の注意点などの説明を受けているところである。地域の美術館における鑑賞活動では地域の文化を担う教育研究機関として、子どもたちが美術館の役割を理解することも必要な学習である。地域の美術館での鑑賞活動は美術作品の鑑賞を軸とするため、対象学年は中学年以上となる場合が多く、特に中学年では社会科で地域について学習するため、教科間での関連性をもった学習活動となる。また、展覧会の概略的な説明に

より作品がテーマに基づいて展示されていることを知ることからも美術館の文化的な役割を学ぶことができる。

また、図1の写真には、美術館の作成した印刷物を読む子どもの姿が見られるように、多くの美術館で子ども向けのセルフガイドやワークシートを作成している場合があり、図画工作の授業での活用の仕方を検討しておきたい。

次に図2、3は、展示室での鑑賞の様子である。図2では、作品を囲んで解説を聞きながら感想や気付きをワークシート等に記入する子どもの姿を見ることができる。美術

図1．展示室に入る前の事前説明（栃木県立美術館）

館によって状況は異なるが、作品を囲んで子どもたちの意見交換や感想を述べる交流活動がその場で行える場合には、子どもたちの鑑賞体験がより深まることもある。また、図3に見られるような、映像作品や映像資料とともに作品を構成している展示では、各作品の関係性から、複数の作品を比較した鑑賞活動を行うことができる。図4は美術館の建物の外に出て、屋外の作品を鑑賞している様子である。学校における鑑賞の授業では立体作品の大きさや空間性、周囲との関係などを捉え難く、作品の実物を鑑賞することから、より深い鑑賞体験につなげられるのである。

美術館では規則として展示室に持ち込むことのできる物が制限されることが多い。水筒を含む飲食物は、その代表的な物である。また、展示室内では、インクペン、ボールペンなどの使用も制限される。これらは、飲食物やインクが作品に付着する事故などを防ぐためである。鉛筆の使用は許可される場合が多く、学校で作成した、鑑賞時のワークシートなどを展示室で書き込むことのできる美術館もあるが、作品の前に長時間とどまることが他の鑑賞者の妨げとなるため、それらを使用できるかどうかは、鑑賞の活動内容の相談とともに事前確認しておくことが望ましい。また、このような美術館の規則は美術館の成り立ちや特質と深く結び付いているのである。

図2．教育普通担当の解説を聞きメモをとる子ども（栃木県立美術館）

図3．展示室での鑑賞活動（栃木県立美術館）

図4．屋外の作品鑑賞（栃木県立美術館）

3. 教育機関としての学校と美術館

学校と美術館は共に教育機関であるが、両者は異なる成り立ちと社会的機能をもつ。学校は、教育基本法や学校教育法に基づいて教育を行う機関であり、そこでの教育は、子どもたちに向けた直接的なものである。一方、美術館（博物館）は、一義的には、博物館法に基づいて資料の収集、保存、展示を行う機関であり、美術館が直接的に扱う対象はヒトではなく、モノとしての作品（資料）である。美術館の規則や約束事の多くは、モノを対象にした機関であることに由来する。美術館は、作品を恒久的に保存し続ける社会的な機能をもつからである。そのため、作品の保存を優先した規則が必要なのである。また、旧来の美術館には美術の歴史の殿堂として、固く閉鎖的なイメージがつきまとった。そして、高尚な美術に関心を寄せる少数のための文化活動の場としての認識が一般にもたらされていた。

しかし、1990年代以降、徐々に、子どものための美術館教育が開始され、社会教育機関として美術館側から発信された教育普及活動が広がりを見せるようになり、これまでの作品解説、講演などのレクチャー

形式の教育活動に加えて、造形ワークショップや鑑賞体験を重視したギャラリートークなど、工夫を凝らした教育活動が展開されるようになった。美術館の教育活動は作品をいかにして人々の教育的な財産として機能させるかということへ変遷したのである。今日の美術館は教育機関としての役割を重視し、様々な方法で教育活動を展開している。社会教育の場、生涯学習の場として、美術館は、博物館法が定める、研究、収集保存、展示の活動に加えて、美術作品と人々の出会いの場を積極的に創出し、芸術をめぐる人間の営みをより豊かなものにするために主体的に活動する専門的な教育機関となっている。美術館の教育活動としては、次のような項目を挙げることができる。

①ギャラリートーク（解説、鑑賞）
　美術館の学芸員や教育普及担当者などが常設展示や企画展の作品を前にして解説するプログラム。作品や作家、美術史への理解を深めることができ、解説員などを配置し常時行っている美術館もある。また、知識理解型ではなく、対話による鑑賞を取り入れる場合もある。

②造形ワークショップ
　技術指導中心ではなく、講師と参加者間のコミュニケーションも重視しながら、様々な創作活動を体験できる。年間のプログラムとして計画している美術館もあれば、展覧会の一環として行われる場合もある。小学生や一般など参加対象を定めていたり、講師が作家の場合や教育普及担当者の場合など、様々な実施形態がある。

③移動美術館
　美術館収蔵作品の中でも保存及び作品の状態が美術館外展示に適した作品や作品の複製品（レプリカ）などを館外で展示する事業。比較的広い県などで、地域住民が美術館へ足を運ぶことが難しい場合などを配慮して計画されている。

④体験コーナー
　展覧会では鑑賞活動が中心となるが、展示室の一角や展示室に付随する部屋に体験コーナーを準備し、作品の技法や様々な表現方法を、簡単な創作で体験し、鑑賞体験を深めることができる。

⑤公開制作
　府中市美術館（東京都府中市）の公開制作室、国際芸術センター青森（青森県青森市）の「アーティスト・イン・レジデンス（作家滞在による制作）」などが代表的である。美術館は完成した作品を資料として展示する場であるが、作家を含めた制作の過程も展示するという考え方が背景にある。

⑥講座（美術史、創作）
　展覧会に付随して、あるいは連続講座などで、作家や作品、それらの美術史における学術的な研究などについて学ぶ講義形式を主としたプログラム。また、創作講座なども旧来より行われているが、これらは前述のワークショップよりも、技術を学ぶ要素が強い。

⑦美術館内で使用する教材の作成（セルフガイド、ワークシート等）
　紙媒体の資料や情報機器を用いて、いつでも鑑賞や美術の学びを深められるように多くの美術館でこれらの教材が用意されている。展示室内で作品を前にして取り組めるものや展示室外や持ち帰り、資料として活用できるものなどに用途を分類できる。「子ども向けガイド」など、年齢や対象を絞って作成されているものもある。

⑧学校への貸し出し教材の作成（アートカード、アートゲーム、作品の複製品等）
　小中学校の図工・美術で活用できる教材を作成している美術館もある。主に収蔵作品のカードを地域の学校などに提供し、鑑賞の授業で活用できるアートゲームなどの提案も行われている。また、移動美術館でも用いる複製品の貸し出しを学校に向けて行っている美術館もある。

　美術館には、様々な年齢層の来館者が訪れる。それまでに美術作品に親しんだ経験や、作品鑑賞に求める期待も異なる様々な個に向けた教育である。美術館は資料としての作品を軸に多様な人々へ向けた教育を展開する。このように、学校教育と異なる点は対象となる年齢層が限定されないことや、学校の授業では評価を行う点にある。しかし、学校と美術館は、両者が異なる志向の教育を展開しているからこそ、連携することによって、実物を前にした深く豊かな体験に基づく主体的な鑑賞活動を行えるのではないだろうか。前述のとおり、地域の教育資源として、美術館で美術作品の実物を鑑賞した体験を生かした題材や授業計画の充実が求められるのである。

（本田悟郎）

7. 図画工作科教育の変遷
～第二次世界大戦後70年の歩み～

　日本は、1945（昭和20）年8月にポツダム宣言を受諾し、第二次世界大戦の終戦を迎えた。江戸末期から明治期にかけての図画工作科の基盤となる「美術」という概念の移入、教科書にある手本画を模写する臨画教育、大正期の画家山本鼎（1882～1946）による自由画教育運動、手工という教科名で行われた工作教育などを経て、新たな体制での図画工作科教育が始まった。

1. 第二次世界大戦後から1968年版学習指導要領の下での図画工作科教育　— 1945年から1970年代

（1）大戦後2回の試案としての学習指導要領と民間美術教育運動の主導

　1946年3月の第一次アメリカ教育使節団の報告は、日本の中央集権的な教育制度を批判し、カリキュラムと授業を自主的に創造する教師の創意に教育の未来を託していたといえる。これを受け、同年5月に、文部省が発表した『新教育指針』は、「個性尊重」をうたい、子どもを中心とする授業の創造を民主教育の原則とする方針を掲げた。1947年3月には、教育基本法と学校教育法が公布され、新制度の下での教育が始まるが、このときの学校教育法施行規則により図画工作科が出現し、図画と工作とを統合した美術教育の内容が目指された。戦後の混乱の中、連合国軍の占領下でもあり、生活主義・実用主義的な美術教育が、1947年5月と1951年12月の2度、文部省学習指導要領図画工作編「試案」として示された。試案とは、地方教育委員会が独自プランを作成するための手引きの意であり、現在の学習指導要領とは性格を異にしている。

　その後、1952（昭和27）年のサンフランシスコ平和条約発効によって、日本が独立した。その前後に、日本教育版画協会（1951～）、創造美育協会（1952～、以下創美と表記）等の民間美術教育運動団体が組織され、生活版画や創造主義的美術教育を主張した。以後、こうした団体が力をもって図画工作科教育をリードしたため、この時期以降の10年間余は民間美術教育運動主導の時代と位置付けられる。特に、創美は、美術評論家の久保貞次郎（1909～1996）と画家の北川民次（1894～1989）などをリーダーとして発展し、大きな運動体となり盛り上がりを見せていった。創美設立時の宣言文には、「心理学の導入」「児童の生まれつきの創造力」などの言葉が盛り込まれている。無指導、無方法を標榜したが、S.フロイト（1856～1939）などによる「抑圧の心理学」、V.ローエンフェルド（1903～1960）『児童美術と創造性』（1938、邦訳書は1960）、F.チゼック（1865～1946）の美術教育を紹介したW.ヴィオラ『子どもの美術』（1942、邦訳書は1976）、H.リード（1893～1968）『芸術による教育』（1945、邦訳書は1953）などを拠り所として、これらの主張が移入されることになった。

　こうした創美が活動を続ける中で、創美を批判し、現実社会の矛盾を「認識」するための生活画を主張する新しい絵の会が、多田信作（1932～）、井手則雄（1916～1986）、箕田源二郎（1918～2000）などをメンバーとして活動を始めた（前身の新しい画の会が1952に創設、1959に再編）。社会主義リアリズム芸術論を基礎とし明確な授業方法をもっていたが、その方法とは、コップやフライパンといった日常品、生活、昔話などの物語から題をとり、集団討議によって、個々の「認識」を深化させ、徹底的に妥協をせず描くというものだった。創美にみられる創造主義美術教育に対して、認識主義美術教育と呼ばれている。

　造形教育センター（1955～）も、この頃、勝見勝（1909～1983）、松原郁二（1902～1977）、熊本高工（1918～2008）らを中心メンバーとし活動を開始した。1954年にドイツの総合造形学校バウハウスの元校長W.グロピウス（1883～1969）が来日したことを契機として発足したが、創美と新しい絵の会が、絵画教育を研究の中心に据えたのに対し、デザイン・工作を中心とする造形主義的なデザイン教育の主張であった。

（2）初の告示である1958年版と系統化を図った1968年版学習指導要領の下での図画工作科教育

　こうした状況の中で出された1958（昭和33）年10月発表の小学校・中学校学習指導要領は、試案ではなく

文部省告示という形をとり、法的拘束力をもつようになった。また、科学技術教育向上を目指す教育課程審議会答申を受け、中学校技術科新設に伴い、中学校図画工作科が美術科と改称され、小中ともに領域としてデザインを取り入れた。ただ、先に触れたように、この告示があったとはいえ、1950年代半ばから続く民間美術教育団体主導の図画工作科教育の展開は続いていた。

そして、1960年代半ばからは、民間美術教育運動がそれまでに比して落ち着きを見せ始め、系統化を図る図画工作科教育が志向された。それは、教育界全体が、系統化への道を探り、その影響が図画工作科にも及んでいたからである。諸外国からの理論の導入を経て大学の研究室において成立し、学校現場へと普及した授業の科学的研究は、教育行政にも影響を与え、文部省が1964年に「研究指定校」制度を導入するなど、現職教員研修の制度化を促進したと考えられる。

さらに、「教科内容の現代化」は、1960年代前半に、戦後新教育の生活単元学習に対する批判に支えられた算数・数学や理科の民間教育団体からまず提起されたが、1960年代後半には、文部省の側からも推進されることになる。1968（昭和43）年7月に小学校、1969（昭和44）年4月に中学校の学習指導要領がそれぞれ告示されたが、こうした「系統化」「教育内容の現代化」が、下地となっている。図画工作・美術科も、絵画、彫塑、デザイン、工作・工芸、鑑賞という5領域の下、系統性重視の内容であったと考えられる。

2. ポストモダン時代の中での図画工作科教育 ― 1980年前後から現在まで

（1）「造形遊び」の登場 ― 1977年版学習指導要領の下での図画工作科教育

高度成長による経済発展が世界的に注目された1980（昭和55）年頃、日本の学校は、高校進学率が94%、大学短大進学率も38%に達し、量的制度的拡充のピークを迎えようとしていた。この後2010年には、進学率は高校が96%、大学短大が56%に、それぞれ伸びている（e-Stat学校基本調査年次統計から）。1980年は、都市部を中心に中学校に校内暴力が吹き荒れたが、以後、自閉、不登校、いじめ、学習からの逃避、小学校の学級崩壊など、学校教育に関する危機的な現象が現在まで続く。また、1984（昭和59）年に設置された臨時教育審議会は、中央集権的で画一的な教育行政を批判し、民間の活力を導入した「自由化」と「個性化」の方向を提起しており、これも、現在までの規制緩和体制の中で、中心的な論争点となった。

価値観が多様化したポストモダン時代の中で、感性という言葉の出番は増え、1975年に子安美知子（1933-2017）『ミュンヘンの小学生』で紹介されたシュタイナー流の感性教育や1979年の中村雄二郎（1925-2017）『共通感覚論』における感覚や感性に関する論考は、少なからぬ影響を斯界に与え続けている。

1977（昭和52）年7月に小・中学校の学習指導要領が改訂告示されたが、各教科などの目標・内容を絞り込むとともに授業時間数を削減し、ゆとりある充実した学校生活を実現しようとした。図画工作科では、それまで5領域で編成されていた内容について、表現系4領域を整理・統合し、表現と鑑賞の2領域とした。領域が統合されたこともあり、前回の系統性重視から一転して「造形遊び」（1977〈昭和52〉年版学習指導要領では「造形的な遊び」と呼称）が低学年に導入され、表現の総合性や身体性が重視され始めた。この「造形遊び」導入には、幼年教育における造形活動との連携・接続の意味もあったと考えられる。

1978年には、板良敷敏（1945～）らの教育実践を基礎に、「Doの会宣言」（行為の美術教育ー「もの」と「空間」の設定）が出された（『教育美術』第39巻11）。これは、展覧会向け作品を仕上げるために指導者の心血が注がれることで、子どもの表現欲求から離れる弊害を生じた絵画作品主義へのアンチテーゼが根底にある。アクションペインティングやアースワークなど1950～1960年代現代美術の影響を色濃く受けたその題材群は、結果的に現在まで「造形遊び」具体化のモデルとなった。大正期自由画教育や第二次大戦後の創造主義的美術教育を乗り越えるために、さらに子どもの自由を拡大した「ウルトラ創造主義」の登場であったとも捉えられている（那賀貞彦「ディシプリン論の行方」『美術教育の課題と展望』2000）。

こうした「ウルトラ創造主義」は、内容が拡散・多様化する傾向にあり、表現活動の可能性を広げたが、同時に、教育方法の曖昧さという新たな課題を併せもつことになった。これに対して、松本キミ子（1940～）が1982年に公刊した『三原色の絵具箱』で示したキミ子方式、向山洋一（1943～）を代表とする教育技

術法則化運動（TOSS）の図画工作版である酒井臣吾（1934〜）の『酒井式描画指導法入門』（1989）にみられる酒井式は、ともに指導法が明確であり、批判もあるとはいえ根強い支持がある。

（2）「造形遊び」の拡大と知的な美術教育への熱い眼差し—1989年版と1998年版学習指導要領の下での図画工作科教育

1989（平成元）年3月に小中学校の学習指導要領が改訂告示された。新しい学力観というスローガン、自己教育力といったキーワードの下、低学年に生活科の登場があり、図画工作科では「造形遊び」が中学年まで拡大され、鑑賞教育の重視が明示された。

また、1980年代後半から、充実が図られた美術館における教育普及部門において、欧米の美術館・博物館におけるギャラリートーク、ワークシート、ワークショップの移入が始まった。欧米の各館の教育プログラムを集めた丹青総合研究所『ミュージアム　ワークシート―博物館・美術館の教育プログラム』（1987）、欧米のプログラムを踏まえて、独自プランを入れた北海道立近代美術館編『絵画入門―子どもと親の美術館』（1989）などが、相次いで発行され意識が高まった。さらに、1990年代には、知的で合理主義的な枠組みで創造主義を乗り越えようとするアメリカの1980年代のDBAE（Discipline-Based Art Education）の主張であるW.D.グリアやその前提となったE.W.アイスナー（1933〜2014）などの研究が、本格的に日本に移入され始めた。美学、美術批評、美術史、制作の4つの学を相互に関連付けて学習させようとするDBAEの主張を援用しようとするのも、方法の曖昧さを補おうとする動きの一つであるといえる。

続く1998（平成10）年12月告示の小・中学校の学習指導要領では、「総合的な学習の時間」を設置し、基礎・基本を身につけさせるとともに、自ら学び自ら考える力などの「生きる力」を育成しようとする意図があった。図画工作科においては「造形遊び」の高学年までの拡大があり、中学校美術科において、漫画やイラストレーション、写真・ビデオ・コンピュータ等映像メディアの明記、鑑賞教育のさらなる重視など、ますます内容の拡散・多様化の傾向になった。

この頃には、2001（平成13）年1月の省庁再編による文部科学省（以下文科省と表記）への名称・枠組み変更、2002年4月の学校完全週5日制開始、2004年4月の国立大学法人化など教育体制の大きな変革があった。さらに実施された1998（平成10）年版学習指導要領の下での教育に対しては、教科授業数の削減が学力低下をもたらすとして反対論や危惧が続出し、文科省もそれに応えざるをえない状況が生まれていた。

（3）2008年版学習指導要領の下での図画工作科教育と2017年改訂を受けた今後の展開

2008（平成20）年3月の小・中学校学習指導要領の改訂告示では、「生きる力」育成のスローガンは維持されたが、上記の学力低下問題の影響を受け、「総合的な学習の時間」は削減され、いわゆる5教科を中心として授業時間や内容の増加があった。図画工作科では、音楽科とともに、各領域や項目などを通して共通に働く資質や能力を整理し、［共通事項］として示した。これは、小中段階の内容の連続性に配慮し、指導の観点を明確にしたものと考えられる。

今次、2017（平成29）年3月の小・中学校学習指導要領改訂告示では、授業や教材の改善のために、すべての教科等を、「知識及び技能」「思考力、判断力、表現力等」「学びに向かう力、人間性等」の3つの柱で再整理することとなった。また、教科等横断的な学習の充実、「主体的・対話的で深い学び」の充実なども課題となっている。これらの新たな課題には、もちろん真摯に対応しなければならないが、同時にこれまでに先達が"格闘"し、積み上げてきた実践・研究の歴史にも目を向けたいものである。なぜなら、そこには、新たな課題を克服する示唆が存分に含まれているからである。

（宇田秀士）

【参考文献】
・佐藤学『教育方法学』岩波書店，1996．
・花篤實監修，岩崎由紀夫，岡崎昭夫，永守基樹編著『美術教育の課題と展望』建帛社，2000．
・金子一夫『美術科教育の方法論と歴史　新訂増補』中央公論美術出版，2003．
・斎藤利彦，佐藤学編著『新版 近代教育史』学文社，2016．

第5章　図画工作科の学びの広がり

8. 情報機器の活用①
～デジタルカメラを活用した活動の基礎～

　昨今のデジタルカメラは機能の多くが自動化され年々使いやすくなっているが、撮影の基礎を理解しておくことは必要である。技能の上達とともに表現の幅が広がることは、機器を用いた造形活動の醍醐味でもある。現在では、小学生でさえデジタルカメラや携帯情報端末のカメラに日常的に触れる機会が多く、操作の習得はむしろ大人より早い。創作の意図を踏まえた適切な指導により、効果的な表現を獲得するのは難しくはないといえよう。ここでは、カメラによる撮影の基礎技法を確認しておきたい。

1. デジタルカメラ撮影の基礎

（1）アングル

　撮影時には、手ブレを避けて鮮明な画像を得るために、脇を締めてカメラを両手でしっかりと握る。ファインダーまたは液晶モニターをのぞきながら構える角度は「アングル」と呼ばれ、ハイ、水平、ローの三つに分けられる。ハイアングルは被写体に対して高所から見下ろす角度で、状況説明に有効であるほか、被写体に小さな印象を与えて人物の弱さやかわいさなど

図1．ハイアングル　図2．水平アングル　図3．ローアングル

を表現できる（図1）。水平アングルは被写体となる人物の目と同じ高さで撮影する角度で、日常的な視野に近く安定した印象が得られるため、構図の基本とされる（図2）。ローアングルは、被写体を下から見上げる角度で、「アオリ」ともいう。被写体の大きさを誇張したり、迫力を演出したりできる（図3）。例えば、選挙ポスターの中で候補者がローアングルで撮影されていると、たくましく偉大な印象を受けたりする。

（2）フレーミング

　ファインダーや液晶モニターは長方形であるため、四角いフレームで視界を切り取ることになる。フレーム内に風景や被写体を収める工夫は、絵画にも通じる構図決定の訓練になる。まずは画用紙と同様、画面の向きをどうするかが「フレーミング」の鍵となる。通常は横長になりがちだが、カメラを90度回転させれば簡単に縦長の画像が撮影できる。風景の広がりやバストショットを写すには横、建物の高さや全身ショットは縦というように使い分け、被写体に適した構図をつくる。また、デジタルカメラの多くはズーム機能を搭載し、広角・望遠撮影が可能である。広角側では空間の広がりを表現でき、望遠側では遠くの被写体を引き寄せたり切り取ったりして、迫力や緊張感を得ることができる。

（3）光とコントラスト

　光には太陽光と照明光があるが、両者は色温度が異なり、同じ設定で撮影した場合は屋外で青っぽく、屋内で黄赤っぽく写る。ホワイトバランス設定をオートにしておけば、自然な色調が得られる。光の方向は、撮影において最も重要な要素の一つである。撮影者の背側に光源がある状況を順光といい、被写体の色や階調はくっきり見える。対して被写体の向こう側に光源がある状況を逆光といい、被写体が暗くなってシルエットが強調される。斜め上から照らす斜光はバランスよく陰影を描き、真横から照らすサイド光は明暗で立体感や緊張感を強調するなど、光の方向で印象が変わる。屋外の直射日光の下など、コントラストが高いと明暗の差が急激になり、階調は乏しくなる。逆に曇天や日陰は、間接光と呼ばれるように明暗のコントラストがゆるやかになり、被写体の隅々に光がまわり込んで豊かな階調が得られる。

（4）フォーカス

　撮影では通常、被写体の最も重要な部分に「フォーカス」を合わせる。人間や動物であれば顔や目、物

体であればその中心部となる。ズーム機能を使って望遠側で被写体にフォーカスすれば背景をぼかすことができ、主題を強調できる（図4）。逆に広角側であれば遠方から手前までに焦点が合い、風景全体がクリアに見える（図5）。フォーカスとボケ味を使い分け、主題や背景を明確にすることが可能である。昨今のデジタルカメラはオートフォーカス機能が搭

図4．望遠で被写界深度を浅く。　図5．広角で被写界深度を深く。

載されているが、一眼レフカメラなどではフォーカスリングを手動で回して「ピントの山」を探してみると、合焦（ピントを合わせる／合った状態）することの意味を具体的に理解できるであろう。

2．撮影における注意事項

　撮影時の構図づくりにおいて、特に注意すべき事項三つに触れておきたい。第一は、水平取りである。通常地面や床は水平、建物や柱などは垂直だが、これらが傾くと、たちまち不安定な構図となる。水平なものは水平に、垂直なものは垂直に収める。カメラに水準器がついていればそれを利用するのもよい。

　第二に、切り取ってはいけないものがある。人間や動物など生き物の手足は切らないほうが安定する。全身のポートレートでは必ず足先までフレームに収め、手を上げていれば指先までを収める。これは建物でも同様、特殊な空間構成を試みる時以外は、土台や屋根をしっかり収めることによって安定感を得る。

　第三に、無駄のない構図である。撮影の初心者は画面中央に小さく被写体を収めてしまいがちである。視線は被写体に集中しているが、ファインダーの四隅には必要のない背景が写っている。これは「日の丸構図」と呼ばれ（図6）、初心者が陥りがちな落とし穴である。主題は画面の中に大きく、ズーム機能がなければ足で距離を詰めてフレームに収める。同時に背景にも注意を払い、不要なものはフレームの外に出す（図7）。

図6．中心に収める日の丸構図　図7．無駄のない明快な構図で。

3．撮影活動と作品づくり及び相互鑑賞

　技能を高めて表現を突き詰めることは、造形活動の大きな喜びである。しかし小学校における造形教育の場合、最終的な完成作品に到達しなくとも、途中の気付きや発見もまた子どもの眼をひらく重要な過程となる。気軽にシャッターを押しながら次々に画像を生成できる写真は、その可能性を多分に含んでいる。

　カメラを与えられることによって、子どもは外に出て歩き回る。外に出て自然や風景を撮る際には、草むらを抜け地面をはって被写体にカメラを向けるであろう。丹念な製作というよりはむしろ散策や探検ともいえる積極的な活動によって自然や社会との壁が取り除かれ、視界が広がる契機となる。ポートレートを撮る時には、モデルとなる友達や大人へ語りかけることにより、距離を縮めるきっかけになる。

　そして、撮り終えた画像は美しいか、何を伝えたいか、感動する何かがあるか、友達の作品とどう違うかなど、最終的な創作作品としての価値付けを行う。撮りためた画像を相互に鑑賞し、友達との視点の違いを比較しながら、意見交換を行う場が必要であろう。

4．評価の観点

　カメラを構えることによって見える光景は、裸眼で見る日常とは異なる。見慣れた環境の中に新たな気付きがあったか、いつもと違う何かを発見することができたか。特に校内は規則正しい学校生活の単調な背景となりがちだが、あらためてファインダーを通すことにより、それまで見過ごしてきた魅力的な色や形を身のまわりに発見できたか。撮影が楽しい活動であることは間違いないが、遊びや体験にとどまるのではなく、主体的な探索の中で気付きや発見を繰り返し、撮影の技能を身に付けることが期待される。

（山本政幸）

第5章　図画工作科の学びの広がり

9.情報機器の活用②
～情報機器を活用した教師の指導～

1. 新学習指導要領の方針

　2017（平成29）年に公示された『小学校学習指導要領』（以下、「新学習指導要領」と呼ぶ）では、「情報活用能力（プログラミング教育を含む）」が重視され、「情報手段の基本的な操作の習得やプログラミング教育」が新たに位置付けられた。新学習指導要領の「総則」では、子どもの発達の段階を考慮した情報活用能力（情報モラルを含む）の育成を図るため、情報手段を活用するための環境を整え、学習活動の充実を図ることとともに教材・教具の適切な活用を図ることが謳われている。その結果として、子どもはコンピュータから情報を入手するのに必要な操作能力と論理的思考力（コンピュータに意図した処理を行わせる能力・汎用性のある論理的思考力）等を情報活用能力として習得することを目指す。また、情報活用能力は、資質・能力の三つの柱「知識・技能／思考力・判断力・表現力等／学びに向かう力・人間性等」に沿って整理され、このような情報活用能力を発揮することで「各教科等における主体的・対話的で深い学び」が実現するとしている。

　他方、「第7節 図画工作科」では、「コンピュータ、カメラなどの情報機器を利用することについては、表現や鑑賞の活動で使う用具の一つとして扱うとともに、必要性を十分に検討して利用すること」と記されている。これは「総則」に掲げられた、積極的に美術館を活用して情報収集や鑑賞等の学習活動を充実することに通じる趣旨であり、教師は「実際にものに触れたり見たりすることが図画工作科の資質・能力の育成において重要であることも踏まえ」、作品のオリジナルとコピー、活動のヴァーチャルとリアルの違いと各内容の意義を考慮し、学習目標に照らして情報の種類を選定し、必要であればICT（情報通信技術）を活用するということを意味する。

2. 情報機器を活用した指導における留意点

　ICTを活用した学習形態には一斉学習、個別学習、協働学習等があるが、情報機器は各々の形態に応じて学習を推進させる役割を担う。例えば、一斉指導では、クラス全体への説明の際、電子黒板やプロジェクターを使用して、活動する手元や参考資料の図・写真あるいは子どもの作品等を拡大して見せることで、子どもの興味・関心を高めることができたり、個別学習では、子どもが各自コンピュータを表現や鑑賞に用いることで自分に合った速度で学習したり、協働学習では電子黒板を用いて教室内・外の全員の作品を展示することで、互いに感想を述べ合ったりするために使用することが考えられる。

　こうした使用に際し、教師が修得しておくべき情報機器の活用能力としては、電子黒板・プロジェクター・実物投影機の操作法だけでなく、それらを接続するケーブルの種類や利用する教室のネットワーク環境等についても熟知しておくこと、また、子どもが使用するタブレット端末の操作も修得し、子どもの操作のつまずきに対しては適宜指導できること等が挙げられる。

　これらの情報機器を活用して教師が指導を行う際のポイントは様々あるが、一斉学習において留意する点としては次の4つを挙げる。①指導に適した情報機器設定を事前に行い、見やすいプレゼンテーションを作成する。②操作ができない子どもを一人にしない。③画像の権利の処理（肖像権や著作権処理）を含めた情報モラルの指導及び情報セキュリティ対策。④機器の故障の際の対応（代替案の準備）。

　一方、形や色などの造形的な視点を指導内容を含む図画工作科では、用意する資料の形や色は、製作指導や作品鑑賞においてとりわけ重要であるため、カラーユニバーサルデザインへの配慮が欠かせない。そのためには、色覚特性に応じた配色表を利用したり、色覚タイプによって異なる色の見え方を擬似的に表示するアプリケーションソフトを利用したりしてプレゼンテーション資料を作成することが肝要である。また、タブレット端末には学習支援という面がある一方、操作につまずいた子どもを取り残された気持ち

にさせる危険性もあるため、一斉学習で操作場面を拡大して見せる映像を電子黒板に映したり、その際、教師自身の誤操作も含めることや、機器の使用法の指導に協働学習を取り入れたりすることが考えられる。

さらに、画像等には著作権や肖像権があり、その使用には情報モラルが関与するが、鑑賞能力が高まる高学年においては、作品のオリジナルとコピーの違いの観点から、鑑賞の授業の中で情報モラル教育を行うことが考えられる。

3. 情報機器を用いた授業実践例

図画工作科において、表現に使用することができるタブレット端末を含めたコンピュータ等のICTには、描画、画像処理、動画編集、3Dモデリング用のアプリケーションソフト等があり、鑑賞用では、美術館やインターネット上の静止画・動画サイト等が一斉学習・協働学習で利用され、個人学習には、アートゲームのアプリケーションソフトやタブレット端末用アプリ等が利用されている。

美術館には展示作品の他、作品解説用の情報機器が用意されている場合が多い。例えば、展示室やICT専用スペースにある解説用のコンピュータやタブレット端末、作品の前に立つと解説が流れるガイド機器やAR（拡張現実）タブの付いたパンフレット等である。図は美術館内の一室であるが、ここでは来館者が、部屋に用意された画材で、室内のモチーフを写生することができる。その絵を提出すると、毎月の作品としてモニターに静止画（前）が映しだされたり、描画のプロセスが動画（奥）が放映されたりする。

図1．コペンハーゲン美術館内の「スケッチルーム」

視聴覚教材としてのTV番組には、小学校高学年用の図画工作科の番組や造形の基礎を教える番組、様々な鑑賞番組等、多数ある。教師は、こうした情報を収集して学習内容に適した方法で使用し、学習を促進するよう心掛ける必要がある。しかし「学習指導要領解説図画工作編」に挙げられているように、「実際にものに触れたり見たりすることが、図画工作科の資質・能力の育成において重要であることも踏まえ」（p.123）、指導においては学習のねらいに応じて必要性を十分に検討し利用することが求められる。

情報機器を用いた授業としては、上記の美術館やTV番組の応用の他、様々な内容が考えられる。一例として、タブレット端末にペンで描く活動を取り上げると、それを個人で行い作品を完成させる表現や、作品が完成するまでの軌跡を遡ったりする鑑賞、また、一枚の絵が個人のタブレット端末に投影され、それをクラス全体で協働して製作したり、あるいは、個人のタブレット端末には一枚の絵のピースが投影され、個人が製作したピースを合成してクラス全員で一つの作品を創る方法等が挙げられる。もちろん、それらの作品の中に、子どもたちを撮影した画像を合成することも可能であるため、実写とアニメーションを併せた映画をつくったり、完成した映像をプロジェクションマッピングとして校舎に投影したりして、文化祭等のイベントに展開することも可能である。また、個人のアイデアを電子黒板に投影してクラス全体でアイデアを検討する様な方法もある。こうしたアイデア（イメージ）に関する学習に用いる他にも、形や色の学習アプリをタブレット端末で行うことが可能である。

学習指導要領の解説（p.30）には、技能の育成には材料や用具、表現方法等を考慮する必要があるとした上で「用具の活用においては児童の感覚や行為を重視すること」「『技能』を働かせる中から、新たな発想や構想が生まれることもある」と記されている。発想が情報機器によって促されることも、反対に情報機器によって発想が生まれることもあり、図画工作科の授業で触れた情報機器による表現に将来を見いだす子どももあるかもしれない。そうした可能性を教師の知識不足で潰すことはあってはならず、子どもの個性を尊重する教科の特性を踏まえ、教師は情報機器の活用を行うことが肝要である。

（内田裕子）

巻末資料

図画工作科で用いる材料や技法／平成29年告示小学校学習指導要領　図画工作・幼稚園教育要領（抄録）

1. 絵の具で描く …………………… p.232
2. 墨で表す ………………………… p.233
3. 粘土で表す ……………………… p.235
4. 木で表す ………………………… p.236
5. 葉っぱや小枝、石などで表す ……… p.238
6. 針金で表す ……………………… p.239
7. ペットボトル、フードパック、ビニール袋で表す ……………… p.240
8. 版で表す ………………………… p.241
9. 紙の特性、基礎知識 …………… p.242
10. 様々な接着材、接着テープの性質 …… p.244
11. 接着剤やテープを使わないくっつけ方 …………… p.246
12. 様々な切り方 …………………… p.248
- ●平成29年告示小学校学習指導要領　図画工作 ……………………………………… p.250
- ●平成29年告示幼稚園教育要領（抄録）…… p.253

1．絵の具で描く

1．絵の具

　絵の具は主に「顔料」と呼ばれる色素と、それを画面に定着させる「展色剤（接着剤）」からできている。この顔料には合成顔料（現在の主流）と、天然の土や鉱石を砕いて粉末状にした天然顔料がある。また展色剤には大きく油溶性・水溶性などがあり、前者を用いた代表的な絵の具に油絵の具、後者に水彩絵の具・アクリル絵の具・ポスターカラー等がある。例えば、水彩絵の具の展色剤には主としてアラビアゴムが用いられており、その水溶性濃度によって透明にも不透明にもなる。なお、これらの絵の具を用いるためにはそれぞれの展色材を溶かす「溶剤」が必要である。すなわち水彩絵の具であれば「水」、油絵の具であれば「揮発性油」である。以下、主に小学校で用いられそうな絵の具について説明していく。

(1)**不透明水彩絵の具**…顔料をアラビアゴム、グリセリンなどで練り合わせてつくった絵の具で、主に小学校で用いられる。

このとき展色剤のアラビアゴムの分量が多いものが不透明水彩絵の具、逆に少ないものが透明水彩絵の具である。

(2)**ポスターカラー**…デザイン制作用に使われる。顔料にデキストリンという成分を加える。発色がよく、一定の面積をむらなく塗るのに適している。

(3)**アクリル絵の具**…顔料をアクリル樹脂で練り合わせてつくった絵の具で、ほとんどの材料に塗ることができる。速乾性で耐水性であるため重ね塗りもしやすく、丈夫で厚塗りをしても画面がひび割れることはない。しかし乾いた後、水で溶かして再度使うことはできない。

2．筆

　水彩画に適した筆を紹介する。筆は使い終えたら、つけ根までよく水洗いし、穂先が曲がらないように注意しながら乾燥・保管する。

(1)**丸筆**…線描や着彩に適している（写真右の3本）。

(2)**平筆**…同じ幅の線を描いたり、広い部分を均一に塗り広げたりすることに適している（写真左の3本）。

3．紙

　水彩画に適した紙としては画用紙、水彩紙の他、ケント紙やボール紙、和紙なども利用できる。

4．パレット

　水彩絵の具を用いる際には、絵の具をチューブからパレットに出し、筆で混色するなどして用いることが多い。その際、基本的なパレットの使い方としては、似た色の絵の具が隣り合うように仕切りスペースに絵の具を置いていくとよい。仕切りの外にある広いスペースは混色に使うとよい。

5．バケツ（筆洗）・ぞうきん

　バケツ（筆洗）は、絵の具の付いた筆を洗う水、すすぐ水、絵の具を溶く水などと分けて使う。ぞうきんは、洗った筆を拭いたり穂先を整えたりすることなどに用いる。

6．技法等

　水彩絵の具は基本の12〜18色があればほとんどの色をつくることができる。自分なりに重色や混色を試しながら組み合わせの特徴について理解を深めていくとよい。なお、水彩絵の具を用いた主な技法は、右の写真上から順に以下の通りである。

(1)**ぼかし**…絵の具を塗った後に水を含ませた筆でなぞって馴染ませ広げる。

(2)**にじみ**…画面に絵の具や水をあらかじめ塗っておき、それらが乾かないうちに別の色をのせる。

(3)**点描**…筆の穂先に水分量をやや少なめにした絵の具を付け、様々な色の点で描く。

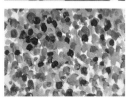

(4)**ドライブラシ**…乾いた筆に、水分量を少なめにした絵の具を付け、かすれたタッチで描く。

(5)**ローラーを用いた表現**…絵の具を十分に含ませたローラーを模造紙上に自由に走らせることにより、その感触を楽しんだり、そこから思い付いたりしたことなどを表現していく。

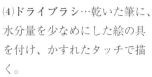

（秋山敏行）

2．墨で表す

墨（固形墨）は書道において身近に目にするものであるが、時間節約等の関係で、墨汁（墨液）を使用するため、墨を磨る活動は減少の傾向にある。

しかし、日本古来から大切に伝えられてきた墨は、魅力的で様々な特性をもっており、描画材として墨を捉えて、美術表現活動を行うことは意義深い。伝統文化としての墨を、描画材として現代の捉え方で使用することで、表現の幅が広がる可能性に満ちている。

固形墨

1．墨とは

固形墨は、煤と膠を練り合わせ、木型で成形し、乾燥させたものである。硯で磨ってできた濃い墨液を水で薄めることで、様々な濃さの淡墨となる。墨の濃淡を生かし、奥行きや明暗を出すことで、深みのある表現ができる。利便性などを考慮し、もちろん墨汁（墨液）を使用してもよい。しかし、時には墨を磨る機会も設定し、墨に使用しているじゃ香などの香料の香りや、磨ることで得られる落ち着き等を体験する機会をもちたい。

2．墨との出会い～書道セット

小学校3年生から書道の授業が始まる。多くの小学3年生は、このとき「書道セット」を購入する。最近では各家庭でネット購入する場合も多いが、中の小物、用具類は様々にあり、組み合わせが選択できる。

(1)硯

一般的な硯の材料には、セラミックやプラスチックがある。しかし、固形墨の使用に当たっては、本石硯を薦めたい。固形墨が磨りやすく、長く使用できる利点がある。

(2)筆

通常は書道セットの習字筆を使用するが、水の含みが良い絵筆（丸筆など）も使用できる。その他の方法や筆の工夫については、4．で述べる。

さらに指や腕に力が入らず、望む線描や表現ができにくい人のために、指に直接筆を差し込んで使用できるゆび筆などもあることを述べておきたい。

丸筆（水彩道具）

ゆび筆

(3)下敷き

書道セットの中に、ラシャかフェルトの下敷きが入っている。半紙サイズの場合が多い。大きな紙に描く場合は、古毛布などを切って、代用することができる。

(4)文鎮・筆置き

文鎮は作品が動いたり風で飛んだりしないようにするために用いる。筆置きは、筆や刷毛を置くために用いる。

(5)水入れ

墨を薄める際の水をとったり、筆を洗ったりするのに用いる。

(6)スポイト

硯の丘に水を注ぐとき、水量が計れる。硯の丘の部分に、スポイトで少しずつ水を落として使用する。また、磨った濃墨を小皿やパレットにとり、好みの濃さに薄める際にも、量を加減できて便利である。どんな形のでもよい。

(7)パレットもしくは白の小皿

絵の具セットの中に入っているパレットか小皿は、墨を薄めたり、濃さを確認したりすることにも役立つ。

(8)筆拭き布かペーパータオル

下敷きの水分を拭き取ったり、筆に含まれた墨液を拭き取ったりするのに使用する。ペーパータオルでも良い。

これら書道セットに含まれる用具と、水彩絵の具セットにある用具等を使うことで、墨の美術表現ができる。

「墨で絵を描くには、特別の用具が必要である」という考え方を転換し、身近な用具を工夫して使い、楽しく自由に墨が生みだす表現を楽しむことから始めたい。

3．紙について

墨をにじませたり・ぼかしたり、白い線を浮きださせたり（筋目がき）、水玉模様を浮きださせたり（水滴を先に落として、その上に薄墨を塗ると、水滴を落とした部分には墨はのらないので水玉が白く浮きだす）など、子どもも大人も驚く反応は、墨と和紙と水が一体となって起こる反応である。

その際、気をつけなければならないことは一つである。画仙紙などの、水を吸い込む紙を使用することである。

学校で使用している半紙は、子どもが書きやすいように、にじみ止めをした加工紙となっている場合が多い。版画に使う和紙なども、使いやすいように、にじみ止めをしていることが多い。

にじませたい表現をする場合は、紙に薄墨を落として、紙の中に墨がしみこむか、にじむかにじまないか、水を弾かないかを確認して始めるのがポイントである。

学校で使用する場合は、にじみ止めをしていない、機械漉きの安価な画仙紙を使用するとよい。他にもコーヒーフィルターなど、身近にあるにじむ紙を使うのも面

白い。にじませない場合は、半紙でも模造紙でも画用紙でも、紙は身近にある紙を自由に選択できる。

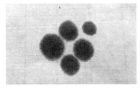
にじむ半紙

弾く半紙

4．多様な表現を引きだす方法や用具について

(1) 布に描く
紙に描くだけでなく、布に描くことで、墨の色や墨跡に変化がでる。布の厚さや材料によっても表現が違ってくる。

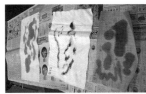
素材の違う布に描く。

Tシャツの綿に描く。

(2) 墨流し（p.150～153を参照）
墨を水に浮かべ、水面にできた墨模様を紙に写し取る。

(3) ゆびで描く
歴史をたどると筆のかわりに、指先や爪を使って描かれている表現方法もあり、指頭画（しとうが）とよばれていた。子どもにとって、取り組みやすい表現方法とも考えられる。

(4) スポンジやローラーに墨を付けて描く
スポンジの角やテクスチャーの違う両面を使い分け、こすったり、スタンピングしたりする。

ローラーでも墨を付け、転がしたりスタンピングしたりすることができ、低学年でも取り組みやすい。

スポンジで描く。

ローラーで描く。

(5) 段ボールの切れ端に墨をつけて描く
身近にある段ボールの切れ端の切り口の面白さを生かしてスタンピングし、連続模様を表す。段ボールの

段ボールでスタンピング

切れ端はたて目と横目で形が異なることを生かして模様を工夫したい。また、重ねたり丸めたり、組み合わせたりしていろいろな模様を考えだすことも楽しい。

(7) 新聞紙に墨をつけて描く
新聞紙などを丸めて墨を付け、スタンピングする。折り方や丸め方で、模様が変わってくる。また、材料の紙も種類に応じてたくさんのテクスチャーがあり、自分なりの模様を見つけだす楽しさがある。

新聞紙を丸めて墨をつけスタンピング

(8) 割りばしペンで描く
割りばしをペンに見立てて、墨を付けて描く。割りばしの上側の太いほうやはし先の細いほうを使い分けることで線の太さを質感を変えることができる。また、加工しやすいため、はし先

割りばしで描く。

を削って尖らせたり、平たくしたりして描きたい線をつくりだすこともできる。

(9) 筆を手づくりしたり様々な筆を使ったりする
決められた用具を使うだけでなく、身近な材料を使ったり、それを組み合わせて手づくりすることも意欲付けとなる。その際、用具によって墨の濃淡や擦れ具合等がコントロールできることや、偶然にできた墨跡の面白さに着目するよう助言することで、多様な表現を引きだす支援となる。いろいろな種類の筆と組み合わせての表現を楽しみたい。

麻ひもを割りばしにテープで止めた手づくりの筆

刷毛
（広い面で使用）

穂先の固い筆

竹筆（かすれた感じを出せる）

（松﨑としよ）

3．粘土で表す

1．粘土の種類

粘土には様々な種類があるため、子どもの発達段階や題材のねらい等に合わせて選択・使用したい。

(1) **土粘土**…水で練った粘土のことで天然のものである。乾燥すると硬くなりひび割れしやすいため、製作が数回（数日〜数週間）に渡る場合には十分に湿らせて保管しておくことが不可欠である。また『小学校学習指導要領解説 図画工作編』では、例えば低学年の子どもが「関心や意欲をもつ、扱いやすい身近な材料」であり「手や体全体の感覚などを十分に働かせ、感触や手応えを楽しめるような土粘土に親しませることが重要である（同p.118）」と示されているなど、粘土の中でも代表的な種類の一つである。

(2) **油粘土**…油で練った粘土のことで人工のものである。この粘土は、そのままにしておいても固まらないので、製作を数回（数日〜数週間）に分けて進行することも可能である。

(3) **紙粘土**…土粘土と異なり、かたちをつくった後、そのまま乾燥させただけでもひび割れ等を起こすことがない。また乾燥後、アクリル絵の具等による着彩も可能である。

(4) **テラコッタ粘土**…基本的な性質は(1)の土粘土と同じで、好きなかたちをつくった後に十分に乾燥させ、窯などで焼成（素焼き）するものである。その際、必要に応じて釉薬をかけたり素焼きに着色したりすることで、よりいっそう独特な美しさが生まれたり、実際に生活の中で使えるものになったりもする。なお、テラコッタ粘土以外に焼き物用の粘土等も焼成する。

(5) **その他**…様々な種類の粘土が開発されてきている（木粉粘土や石粉粘土など）。始めからカラフルな色の付いた状態で用意されている粘土などもある（小麦粘土など。なお、アレルギー等への配慮が必要）。

2．粘土の性質と活動の広がり

粘土の種類を問わず全般的に共通する性質として「可塑性」が挙げられる。つまり粘土は、思いのままに丸めたりちぎったりすることができるなど、使い手の手や体の動きに応じてそのかたちが自由になる材料なのである。なお『小学校学習指導要領解説 図画工作編』では、「造形遊び」や「絵や立体、工作に表す」のいずれを問わず、「児童が関心や意欲をもつもの」「児童がもっている表現の欲求を満足させるもの」として取り上げられている。

以下では、その「可塑性」を中心に粘土の性質と活動の広がりについて見ていくことにしたい。

(1) 「丸める、のばす…」などの行為により「（へびのような）生き物」をつくる過程をみていく。

❶丸める。　　　❷のばす（平板に）。

❸のばす（筒状に）。　❹のばす（棒状に）。

❺つむ・まく。　　　❻つまむ。

❼つまむ。　　　❽穴をあける。

❾完成。　　　その他：魚のウロコを彫る。

子どもたちは、❶〜❽にみる「丸める、のばす…」などといった行為、すなわち「手や体全体の感覚」などを十分に働かせることによって、粘土という材料に特有の「感触や手応え」を楽しみながら、「次はどんなふうにしようか」などと発想や構想をめぐらせつつ、自分の思いを実現していくのである。

(2) 芯材を用いて「手」をつくる過程をみていく。

製作過程（左から）「芯材」「荒付け」「完成」

粘土は可塑性に富み、扱いやすい反面で変形しやすいため、芯材を用いて製作することもある。この芯材とは、粘土の重みで形がゆがんだり崩れたりするのを防ぐために像の内部に入れるものである。

（秋山敏行）

4. 木で表す（木材の加工法と用具）

図画工作でよく使う木材は、市販されている角材や板材、建築用端材、森に落ちている枝や校庭の剪定で切られた木などが挙げられる。ここでは、主に小学校においてこれらの木材を加工する方法と用具を紹介する。

1. 切る

木材を切るには、様々な種類ののこぎりを用途に合わせて使用する。のこぎりには、引くときに木が切れる引きのこと押すときに切れる押しのこがある。日本ののこぎりのほとんどは引きのこのため、切る際には引くときに力を入れるように指導したい。

(1) 両刃のこぎり

最も一般的に使われるのこぎりで、のこぎりの両側に刃が付いている引きのこである。刃の目が粗いほうが縦びきで、木目の方向と同じ向きに切る。目の細かなほうが横びきで、木目に対し直角に切るように使用する。

縦びきの刃先

横びきの刃先

(2) 糸のこ

板材を直線や曲線など自在に切るときに使用する。切る形の一箇所に、糸のこの刃を通すための穴をあける。糸のこの刃をこの板の穴に通してから使うのだが、手動の糸のこの場合は、刃を引きのこの向きで、電動糸のこの場合は、刃を下向きでのこぎりに取り付ける。刃の向きを逆にすると板が動いて危険なため特に注意が必要である。切るときは手動の糸のこの場合は、板に垂直に動かしながら切る。電動糸のこの場合は、板を動かし、刃に対して切りたい正面を当てるように切り進める。

電動糸のこに正しく付けた刃

手動糸のこの刃の当て方

2. つなげる

木材をつなげるには、釘や木工用ボンド、ひもで結び付けるなどの方法がある。金づちを使用しやすい大きな材料は釘で、小さな材料は、木工用ボンドで接着すると安全でよい。ここでは釘に関して取り上げる（接着剤はp.244～245を参照）。

(1) 釘

材質の違いや、スクリューの付いたものなど様々な釘の種類があるが、木材をつなげるには一般的な丸釘でよい。注意したいのは、釘の長さである。木目の向きにもよるが、しっかり留めるためには、上図のように、少なくとも板の厚さの2～3倍の長さを用いるようにする。

釘打ちの断面図

(2) 金づち

金づちは、用途に合わせて様々な種類があるが、図画工作では、両口げんのうが多く使われている。両口げんのうは、頭の両面に打つ面があり、一方は平面で、もう一方はやや凸面になっている。平面で釘を打ち、釘の最後のひと打ちには凸面を使って釘の頭を打ち込み、木の表目に金づちが当たらないようにして、げんのうの跡を付けないようにする。片側に釘抜きのあるものを使う場合もある。

両口げんのうの凸面

3. 穴をあける

釘を打つ際に木が割れないように下穴をあけるときや、木に糸のこの刃やひもなどを通す小さな穴をあけるときには、きりを使う。きりには、釘の下穴をあける四つ目きりと、大きな穴や竹に穴をあけるのに向いているネズミ歯きりなど、様々な刃の形がある。精密な穴をあける場合には、ピンバイスを用いることもある。

(1) きり

留め木でしっかり固定する。

きりの持ち方

板を足や留め木で動かないようにしっかりと押さえる。刃が突き抜けてもいいように、もう一枚板を敷いておく。きりの柄を両手で挟むように持ち、板に対してきりを垂直にし、上から下にもみおろして穴をあける。

(2)ドリル

ハンドドリル、電動ドリルを使用すると、きりよりも簡単に深く大きい穴を開けることが可能。ドリルで穴を開ける前には、刃が滑らないように下穴を釘やきりで開ける。細いドリルの刃は折れやすいため、ドリルの刃を材料に対して斜めに当てたり、左右に動かしたりしないようにする。

間違ったドリルの当て方

4．削る（彫る）

木の表面を削り装飾するときには、彫刻刀が扱いやすい。

(1)彫刻刀

基本的な彫刻刀（左側：丸刀〈小〉、丸刀、三角刀、平刀、切り出し刀）

彫刻刀には、切り出し刀、丸刀、三角刀、平刀、など様々な刃の形があり、彫る線の太さや、表情がそれぞれの刃の形で変わり、いろいろな彫り方ができる。彫刻刀を使用するときは、木材をしっかりと固定して、刃の進む向きの先に、絶対に手を置かないようにする。固定しにくい棒状の木材を手で持って削るときは、雑巾などの布を机の上に敷いて滑り止めにするとよい。

(2)小刀

小刀は竹ひごなどの小さな木材を削ったり、木を尖らせたり、角をとってなめらかにする面取りなどに便利な道具である。

基本は、小刀を持つ反対の手の親指で刃の背を押して切る。小刀の使い方に

小刀の持ち方

慣れるまでは、鉛筆を削ることから練習して、小刀の持ち方や安全への配慮が身に付くように指導するとよい。

5．研磨する

木材の角を丸めたり、木の表面をなめらかにするには、紙ヤスリや木工ヤスリを使用する。

(1)紙ヤスリ

紙ヤスリは、紙や布に研磨材が塗布されたものである。研磨剤の大きさにより目の粗いものから細かなものまでろいろな番手があり、数字が大きくなるほど、ヤスリの目が細かくなる。それにより、様々な仕上がりに応じて使い分けることができる。また、研磨剤を塗布する材料の質や番手の違いにより、木材用、金属用など幅広く使用できる。なお、広範囲に削る場合、ベルトサンダーを用いる場合もある。

番手（研磨剤）の違い　　木材に紙ヤスリを巻いて効率よく研磨する。

(2)木工ヤスリ

木工ヤスリには、両面が平らになっている平ヤスリと片側が平面で一方が丸い面になっている半丸ヤスリ、丸い棒の形の丸ヤスリがある。一般的なのこぎりとは反対に、ヤスリは押すことで当てた面を削ることができる。

平ヤスリは両面に目が付いており、目の粗い面と細かな面に分かれていて、使い分けることができる。

半丸ヤスリは、曲面に目が付いており、例えば、半円の内側や、穴の内側を研磨して仕上げるときに使う。細かな部分の仕上げには、細身のものを使う。

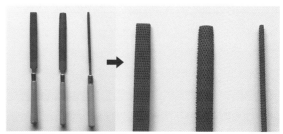

木工ヤスリの種類（左から平、半丸、丸）、右は拡大

（新實広記）

5．葉っぱや小枝、石などで表す

1．自然物の材料について

葉っぱや小枝、石などの自然物は、普段から身のまわりにあるものなので、ことさら注目することもあまりないかもしれない。しかし、自然物特有の質感や四季等に応じた色彩などといったそのよさや面白さを、子どもたちが手や身体の感覚を十分に働かせながら感じ取ることで、人工物ではつくりだせない大きな魅力を得ることができるものでもある。

例えば、ひとくちに葉っぱと言っても、紅葉の時期に拾った落ち葉なのか、それも時間が経ったものなのかどうか、あるいは新緑が芽吹く初夏の草原で摘んだものなのか。また、かたちはどうなのか。外周はなめらかなのか、ギザギザなのか、…その質感や色彩、かたちは様々であり、すべて異なっているといっても過言ではないであろう。

また石にしても、それは川原で拾ったものなのか、海岸で拾ったものなのか、あるいは山で拾ったものなのか、それとも道端の砂利の中から選んできたものなのか、…それぞれの自然環境特有の質感やかたちなどがあるであろう。

その他にも、茎や花びら、植物のつるなどといったものも季節によって様々見受けられるとともに、小枝や流木、何かの種、貝殻、砂、土など、よく観察してみれば、身の回りには実に魅力的な材料があふれている。普段から気にかけつつ、こまめに集めておいたり、子どもと一緒に集めに行ったりしても面白い活動になるであろう。

2．活動の広がり

(1)主として、グルーガンや木工用ボンド等の接着剤を用いて、材料同士をくっつけてお気に入りの何かをつくりだす活動。

なおグルーガンとはピストル状の形態をしているもので本体に棒状のホットメルト接着剤（約80℃前後で溶解する）を装填し、トリガーを引くことで先端から熱で溶け出る接着剤をかけて接着するものが一般的であるが、どちらかというと仮留め的な使い方に向いている。木工用ボンド等できちんと接着しようとしたら24時間程度置いておく必要があるとされる。

(2)主として、ひも類（麻ひもやビニールひも等）や、集めてきた植物のつるや茎なども用いながら、材料同士を結んだりつないだりしてくっつけてお気に入りの何かをつくりだす活動

(3)主として、セロハンテープ等を用いて、異なる材料同士をくっつけてお気に入りの何かをつくりだす活動。

左の写真の作品は、中心部に棒状のものを使用し、そこに直物を巻き、要所をテープで留めているものである

(4)主として、葉っぱなどの自然物に思い付いたことを描き、それらをグルーガン等でくっつけたり、組み合わせ

たりして、お気に入りの何かをつくりだす活動。

カラフルな油性サインペンなどが適している。

(5)主として、(1)のようにグルーガンや接着剤等でくっつけてつくったものや石にペンで描いてつくったお気に入

りのものを、段ボール等を支持体にして作品にする活動。

なお支持体はこの他にも、発泡スチロールや発泡ウレタン、加工粘土（紙粘土等）が考えられる。いずれも子どもの思い等に合わせて選択できるようにしておきたい。

以上に見てきた以外にも、小枝で木枠をつくり、そこに釘、毛糸等を組み合わせて織物（コースター等）をつくる活動や、リボン等を接着してペンダントにする活動等も考えられる。材料の特性や子どもの思いを適切に関わり合わせながら、その都度ごとに最適な用具や支持体等を活用できるように準備しておきたいものである。

※なお写真の作品は、大学の授業にて学生が製作したものである。

（秋山敏行）

6．針金で表す

1．針金の種類

(1)材質

　針金はその材質によって性質が大きく異なる。表したい内容や、どの程度の強度が必要なのかに応じて適切に選ぶようにしたい。

　鉄（スチール）でできた針金は硬いため、力が加わる箇所に使用することができる反面、曲げる・切るといった加工は、ペンチが必要となる。鉄でできたものの中でもピアノ線は炭素鋼でつくられており、さらに強度が高いため加工は難しい。園芸用などとして市販されている鉄線には、塩化ビニールの被膜が施されて、様々な色彩のものがある。また、針金でできた衣服のハンガーなども針金として使用することができる。

　銅・アルミの針金は比較的軟らかく、子どもが手を使って曲げたりねじったりすることも可能である。細いものは、はさみで切断できる。ただし、作品が完成した後も形が変わりやすいため、動く工作に使用したり、力が加わったりする作品に使用することは不向きであるといえる。

　この他、手芸や装飾に使用するモールも図画工作の材料としてよく使用される（下写真）。針金にカラフルな繊維等を捻ってつくられており、曲げる・切るなどの加工も容易である。そして色や太さも豊富に準備されているため、子どもの表現意欲を高めることができる材料である。

(2)太さ

　市販されている針金は、その太さ（直径）を「番手」という言い方で表わし、「＃」の記号が付けられている。この＃の数字が大きいものほど、直径が細いということを表している。指導者が材料となる針金を選ぶ際には、その材質とともに太さも考慮するようにしたい。

2．ペンチとニッパー

　針金の加工には、ペンチ（右写真上側）やニッパーを使用する。ペンチは手で握って使用する用具で、先端部分で針金をつかんで曲げたりねじったりすることができる。軸に近い部分には刃が付いており、針金を切断することができる。

　ラジオペンチは（右写真下側）、先端が細くなっており、細かい加工をすることに向いているが、大きな力を掛けるのは難しい。なお、ニッパーは、主に、針金などを切断するための用具である。

3．針金の扱い方

　造形において針金を使用するときは、他の材料と異なり接着剤を使用することは少ない。紙や木などと比べて、細い針金は接着面をつくることが難しいためである。このため、針金どうしをつなぐ場合は、ねじり合わせる必要がある。発泡スチロールなどに固定する場合は突き刺すことができるが、木に固定する場合は穴をあけて刺す、または打ち付けた釘に巻き付けるなどの方法がある。いくつかの加工の例を教師が演示し、よく使用する技法は表現活動に入る前に練習しておくとよい。

　子どもが針金を使用する場合は、長いものを扱っていると、針金の先端が自分や友達の顔や目に接触するなどの危険がある。このため、長い針金はできるだけ巻き取っておく、先端を折り曲げて丸めておくなどの安全指導が大切である（下写真）。

（竹内晋平）

7. ペットボトル、フードパック、ビニール袋で表す

1．ペットボトル

私たちの生活に欠かせない存在となっているペットボトルは、主に飲料などの保存用に利用されるプラスチック製の容器である。軽くて丈夫で透明のものが多いため、造形活動の材料としても扱いやすい。大きさも様々なものがあり、用途に応じて選択するとよい。

一般的なはさみで切断することができるが、はさみの先を容器の中に入れて切ることが難しい。また、ペットボトルの場合は、カッターナイフでの扱いも困難なため、ペットボトル専用のはさみ（刃先に角度が付いている）を使用すると簡単に切断することができる。

また、子どもがペットボトルどうしを接着するときには、セロハンテープで固定するのが最も容易である（ペットボトル専用の接着剤も市販されている）。

ペットボトルを使用してつくることができる作品としては、キャップを閉じると水に浮かべることができることから船やイカダの本体にして装飾したり、はさみで切断して、建物や乗り物をつくったりすることなどが挙げられる。また、気に入った形のペットボトルを芯にして、紙粘土で飾ったり水彩絵の具で色を付けたりすると楽しいオブジェになる。家庭からの協力を得ることができれば、時間をかけて数多くのペットボトルを集めることができるので、学級で大きな作品をつくったり、たくさんならべて造形遊びをしたりすると、ダイナミックで子どもの印象にも残る造形体験となる。

活動が終わった後に残ったペットボトルや、加工後に残ったプラスクック片などは、適切に処理・リサイクルすることもあわせて子どもに指導するようにしたい。

2．フードパック

食品や惣菜などの容器として、様々な形態のフードパック（プラスチックの使い捨て〈簡易〉容器）が使用されている。家庭で不要になったものをきれいに洗っておくと、魅力的な造形の材料となる。ペットボトルと比較してプラスチックの厚みが薄いため、一般的なはさみで切断することができる。着色は、油性マーカーなどを使用するか色紙やカラーセロファンを貼り付けたりパックの中に入れたりするのが簡単である。

ペットボトルに比べて軽いのが特徴であるため、きりやパンチで穴をあけて糸を通し、吊り下げると風で揺れる作品をつくることができる。また、フードパックには透明性が高いものも多く、前述のように色紙やカラーセロファン等と組み合わせると美しい。

3．ビニール袋

近年は自治体の方針でゴミ袋が指定されている場合が多いが、学校での造形材料向けにカラフルなビニール袋が販売されている。初めて見る色のビニール袋と出会うだけで、子どもの造形意欲は喚起されるといえる。空気を入れて膨らませて造形遊びをしたり、細長く切って造形の材料にしたりすることもできる。また、穴をあけたり裁断したりして子どもが服をつくってファッションショーをすることなども楽しい造形活動となる。これも図工室に準備しておきたい材料の一つである。

造形活動に利用できるビニールでできた材料として、ビニール袋以外にも気泡緩衝材がある。ビニールの間に空気が入ったふくらみが多数つくられていて、荷造り等の際にクッションの役割となる。表現においては、その透明性や凹凸の質感を生かして立体に使用したり、紙版画等における版材として利用したりすることができる。

（竹内晋平）

8．版で表す

版の種類には、大きく分けて凸版（木版画、紙版画、スチレン版画）、凹版（銅版画）、孔版（シルクスクリーン、ステンシル）、平版（リトグラフ、モノタイプ）があり、様々な技法がある。ここでは、図画工作で取り扱いの多い、紙版画とスチレン版画、木版画の特徴を取り上げる。

1．紙版

紙版画の特徴は、厚紙や画用紙を切ったり組み合わせたりする簡単な工程で表し方を工夫することができ、自分のイメージを写すことができることである。

(1)製作例①「オリジナルの模様づくり」

10cm角の画用紙を三角に折って切り込みを入れる。開いてみると、折る回数や切り込みの入れ方によって様々な模様ができ上がる。

(2)製作例②「水族館」

画用紙に思い思いの魚の下絵を描き、厚紙で下絵のパーツを切りだして並べ、水族館のイメージを表す。切りだしたパーツは貼り付ける前に、一度並べてイメージを確かめる。配置が決まったらのりで固定する。その際、型紙以外に、毛糸や段ボールなどの凸凹を利用して海藻や砂を表現することもできる。

2．スチレン版画

とがったもので引っかいたり、油性マジックでなぞった先が溶けて溝ができたりするなど、とても加工がしやすい。とても軟らかいため、型を押し付けることでも版ができる。ただし、一度型を付けると元には戻せない。教材のスチレンボードが便利だが、発泡トレイでも代用可能で、子どもが材料準備から取り組むことができる。

(1)製作例①「型を押し当てて生き物を描こう」

スチレン板に洗濯ばさみやペットボトルのキャップなどを押し当てて、好きな虫や動物の形を描く。スチレン板に、筆で絵の具を付けて、刷り紙に写してみる。絵の具は水が多いと弾くため少なめにして薄く塗る。刷り上がった作品から何の型からできた虫か友達と当てっこして、作品を鑑賞する。

(2)製作例②「スチレン版画の多色刷り」

スチレン版画で色を重ねた多色刷りを楽しむ。スチレン板にボールペンや油性マジックで下絵を描く。描いた線がそのまま彫りになる。爪楊枝などの先のとがったものでも引っかき、スチレン版にへこみを付ける。スチレン板と同じサイズの刷り紙の片側をテープで固定する。スチレン版に、絵の具を薄く塗り刷る。次に異なる色を版に薄く塗り、刷り色を重ねて多色刷りを楽しむ。

3．木版画

10cm角の木板または、様々な形をした木板の端材を彫刻刀で彫る。木片を彫刻刀で彫るときは、しっかりと木片を固定し、刃の先に手を出さないように注意する。版木には堅さが均等である程度の粘りのある材質が適している。一般には桜、カツラ、ホオノキ、シナベニヤなどがよく使われ、図画工作では、材質が軟らかく安価で彫りやすいシナベニヤがよく使われている。

○製作例①「小さな木版スタンプ」

木板の小さな端材を準備する。木片に下絵は描かずに、様々な種類の彫刻刀で表面を彫ってみる。木片を彫刻刀で彫るときは、しっかりと木片を固定し、刃の先に手を出さないように注意する。表面

をすべて彫ったらスタンプ台で木片にインクを付け（絵の具を薄く付けてもよい）、画用紙にスタンプする。彫刻刀で彫られる様々な線やテクスチャーを写して楽しむ。

4．版をつくらない版画

(1)デカルコマニー

二つ折りにした紙の一方に絵の具を厚めに塗り、もう一方を押し当て写しとる版画技法。偶然にできる形態が幻想的な表現になる。

(2)フロッタージュ

コインや樹皮、葉脈、石、粗目の布、壁など凹凸のある物の上に紙を乗せ、木炭や鉛筆でこすり、形態を浮き上がらせる版画技法。

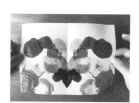

(3)マーブリング（墨流し）

水に浮かぶ描画材（油絵具をテレピンで溶いたもの、墨、マーブリング用絵の具）を水面に垂らして、水面上に偶然できる模様や図柄を、紙などに写し取る版画技法。大理石（マーブル）の模様に似ていることから、この名前がついた。

（新實広記）

9．紙の特性、基礎知識

紙は、絵画や工作など造形活動の材料として欠かせない。パルプをはじめとする原料や生産工程の改良により多種多様な紙が日々生みだされ、用途も拡大している。昨今では、エコや省資源化の観点から古紙の再利用や化学薬品の制限など地球環境への配慮が重視されるようになり、美術教育にも影響が及んでいる。紙に関する理解を深め、歴史や特性及び今日的課題を理解しておきたい。

1．紙の歴史

紙の起源ともいえるパピルスは、paper の語源でもあり、紀元前 3000 年頃から古代エジプト文明において巻物とともに発展した。紀元前 2 世紀頃からは羊、山羊、子牛などの動物の皮を使った羊皮紙が書写材料として小アジア（現在のトルコ共和国の大半を占める半島部）を中心に普及し、折り曲げに強かったために冊子状の書物がつくられた。最古の紙は、中国の古墓で発掘され、麻布や樹皮などを原料としていた。

製紙法は改良を重ねてシルクロードを通じて西洋へ伝えられ、8 世紀には中東、10 世紀にはエジプトに到達する。その後、地中海を経てヨーロッパに伝わると、15 世紀には製紙工場が各地につくられ、ルネサンス期の活版印刷術の発展に寄与する。18 世紀末から機械化が始まり、木材を粉砕し化学処理したパルプが用いられ、高品質な紙の大量生産が可能になった。

日本に紙が伝来したのは 3 世紀頃だが、紙がつくられるようになったのは仏教文化が伝来し盛んになる 5〜6 世紀頃と考えられている。楮や雁皮などを原料として製造された。江戸時代に盛んにつくられた和紙は明治時代に機械製紙の技術が導入されて衰退したが、日本の伝統産業として各地で継承されている。

2．紙の特性

(1) 紙の大きさ

紙の仕上がり寸法は JIS で定められている（右の図 1）。紙の縦横の比は $1:\sqrt{2}$（≒1:1.41）で、紙を半分に折っても比率は変わらない。画用紙やケント紙などは四六本判のものある。一般に全判、全紙とよばれるのは A 列本判、B 列本判、四六本判のことで、半裁、四つ切り、八つ切りはそれぞれの 1/2、1/4、1/8 を示す。

(2) 紙の表裏

紙には表と裏がある。一般に、表面のほうが絵の具ののりがよく、発色が美しい。裏面は、製紙のすき網の目跡が残るなど、なめらかさが劣る場合が多い。裏表を見分けるには、拡大鏡を用いる、指でなでてなめらかさを比べる、光沢の度合いで判断するなどの方法がある。通

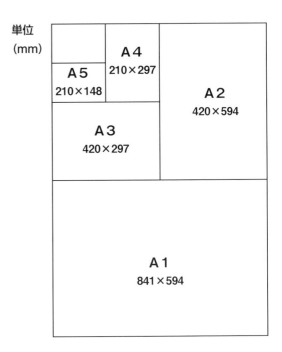

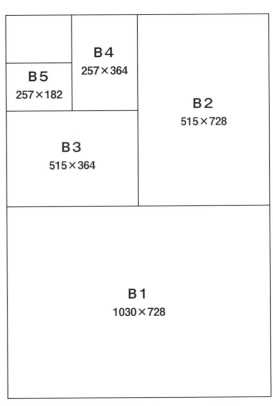

図 1．JIS による紙の仕上がり寸法（上が A 版、下が B 版）

常は、表面の上から裁断した圧力で紙の端が下向きになるため、指でなでて引っかかるほうが裏である。水彩画用紙や木炭紙は、画材とのにじみや吸着など画材適合を目的にしているため、網目のある面が表である。

(3) 紙の目

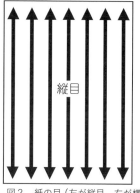
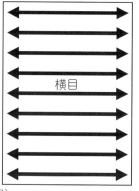

図2．紙の目（左が縦目、右が横目）

紙には縦横の目がある（図2）。紙を漉くとき、網の回転に平行して紙の繊維が並ぶが、この方向を紙の目といい、長辺に対して縦に並んでいれば縦目、横に並んでいれば横目と呼ぶ。これを見分けるには、紙を縦と横から静かに裂いてみて、自然に裂ける向きが目の方向である。あるいは、紙を小さく切ってその上に水を垂らしたり漬けたりすると、目の方向を中心として繊維が膨張し、両側が巻き上がる。また、紙を折って冊子などをつくるとき、目と平行に折り目をつける。目と垂直に折り目をつけることを逆目といい、繊維が破壊されてきれいに折ることができず、ページもめくりにくくなる。

(4) 紙の厚さ

紙には様々な厚さがある。本判の大きさの紙1000枚を1連と呼び、1連の重量をkgで表す。これを連量という。70kgは薄手で新聞紙くらいの厚さ、90kgは標準でコピー用紙くらいの厚さ、110kgは少し厚手で紙幣ぐらいの厚さ、135kgは厚手で週刊誌の表紙くらいの厚さとなる。

(5) 紙の種類

紙は洋紙と和紙とに大別できるが、特殊な用途以外は、洋紙が用いられることが多い。塗工をせずに表面にざらつきを残した非塗工紙と、微粒顔料を含む塗料で表面をなめらかにした塗工紙に分かれる。

- 水彩紙…透明水彩絵具に適した紙。紙肌と呼ばれる凹凸があり、その繊維を絵の具が浸透するため、にじみやグラデーションによって絵の具の透明感を描くのに適している。
- ケント紙…画用紙の中でも最も硬くて表面がなめらかな紙。にじみが少なく、製図や原画を描くのに最適である。ペンやマーカー、ポスターカラーなどの不透明水彩絵具に適している。
- 画用紙…絵を描いたり工作の材料い使ったりする安価な紙。水彩絵の具が適度ににじんで発色もよい。
- 上質紙…コピー用紙、ハガキ、名刺、ノートなど、日常的に使われる紙。原木のチップを化学処理したパルプ100％。表面加工していない紙では白色度が高い。
- 再生紙…古紙を再生利用した紙。少なくても古紙が一定量配合されていれば再生紙と呼ぶ。古紙を含む酸性紙のため変色するなど寿命が短い。
- コート紙…表面にコート材を塗布した光沢のある塗工紙。ポスター、パンフレット、書籍、雑誌、新聞の折り込み広告など、写真を含むカラー印刷によく使用される。光沢が少ない「マットコート紙」もある。
- アート紙…美術書やカタログなど写真の品質を重視した印刷物に使われる。コート紙よりコーティングが厚く光沢あり高級な塗工紙。「片面アート紙」「両面アート紙」「つや消しアート紙」などの種類がある。
- 板紙…表面が白い白板紙は、表裏の白色度が同じマニラボールと表裏差があるもの白ボールがある。黄板紙は稲藁や麦藁を原料とした黄色い板紙で製本などに使われる。チップボールは雑誌や新聞の古紙を原料とした鼠色の板紙である。このほかに染料で着色された色板紙もある。

3. 紙と環境保全

紙でつくられる製品には環境保全の観点から配慮を証明する様々なマークが付けられている。FSCマークは、森林管理協議会（Forest Stewardship Council®）の基準に従い認証を受けて管理された森林から作られた木材・紙製品を示すマークで、森林資源を適切な管理によって枯渇させることなく持続的に繰り返し、環境保全を支援することを証明する（図3）。牛乳パックの再利用マークは、牛乳パックを原料にして作られたことを示すマークで（図4）、トイレットペーパー、ティッシュペーパー、おしぼり等に付けられている。リサイクルマークは再生紙の古紙含有率（この場合100％）を表示している（図5）。

また、分別回収の際に識別するために、紙製品とわかるよう様々なマークが紙製品には付けられている。

図3（左上）FSCマーク

図4（右上）牛乳パック再利用マーク

図5（下）古紙配合率マーク

（山本政幸）

10. 様々な接着剤、接着テープの性質

1. 接着剤の種類

材料を貼り合わせたり、材料を組み立てたりする際に必要な接着剤は、紙用・スチロール用・金属用など接着する材料や用途に合った種類を選ぶ必要がある。材料に適したものを選ばないと接着できないだけでなく、接着する材料がひび割れたり、溶けたりすることがある。また、それぞれの接着剤の使用方法や特性を理解し、安全に配慮して使用しなければならない。ここでは、それぞれの接着剤の特性を紹介する。

(1) のり

のりには様々な種類、用途のものがあるが、小学校で使用されるものは、主に紙を接着する。でんぷんからつくられているものと合成樹脂を原料とするものがある。でんぷんのりは、合成樹脂を原料とするスティックのり、液状のりよりも誤飲の際の害が少なく、粘性もあるため子どもの接着剤に使用しやすい。

大きな面積の紙を貼るときはちょうどよい硬さになるまで、でんぷんのりに水を加えて溶き、刷毛などで塗ることができる。

(2) スプレーのり

広い面積や均一にのりを塗りたいときに使用。接着性の強いものから弱いものまで用途に合わせてある。スプレー後、少し乾燥させてから貼り合わせる。周囲に飛散するため、接着するものの下に新聞紙などを敷き、まわりを囲んでおくとよい。

使用中、使用後には必ず換気に気を付けること。また、引火の恐れがあるため、使用の前後において絶対火気を用いないこと。

(3) 木工用ボンド

乳白色の色をしているが乾くと透明に近い色になる。耐水性はないものが多いが、木以外にも紙や布、発泡スチロールを接着することができる。

水で薄めて柔らかくしてから刷毛や筆で広い面に塗って接着することもできる。また、紙の表面に塗ることで紙の強度を上げたり張り子をつくったりすることもできる。

風船に紙を貼り付けて張り子をつくる様子

(4) 多用途接着剤

熱や水に強く、凹凸のある面でも接着可能なものが多い。紙、木、金属、ガラス、プラスチック、コンクリート、ゴムなどいろいろなものに接着が可能で、接着剤が空気中の水分に反応して硬化する。

水で洗い流すことができないため、手で直接塗らないように気を付ける。直接チューブから接着面に出し、ヘラを使用して均一に伸ばすようにする。

多様と接着剤を使って、木枠に装飾の貝殻を接着する。

(5) 瞬間接着剤

短時間で強力に貼り合わせることができる。ただし、接着できる材料か、材料に影響が出ないか確認が必要。また、非常に接着力が強いため、手などに付かないように注意して使用する必要がある。

(6) ホットメルト接着剤（ホットボンド）

白い棒状の接着剤をグルーガンという器具にセットし、内部にある熱源（電源、電池、ガス等）で溶かし、接着剤が冷めて固まることで接着する。熱に弱く、強度はないが、紙や木、布、石など多くのものを簡単に接着できる。ただし、溶けた接着剤は基本的には高温のため、火傷に注意すること。

木の材料同士を接着する。

色の付いたものもあるため、グルーガンをペンのように扱うことで、絵を描くように装飾材料としても使用できる。

2. 接着テープの種類

接着テープは、紙やセロハン、ビニールなどを基材とし、片面に接着剤を塗布し、巻き取ったものである。テープカッターやはさみ、材料によっては手で容易に必要な長さを切ることができ、接着剤とは違い固まるのを待つ必要もない。思い思いに材料を接合でき、子どもたちでも容易に使用できる。テープの基材によっては経年による劣化があり、長期間の接着には不向きなものがある。また、接着面の凹凸や、接着剤が吸着しない材質もあるため、説明書を事前に読み、用途に合わせたテープを選ぶ必要がある。一般的によく使われる接着テープには、次のようなものがある。

(1) セロハンテープ

一般的なものは無色透明で幅20mm弱のもので、低学年でも簡単に接着することができる。テープの幅や透明度のほか、色や柄など様々な種類があり、ただ留めるだけでなく、いろいろな造形活動に用いられている。

ただし、経年による劣化があり、長期間の接着には不向きといえる。

(2) ガムテープ

いろいろな柄入りのテープ

ここでは一般的に梱包などに用いられる、基材に接着剤を塗布して巻き取られたテープのことをガムテープとする。紙(クラフトテープ)や布、フィルムなどを基材にした種類がある。紙製は安価で簡単にちぎれるが、重ね貼りすると接着できないか、できても粘着力がとても弱い場合があるので注意すること。布製は接着力が強く、はさみがなくても真っ直ぐちぎることができる。フィルム製には強度が強いものがある。用途に応じて使い分けたい。

(3) 養生テープ

粘着力がガムテープより弱く、貼り付ける支持体を傷めにくくはがしやすい利点がある。仮留めの際にもよく使用される。

(4) 両面テープ

テープの基材の両面に接着剤が塗布してあるものである。厚み、幅、強度は様々あるが、はがす力には弱いが、ずらす力には強い。のりのように水分がないため、紙がしわになることなく貼り合わせることができる。

(5) ビニールテープ

絶縁テープとも呼ばれ、電気を通さないことから電気配線などのカバーにも使用される。配線を種別するために様々な色があり、装飾材料としても使用することができる。

(6) マスキングテープ

粘着力が弱くつくられているため、紙などに貼っても破れることがなくはがせる。紙の仮留めや、色を塗る際の塗る箇所と塗らない境界線のカバーに使用する。様々な模様や色のマスキングテープがあり、装飾材料としても使用できる。

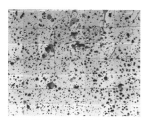

マスキングテープを貼った上に絵の具を垂らす。

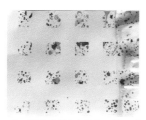

テープをはがすところ。テープのなかったところにだけ模様が残る。

3. 一般的な接着テープの使用上の留意点

(1) 巻き取られたテープの側面の接着剤にごみがつきやすいので、保管の仕方に気を付ける。

(2) テープの種類に合わせた切り方を用意すること。特に子どもの発達状況を考えて、切りやすい方法を用意すること。

(3) ガムテープなど粘着力の強いものは、はがす際に接着剤が残ることがあるため、学校の備品等に直接貼ることは避ける。

4. 一般的な接着剤の使用方法

(1) 接着するものの下に、古新聞などを敷き、机が汚れないように準備する。

(2) 接着剤を塗る面のゴミやホコリ、汚れ(油分等)を取り除く。

(3) 接着剤には、付けたあとで少し乾かしてから接着するものと、すぐに接着するものがあるため事前に確認する。

(4) 接着剤の量は、多いとしっかり接着すると思いがちだが、付きにくくなるため、ヘラや折り曲げた紙などでムラなく伸ばし薄く塗る。

(5) 接着面を貼り合わせ、しっかりと押さえる。接着面が固定しにくいものは、マスキングテープなどで固定したり安定した場所で接着を行う。

(6) 木工用ボンドなど水に弱い接着剤であれば、はみ出した部分を濡れた布で拭き取る。

(7) 接着剤が完全に固まるまでは、必要以上に触らないようにする。

(8) 使い終わったら容器の口に付いた余分な接着剤を布で拭いてきれいにしておく。きれいに拭き取らないとふたがくっついて再使用時に開かない場合がある。また、ふく場合に破れやすいティッシュペーパーなどは反対に口についてしまうので使用してはならない。

(9) 使用後は、しっかりとふたを閉めて、接着剤が空気と反応して硬化ないようにする。

【注意事項】

- まずは、接着剤の使用説明書を必ず確認する。
- 接着剤のノズルをのぞき込まない。
- 接着剤の種類によっては、硬化時に発熱するため、手に付いたときはすぐにお湯で洗い流す。
- 接着剤を使用する際は十分な換気を行う。
- 接着剤の種類によっては、使用の方法が異なるものもあるため、接着剤に合った接着方法を行う。

(新實広記)

11. 接着剤やテープを使わないくっつけ方

　接着剤を用いる場合にもいえることであるが、折り紙とでんぷんのり、木材と木工用ボンドなどのように、くっつけようとする材料との相性を考えなければならない。

1．紙をくっつける場合
(1)切り込みを使って
　紙同士をくっつける場合に切り込みを用いれば、何の用具も使わずにつなぐことができる。

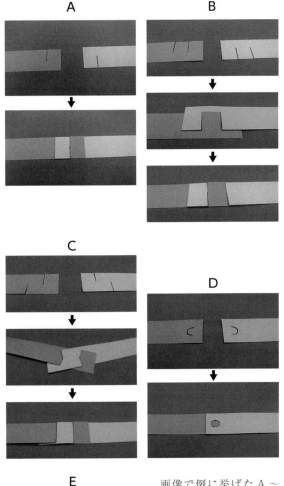

Cの応用

Dの応用

(2)割りピンで留める（可動させる）
　割りピンで紙と紙を留める方法もある。一般的な割りピンとはネジのゆるみや外れるのを防ぐためにボルトにあけた穴に通すU字型に近いもの

であるが、子どもたちが工作に使う割りピンは、鋲のとがっている部分を2つに割ったようなものである。

　くっつけたい2枚の紙を重ね、そのまま突き刺したり、穴をあけてから通したりした後、割れている部分を広げることで抜けにくくなり、2枚の紙がくっつく。

　段ボールや工作用紙などしっかりした紙の場合、割りピンを留めた位置を支点として、回転するような動きが可能となる。

(3)ステープラー（ホチキス）で仮留め
　ステープラーは事務用品としてよく使われており、子どもたちにもなじみが深い。この便利な用具を紙の接合に使わない手はないが、残念ながら、金属の針が残

る、接合し直す場合に紙に穴が残るなどの理由で、図画工作科では案外使われていない。しかし、後で覆い隠してしまうような場所に使うことは可能である。仮留め的な使い方で、手際よく使ったり、木工などの試作品として、紙でとりあえず完成イメージをつかんだりする際にも有効な手段である。

　ただし、注意しなければならない点として、金属の針がある。特に身につけるものの下地部分をつくるときには、針先が内から外に向くように配慮したい。

　最近では、柄の部分が長いものもあり、かなり紙の中心に近い位置に針を打てるものもある。また、針を打つ部分が回転できるものもあり、製本時などに90度角度をつけて針を打つことが可能である（写真のア）。

　さらに、厚みが出ないようにフラットに針を打つものや、針のいらないステープラー、紙針を使うステープラーまで売られている。金属の針を使わないことで、安全性も高まり、廃棄時の分別も便利である。

　なお、使用にあたっては、リムーバー（除針器）も用意すれば、より軽快に活動が進む。

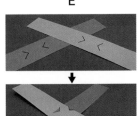

　画像で例に挙げたA～Eの5種類以外にもいろいろな切り込みによる接合は考えられる。テープ状の紙を接合する場合、切り込みの手法はかなり有効で、のりなどの接着剤を併用すればしっかりと固定できる。

　金属などを使用しないので、安全であり、後述する木材の「ほぞ」につながるものである。さらには、応用することにより、表現の一部とすることも可能である。

2．木材をくっつける場合
(1)釘打ち

　木材同士をくっつける場合、釘を打つ方法が一般的である。昔はどこの家庭でも、木工製品を修理したり必要な本箱を作成したりしていたが、最近では金づちを置いていない家庭もあり、子どもが経験していないことも多い。
　したがって、釘打ちをさせる場合には、以下のような細やかな指導が必要になってくる。

- 釘は、板の厚さの1.5倍くらいの長さのものにする。
- 板の端に打つと割れやすいので、打つ位置を考える。
- 基本的に、釘は板に対して垂直に打つ。
- 打ち初めは金づちの頭に近い方の柄を持ち、手首で軽く打つ。
- 金づちの動きは、できる限り板に垂直に動かす。
- 釘が自立するまで打てたら、柄の下方を持って強く打つ。
- 仕上げは、曲面のある金づち（両口げんのう）で打つ。
- 失敗したときは、薄い板を敷いて釘抜きを使う。

　以上の基本的なことも、経験のない子どもにとっては慣れるまでに時間がかかる。釘をたくさん打つ造形遊びの経験もさせておきたい。

(2)ほぞ継ぎ
　木材同士を接合する場合、子どもにとって少し高等技術ではあるが、木材だけで接合するほぞ継ぎについては、知識程度でも知らせておきたい。
　ほぞ継ぎは、日本建築では頻繁に用いられる方法で、日本の文化の一つともいえる。
　接着剤を使う場合でも、接着面を増やすことになり、より強固に組み立てることができる。
　前ページでも述べた切り込みによる紙の接合やパズルにも通じるものがある。

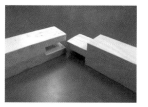

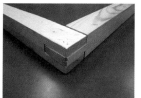

3．その他
　図画工作科では、紙同士、木材同士をくっつける場合が多いが、それ以外の材質の身辺材を接合する場面や、違う材質のものをくっつける場面も最近増えてきている。

(1)タッカー

　タッカーは、木工や建築作業で使用できるステープラー型の用具である。コの字型の針を簡単に打ち込むことができるため、木材と紙、木材と布など、針を打てるものに薄いものを付ける際に便利な用具である。
　便利ではあるが、やはり危険が伴うため、子どもに扱わせる場合は十分な安全指導と見守りが欠かせない。

(2)その他のくっつけ方
　ここまでは、図画工作科の材料としてよく扱われる紙の接合と木材の接合について書いてきた。それ以外にも、様々なくっつけ方がある。
　例えば、（乾いていない）土粘土の接合には、同じ種類の土粘土を水で溶いてポタージュスープくらいの粘度にした『どべ』を使うことで、しっかりと接合できる。
　また、針金や糸、毛糸、ひもなどの線材では、結ぶ方法も子どもにとって必要な経験となる。モール材を含めた針金に限って付け加えるなら、つなぎたい本数をまとめてねじる方法でも固定ができる。
　さらには、布や皮革の接合には、縫うという方法も含まれる。これを応用すれば、穴をあけた木材を針金で縫うように結び付けるなどの手段も考えられるので、ここで紹介した方法を柔軟に組み合わせるなどして考えたい。

（竹本封由之進）

12. 様々な切り方

1. 紙を切る場合

小学校でよく使う切断用具としては、はさみとカッターナイフがあり、実際にほとんどのものをこの2つで切ることができる。特に紙類を切る場合、子どもにとってこれしかないというくらいなじみ深い用具である。使用頻度が高い用具であるので、安全指導や使い方については、しっかりと指導する必要がある。

(1) はさみ

安全指導としては、次の3点を押さえるとよい。

①手渡すときや持ち歩く際には、刃を閉じてその上から握る。②片付ける場合、置く場合も、必ず刃を閉じる。③置く場合はさらに、机の真ん中に置く。

表現活動に関わる指導として、次の4点を指導したい。

①体の真正面で切る。②曲線を切る場面などでは、はさみを動かさず、紙を動かして切る。③パッチンと1回ごとに閉じるのではなく、チョキチョキと閉じきる前に連続して切る。④人差し指を、指を入れる輪から向こう側に出し、輪の中に中指と薬指を入れる。

これらに慣れると、思った切り方が安定してできるようになる。特に④については、人差し指をのり指として使う子どもが多いので、はさみや紙を汚さないという理由に加え、分厚い紙を切る場合に多くの指の力を加えられるという利点がある。

最終的な目標は『思い描いた通りに切る』ことなので、線描きした通り切らせるといった「失敗しないような配慮」は不要である。思い通りに切れなければ、思い通りになるまで切り直すといった姿勢こそ子どもにとって必要な経験である。何度でも挑戦できるように紙を用意するようにしたい。

カッターナイフに比べてはさみが優れている点の一つとして、重ね切りをしやすいということがある。カッターナイフの場合、刃先にしっかりと力を加えないと、どうしても最後の1枚に切り残しができる。はさみならば、

切り紙の作品例①

切り紙の作品例②雪の結晶

てこの原理で子どもでも重ね切りをしやすい。この特徴を切り紙の表現に生かすことができる。

(2) カッターナイフ

切り抜く場面では、はさみより便利なカッターナイフであるが、使い方によっては危険度が増すので、はさみではしにくい切り方を

望むようになってから扱わせるようにしたい。安全指導としては、次の7点を押さえる。

①手渡すときや持ち歩く際には、刃を納めてその上から握る。②目や手を放す場合にも、必ず刃を納める。③使うときに出す刃は、折り目の1～2枚分だけ。④（子どもの場合）切る際には、鉛筆のように持ち、向こうから手前に引くように切る。⑤押さえる手を進む方向に置かない。⑥下には必ずカッターマットを敷く。⑦刃先が丸くなって切れ味が落ちて来たら1枚刃を折る。

表現活動に関わる指導としては次の5点を指導したい。

①切り終わりから1～2mm長めに切る。②切るときは、切る面に対し45度くらいの角度で切り進める。③切り始めと切り終わりには、カッターナイフを垂直に立てる。④切り離せなかった部分は、引きちぎらずにもう一度カッターナイフでなぞって切る。⑤はさみと同様、曲線を切る場合は紙の方を動かして、手前に引くように切る。

便利な用具ではあるが、カッターナイフ単体では直線切りは難しい。カッティング定規の金属がついてある方に刃を当て、押さえる手が定規からはみ出ていないか確認して、しっかり押さえて切れば直線切りができる。

切り絵の作品例

切り立ての作品例

(3) 段ボールカッター

段ボールを切断する場合に大きなカッターナイフを使うことも可能であるが、力が必要で、危険度が増すため、小学校段階では専用の段ボールカッターを使わせたい。刃が細かいので、危険が少なく、キャップのついた低学年用のものは、安全に扱いやすい。

切り抜く際には、先端を差し込んでから切る。また、真っ直ぐに切りたい場合には、切る方向に向けて少し傾けると曲がりにくい。

(4)万能ばさみ

工作用紙や牛乳パックのような分厚い紙を切る場合、万能ばさみがあれば子どもの力でも切りやすい。

切り始める穴さえあれば、ペットボトルやアルミ缶なども切れるので、図画工作科の指導では用途が広い。

(5) 手

図画工作科では、紙を手でちぎる場面もある。特に千代紙などの和紙の場合、繊維が長いので毛羽立ちが残り、のり付けなどした場合に、自然な感じで台紙と優しくなじむ。

紙の縦目と横目

洋紙の場合、紙の目に沿ってちぎると直線に近い切り離しが可能であるが、紙の目に逆らってちぎると和紙をちぎったときのように繊維が残りギザギザになる。

2．木材を切る場合

木材の切断も、図画工作科ではよく行う。硬いものを切るため危険度も増すので、安全指導を徹底させたい。また、丸い枝や小さな木材の切断に、万力やクランプを併用することで、安全性も高まる。

(1)のこぎり

木材を直線切りするときは、のこぎりを使う。小学校では両刃のこぎりを使うことが多く、木目による使い分けを学ばせたい。つまり、木目に沿って切る場合は大きい刃を使って、手前に30度くらい傾けて切る。木目を横断するように切る場合は、小さい刃を使って手前に45度くらい傾けて切る。倒した椅子の上に板材を置き、(右利きの場合)左足で押さえ、左手は刃の近く、右手は柄の下の方を持って切る。切り終わりが近づいたら、切り落とす方を誰かに支えてもらい、最後はのこぎりを立ててゆっくりと切ると、板は割れにくい。

(2)電動糸のこ

手動式の糸のこに比べて危険度は増すが、強い力がいらず、時間的にも早く切れるので、便利である。安全指導としては、次の4点を徹底しなければならない。

①切るときは、正面から、板を両手でしっかり押さえる。②切る方向に手を置かない。③刃の付け替えどきなど、切るとき以外はコンセントからプラグを抜く。④刃はしっかりと取り付ける。

表現活動に関わる指導としては、①力で押し過ぎず、刃の上下によって切れた分だけ進める。②L字型に切る場合は、戻してはまた切り進めを何度も繰り返すうちに少しずつ角度を変えていく。③切り抜く際には、三つ目錐などであけた穴に刃を通してから固定する。

(3)糸のこ

電動糸のこに比べて切る速度は遅いが、自分の力で切る分、危険度は低くなる。

3．その他

(1)ペットボトルカッター

前述の通り、万能ばさみでも切れるが、切り始める際の危険性を考えた場合、熱を使った専用のペットボトルカッターを使う方法が

ある。ただし、熱という新たな危険性も生じる。金属部分に触れないという指導と、使わないときには陶器に立てて入れる等の配慮をしたい。

(2)スチロールカッター

梱包材の減量化、自然素材化によって、激減した発泡スチロールであるが、彫刻的表現を体験するには軽量で低価格なことも含めて

便利な材料である。その発泡スチロールを切る場合に使うのが、電熱線を使ったスチロールカッターである。ハンディタイプと卓上型があり、切るものの大きさによって使い分ける。どちらも電熱線部分が熱をもつため、やけど等のないように注意させたい。

(3)ペンチ、ニッパー

針金、モール、竹串などの硬い線材を切る場合は、ペンチやニッパーを使う。はさみと同じく、支点に近いところで切ると少ない力で切れる。

ラジオペンチがあれば、針金を切るだけでなく、細かく曲げる場合にも使える。

(4)その他

粘土を切る場合は、通常粘土へらを使うが、大きく切る場合にはテグス糸やピアノ線を切り糸として引くように使うと、切り口が平らになりやすい。

(竹本封由之進)

小学校学習指導要領
平成29年3月告示　　文部科学省

第7節　図画工作

第1　目標

表現及び鑑賞の活動を通して，造形的な見方・考え方を働かせ，生活や社会の中の形や色などと豊かに関わる資質・能力を次のとおり育成することを目指す。

(1) 対象や事象を捉える造形的な視点について自分の感覚や行為を通して理解するとともに，材料や用具を使い，表し方などを工夫して，創造的につくったり表したりすることができるようにする。

(2) 造形的なよさや美しさ，表したいこと，表し方などについて考え，創造的に発想や構想をしたり，作品などに対する自分の見方や感じ方を深めたりすることができるようにする。

(3) つくりだす喜びを味わうとともに，感性を育み，楽しく豊かな生活を創造しようとする態度を養い，豊かな情操を培う。

第2　各学年の目標及び内容

〔第1学年及び第2学年〕

1　目　標

(1) 対象や事象を捉える造形的な視点について自分の感覚や行為を通して気付くとともに，手や体全体の感覚などを働かせ材料や用具を使い，表し方などを工夫して，創造的につくったり表したりすることができるようにする。

(2) 造形的な面白さや楽しさ，表したいこと，表し方などについて考え，楽しく発想や構想をしたり，身の回りの作品などから自分の見方や感じ方を広げたりすることができるようにする。

(3) 楽しく表現したり鑑賞したりする活動に取り組み，つくりだす喜びを味わうとともに，形や色などに関わり楽しい生活を創造しようとする態度を養う。

2　内　容

A　表現

(1) 表現の活動を通して，発想や構想に関する次の事項を身に付けることができるよう指導する。

ア　造形遊びをする活動を通して，身近な自然物や人工の材料の形や色などを基に造形的な活動を思い付くことや，感覚や気持ちを生かしながら，どのように活動するかについて考えること。

イ　絵や立体，工作に表す活動を通して，感じたこと，想像したことから，表したいことを見付けることや，好きな形や色を選んだり，いろいろな形や色を考えたりしながら，どのように表すかについて考えること。

(2) 表現の活動を通して，技能に関する次の事項を身に付けることができるよう指導する。

ア　造形遊びをする活動を通して，身近で扱いやすい材料や用具に十分に慣れるとともに，並べたり，つないだり，積んだりするなど手や体全体の感覚などを働かせ，活動を工夫してつくること。

イ　絵や立体，工作に表す活動を通して，身近で扱いやすい材料や用具に十分に慣れるとともに，手や体全体の感覚などを働かせ，表したいことを基に表し方を工夫して表すこと。

B　鑑賞

(1) 鑑賞の活動を通して，次の事項を身に付けることができるよう指導する。

ア　身の回りの作品などを鑑賞する活動を通して，自分たちの作品や身近な材料などの造形的な面白さや楽しさ，表したいこと，表し方などについて，感じ取ったり考えたりし，自分の見方や感じ方を広げること。

〔共通事項〕

(1) 「A表現」及び「B鑑賞」の指導を通して，次の事項を身に付けることができるよう指導する。

ア　自分の感覚や行為を通して，形や色などに気付くこと。

イ　形や色などを基に，自分のイメージをもつこと。

〔第3学年及び第4学年〕

1　目　標

(1) 対象や事象を捉える造形的な視点について自分の感覚や行為を通して分かるとともに，手や体全体を十分に働かせ材料や用具を使い，表し方などを工夫して，創造的につくったり表したりすることができるようにする。

(2) 造形的なよさや面白さ，表したいこと，表し方などについて考え，豊かに発想や構想をしたり，身近にある作品などから自分の見方や感じ方を広げたりすることができるようにする。

(3) 進んで表現したり鑑賞したりする活動に取り組み，つくりだす喜びを味わうとともに，形や色などに関わり楽しく豊かな生活を創造しようとする態度を養う。

2 内　容
A 表　現
(1) 表現の活動を通して，発想や構想に関する次の事項を身に付けることができるよう指導する。
　ア　造形遊びをする活動を通して，身近な材料や場所などを基に造形的な活動を思い付くことや，新しい形や色などを思い付きながら，どのように活動するかについて考えること。
　イ　絵や立体，工作に表す活動を通して，感じたこと，想像したこと，見たことから，表したいことを見付けることや，表したいことや用途などを考え，形や色，材料などを生かしながら，どのように表すかについて考えること。
(2) 表現の活動を通して，技能に関する次の事項を身に付けることができるよう指導する。
　ア　造形遊びをする活動を通して，材料や用具を適切に扱うとともに，前学年までの材料や用具についての経験を生かし，組み合わせたり，切ってつないだり，形を変えたりするなどして，手や体全体を十分に働かせ，活動を工夫してつくること。
　イ　絵や立体，工作に表す活動を通して，材料や用具を適切に扱うとともに，前学年までの材料や用具についての経験を生かし，手や体全体を十分に働かせ，表したいことに合わせて表し方を工夫して表すこと。

B 鑑　賞
(1) 鑑賞の活動を通して，次の事項を身に付けることができるよう指導する。
　ア　身近にある作品などを鑑賞する活動を通して，自分たちの作品や身近な美術作品，製作の過程などの造形的なよさや面白さ，表したいこと，いろいろな表し方などについて，感じ取ったり考えたりし，自分の見方や感じ方を広げること。

〔共通事項〕
(1) 「A表現」及び「B鑑賞」の指導を通して，次の事項を身に付けることができるよう指導する。
　ア　自分の感覚や行為を通して，形や色などの感じが分かること。
　イ　形や色などの感じを基に，自分のイメージをもつこと。

〔第5学年及び第6学年〕
1 目　標
(1) 対象や事象を捉える造形的な視点について自分の感覚や行為を通して理解するとともに，材料や用具を活用し，表し方などを工夫して，創造的につくったり表したりすることができるようにする。
(2) 造形的なよさや美しさ，表したいこと，表し方などについて考え，創造的に発想や構想をしたり，親しみのある作品などから自分の見方や感じ方を深めたりすることができるようにする。
(3) 主体的に表現したり鑑賞したりする活動に取り組み，つくりだす喜びを味わうとともに，形や色などに関わり楽しく豊かな生活を創造しようとする態度を養う。

2 内　容
A 表　現
(1) 表現の活動を通して，発想や構想に関する次の事項を身に付けることができるよう指導する。
　ア　造形遊びをする活動を通して，材料や場所，空間などの特徴を基に造形的な活動を思い付くことや，構成したり周囲の様子を考え合わせたりしながら，どのように活動するかについて考えること。
　イ　絵や立体，工作に表す活動を通して，感じたこと，想像したこと，見たこと，伝え合いたいことから，表したいことを見付けることや，形や色，材料の特徴，構成の美しさなどの感じ，用途などを考えながら，どのように主題を表すかについて考えること。
(2) 表現の活動を通して，技能に関する次の事項を身に付けることができるよう指導する。
　ア　造形遊びをする活動を通して，活動に応じて材料や用具を活用するとともに，前学年までの材料や用具についての経験や技能を総合的に生かしたり，方法などを組み合わせたりするなどして，活動を工夫してつくること。
　イ　絵や立体，工作に表す活動を通して，表現方法に応じて材料や用具を活用するとともに，前学年までの材料や用具などについての経験や技能を総合的に生かしたり，表現に適した方法などを組み合わせたりするなどして，表したいことに合わせて表し方を工夫して表すこと。

B 鑑　賞
(1) 鑑賞の活動を通して，次の事項を身に付けることができるよう指導する。
　ア　親しみのある作品などを鑑賞する活動を通して，自分たちの作品，我が国や諸外国の親しみのある美術作品，生活の中の造形などの造形的なよさや美しさ，表現の意図や特徴，表し方の

変化などについて，感じ取ったり考えたりし，自分の見方や感じ方を深めること。

〔共通事項〕
(1) 「A表現」及び「B鑑賞」の指導を通して，次の事項を身に付けることができるよう指導する。
  ア 自分の感覚や行為を通して，形や色などの造形的な特徴を理解すること。
  イ 形や色などの造形的な特徴を基に，自分のイメージをもつこと。

第3 指導計画の作成と内容の取扱い

1 指導計画の作成に当たっては，次の事項に配慮するものとする。
  (1) 題材など内容や時間のまとまりを見通して，その中で育む資質・能力の育成に向けて，児童の主体的・対話的で深い学びの実現を図るようにすること。その際，造形的な見方・考え方を働かせ，表現及び鑑賞に関する資質・能力を相互に関連させた学習の充実を図ること。
  (2) 第2の各学年の内容の「A表現」及び「B鑑賞」の指導については相互の関連を図るようにすること。ただし，「B鑑賞」の指導については，指導の効果を高めるため必要がある場合には，児童や学校の実態に応じて，独立して行うようにすること。
  (3) 第2の各学年の内容の〔共通事項〕は，表現及び鑑賞の学習において共通に必要となる資質・能力であり，「A表現」及び「B鑑賞」の指導と併せて，十分な指導が行われるよう工夫すること。
  (4) 第2の各学年の内容の「A表現」については，造形遊びをする活動では，(1)のア及び(2)のアを，絵や立体，工作に表す活動では，(1)のイ及び(2)のイを関連付けて指導すること。その際，(1)のイ及び(2)のイの指導に配当する授業時数については，工作に表すことの内容に配当する授業時数が，絵や立体に表すことの内容に配当する授業時数とおよそ等しくなるように計画すること。
  (5) 第2の各学年の内容の「A表現」の指導については，適宜共同してつくりだす活動を取り上げるようにすること。
  (6) 第2の各学年の内容の「B鑑賞」においては，自分たちの作品や美術作品などの特質を踏まえて指導すること。
  (7) 低学年においては，第1章総則の第2の4の(1)を踏まえ，他教科等との関連を積極的に図り，指導の効果を高めるようにするとともに，幼稚園教育要領等に示す幼児期の終わりまでに育ってほしい姿との関連を考慮すること。特に，小学校入学当初においては，生活科を中心とした合科的・関連的な指導や，弾力的な時間割の設定を行うなどの工夫をすること。
  (8) 障害のある児童などについては，学習活動を行う場合に生じる困難さに応じた指導内容や指導方法の工夫を計画的，組織的に行うこと。
  (9) 第1章総則の第1の2の(2)に示す道徳教育の目標に基づき，道徳科などとの関連を考慮しながら，第3章特別の教科道徳の第2に示す内容について，図画工作科の特質に応じて適切な指導をすること。

2 第2の内容の取扱いについては，次の事項に配慮するものとする。
  (1) 児童が個性を生かして活動することができるようにするため，学習活動や表現方法などに幅をもたせるようにすること。
  (2) 各学年の「A表現」及び「B鑑賞」の指導を通して，児童が〔共通事項〕のアとイとの関わりに気付くようにすること。
  (3) 〔共通事項〕のアの指導に当たっては，次の事項に配慮し，必要に応じて，その後の学年で繰り返し取り上げること。
    ア 第1学年及び第2学年においては，いろいろな形や色，触った感じなどを捉えること。
    イ 第3学年及び第4学年においては，形の感じ，色の感じ，それらの組合せによる感じ，色の明るさなどを捉えること。
    ウ 第5学年及び第6学年においては，動き，奥行き，バランス，色の鮮やかさなどを捉えること。
  (4) 各学年の「A表現」の指導に当たっては，活動の全過程を通して児童が実現したい思いを大切にしながら活動できるようにし，自分のよさや可能性を見いだし，楽しく豊かな生活を創造しようとする態度を養うようにすること。
  (5) 各活動において，互いのよさや個性などを認め尊重し合うようにすること。
  (6) 材料や用具については，次のとおり取り扱うこととし，必要に応じて，当該学年より前の学年において初歩的な形で取り上げたり，その後の学年で繰り返し取り上げたりすること。
    ア 第1学年及び第2学年においては，土，粘土，木，紙，クレヨン，パス，はさみ，のり，簡単な小刀類など身近で扱いやすいものを用いること。

イ 第3学年及び第4学年においては，木切れ，板材，釘(くぎ)，水彩絵の具，小刀，使いやすいのこぎり，金づちなどを用いること。

ウ 第5学年及び第6学年においては，針金，糸のこぎりなどを用いること。

(7) 各学年の「A表現」の(1)のイ及び(2)のイについては，児童や学校の実態に応じて，児童が工夫して楽しめる程度の版に表す経験や焼成する経験ができるようにすること。

(8) 各学年の「B鑑賞」の指導に当たっては，児童や学校の実態に応じて，地域の美術館などを利用したり，連携を図ったりすること。

(9) 各学年の「A表現」及び「B鑑賞」の指導に当たっては，思考力，判断力，表現力等を育成する観点から，〔共通事項〕に示す事項を視点として，感じたことや思ったこと，考えたことなどを，話したり聞いたり話し合ったりする，言葉で整理するなどの言語活動を充実すること。

(10) コンピュータ，カメラなどの情報機器を利用することについては，表現や鑑賞の活動で使う用具の一つとして扱うとともに，必要性を十分に検討して利用すること。

(11) 創造することの価値に気付き，自分たちの作品や美術作品などに表れている創造性を大切にする態度を養うようにすること。また，こうした態度を養うことが，美術文化の継承，発展，創造を支えていることについて理解する素地となるよう配慮すること。

3 造形活動で使用する材料や用具，活動場所については，安全な扱い方について指導する，事前に点検するなどして，事故防止に留意するものとする。

4 校内の適切な場所に作品を展示するなどし，平素の学校生活においてそれを鑑賞できるよう配慮するものとする。また，学校や地域の実態に応じて，校外に児童の作品を展示する機会を設けるなどするものとする。

【出典】
『小学校学習指導要領』文部科学省、平成29年（2017年）告示
http://www.mext.go.jp/a_menu/shotou/new-cs/1384661.htm

幼稚園教育要領（抄録）
平成29年3月告示　文部科学省

第1章　総則

第1　幼稚園教育の基本

幼児期の教育は，生涯にわたる人格形成の基礎を培う重要なものであり，幼稚園教育は，学校教育法に規定する目的及び目標を達成するため，幼児期の特性を踏まえ，環境を通して行うものであることを基本とする。

このため教師は，幼児との信頼関係を十分に築き，幼児が身近な環境に主体的に関わり，環境との関わり方や意味に気付き，これらを取り込もうとして，試行錯誤したり，考えたりするようになる幼児期の教育における見方・考え方を生かし，幼児と共によりよい教育環境を創造するように努めるものとする。これらを踏まえ，次に示す事項を重視して教育を行わなければならない。

1　幼児は安定した情緒の下で自己を十分に発揮することにより発達に必要な体験を得ていくものであることを考慮して，幼児の主体的な活動を促し，幼児期にふさわしい生活が展開されるようにすること。

2　幼児の自発的な活動としての遊びは，心身の調和のとれた発達の基礎を培う重要な学習であることを考慮して，遊びを通しての指導を中心として第2章に示すねらいが総合的に達成されるようにすること。

3　幼児の発達は，心身の諸側面が相互に関連し合い，多様な経過をたどって成し遂げられていくものであること，また，幼児の生活経験がそれぞれ異なることなどを考慮して，幼児一人一人の特性に応じ，発達の課題に即した指導を行うようにすること。

その際，教師は，幼児の主体的な活動が確保されるよう幼児一人一人の行動の理解と予想に基づき，計画的に環境を構成しなければならない。この場合において，教師は，幼児と人やものとの関わりが重要であることを踏まえ，教材を工夫し，物的・空間的環境を構成しなければならない。また，幼児一人一人の活動の場面に応じて，様々な役割を果たし，その活動を豊かにしなければならない。

第2　幼稚園教育において育みたい資質・能力及び「幼児期の終わりまでに育ってほしい姿」

1　幼稚園においては，生きる力の基礎を育むため，この章の第1に示す幼稚園教育の基本を踏まえ，次

に掲げる資質・能力を一体的に育むよう努めるものとする。
(1) 豊かな体験を通じて，感じたり，気付いたり，分かったり，できるようになったりする「知識及び技能の基礎」
(2) 気付いたことや，できるようになったことなどを使い，考えたり，試したり，工夫したり，表現したりする「思考力，判断力，表現力等の基礎」
(3) 心情，意欲，態度が育つ中で，よりよい生活を営もうとする「学びに向かう力，人間性等」

2 1に示す資質・能力は，第2章に示すねらい及び内容に基づく活動全体によって育むものである。

3 次に示す「幼児期の終わりまでに育ってほしい姿」は，第2章に示すねらい及び内容に基づく活動全体を通して資質・能力が育まれている幼児の幼稚園修了時の具体的な姿であり，教師が指導を行う際に考慮するものである。

(1) 健康な心と体
　　幼稚園生活の中で，充実感をもって自分のやりたいことに向かって心と体を十分に働かせ，見通しをもって行動し，自ら健康で安全な生活をつくり出すようになる。

(2) 自立心
　　身近な環境に主体的に関わり様々な活動を楽しむ中で，しなければならないことを自覚し，自分の力で行うために考えたり，工夫したりしながら，諦めずにやり遂げることで達成感を味わい，自信をもって行動するようになる。

(3) 協同性
　　友達と関わる中で，互いの思いや考えなどを共有し，共通の目的の実現に向けて，考えたり，工夫したり，協力したりし，充実感をもってやり遂げるようになる。

(4) 道徳性・規範意識の芽生え
　　友達と様々な体験を重ねる中で，してよいことや悪いことが分かり，自分の行動を振り返ったり，友達の気持ちに共感したりし，相手の立場に立って行動するようになる。また，きまりを守る必要性が分かり，自分の気持ちを調整し，友達と折り合いを付けながら，きまりをつくったり，守ったりするようになる。

(5) 社会生活との関わり
　　家族を大切にしようとする気持ちをもつとともに，地域の身近な人と触れ合う中で，人との様々な関わり方に気付き，相手の気持ちを考えて関わり，自分が役に立つ喜びを感じ，地域に親しみをもつようになる。また，幼稚園内外の様々な環境に関わる中で，遊びや生活に必要な情報を取り入れ，情報に基づき判断したり，情報を伝え合ったり，活用したりするなど，情報を役立てながら活動するようになるとともに，公共の施設を大切に利用するなどして，社会とのつながりなどを意識するようになる。

(6) 思考力の芽生え
　　身近な事象に積極的に関わる中で，物の性質や仕組みなどを感じ取ったり，気付いたりし，考えたり，予想したり，工夫したりするなど，多様な関わりを楽しむようになる。また，友達の様々な考えに触れる中で，自分と異なる考えがあることに気付き，自ら判断したり，考え直したりするなど，新しい考えを生み出す喜びを味わいながら，自分の考えをよりよいものにするようになる。

(7) 自然との関わり・生命尊重
　　自然に触れて感動する体験を通して，自然の変化などを感じ取り，好奇心や探究心をもって考え言葉などで表現しながら，身近な事象への関心が高まるとともに，自然への愛情や畏敬の念をもつようになる。また，身近な動植物に心を動かされる中で，生命の不思議さや尊さに気付き，身近な動植物への接し方を考え，命あるものとしていたわり，大切にする気持ちをもって関わるようになる。

(8) 数量や図形，標識や文字などへの関心・感覚
　　遊びや生活の中で，数量や図形，標識や文字などに親しむ体験を重ねたり，標識や文字の役割に気付いたりし，自らの必要感に基づきこれらを活用し，興味や関心，感覚をもつようになる。

(9) 言葉による伝え合い
　　先生や友達と心を通わせる中で，絵本や物語などに親しみながら，豊かな言葉や表現を身に付け，経験したことや考えたことなどを言葉で伝えたり，相手の話を注意して聞いたりし，言葉による伝え合いを楽しむようになる。

(10) 豊かな感性と表現
　　心を動かす出来事などに触れ感性を働かせる中で，様々な素材の特徴や表現の仕方などに気付き，感じたことや考えたことを自分で表現したり，友達同士で表現する過程を楽しんだりし，表現する喜びを味わい，意欲をもつようになる。

(中略)

第2章　ねらい及び内容

　この章に示すねらいは，幼稚園教育において育みたい資質・能力を幼児の生活する姿から捉えたものであり，内容は，ねらいを達成するために指導する事項である。各領域は，これらを幼児の発達の側面から，心身の健康に関する領域「健康」，人との関わりに関する領域「人間関係」，身近な環境との関わりに関する領域「環境」，言葉の獲得に関する領域「言葉」及び感性と表現に関する領域「表現」としてまとめ，示したものである。内容の取扱いは，幼児の発達を踏まえた指導を行うに当たって留意すべき事項である。

　各領域に示すねらいは，幼稚園における生活の全体を通じ，幼児が様々な体験を積み重ねる中で相互に関連をもちながら次第に達成に向かうものであること，内容は，幼児が環境に関わって展開する具体的な活動を通して総合的に指導されるものであることに留意しなければならない。

　また，「幼児期の終わりまでに育ってほしい姿」が，ねらい及び内容に基づく活動全体を通して資質・能力が育まれている幼児の幼稚園修了時の具体的な姿であることを踏まえ，指導を行う際に考慮するものとする。

　なお，特に必要な場合には，各領域に示すねらいの趣旨に基づいて適切な，具体的な内容を工夫し，それを加えても差し支えないが，その場合には，それが第1章の第1に示す幼稚園教育の基本を逸脱しないよう慎重に配慮する必要がある。

(中略)

表現

〔感じたことや考えたことを自分なりに表現することを通して，豊かな感性や表現する力を養い，創造性を豊かにする。〕

1　ねらい
　(1) いろいろなものの美しさなどに対する豊かな感性をもつ。
　(2) 感じたことや考えたことを自分なりに表現して楽しむ。
　(3) 生活の中でイメージを豊かにし，様々な表現を楽しむ。

2　内容
　(1) 生活の中で様々な音，形，色，手触り，動きなどに気付いたり，感じたりするなどして楽しむ。
　(2) 生活の中で美しいものや心を動かす出来事に触れ，イメージを豊かにする。
　(3) 様々な出来事の中で，感動したことを伝え合う楽しさを味わう。
　(4) 感じたこと，考えたことなどを音や動きなどで表現したり，自由にかいたり，つくったりなどする。
　(5) いろいろな素材に親しみ，工夫して遊ぶ。
　(6) 音楽に親しみ，歌を歌ったり，簡単なリズム楽器を使ったりなどする楽しさを味わう。
　(7) かいたり，つくったりすることを楽しみ，遊びに使ったり，飾ったりなどする。
　(8) 自分のイメージを動きや言葉などで表現したり，演じて遊んだりするなどの楽しさを味わう。

3　内容の取扱い
　上記の取扱いに当たっては，次の事項に留意する必要がある。
　(1) 豊かな感性は，身近な環境と十分に関わる中で美しいもの，優れたもの，心を動かす出来事などに出会い，そこから得た感動を他の幼児や教師と共有し，様々に表現することなどを通して養われるようにすること。その際，風の音や雨の音，身近にある草や花の形や色など自然の中にある音，形，色などに気付くようにすること。
　(2) 幼児の自己表現は素朴な形で行われることが多いので，教師はそのような表現を受容し，幼児自身の表現しようとする意欲を受け止めて，幼児が生活の中で幼児らしい様々な表現を楽しむことができるようにすること。
　(3) 生活経験や発達に応じ，自ら様々な表現を楽しみ，表現する意欲を十分に発揮させることができるように，遊具や用具などを整えたり，様々な素材や表現の仕方に親しんだり，他の幼児の表現に触れられるよう配慮したりし，表現する過程を大切にして自己表現を楽しめるように工夫すること。

【出典】
『幼稚園教育要領』文部科学省、平成29年（2017年）告示
http://www.mext.go.jp/a_menu/shotou/new-cs/1384661.htm

デザイン・DTP制作　　　㈱ユニックス

明日の小学校教諭を目指して
子どもの資質・能力を育む　**図画工作科教育法**

2019年8月29日　初版第1刷発行
2023年4月1日　初版第2刷発行

編　著　者　　新野貴則・福岡知子
発　行　者　　服部直人
発　行　所　　㈱萌文書林
　　　　　　　〒113-0021　東京都文京区本駒込6-15-11
　　　　　　　Tel：03-3943-0576　Fax：03-3943-0567
　　　　　　　E-mail：info@houbun.com
　　　　　　　ホームページ：https://www.houbun.com
印刷・製本　　シナノ印刷株式会社

Ⓒ 2019 Takanori Nino, Tomoko Fukuoka Printed in Japan
ISBN 978-4-89347-287-8　C3037

〇定価はカバーに表示されています。
〇落丁・乱丁はお取り替えいたします。
〇本書の内容の一部または全部を無断で複写（コピー）することは、法律で
　認められた場合を除き、著作権者及び出版社の権利の侵害になります。
〇本書からの複写をご希望の際は、予め小社宛に許諾をお求めください。